铁路操作技能人员轮训教材

车辆基础技能

《铁路操作技能人员轮训教材》编委会　编

中国铁道出版社有限公司

2020年·北　京

内 容 简 介

本书为“铁路操作技能人员轮训教材”之一，使用“项目—任务”的编排结构，每个任务包括任务单、理论知识、实作技能、能力考核四部分。全书包括机械基础、电工基础、信息与网络技术基础、车辆基本知识和车辆专业知识共5个项目，其中，理论知识和实作技能贴近铁路运输生产实际，内容丰富，通俗易懂。

本书可作为车辆系统操作技能人员适用性培训教材，也可作为职工自学用书。

图书在版编目(CIP)数据

车辆基础技能/《铁路操作技能人员轮训教材》编委会编. —北京：中国铁道出版社有限公司，2020.5

铁路操作技能人员轮训教材

ISBN 978-7-113-26813-8

Ⅰ.①车…　Ⅱ.①铁…　Ⅲ.①铁路车辆-技术培训-教材　Ⅳ.①U27

中国版本图书馆 CIP 数据核字(2020)第066422号

铁路操作技能人员轮训教材

书　　名：车辆基础技能

作　　者：《铁路操作技能人员轮训教材》编委会

责任编辑：李润华　田　甜　　　**编辑部电话：**(010)51873138

编辑助理：吕自强

封面设计：曾　程

责任校对：孙　玫

责任印制：高春晓

出版发行：中国铁道出版社有限公司(100054，北京市西城区右安门西街8号)

网　　址：http://www.tdpress.com

印　　刷：三河市燕山印刷有限公司

版　　次：2020年5月第1版　2020年5月第1次印刷

开　　本：787 mm×1 092 mm 1/16　**印张：**24.5　**字数：**598千

书　　号：ISBN 978-7-113-26813-8

定　　价：69.00元

编　委　会

前　言

为落实“强基达标、提质增效”工作要求，扎实推进脱产轮训工作，提高在岗技能人员技能水平，实现铁路运输安全持续稳定，北京局集团公司职工培训部针对职工认知规律及工作岗位实际要求，本着“实际、实效、实用”的原则，按专业组织编写了《铁路操作技能人员轮训教材》。

轮训教材采用模块式编写方式，使用“项目—任务”的编排结构。每个“专业项目”作为独立的教学模块，分解成若干“培训任务”。每个任务包括任务单、理论知识、实作技能、能力考核四部分，其中任务单明确学习目标、培训学时及能力要求，理论知识介绍专业基础知识点，实作技能讲解实作程序及标准，能力考核设置考核题目、内容、时间、要求及项点。

《车辆基础技能》一书，包括机械基础（1 个项目 3 个任务）、电工基础（1 个项目 3 个任务）、信息与网络技术基础（1 个项目 3 个任务）、车辆基本知识（1 个项目 3 个任务）、车辆专业知识（1 个项目 24 个任务），共 5 个项目 36 个任务。本书基础理论和实作技能贴合铁路运输生产实际，知识内容丰富，通俗易懂，模块化设置方便灵活选取，可作为车辆系统操作技能人员适应性培训教材，也可作为职工自学教材。

本书由北京铁路专业技术服务中心与石家庄铁路运输学院（河北轨道职业技术学院）有关人员参加编写，编写人员为魏博、蒋奎、张涛、房永超、任佳栋、石彦强、刘欣、高嘉蕾、于莉、于鸿雁、李颖、毕晓峰、王丽娜、王磊、马光、王亚平、李志南、王伟宵、武欣、彭鹏、吴海京、郭顺美、崔亚伟、肖伟，全书由钟彤、陈铮、郭志明、孙强、宋金瑛、赵一杰、齐芳、张泉、梁立辉、王维、李云红、解丽霞集体审定。

本书中涉及的规章制度、作业标准具有时效性，敬请使用单位及人员依据现行规章制度参照学习，欢迎批评指正。

编委会

2019 年 12 月

目　录

项目一　机 械 基 础

一、学习目标

1. 掌握零件图的作用和组成；
2. 理解零件图的识读方法和步骤；
3. 掌握液压传动系统的组成和工作原理；
4. 理解典型液压回路图的识读方法；
5. 了解钳工的基本操作方法；
6. 能够熟练使用钳工工具、量具及设备。

二、学习任务

任 务 列 表

序　号	任 务 名 称	学 时 要 求
1	识读零件图	2
2	识读典型液压回路图	2
3	钳工基本操作	2
合计学时		6

任务一 识读零件图

铁道车辆及其工装设备都是由多个零部件组装而成。零部件的制造和技术要求通常用工程语言—零件图来表达。完整的零件图主要有视图、技术要求、尺寸标注等内容。正确识读零件图是每一位技术工人必须掌握的一项技能。

任 务 单

<table>
<tr><td>项　　目</td><td colspan="4">机械基础</td></tr>
<tr><td>任　　务</td><td colspan="2">识读零件图</td><td>学　　时</td><td>2</td></tr>
<tr><td colspan="5">任 务 概 述</td></tr>
<tr><td colspan="5">铁道车辆一线操作人员需要具有识读零件图的基本技能。要能够分析零部件的结构、尺寸；能够掌握其加工、维护要求；能够了解其所用材质及其他相关内容；并在此基础上，能够绘制简单零件的零件草图</td></tr>
<tr><td colspan="5">任 务 内 容</td></tr>
<tr><td colspan="5">本任务主要学习零件图的识读和简单零件图的绘制，能够根据视图表达想象出零件的形状及结构；能够分析零件的尺寸构成；能够掌握零件加工、维护要求。对于典型简单零件能够合理选择视图表达方式，绘制零件草图</td></tr>
<tr><td colspan="5">任 务 目 标</td></tr>
<tr><td colspan="2">知 识 目 标</td><td>能 力 目 标</td><td colspan="2">素 质 目 标</td></tr>
<tr><td colspan="2">1. 掌握零件图的作用及组成
2. 掌握零件图的读图方法
3. 掌握典型的零件图</td><td>1. 根据零件图想象零件形状和结构
2. 分析零件尺寸构成和技术要求
3. 根据零件结构特征，合理选择视图表达方式，绘制典型零件的零件图</td><td colspan="2">1. 树立安全生产意识
2. 培养严谨认真的工作态度
3. 培养团队合作精神</td></tr>
<tr><td colspan="5">任 务 要 求</td></tr>
<tr><td colspan="5">1. 在实训过程中，严格遵守实训场所有关规定
2. 树立“安全第一”意识，保证人身及设备安全
3. 做好实训准备工作，准备好相关物品
4. 严格按照要求操作绘图工具
5. 测量零件时按照要求使用量具，做好数据的记录
6. 发生下列情况之一，应立即终止实训
(1)在实训过程中因违规操作损坏量具或工具
(2)在实训过程中因违规操作发生安全事故</td></tr>
</table>

理 论 知 识

一、零件图的作用及内容

(一)零件图的作用

零件是铁道车辆及其工装设备的基本组成单元。每一台铁道车辆或其工装设备都是由若干个零件按照一定的装配关系和技术要求组装起来的。要生产出合格的机器或部件，那么首先需要加工出合格的零件。而零件的加工和检验需要根据零件图来完成。零件图是用来表示零件结构形状、尺寸及技术要求的图样，是直接指导制造和检验零件的重要技术文件。

（二）零件图的内容

一张完整的零件图，一般应具有以下内容：

1. 一组视图

完整、清晰地表达零件的结构和形状。可以采用视图、剖视、剖面、规定画法和简化画法等表达方法。

2. 全部尺寸

正确、完整、清晰、合理地表达零件各部分的大小和各部分之间的相对位置关系。

3. 技术要求

表示或说明零件在加工、检验过程中所需达到的要求。例如：尺寸公差、形状和位置公差、表面粗糙度、材料、热处理、硬度及其他要求。技术要求常用符号或文字来表示。

4. 标题栏

标题栏位于图纸的右下角。一般填写零件名称、材料、数量、图样的比例，代号以及图样的责任人签名和单位名称等。标题栏的方向与看图的方向应一致。

二、机械图样基础知识

（一）图　纸

1. 图纸幅面

为了使图纸幅面统一，便于装订和保管以及符合缩微复制原件要求，绘制技术图样时，应按以下规定选用图纸幅面。

（1）应优先选用基本幅面，见表 1-1-1。

（2）必要时，允许选用加长幅面。但是加长后幅面的尺寸必须是由基本幅面的短边成整数倍增加后得出。

表 1-1-1　图纸幅面尺寸

代　号	A0	A1	A2	A3	A4
幅面尺寸 $B\times L$	841×1 189	594×841	420×594	297×420	210×297
a	25				
c	10			5	
e	20		10		

2. 图框

图纸上必须用粗实线画出图框，其格式如图 1-1-1 所示，图框分为留有装订边和不留装订边两种。图 1-1-1(a)、图 1-1-1(b)为留有装订边格式，图 1-1-1(c)、图 1-1-1(d)为留有装订边格式，图中尺寸 B、L、a、c、e 按照表 1-1-1 选取。要求同一产品的图纸只能采用一种格式。

加长幅面图纸的图框尺寸,按所选用的基本幅面大一号的图框尺寸确定。

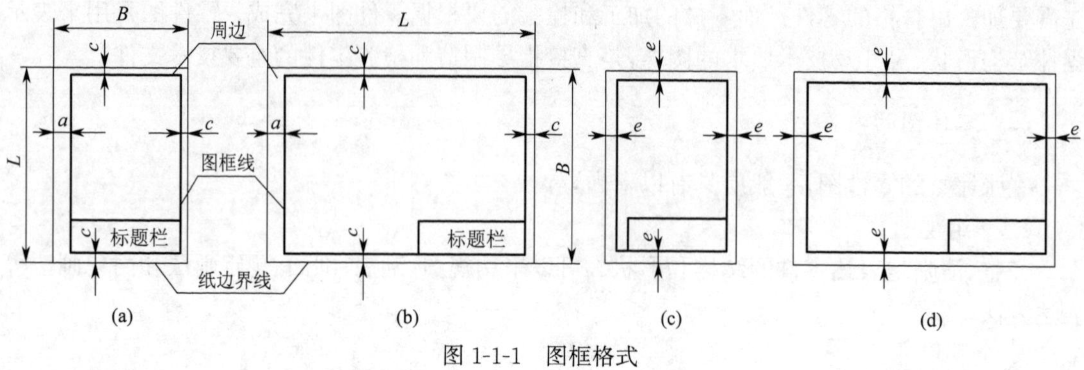

图 1-1-1 图框格式

3. 标题栏

标题栏一般由名称及代号区、签字区、更改区及其他区组成。标题栏的位置应位于图纸的右下角,其格式和尺寸按国标规定如图 1-1-2 所示。

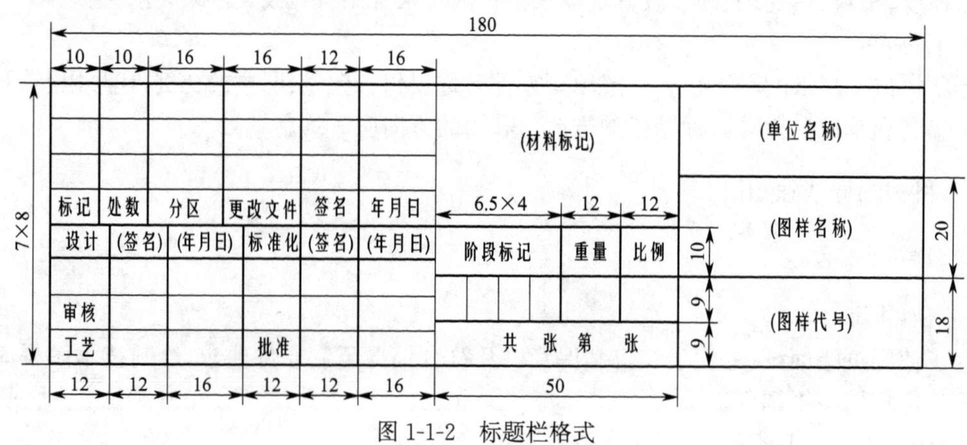

图 1-1-2 标题栏格式

(二)绘图比例

比例是指图中图形与其实物相应要素的线性尺寸之比。比值为 1 的比例称为原值比例,即 1∶1。比值大于 1 的比例称为放大比例,如 2∶1 等。比值小于的比例称为缩小比例,如 1∶2 等。绘图时应采用表 1-1-2 中规定的比例,最好选用原值比例,但也可根据机件大小和复杂程度选用放大或缩小比例。

表 1-1-2 比例系列

种 类	优先选择系列	允许选择系列
原值比例	1∶1	—
放大比例	5∶1 2∶1 5×10^n∶1 2×10^n∶1	4∶1 2.5∶1 4×10^n∶1 2.5×10^n∶1
缩小比例	1∶2 1∶5 1∶10 1∶2×10^n 1∶5×10^n 1∶10×10^n	1∶1.5 1∶2.5 1∶3 1∶4 1∶6 1∶1.5×10^n 1∶2.5×10^n 1∶3×10^n 1∶4×10^n 1∶6×10^n

同一机件的各个视图应采用相同比例，并在标题栏“比例”一项中填写所用的比例。当机件上有较小或较复杂的结构需用不同比例时，可在视图名称的下方标注比例，如图 1-1-3 所示。不论采用何种比例，图形中所标注的尺寸数值必须是实物的实际大小，与图形的比例无关。

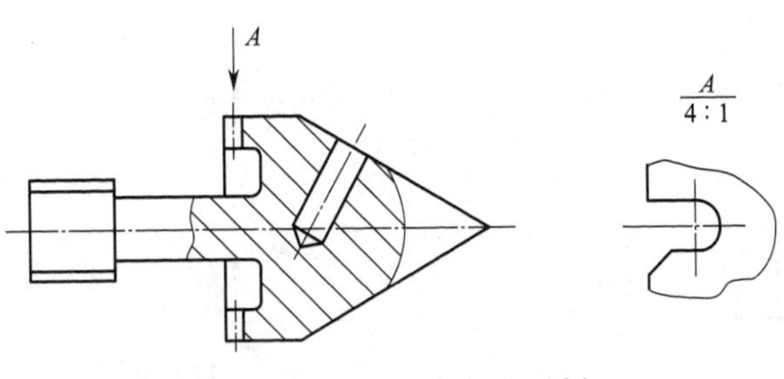

图 1-1-3　特殊比例标注示例

（三）图线和字体

1. 字体

在图样中书写的汉字、数字和字母，都必须做到“字体工整、笔划清楚、间隔均匀、排列整齐”。字体高度（h）的公称尺寸系列为：1.8 mm，2.5 mm，3.5 mm，5 mm，7 mm，10 mm，14 mm，20 mm。如果需要书写更大的字，其字体高度应按$\sqrt{2}$的比例递增。

汉字应书写成长仿宋体，并使用国家正式公布的简化字。字母和数字可写成斜体和直体。斜体字字头向右倾斜，与水平基准线成 75°。

2. 图线

（1）线型和图线尺寸

国家标准规定了 15 种基本线型。所有现行的图线宽度（b）应按图样的类型和尺寸大小在下列数系中选择。

0.13 mm，0.18 mm，0.25 mm，0.35 mm，0.5 mm，0.7 mm，1 mm，1.4 mm，2 mm。

粗线、细线的宽度比例为 2∶1。在同一图样中同类图线的宽度应该一致。

（2）图线的应用

在机械制图中常用的线型、宽度和一般应用见表 1-1-3。

表 1-1-3　常用图线样例及应用

图线名称	图线形式样例	图线宽度	图线的用途
粗实线	————	b	（1）可见轮廓线 （2）相贯线 （3）螺纹终止线、螺纹牙顶线
细实线	————	约 $b/2$	（1）尺寸线、尺寸界线 （2）剖面线、过渡线 （3）重合断面线 （4）螺纹牙底线及齿轮齿根线 （5）剖面线、指引线

续上表

图线名称	图线形式样例	图线宽度	图线的用途
波浪线		约 $b/2$	(1)断裂处的边界线 (2)视图和剖视的分界线
双折线		约 $b/2$	断裂处的边界线
虚线		约 $b/2$	(1)不可见轮廓线 (2)不可见过渡线
细点划线		约 $b/2$	(1)轴线 (2)对称中心线 (3)轨迹线 (4)节圆和节线
粗点划线		b	有特殊要求的线或表面的表示线
双点划线		约 $b/2$	(1)相邻辅助零件的轮廓线 (2)极限位置的轮廓线 (3)坯料的轮廓线

(四)尺寸标注

1. 尺寸组成

(1)尺寸界线

尺寸界限表示所标注尺寸的起止范围,用细实线绘制。应由图形的轮廓线、轴线或对称中心线引出,也可以直接利用轮廓线、轴线或对称中心线作为尺寸界线。

(2)尺寸线

尺寸线用细实线绘制,一端或两端带有终端(箭头或斜线)符号。标注线性尺寸时,尺寸线必须与所标注的线段平行,相同方向的各尺寸线之间的距离要均匀,间隔要大于 5～7 mm。尺寸线不能用图上的其他线所代替,也不能与其他图线重合或在其延长线上,并尽量避免和其他尺寸线和尺寸界线相交叉。

(3)尺寸数字

线性尺寸的数字一般注写在尺寸线的上方,也允许注写在尺寸线的中断处。

2. 尺寸标注基本规则

(1)图样中(包括技术要求和其他说明)的尺寸,以毫米为单位时,不需要标注计量单位。

(2)图样上标注的尺寸数值为机件的真实大小,与图形的大小和绘图的精确程度无关。

(3)机件的每一尺寸在图样上只标注一次。

(4)图纸中所标注的尺寸为该机件的最后完工尺寸,否则应另加说明。

3. 尺寸标注常用符号

表 1-1-4 尺寸标注中常用符号和缩写词

名称	符号或缩写词	名称	符号或缩写词
直径	ϕ	均布	EQS
半径	R	正方形	□
圆球直径	$S\phi$	深度	↧
圆球半径	SR	沉孔或锪平	⌴
厚度	t	埋头孔	⌵
45°倒角	c		

三、视图表达方法及选择原则

（一）投 影 法

1. 投影法的概念

假设空间有一点 S 和任一点 A，以及不通过点 S 和点 A 的平面 P，如图 1-1-4 所示，从点 S 经过点 A 作直线 SA，直线 SA 必然与平面 P 相交于一点 a，则称点 a 为空间任一点 A 在平面 P 的投影，称点 S 为投影中心，称平面 P 为投影面，称直线 SA 为投影线。据此，要作出空间物体在投影面上的投影，其实质就是通过物体上的点、线、面作出一系列的投影线与投影面的交点，并根据物体上的线、面关系，对交点进行恰当的连线。

如图 1-1-5 所示，作△ABC 在投影面 P 上的投影。先自点 S 过点 A、B、C 分别作直线 SA、SB、SC 与投影面 P 的交点 a、b、c，再过点 a、b、c 作直线，连成△abc，△abc 即为空间的△ABC 在投影面 P 上的投影。

上述这种用投射线（投影线）通过物体向选定的面投影，并在该面上得到图形的方法称为投影法。

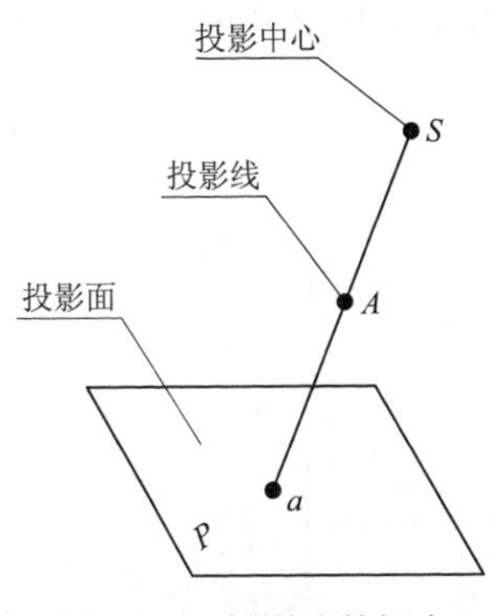

图 1-1-4 投影法的概念

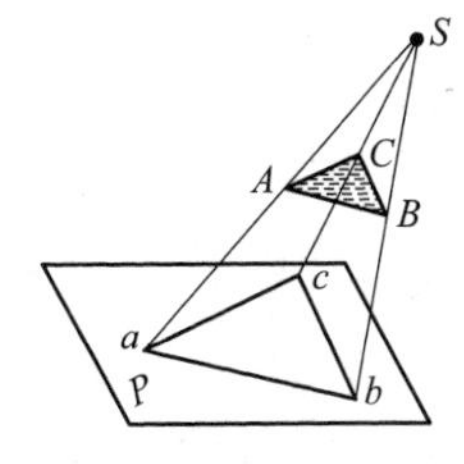

图 1-1-5 中心投影法

2. 投影法的种类及应用

(1)中心投影法

投影中心距离投影面在有限远的地方，投影时投影线汇交于投影中心的投影法称为中心投影法，如图 1-1-5 所示。

缺点：中心投影不能真实地反映物体的形状和大小，不适用于绘制机械图样。

优点：有立体感，工程上常用这种方法绘制建筑物的透视图。

(2)平行投影法

投影中心距离投影面在无限远的地方，投影时投影线都相互平行的投影法称为平行投影法。

根据投影线与投影面是否垂直，平行投影法又可以分为两种：

①斜投影法——投影线与投影面相倾斜的平行投影法，如图 1-1-6(a)所示。

②正投影法——投影线与投影面相垂直的平行投影法，如图 1-1-6(b)所示。

正投影法优点：能够表达物体的真实形状和大小，作图方法也较简单，所以广泛用于绘制机械图样。

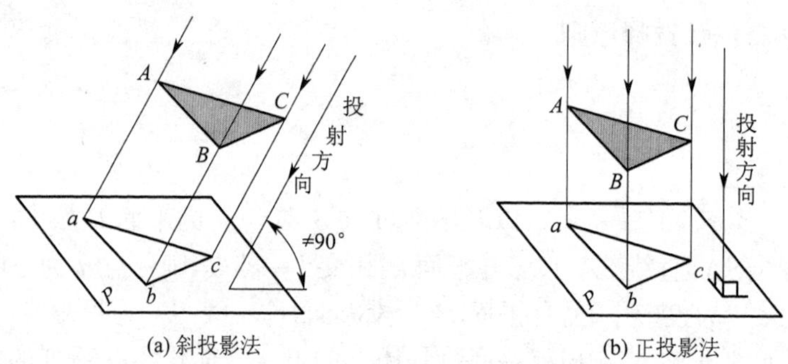

(a) 斜投影法 (b) 正投影法

图 1-1-6 平行投影法

(二)视 图

1. 基本视图

(1)视图形成

为了清晰地表达机件六个方向的形状，将六个基本投影面组成了一个方箱，把机件围在当中，如图 1-1-7 所示。机件在每个基本投影面上的投影，都称为基本视图。展开后，六个基本视图的配置关系和视图名称如图 1-1-8 所示。

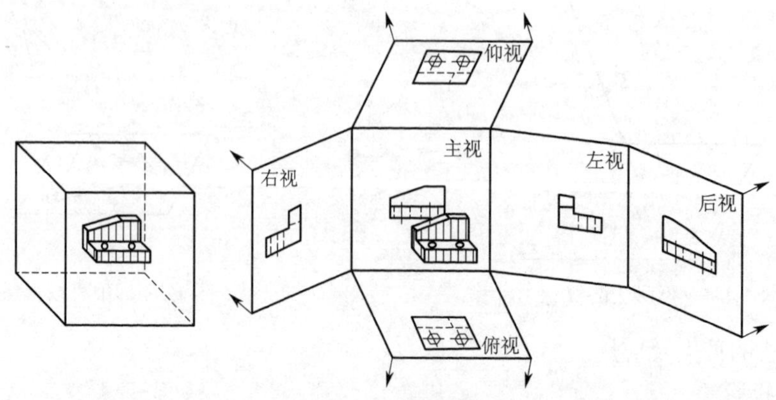

图 1-1-7 基本视图投影箱

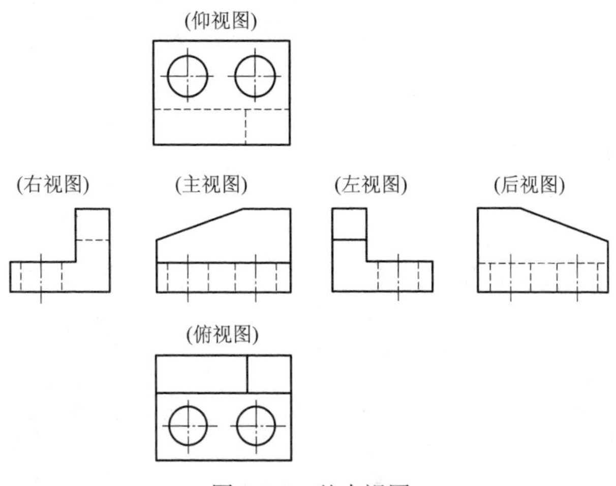

图 1-1-8　基本视图

(2)投影规律

六个基本视图之间投影规律如下：

主、俯、仰、(后)：长对正。

主、左、右、后：高平齐。

俯、左、仰、右：宽相等。

此外，除后视图以外，各视图的里边(靠近主视图的一边)，均表示机件的后面，各视图的外边(远离主视图的一边)，均表示机件的前面，即"里后外前"。

虽然机件可以用六个基本视图来表示，但实际上画哪几个视图，要看具体情况而定。最常使用的是主视图，俯视图和左视图。

2. 向视图

向视图是可自由配置的视图，它的标注方法为：在向视图的上方注写"×"(×为大写的英文字母，如"*A*""*B*""*C*"等)，并在相应视图的附近用箭头指明投影方向，并注写相同的字母。表示投射方向的箭头应尽可能配置在主视图上，只是表示后视投射方向的箭头才配置在其他视图上，如图 1-1-9 所示。

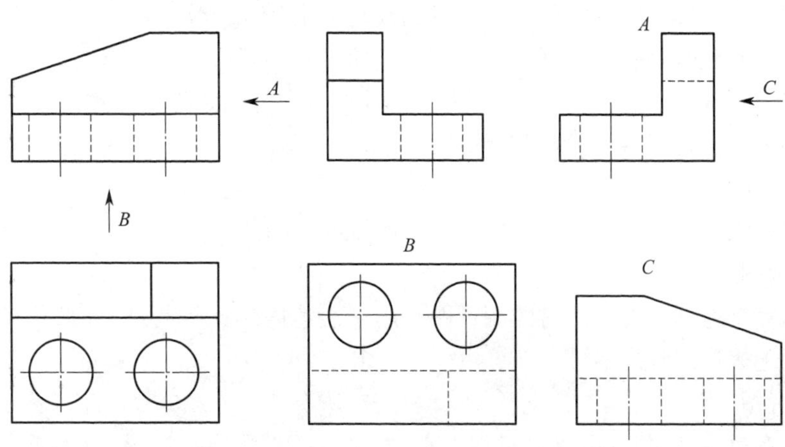

图 1-1-9　向视图

(三)剖 视 图

1. 剖视图的概念

用假想剖切面剖开物体,将处在观察者和剖切平面之间的部分移去,而将其余部分向投影面投影所得到的图形称为剖视图,简称剖视,如图 1-1-10 所示。

2. 剖视图的配置

各种视图的配置形式同样适用于剖视图。如图 1-1-11 所示,根据剖视的目的和国标中的有关规定,剖视图的画法要点如下:

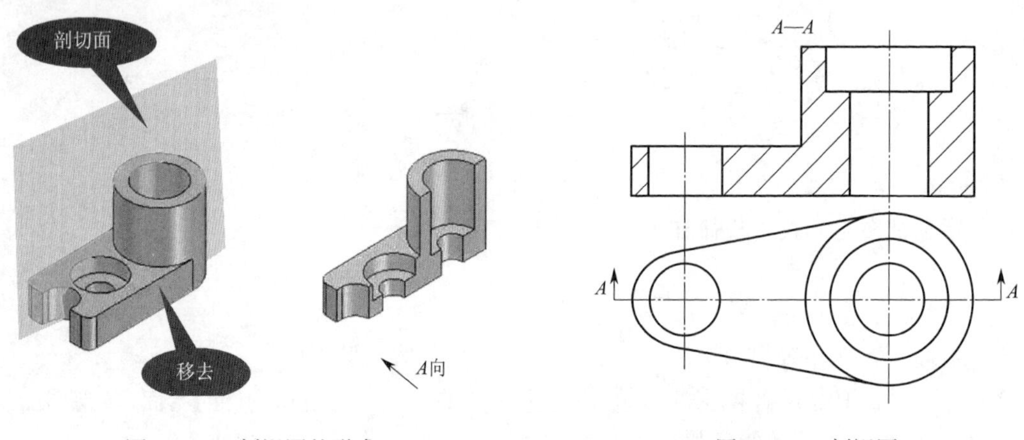

图 1-1-10 剖视图的形成

图 1-1-11 剖视图

(1)剖切位置及剖切面的确定

根据机件的特点,剖切面可以是曲面,但一般为平面,根据机件内部的结构剖视,剖切平面的位置应通过内部结构的对称面或轴线。

(2)剖视图的画法

①剖切符号:用粗短画(线宽 1~1.5d)表示,用以指示剖切面的位置,并用箭头表示投影方向。

②剖视图:"假想"剖开投影后,所有可见的线均画出,不能遗漏。

③剖面符号:剖切平面与机件的接触部分(断面)画剖面线,剖面线应以适当角度的细实线绘制,最好为 45°斜线,同一机件的各个视图中剖面线方向与间距必须一致。

④剖视图的配置与标注:剖视图名称用"×-×"表示。

3. 剖视图的种类

按剖切的范围,剖视图可分为全剖视图、半剖视图和局部剖视图。

(1)全剖视图

用剖切面完全地剖开物体所得的剖视图。用来表达内形比较复杂、外形比较简单或外形已在其他视图上表达清楚的零件。

(2)半剖视图

当零件具有对称平面时,可以以对称中心线为界,一半画成剖视,另一半画成视图。由于半剖视图既充分的表达了机件的内部形状,又保留了机件的外部形状,所以常用来表达内外部形状都比较复杂的对称机件。当机件的形状接近于对称,且不对称的部分另有图形表达清楚时,也可以画成半剖视图。

(3)局部剖视图

用剖切平面局部的剖开机件所得的视图。主要用来表达不宜采用全剖视图和半剖视图的机件。

(四)断　面　图

1. 基本概念

用假想剖切面将机件的某处切开,仅画出断面的图形。主要用来表达机件局部结构的断面形状。通常用来表示物体上某一局部的断面形状,例如零件上的肋板,轮辐轴上的键槽、孔等。

2. 断面图的分类

根据断面图配置的位置,分为移出断面图和重合断面图两种。

(1)移出断面图

画在视图之外,轮廓线用粗实线绘制。配置在剖切线的延长线上或其他适当的位置,如图 1-1-12 所示。

(2)重合断面图

画在视图之内,轮廓线用细实线绘制。当视图中的轮廓线与断面图的图线重合时,视图中的轮廓线仍应连续画出,如图 1-1-13 所示。

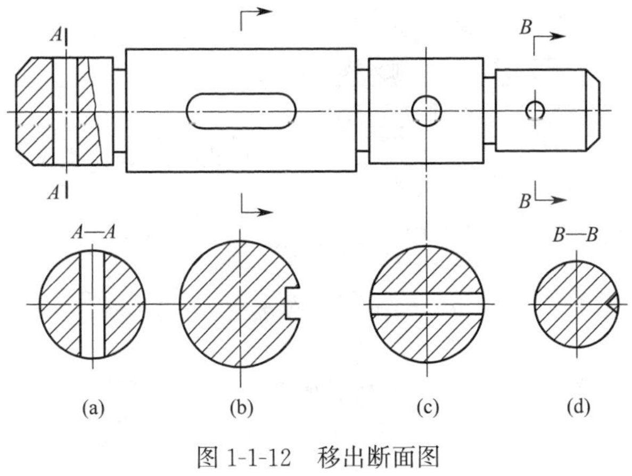

图 1-1-12　移出断面图

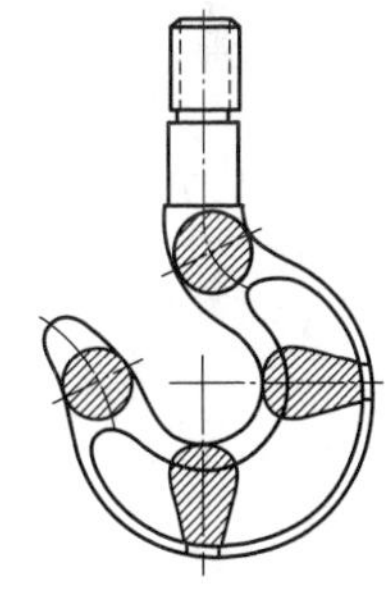

图 1-1-13　重合断面图

(五)局部视图和局部放大图

1. 局部视图

将机件的某一部分向基本投影面投射所得到的视图称为局部视图,局部视图可按基本视图或向视图的配置形式配置,如图 1-1-14 所示。

2. 局部放大图

将机件的部分结构,用大于原图所采用的比例画出的图形称为局部放大图,如图 1-1-15 所示。局部放大图上方所标注的比例是指放大图与实物之比,而不是放大图与原图之比。

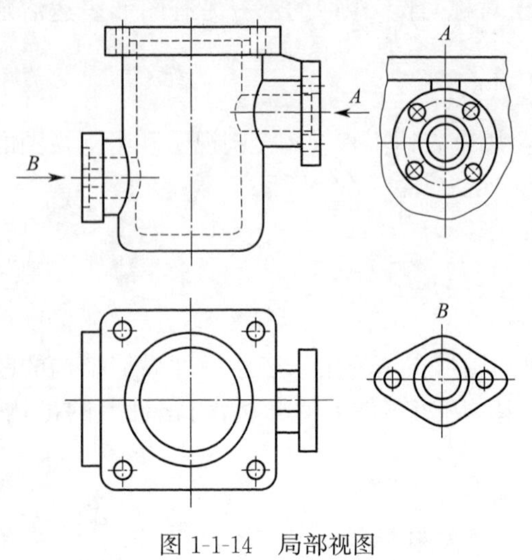

图 1-1-14 局部视图

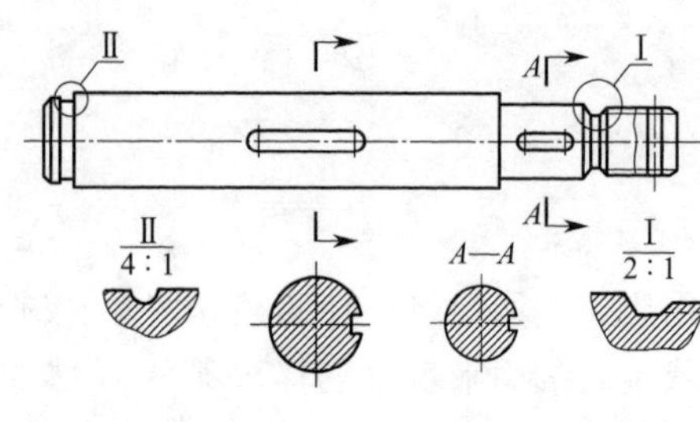

图 1-1-15 局部放大图

(六)简化画法

简化画法是在保证不引起误解和歧义的前提下,力求制图简便。其简化的基本要求是避免不必要的视图和剖视图,并避免使用虚线表示不可见结构。常用的简化画法见表 1-1-5。

表 1-1-5 简化画法

序号	简化对象	简化画法
1	对称结构或相似零件	在不引起误解时,对于对称机件,可只画一半或四分之一,并在对称中心线的两端画出两条与其垂直的平行细实线
2	剖面符号	在不引起误解的情况下,可省剖面符号
3	相贯线或过渡线	在不引起误解时,图形中的过渡线、相贯线可以简化,也可采用模糊画法表示相贯线
4	平面符号表示	当回转体零件上的平面在图形中不能充分表达时,可用两条相交的细实线表示这些平面
5	相同要素	(1)若干直径相同且成规律分布的孔,可以仅画出一个或几个,其余只需用细点画线或"+"表示其中心位置 (2)当机件具有若干相同结构(如齿、槽等),并按一定规律分布时,只需画出几个完整的结构,其余用细实线连接,在零件图中则必须注明该结构的总数
6	较小结构及倾斜要素	(1)当零件上较小的结构及斜度等已在一个图形中表达清楚时,其他图形应当简化或省略 (2)与投影面倾斜角度小于或等于 30°的圆或圆弧,其投影可用圆和圆弧代替 (3)除确属需要表示的某些结构圆角外,其他圆角在零件图中均可不画,但必须注明尺寸,或在技术要求中加以说明

(七)视图选择原则

零件的视图是零件图中的重要内容之一,必须使零件上每一部分的结构形状和位置都表达完整、正确、清晰，并符合设计和制造要求，且便于读图和画图。因此正确选择视图，是读图和画图的根本。

1. 主视图的选择

主视图是零件视图中最重要的视图，选择主视图时，一般应从主视图的投射方向和零件的摆放位置两方面来考虑。

（1）主视图的投射方向

选择主视图的投射方向，应考虑形体特征原则，即所选择的投射方向所得到的主视图应最能反映零件的形状特征。

（2）零件的摆放位置

当零件主视图的投射方向确定以后，还需确定主视图的位置。主视图的位置，就是零件的摆放位置。一般按照以下顺序来选择。

首先考虑工作位置，使所选择的主视图的位置，应尽可能与零件在机械或部件中的工作位置相一致；其次考虑加工位置，当工作位置不易确定或按工作位置画图不方便时，一般按零件在机械加工中所处的位置作为主视图的位置；最后考虑自然摆放平稳的位置，如果零件为运动件，工作位置不固定，或零件的加工工序较多其加工位置多变，则可按其自然摆放平稳的位置为画主视图的位置。

2. 其他视图的选择

对于十分简单的轴、套、球类零件，一般只用一个视图，再加所注的尺寸，就能把其结构形状表达清楚。但是对于一些较复杂的零件，只靠一个主视图是很难把整个零件的结构形状表达完全的。因此，一般在选择好主视图后，还应选择适当数量的其他视图与之配合，才能将零件的结构形状完整、清晰地表达出来。应优先考虑选用左、俯视图，然后再考虑选用其他视图。

一个零件需要多少视图才能表达清楚，只能根据零件的具体情况分析确定。一般原则是：在保证充分表达零件结构形状的前提下，尽可能使零件的视图数目为最少。

四、零件图主要技术要求

零件图技术要求包括：

（1）说明零件表面粗糙程度要求的粗糙度符（代）号；

（2）零件上重要尺寸的公差及零件的形状和位置公差；

（3）材料要求和说明；

（4）热处理和表面修饰说明；

（5）零件的特殊加工要求、检验和试验说明等内容。

（一）表面粗糙度

1. 表面粗糙度的概念

表面粗糙度是一种微观几何形状误差，是指零件的加工表面上具有的较小间距和峰谷所形成的微观几何形状特性。如图 1-1-16 所示。表面粗糙度是评定零件表面质量的一项重要指标，它对零件的配合、耐磨性、抗腐蚀性、密封性和外观均有影响。

目前，在生产中评定零件表面粗糙度的参数有三个。分别是：轮廓算术平均偏差 Ra、微观不平度十点高度 Rz 和轮廓最大高度 Ry。应用最广泛的是轮廓算术平均偏差 Ra。如果用微

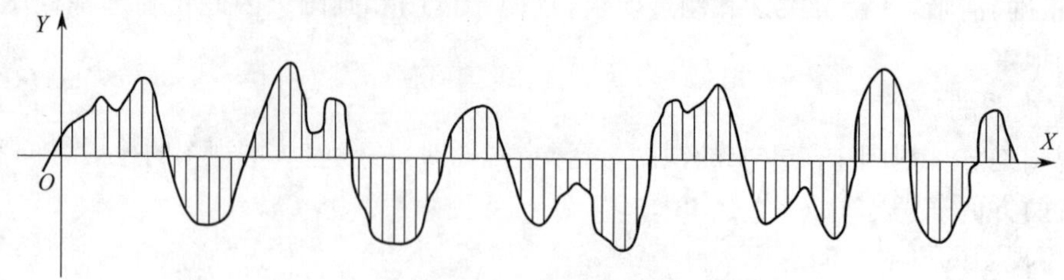

图 1-1-16　表面粗糙度

观不平度十点高度或轮廓最大高度需注明 Rz 或 Ry。

轮廓算术平均偏差 Ra 是指在一个取样长度内，轮廓偏距（Y 方向上轮廓线上的点与基准线之间的距离）绝对值的算术平均值，如图 1-1-17 所示。

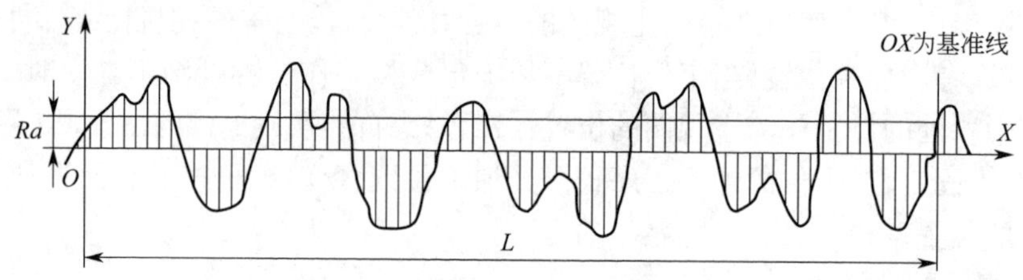

图 1-1-17　轮廓算术平均偏差 Ra

2. 表面粗糙度符(代)号

表面粗糙度符(代)号表示方法见表 1-1-6。

表 1-1-6　表面粗糙度符号

符　　号	意义及说明
	用任何方法获得的表面(单独使用无意义)
	用去除材料的方法获得的表面
	用不去除材料的方法获得的表面
	横线上用于标注有关参数和说明
	所有表面具有相同的表面粗糙度要求

3. 表面粗糙度参数

表面粗糙度参数的单位是 μm。注写 Ra 时，只写数值；注写 Rz 时，应同时注出 Rz 和数值。只注一个值时，表示为上限值；注两个值时，表示为上限值和下限值。

例如：

3.2 用任何方法获得的表面粗糙度，*Ra* 的上限值为 3.2 μm。

3.2
1.6 用去除材料方法获得的表面粗糙度，*Ra* 的上限值为 3.2 μm，下限值为 1.6 μm。

说明：

①当标注上限值或上限值与下限值时，允许实测值中 16%的测值超差。

②当不允许任何实测值超差时，应在参数值的右侧加注 max 或同时标注 max 和 min。

4. 表面粗糙度标注

表面粗糙度符(代)号应注在图样的轮廓线，尺寸界限或其延长线上，必要时可注在指引线上。符号的尖端必须从材料外指向表面。

在同一图样上，每一个零件表面一般只标注一次代号或符号。为便于看图，一般标注在有关尺寸附近。

当零件的所有表面具有相同的表面粗糙度时，可在图样的右上角统一标注，如图 1-1-18 所示。

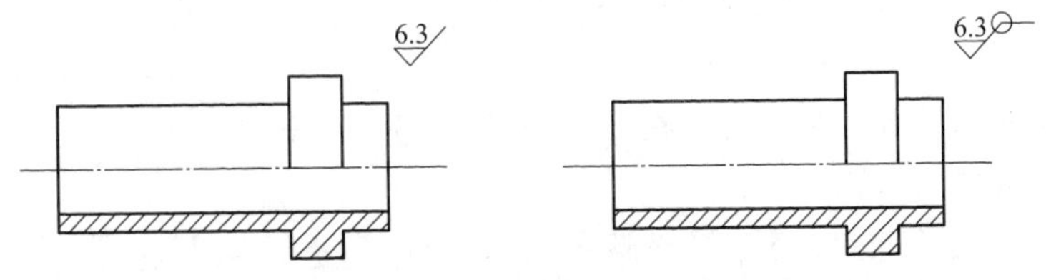

图 1-1-18　所有表面统一标注

当零件的大部分表面具有相同的粗糙度要求时，可以将使用最多的一种符号或代号统一标注在图样的右上角，并加注"其余"两字。

对于连续表面或重复要素表面，以及用细实线相连的不连续的统一表面，只需标注一次粗糙度代号。

在同一表面上如要求不同的粗糙度时，应用细实线画出两个不同要求部分的分界线。如图 1-1-19 所示。

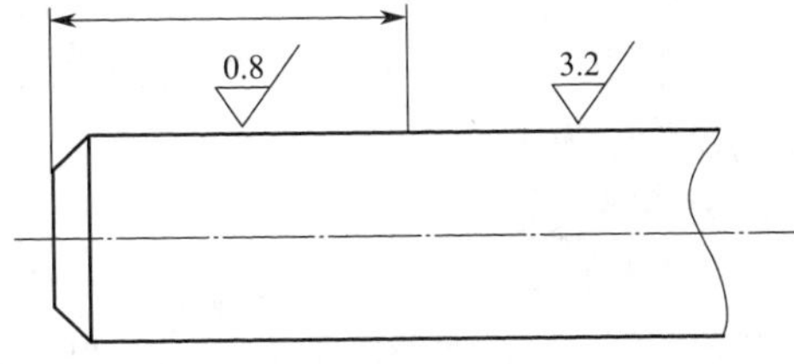

图 1-1-19　同一表面不同粗糙度

(二)尺寸公差

1. 互换性

零件的互换性指的是当装配一台机器或部件时，只要在一批相同规格的零件中任取一件装配到机器或部件上，不需修配加工就能满足性能要求。

互换性按其互换性程度可分为完全互换和不完全互换。完全互换指的是零、部件在装配时不需要挑选、调整和附加修配；不完全互换指的是零、部件在装配前需进行预先分组，对应组内的零、部件才可互换，通常只适用于厂内组织生产采用(如滚动轴承的大批量生产)。

2. 极限的有关术语及定义

(1)基本尺寸：零件设计时，根据性能和工艺要求，通过必要的计算和实验确定的尺寸。

(2)实际尺寸:实际测量零件获得的尺寸。

(3)极限尺寸:设计允许的零件实际尺寸变化的两个极限值。两个极限值中,大的一个称为最大极限尺寸,小的一个称为最小极限尺寸。

(4)尺寸偏差(简称偏差):某一尺寸(实际尺寸、极限尺寸等等)减去基本尺寸所得的代数值。常用的是上偏差和下偏差。

上偏差=最大极限尺寸-基本尺寸

下偏差=最小极限尺寸-基本尺寸

(5)尺寸公差(简称公差):设计允许的尺寸的变动量。

尺寸公差=最大极限尺寸-最小极限尺寸

(6)公差带:如图1-1-20所示,由代表上偏差和下偏差或最大极限尺寸和最小极限尺寸的两条直线所限定的一个区域称为公差带。其中孔的上偏差和下偏差分别以 ES 和 EI 表示;轴的上偏差和下偏差分别以 es 和 ei 表示。

在公差带示意图中,零线是表示基本尺寸的一条直线,以其为基准确定偏差和公差。

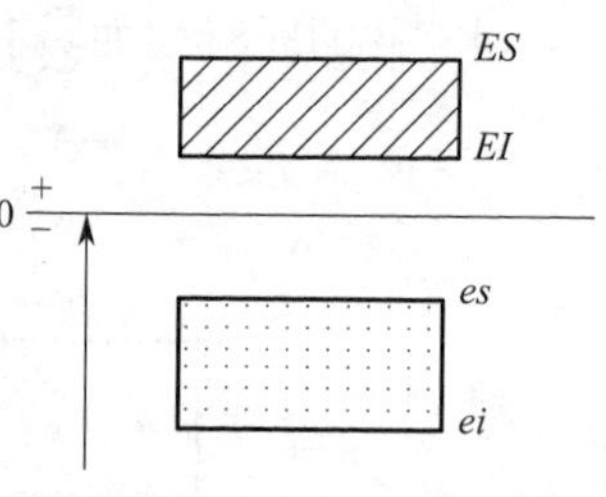

图1-1-20　公差带

(7)标准公差:国标规定的用来确定公差带大小的标准化数值(又称精度)。

标准公差按基本尺寸范围和标准公差等级确定,分20个级别,即IT01、IT0、IT1至IT18。

对一定的基本尺寸而言,公差等级越高,公差数值越小,尺寸精度越高。同一公差等级,基本尺寸越大,对应的公差数值越大。

(8)基本偏差:确定公差带相对零线位置的那个极限偏差,它可以是上偏差也可以是下偏差。一般指靠近零线的那个偏差。如图1-1-21所示。

基本偏差系列:

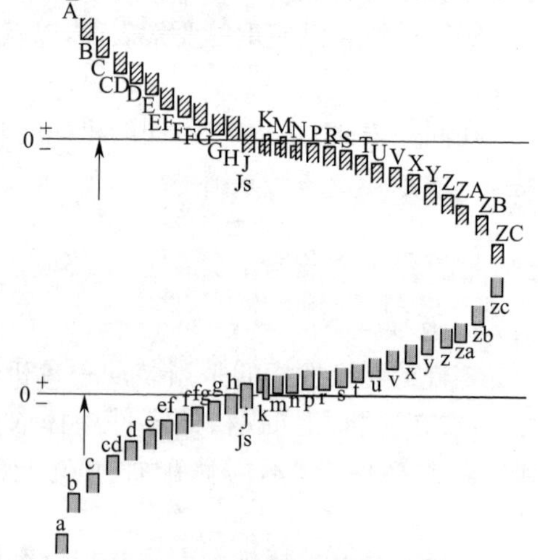

图1-1-21　基本偏差系列

(9)公差带代号:公差带代号由基本偏差代号和公差等级组成。

例如:公差带代号 ϕ50H8

表示孔的基本尺寸为 ϕ50,公差等级为8级,基本偏差代号为H。

公差带代号 ϕ18f7

表示轴的基本尺寸 ϕ18,公差等级为7级,基本偏差代号为f。查取标准公差表,就可以确定上下偏差数值。

3. 尺寸公差在零件图上的标注方法

(1)标注公差带的代号

标注公差带的代号如图1-1-22(a)所示。这种标注方法适用于大量生产,采用专用量具检验零件。

(2)标注偏差数值

标注偏差数值如图1-1-22(b)所示。上偏差注在基本尺寸的右上方,下偏差注在基本尺寸的右下方，偏差数字比基本尺寸数字小一号，上、下偏差的小数点应当对齐。这种标注适用于单件、小批量生产。

(3)标注公差带代号和偏差数值

标注公差带代号和偏差数值如图 1-1-22(c)所示。这种标注适用于产量不定时的加工机构。

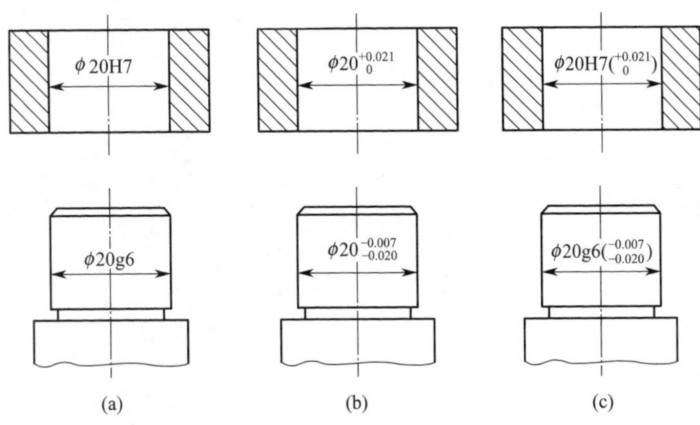

图 1-1-22　零件图中尺寸公差的标注方法

实 作 技 能

一、实训准备

在正式作业前，先准备好如下实训用品：

1. 铁道车辆典型零件图样。
2. 绘图工具。
3. 铁道车辆典型零配件。

二、实训流程及标准

1. 按照零件图识读步骤完成实训

(1)看标题栏

通过标题栏可以知道零件的名称、比例、材料以及加工方法等。

(2)分析图形

先看主视图，再联系其他视图，分析图中剖视、剖面及重要部位等，可以想象出零件的结构形状。

(3)分析尺寸

对零件的基本结构了解清楚后，再分析零件的尺寸。首先确定零件各部分结构形状的大小尺寸，再确定各部分结构之间的位置尺寸，最后分析零件的总体尺寸。同时分析零件长、宽、高三个方向的尺寸基准，找出图中的重要尺寸和主要定位尺寸。

(4)读懂技术要求

对图中出现的各项技术要求,如尺寸公差、表面粗糙度、形状和位置公差以及热处理等加工方面的要求,要逐个进行分析和了解。

2. 参照车辆钳工操作规程使用零配件

合理合规使用车辆零配件,保证安全。

三、实训内容

1. 阐述零件图所表达零件的名称、材料及所需加工方法。
2. 根据零件图正确选择对应的零配件。
3. 指出其尺寸基准及重要尺寸。
4. 分析其技术要求。

能 力 考 核

一、考核题目

零件图的识读。

二、考核内容

1. 阐述零件图所表达零件的名称、材料及所需加工方法。
2. 根据零件图正确选择对应的零部件。
3. 指出其尺寸基准及重要尺寸。
4. 分析其技术要求。

三、考核要求

1. 严格按照车辆钳工操作规程使用零配件。
2. 读图过程中注意对图样的保护。
3. 正确读图。

四、考核时间

1. 准备时间:5 min。
2. 正式作业时间:25 min。计时从打开图样开始至阐述分析完毕结束。
3. 规定时间内全部完成,超时停止作业。

五、考核标准

若考生发生下列情况之一,则应及时终止其考试,考生该试题成绩记为零分。

1. 在考试过程中因违规操作损坏零件图样。
2. 在考试过程中因违规操作发生安全事故。

考　核　表

考核项点	配　分	考核内容	
零件图的识读	80	[1]准确说出零件图所表达零件的名称、材料及所需加工方法 [2]正确选择零配件 [3]尺寸分析正确,无遗漏 [4]技术要求分析到位	
安全文明生产	10	严格按照要求操作	
清理现场	10	清理现场,图样、零配件、绘图工具摆放整齐	
用　时		成　绩	

任务二　识读典型液压回路图

液压传动装置具有平稳性好、功率密度大、可无级调速等多个优点,被大量应用在铁道车辆及其工装设备中。例如车轮压装设备、减振设备等。作为铁道车辆一线技术工人,正确识读和分析典型液压回路图是必须掌握的一项技能。

任　务　单

项　目	机械基础		
任　务	识读典型液压回路图	学　时	2
任务概述			
液压传动装置具有平稳性好、功率密度大、可无级调速等多个优点,被大量应用在铁道车辆及其工装设备中。例如车轮压装设备、减振设备等。作为铁道车辆一线技术工人,正确识读和分析典型液压回路图是必须掌握的一项技能			
任务内容			
本任务主要学习液压传动系统的组成和工作过程。能够正确识读典型液压回路图并分析各组成元件在回路中的作用;能够对常见液压系统故障做出判断,找到原因			
任务目标			
知识目标	能力目标	素质目标	
1. 掌握液压传动系统的组成和工作原理 2. 掌握常用液压元件的职能符号 3. 掌握液压基本回路的组成和作用	1. 能够正确识读典型液压回路图 2. 分析液压回路中各组成元件的作用 3. 能够从原理上分析常见液压系统故障产生原因和解决措施	1. 树立安全生产意识 2. 培养严谨认真的工作态度 3. 培养团队合作精神	

续上表

任 务 要 求
1. 在实训过程中,严格遵守实训场所有关规定
2. 树立"安全第一"意识,保证人身及设备安全
3. 做好实训准备工作,准备好相关物品
4. 拆解、组装液压元件时注意操作顺序
5. 组装液压回路时注意各元件是否匹配,防止某些元件过载损坏
6. 发生下列情况之一,应立即终止实训
(1)在实训过程中因违规操作损坏量具或工具
(2)在实训过程中因违规操作发生安全事故

理 论 知 识

一、液压传动系统的组成和工作原理

流体传动是以流体为工作介质进行能量转换、传递和控制的传动方式。它包括液压传动、液力传动和气压传动。液压传动和液力传动都是以液体作为工作介质来进行能量传递的传动方式。液压传动主要是利用液体的压力能来传递能量;液力传动主要是利用液体的动能来传递能量。

1. 工作原理

如图 1-2-1 所示,小液压缸 1、大液压缸 6、排油单向阀 2、吸油单向阀 3、截止阀 5、油箱 4、缸体、杠杆手柄和管件组成手动液压千斤顶。工作过程如下。

(1)如提起手柄使小活塞向上移动,小活塞下端油腔容积增大,形成局部真空,这时吸油单向阀 3 打开,通过油管从油箱 4 中吸油。

(2)用力压下手柄,小活塞下移,小缸体下腔的压力升高,吸油单向阀 3 关闭,排油单向阀 2 打开,小缸体下腔的油液经管道输入大液压缸 6 的下腔,迫使大活塞向上移动,顶起重物。

(3)再次提起手柄吸油时,排油单向阀 2 关闭,油液不能倒流,保证了重物不会自行下落。不断地往复扳动手柄,使重物逐渐地升起。

(4)打开截止阀 5,大液压缸 6 的下腔的油液通过管道、截止阀 5 流回油箱,大活塞在重物和自重作用下向下移动,回到原始位置。

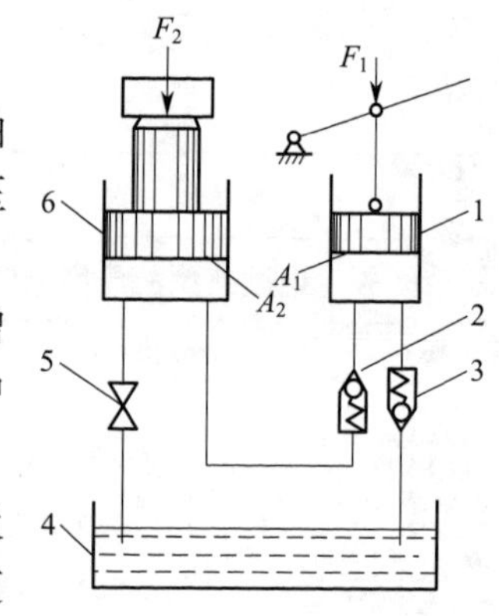

图 1-2-1 手动液压千斤顶工作原理

1—小液压缸;2—排油单向阀;3—吸油单向阀;4—油箱;5—截止阀;6—大液压缸;F_1—小活塞上外力;F_2—大活塞上外力;A_1—小活塞作用面积;A_2—大活塞作用面积

分析液压千斤顶工作过程可知,液压传动系统的工作压力取决于负载;液压缸的运动速度取决于流量;传动必须在密封容器内进行,而且容积要发生变化;传动过程中必须经过两次能量转换。

液压传动是以液体作为工作介质来进行能量传递的一种传动形式,通过能量转换装置,将原动机的机械能转变为液体的压力能,然后通过封闭管道、控制元件等,由另一能量装置将液体的压力能转变为机械能,驱动负载实现执行机构的运动。

2. 组成

从上述例子可以看出,液压传动系统的组成部分有以下五个部分:

(1)动力装置—将机械能转变成油液的压力能,是液压系统的心脏。最常见的是液压泵,它给液压系统提供压力油,使整个系统能够动作起来。

(2)执行装置—将油液的压力能转变成机械能,并对外做功。如液压缸、液压马达。

(3)控制调节装置—控制和调节液压系统中油液的压力、流量和流动方向的装置。如换向阀、节流阀、溢流阀等。

(4)辅助装置—除上述三部分以外的其他装置。如过滤器、油管、油箱、接头等。保证系统稳定持久的工作。

(5)工作介质—液压油或其他合成液体。是传递运动和动力的物质。

二、液压传动系统的特点

液压传动与机械传动、电气传动、气压传动相比有以下特点。

1. 优点

(1)在同等功率情况下,液压执行元件体积小、重量轻、结构紧凑。例如同功率液压马达的重量约有电动机的 1/6 左右。

(2)液压传动的各种元件,可根据需要方便、灵活地来布置。

(3)液压装置工作比较平稳,由于重量轻、惯性小、反应快,液压装置易于实现快速启动、制动和频繁的换向。

(4)操纵控制方便,可实现大范围的无级调速。

(5)一般采用矿物油为工作介质,相对运动面可自行润滑,使用寿命长。

(6)既易实现机械的自动化,又易于实现过载保护,当采用电液联合控制甚至计算机控制后,可实现大负载、高精度、远程自动控制。

(7)液压元件实现了标准化、系列化、通用化,便于设计、制造和使用。

2. 缺点

(1)液压传动不能保证严格的传动比,这是由于液压油的可压缩性和泄漏造成的。

(2)工作性能易受温度变化的影响,因此不宜在很高或很低的温度条件下工作,一般工作温度在－15～65 ℃。

(3)由于流体流动的阻力损失和泄漏较大,所以效率较低。

(4)为了减少泄漏,液压元件在制造精度上要求较高,因此它的造价高,且对油液的污染比较敏感。

(5)液压传动装置出现故障时不易追查原因,不易迅速排除。

三、液压系统基本装置

1. 动力装置

液压泵是液压系统的动力装置,它将输入的机械能转变为液压能,向系统提供工作所需的具有一定压力和流量的液压油,驱动系统中各个执行元件动作,是液压系统的动力源。

(1)工作原理

液压传动中的液压泵是靠密封的工作容积发生变化而进行工作的,属于容积式液压泵。

现以图 1-2-2 为例来说明其工作原理。

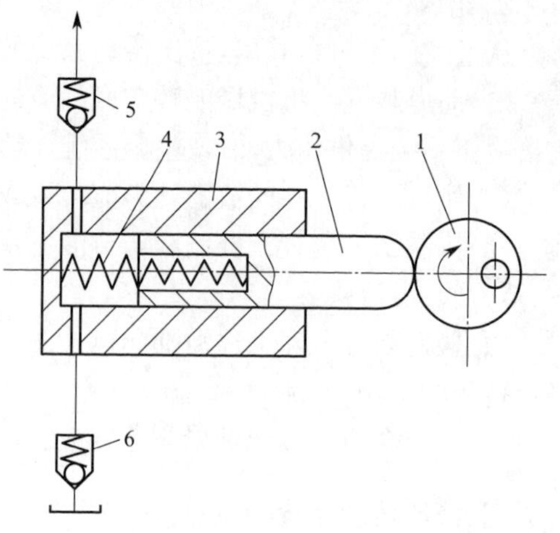

图 1-2-2 单柱塞液压泵工作原理图

1—偏心轮；2—柱塞；3—泵体；
4—弹簧；5—排液阀；6—吸液阀

当偏心轮 1 不停转动时，柱塞 2 作左右往复运动。柱塞 2 向右运动时，柱塞 2 和泵体 3 所形成的密封容积增大，形成局部真空，油箱中的油液在大气压力作用下，通过吸液阀 6 进入泵体空腔，即液压泵吸油。柱塞 2 向左运动时，柱塞 2 和泵体 3 所形成的密封容积减小，此时吸液阀 6 关闭，避免了油液流回油箱，油液经排液阀 5 进入系统，即液压泵压油。

从上述分析可知，液压泵要实现吸油、压油的工作过程必须具备以下条件：

①具备密封容积，且密封容积的大小能交替变化。

②应有配流装置。作用是在吸油过程中密封容积与油箱相通，同时切断供油通道；在压油过程中，密封容积与供通道相通与油箱切断。

③油箱内液体的绝对压力必须等于或大于大气压力。

(2)液压泵的类型

按结构：齿轮泵、叶片泵、柱塞泵。

按输油方向：单向泵、双向泵。

按输出流量：定量泵、变量泵。

按额定压力：低压泵、中压泵、高压泵。

(3)液压泵职能符号(表 1-2-1)

表 1-2-1 液压泵职能符号

名　称	符　号	名　称	符　号
单向定量液压泵		单向变量液压泵	
双向定量液压泵		双向变量液压泵	

2. 执行装置

液压缸和液压马达是液压系统中的执行装置，它是一种把液体的压力能转换成机械能以实现旋转或往复运动的能量转换装置。

(1)液压马达

液压马达是液压系统执行装置，输出运动为旋转运动或摆动。

①工作原理

如图 1-2-3 所示，轴向柱塞马达由斜盘 1、缸体 3、柱塞 2、配油盘 5 等零件组成。斜盘中心

线与缸体轴线呈 γ 角，柱塞轴向放置在缸体里。当压力油输入时，处在高压腔中的柱塞被顶出，压在斜盘上。设斜盘作用在柱塞上的反力为 N，它可分解为轴向分力和垂直分力。轴向分力与作用在柱塞上的液压作用力相平衡；垂直分力使缸体对转子中心产生转矩，即马达输出转矩。改变马达压力油输入方向，可以改变马达旋转方向；改变斜盘倾角，可改变马达排量。

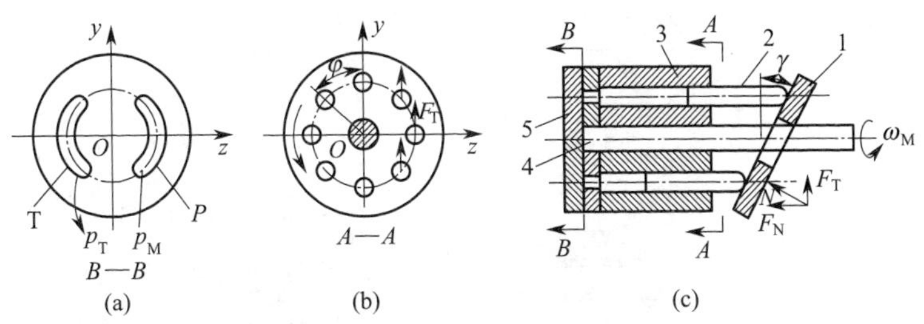

图 1-2-3　轴向柱塞马达工作原理图

1—斜盘；2—柱塞；3—缸体；4—马达轴；5—配流盘

②液压马达的类型

按照结构分为：齿轮马达、叶片马达和柱塞马达等。

按排量是否可调分为：定量马达、变量马达。

(2)液压缸

液压缸是液压系统执行装置，主要用于实现机构的往复直线运动，也可以实现摆动。

①工作原理

液压缸一般有两个油腔，每个油腔中都通有液压油，液压缸工作依靠帕斯卡原理。当液压缸两腔通有不同压力的液压油时，其活塞两个受压面承受的液体压力总和(矢量和)输出一个力，这个力克服负载力使液压缸活塞杆伸出或缩回。

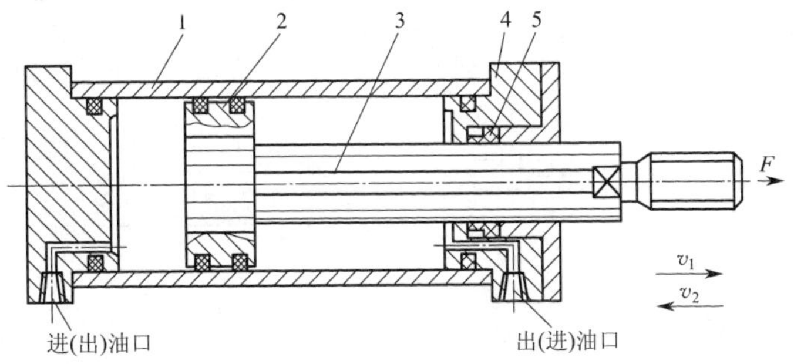

图 1-2-4　液压缸工作原理图

1—缸筒；2—活塞；3—活塞杆；4—端盖；5—活塞杆密封件

如图 1-2-4 所示，当液压缸左腔通高压油时，活塞左侧受压力，右腔油液通油箱，活塞右侧不受压力，则此时活塞左侧所受压力与负载相等。活塞运动速度取决于进入液压缸的油液流量。

②液压缸的分类

液压缸分为单作用液压缸、双作用液压缸、组合液压缸和摆动液压缸。

单作用缸又分为柱塞式液压缸、单活塞杆液压缸、双活塞杆液压缸和伸缩液压缸。

双作用液压缸分为单活塞杆液压缸、双活塞杆液压缸、伸缩液压缸。

组合液压缸分为弹簧复位液压缸、串联液压缸、增压缸、齿条传动液压缸。

摆动液压缸：输出轴直接输出扭矩，其往复回转的角度小于 360°，也称摆动马达。

③液压缸职能符号（表 1-2-2）

表 1-2-2 液压缸类型及职能符号

名称				原理图	符号	说明
液压缸	单作用液压缸		活塞缸	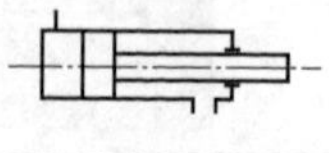	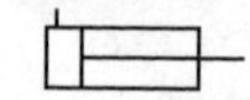	活塞仅单向运动，由外力使活塞反向运动
			柱塞缸	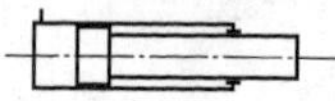	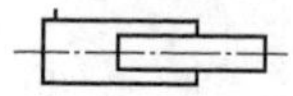	同上
			伸缩式套筒缸	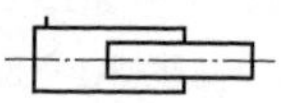	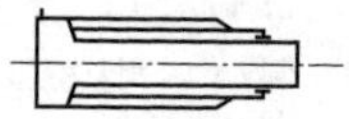	又多个互相连动的活塞的缸，其行程可改变。由外力使活塞返回
	双作用缸	单活塞缸	普通缸	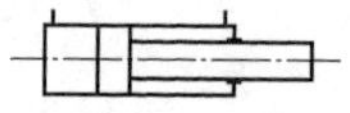	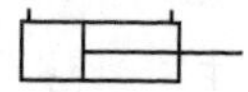	活塞双向运动，活塞在行程终了时不减速
			不可调缓冲式缸	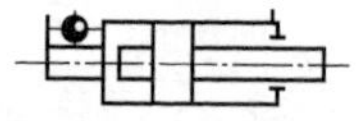	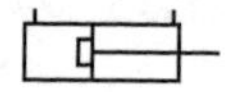	活塞在行程终了时减速制动，减速值不变
			可调缓冲式缸	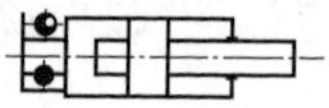	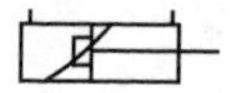	同上，但减速值可调
			差动缸	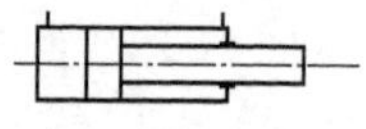	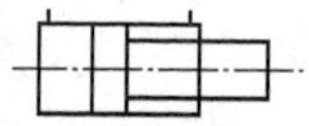	活塞两端的面积差较大使缸往复的作用力和速度差较大；对系统的工作特性有明显的作用
		双活塞杆	等行程等速缸	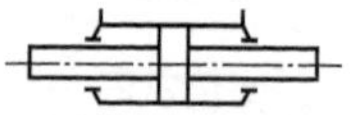	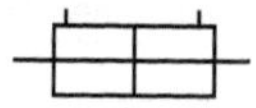	活塞左右移动速度和行程均相等
			双向缸	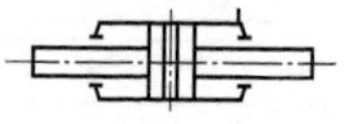	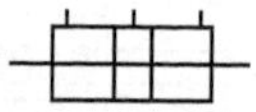	两个活塞同时相反方向运动

3. 控制装置

液压阀是液压传动系统中的控制装置。用来控制液流流动方向，压力高低和流量大小。可以分为方向控制阀、压力控制阀和流量控制阀三大类。

(1)方向控制阀

方向控制阀是控制液压系统中油液流动方向的，可分为单向阀和换向阀。

①单向阀

单向阀有普通单向阀和液控单向阀两类。普通单向阀只允许液体在管道中单向接通，反向即切断。液控单向阀的控制油口没有油液通过或油液压力达不到控制值时和普通单向阀作用一样；当控制油口通入压力油时，油液可以双向流通。

②换向阀

利用阀芯对阀体的相对运动，使油路接通、关断或变换油流的方向，从而实现液压执行元件及其驱动机构的启动、停止或变换运动方向。

按照阀芯相对于阀体的运动方式可分为滑阀和转阀；按照操作方式可分为手动、机动、电磁动、液动和电液动等；按照阀芯工作时在阀体中所处的位置可分为二位和三位等；按照换向阀所控制的通路数不同可分为二通、三通、四通和五通等。

③方向控制阀职能符号(表 1-2-3)

表 1-2-3 常用方向控制阀职能符号

名称		职能符号	说明
单向阀			
液控单向阀			
换向阀	人力控制	按钮式 拉钮式 按—拉式 手柄式 踏板式 双向踏板式	一般符号
	机械控制	顶杆式 可变行程式 弹簧式 滚轮式	
	电气控制	单作用电磁式 双作用电磁式 比例电磁式 比例双电磁式	例:三位四通 Y 形弹簧复位双作用电磁阀 AB W W PT
	压力控制	2 1 加压或卸压控制 差动控制	例子:三位四通 O 形弹簧复位液动阀 AB W W PT

(2)压力控制阀

压力控制阀在液压传动系统中控制油液压力的高低或利用压力值控制其他元件，简称压力阀。这类阀的共同点是利用作用在阀芯上的液压力和弹簧力相平衡的原理来工作。按用途分为溢流阀、减压阀和顺序阀。

①溢流阀

能控制液压系统在达到调定压力时保持恒定状态。用于过载保护的溢流阀称为安全阀。当系统发生故障，压力升高到可能造成破坏的限定值时，阀口会打开而溢流，以保证系统的安全。

②减压阀

能控制分支回路得到比主回路油压低的稳定压力。减压阀按它所控制的压力功能不同，又可分为定值减压阀(输出压力为恒定值)、定差减压阀(输入与输出压力差为定值)和定比减压阀(输入与输出压力间保持一定的比例)。

③顺序阀

用来控制液压系统中各执行元件动作的先后顺序。根据控制压力的不同,顺序阀又可分为内控式和外控式两种。前者用阀的进油口压力控制阀芯的启闭,后者用外来的控制压力油控制阀芯的启闭(液控顺序阀)。

④压力控制阀职能符号(表 1-2-4)

表 1-2-4 常用压力控制阀职能符号

名称	职能符号	说明
溢流阀	直动型溢流阀　先导型溢流阀	一般符号
减压阀	直动型减压阀　先导型减压阀	一般符号
顺序阀	直动型直控顺序阀　直动型外控顺序阀　单向顺序阀(平衡阀)	一般符号

(3)流量控制阀

液压系统中执行元件运动速度的大小,由输入执行元件的油液流量的大小来确定。流量控制阀就是依靠改变阀口通流面积的大小或通流通道的长短来控制流量的控制阀。常用的流量控制阀有节流阀、调速阀等。常用流量控制阀功用及职能符号见表 1-2-5。

表 1-2-5 常用流量控制阀功用及职能符号

名称	功用	职能符号
节流阀	靠改变阀的开度来改变通流面积,从而控制流量,借以控制执行机构的运动速度	不可调节流阀　可调节流阀　单向节流阀
调速阀	提供稳定的流量使执行元件运动速度稳定	普通型调速阀　温度补偿型调速阀

4. 辅助装置

液压系统的辅助装置包括密封件、油管及管接头、滤油器、储能器、油箱及附件、热交换器等。辅助装置特点:(1)数量大(如油管及管接头);(2)分布广(如密封件);(3)影响大(如滤油器、密封件)。从液压系统工作原理来看,辅助元件只起辅助作用,但从保证系统完成任务方面看，却非常重要，选用不当会影响系统寿命、甚至无法工作。

四、液压基本回路

液压基本回路是由相关的液压元件所构成的用来完成特定功能的基本回路。以此为基础，可以组成各类工作需要的液压系统。

液压基本回路按照功能可以分为速度控制回路、压力控制回路、方向控制回路和多缸动作回路等。

(1)方向控制回路：在液压系统中的作用是控制执行元件的启动，停止或运动方向。如图 1-2-5 所示。

(2)压力控制回路：是利用压力控制阀来实现系统的压力控制，用来实现稳压、减压、增压和多级调压等控制，以满足执行元件在力或转矩及各种动作对系统压力的要求。如图 1-2-6 所示。

(3)速度控制回路：用来控制和调节执行元件的运动速度，是液压系统的重要组成部分。如图 1-2-7 所示。

(4)多缸动作回路：用来实现系统中两个或两个以上的执行元件按照运动关系进行控制，实现预定功能。如图 1-2-8 所示。

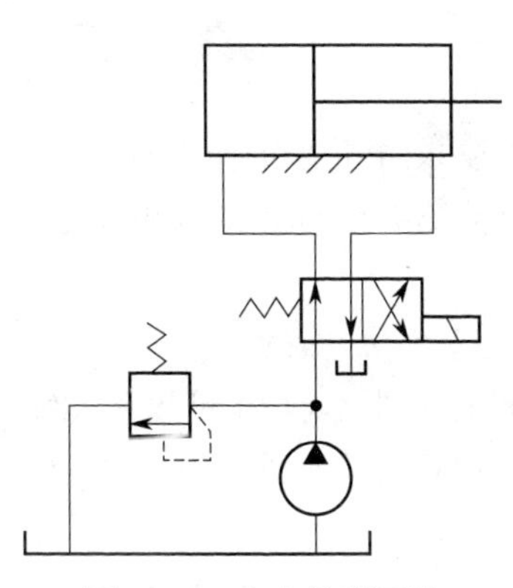

图 1-2-5　方向控制回路

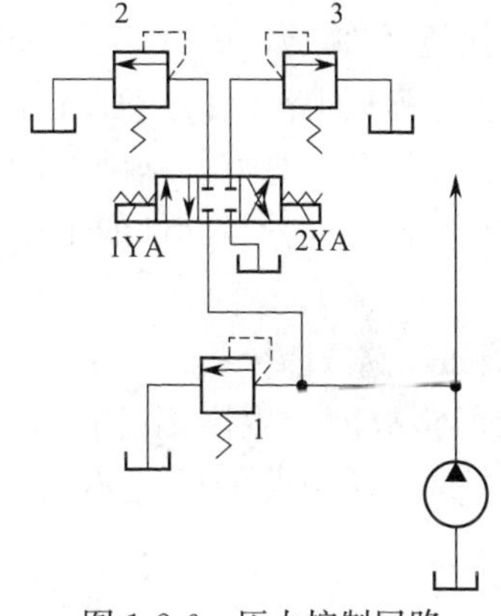

图 1-2-6　压力控制回路

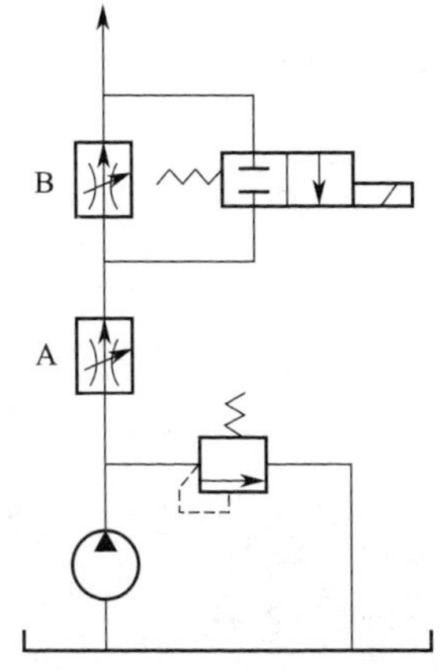

图 1-2-7　速度控制回路

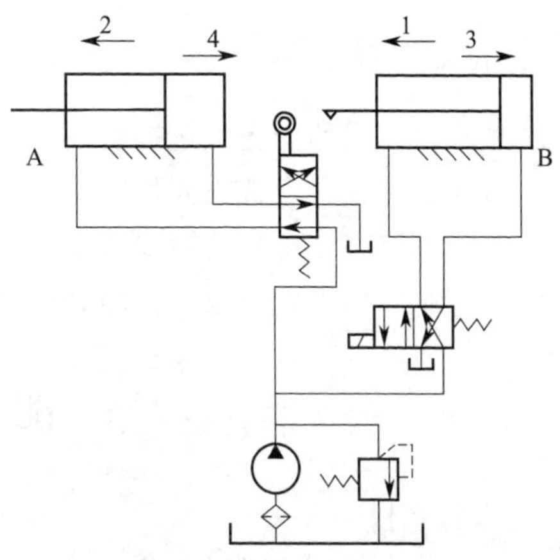

图 1-2-8　多缸动作回路

实 作 技 能

一、实训准备

在正式作业前，先准备好如下实训用品：

1. 典型液压回路图。
2. 液压手册。
3. 液压元件。

二、实训流程及标准

1. 按照液压回路图读图方法和步骤完成实训

(1)识读液压元件职能符号

根据所学液压知识及查看液压手册准确识读回路中使用的各个液压元件。

(2)分析各个液压元件的功用和原理

仔细分析各个液压元件的相互连接关系。一般原则是“先看两头，再看中间”。如果回路中有多个执行元件，应该先分成子系统，逐一进行分析。

(3)分析液压回路工作过程及进出油路

再对液压元件掌握好的基础上，根据液压回路的工作要求分析其工作过程。注意控制元件在不同位置时回路执行元件的工作效果，分别写出进出油路并整理出对应的电磁铁通断控制表。

(4)液压回路故障分析

液压回路故障产生原因一般是两个方面。一是液压元件本身出现故障，例如堵塞、错接等；二是液压回路的设计不当。在进行故障分析时从液压元件工作原理入手，逐一分析。

2. 参照操作规程使用液压元件

合理合规使用液压元件，注意安全。

三、实训内容

1. 根据液压回路图正确选择组成回路的主要液压元件。
2. 分析并阐述各个液压元件在液压回路中的作用。
3. 分析回路工作过程并写出进出油路及电磁铁通断表。
4. 对老师随机设置的故障做出分析判断。

能 力 考 核

一、考核题目

典型液压回路图的识读。

二、考核内容

1. 根据液压回路图正确选择组成回路的主要液压元件。
2. 分析并阐述各个液压元件在液压回路中的作用。
3. 分析回路工作过程并写出进出油路及电磁铁通断表。
4. 对老师随机假设的液压回路工作故障做出分析及判断。

三、考核要求

1. 严格按照操作规程使用液压元件。
2. 读图过程中注意对液压回路图纸和液压手册的保护。
3. 正确读图。

四、考核时间

1. 准备时间：5 min。
2. 正式作业时间：25 min。计时从打开图纸开始至阐述分析完毕结束。
3. 规定时间内全部完成，超时停止作业。

五、考核标准

若考生发生下列情况之一，则应及时终止其考试，考生该试题成绩记为零分。
1. 在考试过程中因违规操作损坏图纸或液压手册。
2. 在考试过程中因违规操作发生安全事故。

考　核　表

考核项点	配　分	考核内容		
典型液压回路图的识读	80	[1]正确选择组成回路的主要液压元件 [2]分析并阐述各个液压元件在液压回路中的作用 [3]正确写出进出油路及电磁铁通断表 [4]对随机假设的回路故障做出分析及判断		
安全文明生产	10	严格按照要求操作，禁止违规		
清理现场	10	清理现场，图纸、液压元件、液压手册摆放整齐		
用　时			成　绩	

任务三　钳工基本操作

铁道车辆经过一定时期的运用，各部件都会发生磨耗、变形或损坏，为了使车辆在良好状态下稳定可靠地运行，延长其使用期限，必须进行有计划的检查和检修。检查和检修时需要车辆钳工对车辆进行解体和装配；检修车间的各种机器设备，需要钳工进行维护和修理；车辆上某些机械零件或技术的改进，也是钳工的重要任务。

任 务 单

<table>
<tr><td>项　　目</td><td colspan="3">机械基础</td></tr>
<tr><td>任　　务</td><td>钳工基本操作</td><td>学　　时</td><td>2</td></tr>
<tr><td colspan="4">任 务 概 述</td></tr>
<tr><td colspan="4">铁道车辆经过一定时期的运用,各部件都会发生磨耗、变形或损坏,为了使车辆在良好状态下稳定可靠地运行,延长其使用期限,必须进行有计划的检查和检修。检查和检修时需要车辆钳工对车辆进行解体和装配;检修车间的各种机器设备,需要钳工进行维护和修理;车辆上某些机械零件或技术的改进,也是钳工的重要任务</td></tr>
<tr><td colspan="4">任 务 内 容</td></tr>
<tr><td colspan="4">本任务主要了解钳工常用工具及设备的使用,以锉削为例,掌握钳工基本操作技能</td></tr>
<tr><td colspan="4">任 务 目 标</td></tr>
<tr><td>知 识 目 标</td><td>能 力 目 标</td><td colspan="2">素 质 目 标</td></tr>
<tr><td>了解钳工的基本操作</td><td>1. 熟练使用钳工工具、量具及设备
2. 掌握锉削钳工基本技能</td><td colspan="2">1. 树立安全生产意识
2. 培养严谨认真的工作态度
3. 培养团队合作精神</td></tr>
<tr><td colspan="4">任 务 要 求</td></tr>
<tr><td colspan="4">1. 在实训过程中,严格遵守实训场所有关规定
2. 树立“安全第一”意识,保证人身及设备安全
3. 做好实训准备工作,准备好相关物品
4. 进行钳工基本操作时,严格按照操作规范进行
5. 发生下列情况之一,应立即终止实训
(1)在实训过程中因违规操作损坏设备或工具
(2)在实训过程中因违规操作发生安全事故</td></tr>
</table>

理 论 知 识

钳工主要是利用虎钳、各种手用工具和一些机械工具来完成某些零件的加工、机器或部件的装配和调试,以及各类机械的维护与修理等工作。车辆钳工主要进行铁道车辆的装配与检修等工作。

一、钳工常用设备

1. 钳工工作台

钳工工作台也称为钳台,用来安放台虎钳、放置工具和工件等,有单人用和多人用两种,一般用木材或钢材做成,要求平稳、结实。其高度为 800～900 mm,长和宽依工作需要而定,钳口高度恰好齐人手肘为宜。钳台上必须装防护网,其抽屉用来放置工、量用具。钳台和台虎钳如图 1-3-1 所示。

2. 台虎钳

台虎钳用来夹持工件，有固定式和回转式两种结构，其规格以钳口的宽度尺寸来表示，有100 mm、125 mm、150 mm 三种。

(a) 钳台

(b) 台虎钳

图 1-3-1 钳台和台虎钳

3. 钻床

钻床是用来加工零件上各种孔的设备，有台式钻床、立式钻床、摇臂钻床等，如图 1-3-2 所示。

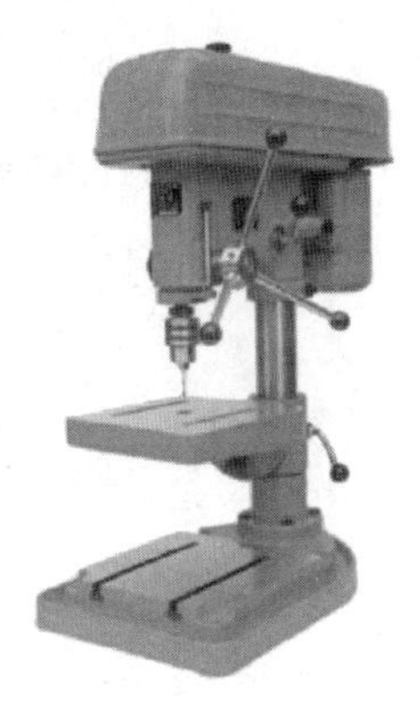

(a) 台式钻床

(b) 立式钻床

(c) 摇臂钻床

图 1-3-2 各种钻床

钻孔时的注意事项：

(1)钻孔时工件一定要压紧，防止工件跟着转动而发生事故。

(2)钻孔时不准戴手套和手拿棉丝。

(3)钻透孔时，工件下必须垫上垫块或把钻头对正工作台空挡，以免损坏工作台。停钻未停稳前，不准去捏钻头夹。松紧钻头夹必须用钥匙，不准用锤敲打，钻头从锥套中退出时一定要用斜铁敲出。

4. 砂轮机

砂轮机是用来刃磨各种刀具、钻头和工具的设备，主要是由基座、砂轮、电动机或其他动力源、托架、防护罩和给水器等所组成，如图 1-3-3 所示。

图 1-3-3 砂轮机

使用砂轮机时的注意事项：

(1)使用砂轮机时，身体不准正面对着砂轮，以免发生事故。

(2)用砂轮磨削工件时，不可用力过猛，以防打滑擦伤手部或将工件滑人防护罩内，挤碎砂轮，造成工伤。

(3)用砂轮磨削工件时，要戴防护眼镜，禁止戴手套和手拿棉丝抓住工件进行磨削。

(4)不可用砂轮的侧面磨削工件。在磨削时，不要固定在一处，以免磨损砂轮。

(5)较大的工件不可在砂轮机上磨削，以免颤动碰碎砂轮，砂轮机声音不正常或砂轮有缺口时禁止使用。

二、钳工基本操作及常用工具

(一)划　　线

根据图样的尺寸要求，用划线工具在毛胚或半成品工件上划出待加工部位的轮廓线或作出基准的点、线的操作称为划线。

划线的作用：确定加工面的加工位置和加工余量，也可以发现不合格的毛胚从而及时处理，还可以通过借料划线使误差较大的毛胚得到补救。

1. 划线的分类

划线有平面划线和立体划线两种。平面划线是指在工件一个表面上划线就能明确表示加工界线的方法；立体划线是指需要在工件几个互成不同角度(互相垂直)的表面上划线才能明确表示加工界线的方法。

2. 划线工具和步骤

常用划线工具有：划线平台、钢直尺、划针、划针盘、划规、样冲、直角尺、游标高度尺、方箱、V 形铁、千斤顶等，如图 1-3-4 所示。

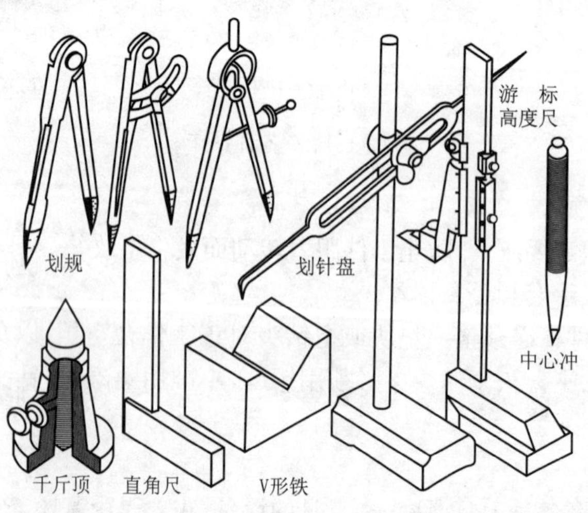

图 1-3-4 常用划线工具

划线步骤：

(1)看清图样和技术要求；

(2)选定划线基准；

(3)检查毛坯的误差情况；

(4)正确安放工件并选用划线工具；

(5)划线；

(6)对照图样检查是否划线准确；

(7)打样冲眼；

(8)完成划线，清理工作场地。

(二)錾　削

錾削是用手锤打击錾子对金属进行切削加工的操作方法。錾削操作灵活性大，不受设备、场地的限制，主要用于不便于机械加工的场合，如去除毛坯上的凸缘、毛刺、錾削平面及沟槽、斩断板料等。

錾削工具主要是手锤和錾子。

1. 手锤

常用的手锤按其形状有圆头和方头两种。按其大小重量有 0.25 kg、0.5 kg 和 0.75 kg 等几种。

手锤的握法分松握法和紧握法两种。

挥锤时根据锤击力量的大小不同分为：

(1)腕挥：只用手腕上下弯曲的力量，锤击力小。

(2)肘挥：肘和手腕协同用力，上下挥动，距离锤击物的距离增大，锤击力较大。

(3)臂挥：手腕和肘向后弯曲并使上臂稍微扬起，距锤击物的距离比肘挥更大，这种方法锤击力最大。

2. 錾子

錾子是用碳素工具钢锻成，切削部分磨成楔形，经热处理后达到硬度要求的切削工具。

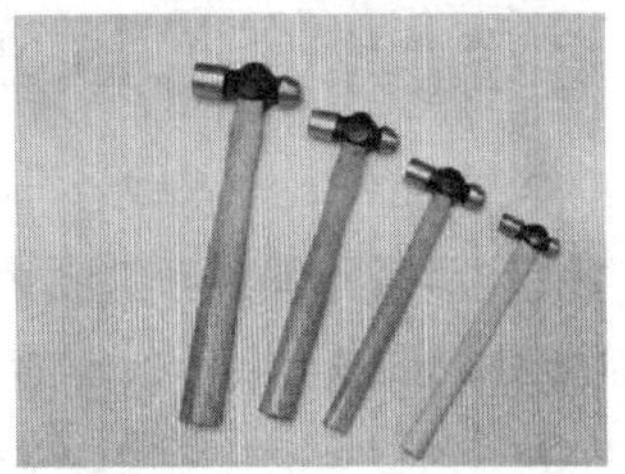
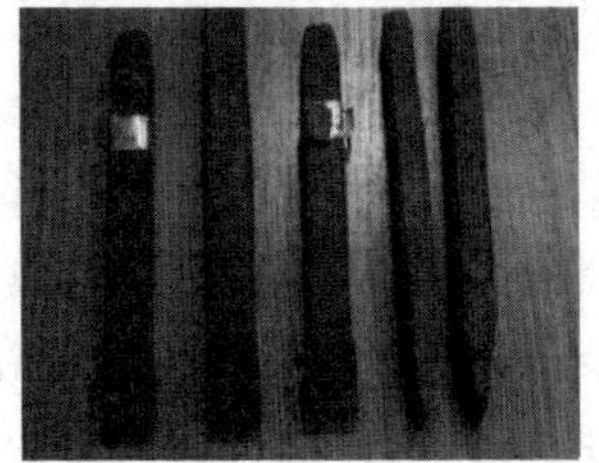

图 1-3-5　手锤和錾子

常用的錾子有扁錾、窄錾和油槽錾。扁錾主要用于錾削平面、分割材料及去毛边等；窄錾切削刃比较短，主要用来切削沟槽、剔键槽；油槽錾切削刃很短，主要用来錾削润滑油槽。

錾子的握法有：正握法、反握法和立握法。

(1)正握法：用左手的中指、无名指、小指将铲子握住，中指用力，拇指和食指自然接触，腕部自然伸直；握持的部位使錾子头部露出手外约 15 mm，这样既能把錾子握住，误击时又不易伤手。正握法主要适用于切削平面。

(2)反握法：手掌向上，用拇指、食指和中指握铲，铲刃向前。反握法适用于切削小平面和侧面及剔毛刺等。

(3)立握法:用拇指、食指握铲,其余三指轻扶,铲身直立。立握法适用于垂直錾切,如錾断板料。

(三)锯 割

锯割是用手锯对材料或工件进行分割的一种切削加工方法。主要用于分割各种材料或半成品、锯掉工件上多余的部分、在工件上开槽等,属于粗加工的一种方法。

1. 锯割工具

锯割的常用工具是手锯,由锯弓和锯条组成。锯弓有固定式和可调式两种。锯条规格用锯条两端安装孔之间的距离表示,常用锯条约长 300 mm、宽 12 mm、厚 0.8 mm。锯齿的粗细是以锯条每 25 mm 长度内的齿数来表示,一般有粗齿(14~18 个齿)、中齿(22~24 个齿)、细齿(32 个齿)三种。

2. 锯割方法

锯削的起锯方式有两种:近起锯和远起锯。近起锯是指从工件靠过操作者的一端起锯;远起锯是从工件远离操作者的一端起锯。无论哪一种起锯方法,起锯角都不要超过 15°,同时用左手大拇指挡住锯条,以保证起锯位置的准确和起锯平稳。

用手锯锯割工件时,应从工件的前边开始起锯,使锯条与工件的表面倾斜约为 10°左右。倾斜的角度不要过大,否则易使锯条崩断。锯割时,锯弓有两种工作形式。一种是摆动式,适用于锯割较厚工件,锯弓前后摆动可使锯缝平直,使锯条提高锯割效率;另一种是直线往复式,适用于锯割窄薄材料,不使锯弓摆动,以免崩掉锯齿。

锯割速度的掌握,在锯割较软材料时,每分钟可往返 30~40 次;锯硬材料时,为了减少锯齿的磨损,有效的进行锯割,锯割速度可以慢一些。在锯割过程中,要使锯条的 2/3~3/4 进入工作行程,防止锯条中部磨损严重,以提高锯割效率和锯条使用寿命。

3. 锯割注意事项

(1)锯条安装时锯齿朝前,松紧适度,以免崩断伤人。

(2)工件夹持要牢固,起锯角不宜过大或过小,两手运锯速度要适当,尽量使锯条的全长参与切削。

(3)出现锯偏的情况时,应及时在新部位重新开锯,切勿在锯偏的部位进行纠正。

(4)当锯条折断损坏后,更换锯条继续进行锯割时应注意:换上的锯条可能较折断的锯条厚而放不进原锯缝时,这种情况下应在新部位重新开锯。如一定要沿原锯缝锯割时,应先将原锯缝锯宽,不要将锯条强行压入锯缝,以免重新折断锯条。

(5)当发现锯齿崩断时,即使只崩断一个齿也应立即停止锯割进行处理。处理方法:把和断齿相邻的两三个齿,在砂轮上磨成圆弧、并将夹在锯缝中的断齿取出后可继续锯割。如不进行处理,则邻近的齿就会崩掉。

(6)锯割钢件时,应在锯条和锯缝内涂以机油进行冷却和润滑,延长锯条的使用时间。

(7)锯断工件时,防止工件落下伤脚。

(四)锉 削

锉削是用锉刀对工件表面进行切削,使其达到零件图所要求的形状、尺寸和表面粗糙度的加工方法，多用于錾削、锯削之后，可对工件上的平面、曲面、内外圆弧、沟槽以及其他复杂表面进行加工。锉削的工具就是锉刀。

1. 锉刀的种类

锉刀按用途不同可分为普通锉、整形锉和异形锉三种，如图 1-3-6 所示。

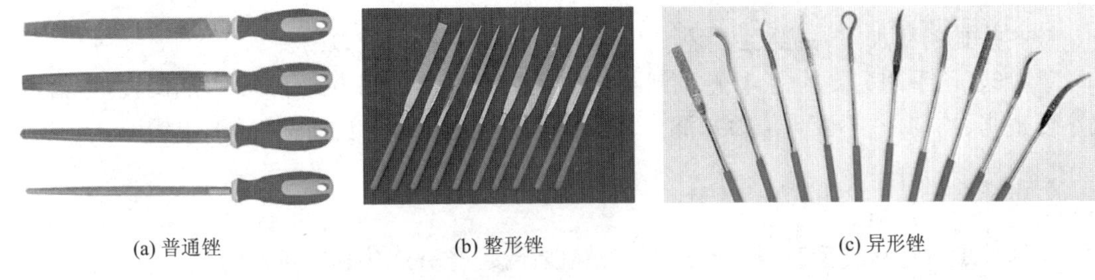

(a) 普通锉　(b) 整形锉　(c) 异形锉

图 1-3-6　锉刀的种类

普通锉按断面形状又可分为平锉（板锉）、半圆锉、三角锉、圆锉、方锉等。

整形锉又称什锦锉，主要用于工件细小部分的表面及精加工。

异形锉主要用于锉削工件上特殊的表面。

锉刀按粗细规格分粗齿锉、中齿锉、细齿锉和油光锉。

选用锉刀时，应根据加工件的形状、加工余量、精度要求和材料性质来选择。如锉软金属、加工余面大、精度等级低的工件可选用粗扁锉。新锉刀比较锐利，适合锉软金属工件，旧锉刀适于锉硬金属工件。

2. 锉刀的使用方法和注意事项

使用锉刀时要两手端平，右手紧握锉刀柄，柄端顶住掌心，大拇指放在柄的上部，其余四指满握手柄，左手压住锉刀头部，协同右手使锉刀保持平衡。锉削时用力要均匀，锉刀前进锉削时，稍弯曲膝部，使重量加于锉刀上。锉刀回行时，膝部伸直，锉刀上压力消失，便于往复锉削，两腿叉开度以各人身高方便而定，腰腿要配合双手灵活动作。

为了延长锉刀使用寿命和发挥正常作用，使用锉刀时应注意下列事项：

（1）不得用新锉刀锉硬金属。

（2）有硬皮和砂粒的铸件、锻件，要用砂轮磨掉后，先用旧锉刀锉。

（3）锉刀要先一面使用，只有在该面磨钝后或必须用锐利的齿面加工时再用另一面。

（4）不要用手摸刚锉过的表面，以免沾上油垢，再锉时锉刀打滑。

（5）锉刀使用后不可重叠或与其他工具堆放在一起。

（6）被锉屑沾住的锉面，要用钢丝刷把锉屑刷去，若嵌入的锉屑较大，要用铜片顺着锉齿方向剔除。

（五）孔 加 工

1. 钻孔

钻孔是使用钻床夹持麻花钻在实体材料上加工孔的方法。麻花钻是钻孔的主要工具。钻孔时进给速度要均匀，接近钻通时，进给量要减小，钻韧性材料要加切削液。

2. 扩孔

扩孔是用扩孔钻对已钻出的孔进行扩大加工，所用刀具是扩孔钻，也可用麻花钻扩孔。

用扩孔钻扩孔时，进给量为钻孔的1.5～2倍，切削速度约为钻孔的1/2。

3. 锪孔

锪孔是在孔口表面用锪钻加工出一定形状的孔或表面的加工方法。

锪孔时，进给量为钻孔的2～3倍，切削速度约为钻孔的1/3～1/2。

4. 铰孔

铰孔是孔的精加工，主要工具是铰刀，有手用铰刀和机用铰刀两种。

手铰时，两手用力要均匀，按顺时针方向转动铰刀并略为用力向下压，不能倒转，进给量的大小要适当、均匀，并不断地加冷却润滑液。铰孔完成后，顺时针方向旋转退出铰刀。

（六）螺纹连接

常用的螺纹连接类型有螺栓连接、双头螺柱连接、螺钉连接和紧定螺钉连接。

1. 攻螺纹

攻螺纹是用丝锥加工内螺纹的操作，主要工具是丝锥和铰杠。

2. 套螺纹

套螺纹是用板牙在圆杆上加工外螺纹的操作，主要工具是板牙和板牙架。

3. 螺纹连接的防松方法

螺纹连接的防松装置类型很多，按防松装置的原理可以分为靠摩擦力防松和靠机械方法防松两大类。

（1）靠摩擦力的防松装置

①对顶螺母：在螺杆上安装两个螺母，先装的叫主螺母，后装的叫副螺母。当紧固副螺母时，在两个螺母之间产生了对顶压力，这个压力是附加的压力，它使螺栓与两个螺母的螺纹间产生足够的附加压力和附加摩擦力。当螺栓的工作载荷变化时，螺纹间的附加摩擦力也不会消失，因而可以防松。

②弹簧垫圈：弹簧垫圈是用钢制成的开口钢环，两端向不同的方向翘起，具有很好的弹性。拧紧螺母后，由于弹簧垫圈的弹力使螺母压紧螺栓，螺纹间产生附加摩擦力起防松作用。另外，垫圈的斜尖端抵住螺母的支承面和连接件的表面，也可以防松。

（2）靠机械方法的防松装置

①开口销与带槽螺母：把螺母拧紧后将开口销穿入带槽螺母和螺栓的销孔中，再将销的末端分开，不使开口销窜动，二脚开口角度为60°。

②止退垫圈与圆螺母配合使用。这种垫圈具有几个外翅和一个内翅，将内翅放在外螺纹零件的纵向槽内，旋紧螺母后将外翅弯入螺母的缺口中，即可防止螺母松脱。

4. 常用工具的使用方法及注意事项

（1）螺丝刀：用来拆装头部带沟槽的螺钉。使用螺丝刀要注意刀口的宽度和厚度，必须与螺钉头部的沟槽长度和厚度相符，以免损坏螺钉和螺丝刀。

（2）专用扳手：只能用于相同规格的螺钉、螺母。

①开口扳手：有单头和双头两种。它们的开口尺寸是和螺钉、螺母相适应的。

②整体扳手：有正方形、六角形、十二角形（梅花扳手）等。用得最广泛的是梅花扳手，它只要转过30°就能调换方向，容易在狭窄的地方工作。

③成套套筒扳手：是由一套尺寸不等的梅花扳手组成，并配有摇把、手把、带棘轮的手把和

直杆等，用于一般扳手难以工作的场合。

④锁紧扳手、勾扳手：用来锁紧开槽或钻孔的圆螺母。

(3)活动扳手：其开口尺寸能在一定范围内调节。使用活动扳手时应让固定钳口受主要作用力，否则会损坏扳手。钳口调整尺寸应适合螺母尺寸，钳口过大会扳坏螺母。活动扳手的把上不能加套管，以免损坏扳手。

使用各种扳手时，要根据不同场合、不同位置、尺寸大小采用不同的扳手，辨别反正扣方向。用力大小要适当，用力太大会使螺栓螺纹损坏滑扣、机件变形等。

各种管路松、漏时，可用管子钳配合扳手进行紧固。

三、钳工常用量具

1. 游标卡尺

游标卡尺是一种中等精度的量具，可直接测量出工件的外径、孔径、长度、宽度、深度和孔距等尺寸。读数时，先读出游标卡尺零线左侧尺身的毫米整数，再读出游标卡尺上哪一条刻线与尺身上的刻线对齐，两数相加即为测得尺寸。游标卡尺如图 1-3-7 所示。

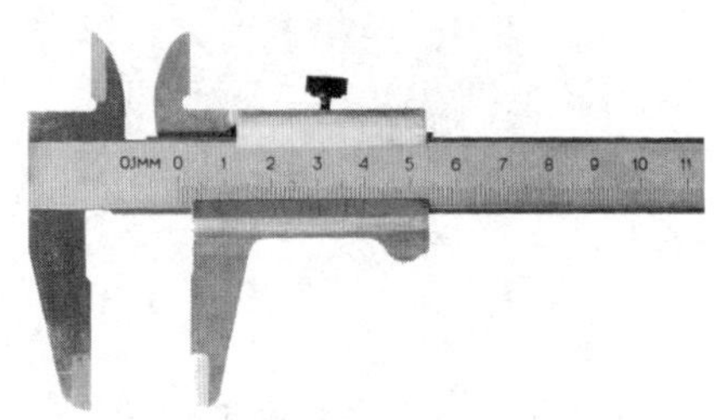

图 1-3-7　游标卡尺

2. 千分尺

千分尺是一种精密量具，其精度比游标卡尺高，接触灵敏，主要用于测量加工精度要求较高的工件尺寸。千分尺如图 1-3-8 所示。

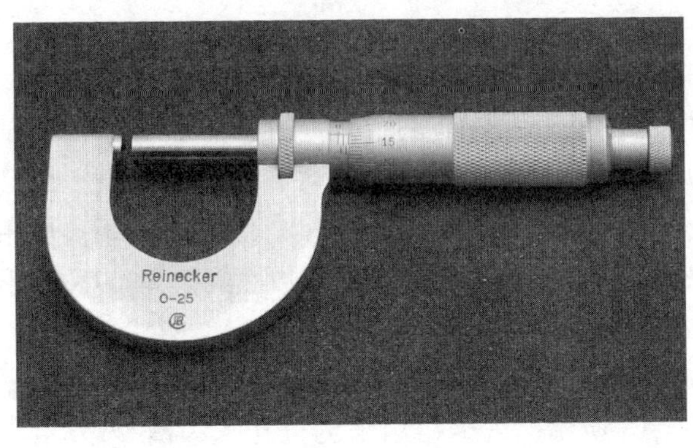

图 1-3-8　千分尺

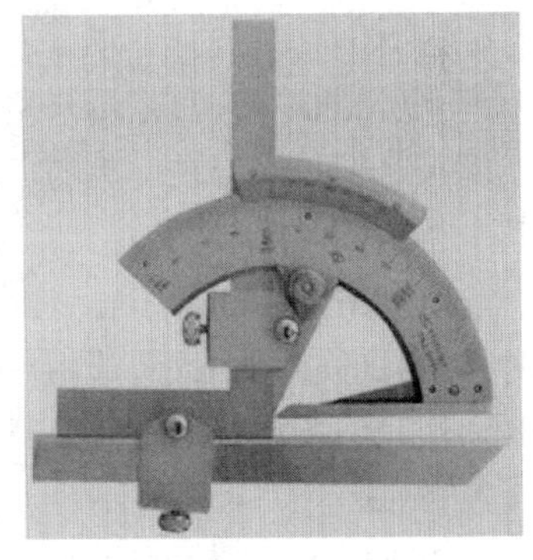

图 1-3-9　万能量角器

使用千分尺时应注意：

(1)测量前，先用校验棒检验，看微分筒与固定套筒的零线是否对齐，如有偏差应调固定套筒对零。

(2)测量时，用手转动测力装置，控制测力，不允许用冲击力转动微分筒，一般棘轮响三、四下为宜。

(3)读数时，最好不取下千分尺读数，如需取下，应先锁紧测微螺杆，然后轻轻取下，防止尺寸变动。

3. 万能游标量角器

万能游标量角器是用来测量工件内、外角度的量具，如图 1-3-9 所示。其测量范围为 0°～320°。测量时，应使万能量角器的两个测量面与被测件表面在全长上保持良好接触，然后拧紧制动器上的螺帽，再进行读数。

4. 百分表

百分表可用来检验机床精度和测量工件的尺寸、形状和位置误差，如图 1-3-10 所示。测量前，应检查表盘和指针有无松动现象，检查指针的平稳和稳定性。

图 1-3-10　百分表

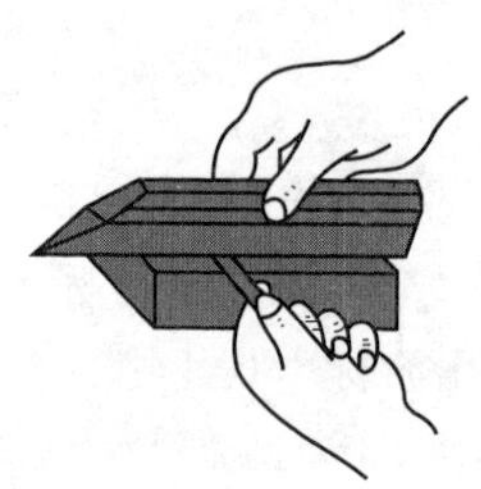

图 1-3-11　刀口直尺

5. 刀口直尺

刀口直尺是用来测量工件的直线度、平面度等的专用量具，如图 1-3-11 所示。测量时，一般是通过间隙法来确定工件的平面度或直线度误差。变换测量位置时，不能将刀口直尺在工件表面拖动，应抬起后再轻放至另一位置，以免损伤量具，降低测量精度。

6. 塞尺

塞尺（又叫厚薄规）是用来检验两个结合面之间间隙大小的片状量规，如图 1-3-12 所示。

塞尺是把一端钉在一起的一组薄钢片式的量具，每片有两个平行的测量面，钢片的厚度即为其工作尺寸，在钢片上有其本身厚度的标记。钢片具有较高的弹性。塞尺的长度一般制成 50 mm、100 mm 和 200 mm 三种，厚度一般为 0.02～1.00 mm，精度等级为 1、2 级。使用塞尺时，可根据间隙的大小，选用一片或几片重叠在一起插入间隙内，用力不能太大，以免变形或折断。用完后要擦拭干净并及时保存。

7. 卡钳

卡钳有内卡钳和外卡钳两种，如图 1-3-13 所示。内卡钳用来测量孔及沟槽等；外卡钳用来测量零件厚度、宽度及外径等。

使用卡钳时，先用手大致调整其开度，然后再用轻轻敲击的办法进行调节，其松紧度可由手的感觉来判断。

使用外卡钳时，应使其与测量工件成直角，用中指挑着股部叉处，用拇指、食指两指扶持，测量松紧程度以其自重下垂为标准。测好后，将外卡钳的一脚靠在钢尺的端面上；另一脚顺着钢尺边缘平行的置于尺面上，正视其尺寸。

使用内卡钳时，先将一脚靠在被测孔壁上做支点；另一脚前后左右摆动探测，以获得接近孔径的标准尺寸。在钢尺上取尺寸时，先将钢尺靠在平面上，再将内卡钳的一脚靠在平面上，观察另一脚在钢尺刻线上的位置，正视其尺寸。

另外,在核对轴径和孔径时,同时使用内外卡钳以及卡钳与千分尺配合使用,可得到精确的测量数据。

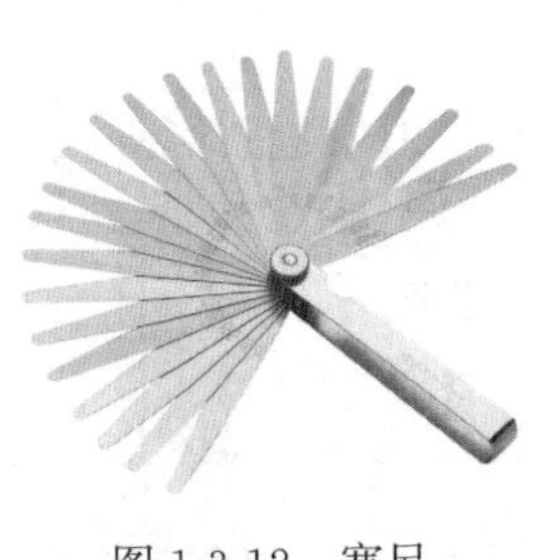

图 1-3-12 塞尺

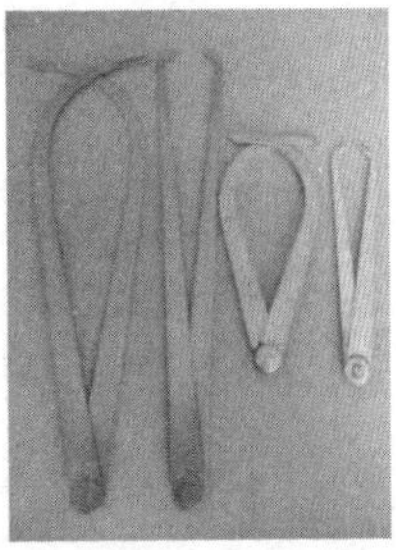

图 1-3-13 卡钳

实 作 技 能

一、实训准备

在正式作业前,先准备好使用工具及材料:平板、高度游标尺、游标卡尺、刀口角尺、刀口直尺、软钳口、钢直尺、平锉(粗、细)、毛刷。

二、实训流程及标准

按照钳工平面锉削操作技能要求进行操作。

三、实训内容

1. 掌握正确锉削姿势。
2. 正确使用工、量具并达到一定的锉削精度。

能 力 考 核

一、考核题目

钳工基本操作(平面锉削)。

二、考核内容

正确使用工、量具并达到一定的锉削精度。

三、考核要求

1. 严格按照操作技能要求进行操作。
2. 操作过程中,正确使用合适的工、量具。

四、考核时间

1. 准备时间:5 min。

2. 正式作业时间：120 min。计时从工具准备齐全开始至检查、记录完毕结束。
3. 规定时间内全部完成，超时停止作业。

五、考核标准

若考生发生下列情况之一，则应及时终止其考试，考生该试题成绩记为零分。
1. 在考试过程中因违规操作损坏工、量具或工件。
2. 在考试过程中因违规操作发生安全事故。

考 核 表

考核项点	配分	考核内容	
钳工工、量具的使用	70	[1]正确选择和使用工、量具 [2]按要求进行操作并使工件符合技术要求	
安全文明生产	15	严格按照要求操作，禁止违章	
清理现场	15	清理现场，工量具摆放整齐	
用时		成绩	

项目二　电 工 基 础

一、学习目标

1. 了解电路基础知识；
2. 学会万用表的正确使用；
3. 掌握电子线路的测量及故障判断；
4. 了解电器的基本概念、分类、结构及工作原理；
5. 掌握电气控制线路图的识读及线路故障的判断与处理。

二、学习任务

任 务 列 表

序　号	任 务 名 称	学 时 要 求
1	电路基础知识认知	2
2	万用表的使用	2
3	电气控制线路的故障检修	2
合计学时		6

任务一 认知电路基础知识

电路基础知识主要包括电路的基本概念、基本定律及电路的一般分析方法，掌握相关理论知识有利于对实际电气装置的分析研究。

任 务 单

<table>
<tr><td>项　目</td><td colspan="4">电工基础</td></tr>
<tr><td>任　务</td><td colspan="2">认知电路基础知识</td><td>学　时</td><td>2</td></tr>
<tr><td colspan="5">任 务 概 述</td></tr>
<tr><td colspan="5">电路基础知识主要包括电路的基本概念、基本定律及电路的一般分析方法，掌握相关理论知识有利于对实际电气装置的分析研究</td></tr>
<tr><td colspan="5">任 务 内 容</td></tr>
<tr><td colspan="5">1. 了解电路的基本概念
2. 掌握电路的基本定律及电路的一般分析方法</td></tr>
<tr><td colspan="5">任 务 目 标</td></tr>
<tr><td colspan="2">知 识 目 标</td><td>能 力 目 标</td><td colspan="2">素 质 目 标</td></tr>
<tr><td colspan="2">1. 了解电路的基本概念
2. 掌握电路的基本定律及电路的一般分析方法</td><td>能够灵活运用电路的分析方法</td><td colspan="2">1. 树立安全生产意识
2. 培养严谨认真的工作态度
3. 培养团队合作精神</td></tr>
<tr><td colspan="5">任 务 要 求</td></tr>
<tr><td colspan="5">1. 掌握电路的组成及三种工作状态
2. 掌握欧姆定律、基尔霍夫定律
3. 掌握直流电路电阻串并联的特点
4. 能够灵活运用支路电流法、叠加定理分析电路</td></tr>
</table>

理 论 知 识

一、电　路

在电的实际应用中，从最简单的手电筒的工作到复杂的电子计算机的运算，都是由电路来完成的。

（一）电路的组成及电路元件的作用

电路就是电流所流经的路径，它由电路元件组成。当合上电动机的刀闸开关时，电动机立即就转动起来，这是因为电动机通过导线经开关与电源接成了电流的通路，并将电能转换成为机械能。电动机、电源等称为电路元件，电路元件大体可分为四类。

（1）电源：即发电设备，其作用是将其他形式的能量转换为电能。如电池是将化学能转换为电能，而发电机是将机械能转换为电能。

（2）负载：即用电设备，它的作用是把电能转换为其他形式的能。如电炉是将电能转换为热能，电动机则是把电能转换为机械能。

（3）控制电器和保护电器：在电路中起控制和保护作用。如开关、熔断器、接触器等。

（4）导线：由导体材料制成，其作用就是把电源、负载和控制电器连接成一个电路，并将电源的电能传输给负载。

由此可见，电路的作用是产生、分配、传输和使用电能。图 2-1-1 就是一个最简单的电路。

（二）电　路　图

在实际工作中，为便于分析、研究电路，通常将电路的实际元件用图形符号表示在电路图中，称为电路原理图，也叫电路图。图 2-1-2 就是图 2-1-1 的原理电路图。

在电路中，只有两个端点与电路其他部分相连的无分支电路称为支路。在图 2-1-3 中共有 3 条支路。通常将 3 条支路以上的连接点称为节点。如图 2-1-3 中的 A 点和 B 点即为节点。在电路中由支路组成的任一闭合路径称为回路，图 2-1-3 中共有 3 个回路。

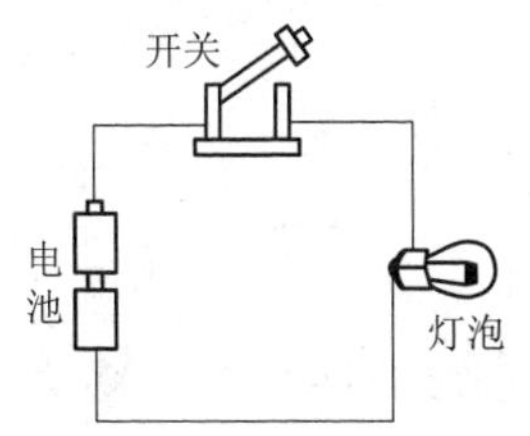

图 2-1-1　简单电路

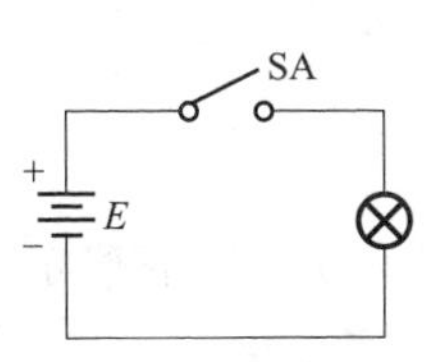

图 2-1-2　电路原理图

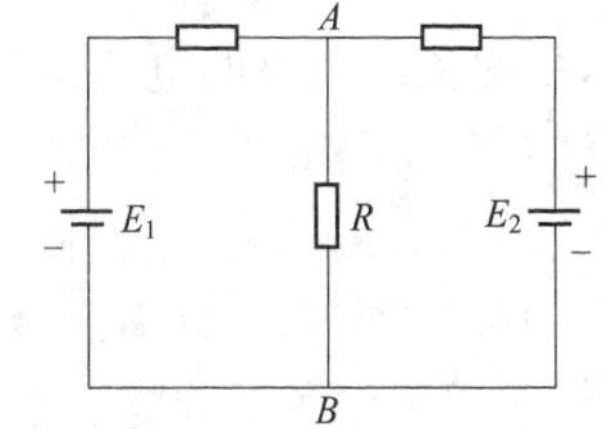

图 2-1-3　具有三个回路的电路

二、电路的欧姆定律

电流、电压和电阻是电路中的三个基本物理量，分析计算电路，就是研究以上各量之间的关系，确定它们的大小。欧姆定律就是反映电阻元件两端的电压与通过该元件的电流同电阻三者关系的定律，电路如图 2-1-4 所示，其表达式为

$$I=\frac{U}{R}$$

式中　I——电流（A）；

U——电压（V）；

R——电阻（Ω）。

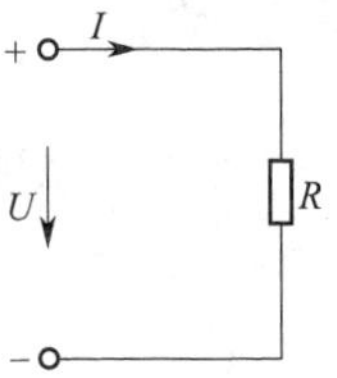

图 2-1-4　欧姆定律电路

可知，通过电阻元件的电流与电阻两端的电压成正比，而与电阻成反比。

对于任一分支的电阻电路，只要知道电路中的电压、电流和电阻这三个量中的任意两个量，就可由欧姆定律求得第三个量。

三、电路的基尔霍夫定律

欧姆定律可以确定电阻元件上电压与电流的关系，但只能用于无分支的电阻电路。对于一个比较复杂的电路，如图 2-1-5 所示，确定各支路电流和各部分电压的关系，只用欧姆定律一般是不能解决的,必须利用基尔霍夫定律才可表明支路电流之间的关系和回路电压间的关系。

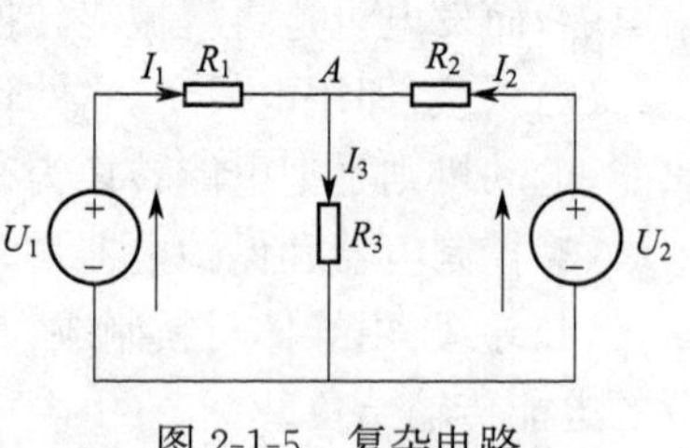

图 2-1-5 复杂电路

1. 基尔霍夫电流定律

基尔霍夫电流定律也称为基尔霍夫第一定律,它确定了电路中任一节点所连的各支路电流之间的关系。

基尔霍夫电流定律指出:对于电路中的任一节点,流入节点的电流之和必等于流出该节点的电流之和。

在图 2-1-5 电路中,对于节点 A,I_1、I_2 是流入节点的,而 I_3 是由节点流出的。由基尔霍夫电流定律可将三个电流之间的关系表示为

$$I_1+I_2=I_3$$

如果将 I_3 移到左边可得

$$I_1+I_2-I_3=0$$

即流入(或流出)电路任一节点的各电流的代数和等于零。

$$\sum I=0$$

式中符号$\sum$是“代数和”的意思,说明各项电流可为正或负,如果规定流入节点的电流为正,那么流出节点的电流就是负的,反之也成立。在应用时应注意各支路电流的方向。

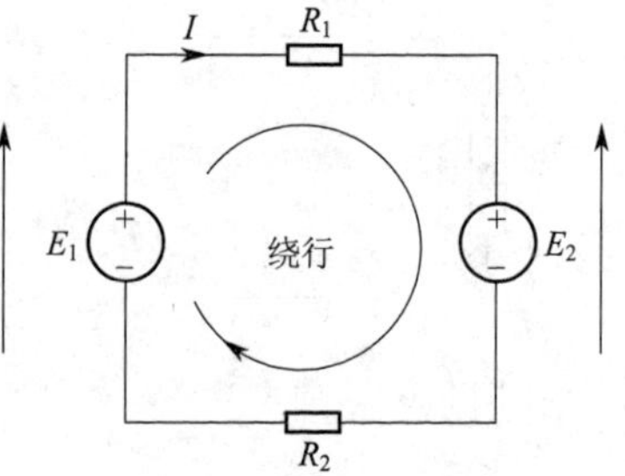

图 2-1-6 具有一个回路的电路

2. 基尔霍夫电压定律

基尔霍夫电压定律也叫基尔霍夫第二定律,它确定了电路任一回路中各部分电压之间的相互关系。

基尔霍夫电压定律指出:对任一回路,沿任一方向绕行一周,各电源电势的代数和等于各电阻电压降的代数和。

即$\sum E=\sum IR$

或$\sum E=\sum U$

如图 2-1-6 所示,如沿顺时针方向绕行,由基尔霍夫电压定律可列出该回路的电压方程:

$$E_1-E_2=IR_1+IR_2$$

在应用基尔霍夫电压定律时应注意,先选定绕行方向,回路中凡是与绕行方向相同的电势或电流取正号,反之取负号,电势方向从负到正。

$$I=\frac{E_1-E_2}{R_1+R_2+R_3+R_4}$$

可见,利用基尔霍夫电压定律即可求解回路上的电压和电流。

基尔霍夫定律是电路理论的基本定律,在应用基尔霍夫定律时必须注意电流、电压、电势的方向及所选定的绕行方向的关系。

四、电阻的串联电路

在电路中,电阻的连接方式是多种多样的,串联电路是最简单的一种。将两个以上的电阻,依次首尾相连,使各电阻通过同一电流,这种连接方式称为电阻的串联。图 2-1-7 所示为三个电阻的串联电路。

串联电路的总电压等于各电阻上电压降之和。

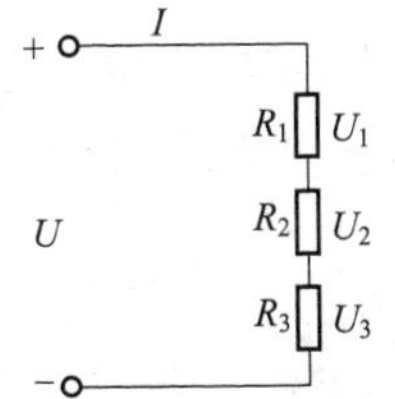

图 2-1-7　三个电阻串联电路

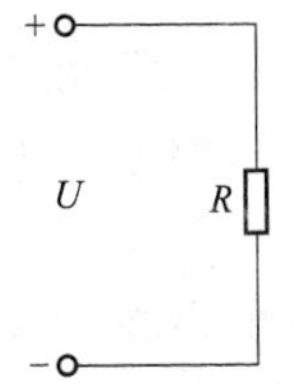

图 2-1-8　等效电路

由欧姆定律可知

$$U_1=IR_1;U_2=IR_2;U_3=IR_3$$

所以总电压为

$$U=IR_1+IR_2+IR_3=I(R_1+R_2+R_3)=IR$$

$$R=R_1+R_2+R_3$$

由此可见，R 为串联电路的总电阻，R 通常称为等效电阻。这样就可以将三个电阻的串联电路用图 2-1-8 所示的等效电路来表示。

由串联电路的特点可看出：如果在电路中串联一个电阻，那么电路的等效电阻就要增大。在电源电压不变的情况下，电路中的电流将要减小。所以串联电阻可起到限流作用。例如，大型电动机启动时，为了防止启动电流过大，常在启动回路中串入一个启动电阻，以减小起动电流。

串联电阻的另一个用途就是可以起到分压作用，因为电阻通过电流要产生电压降，承担了电路的一部分电压。如电阻分压器和多量程电压表就是利用了这个原理。

五、电阻的并联电路

几个电阻头尾分别连在一起，即电阻都接在两个节点之间，各电阻承受同一电压，这种连接方式称为电阻的并联。图 2-1-9 即为三个电阻的并联电路。

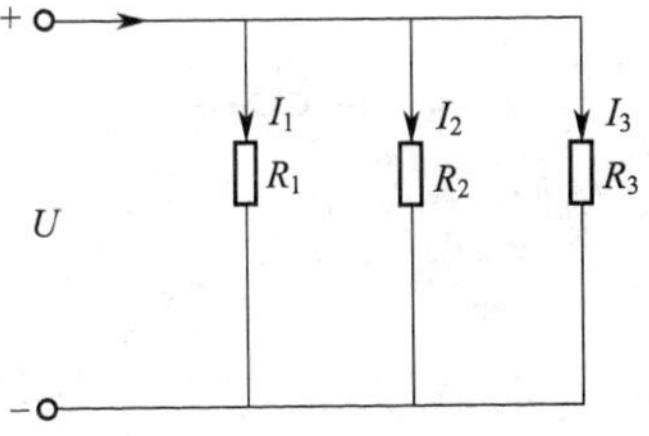

图 2-1-9　三个电阻并联电路

并联电路的总电流为各电阻支路电流之和。由基尔霍夫电流定律可知，图 2-1-9 电路中的总电流为

$$I=I_1+I_2+I_3$$

并联电路等效电阻的倒数为各电阻的倒数之和。由欧姆定律可知，图 2-1-9 中各支路的电流为

$$I_1=\frac{U}{R_1}\qquad I_2=\frac{U}{R_2}\qquad I_3=\frac{U}{R_3}$$

因为总电流

$$I=\frac{U}{R_1}+\frac{U}{R_2}+\frac{U}{R_3}=U\left(\frac{1}{R_1}+\frac{1}{R_2}+\frac{1}{R_3}\right)=\frac{U}{R}$$

所以

$$\frac{1}{R}=\frac{1}{R_1}+\frac{1}{R_2}+\frac{1}{R_3}$$

由并联电路的特点还可看出，当电路增加一并联电阻后则该电阻中将通过一定的电流，使总电流增大。因此，并联电阻可以起分流作用。如电流表并联一电阻后可以扩大电流表的量程。

六、电阻的混联电路

电阻的串联与并联是电路最基本的连接形式，在一些电路中，可能既有电阻的串联，又有电阻的并联，这种电路称为电阻的混联电路，如图 2-1-10 所示。分析、计算混联电路的方法如下：

(1)应用电阻的串联、并联逐步简化电路，求出电路的等效电阻。

(2)由等效电阻和电路的总电压，根据欧姆定律求电路的总电流。

(3)由总电流根据基尔霍夫定律和欧姆定律求各支路的电压和电流。

七、支路电流法

支路电流法是以支路电流为未知量，直接应用 KCL 和 KVL，分别对节点和回路列出所需的方程式，然后联立求解出各未知电流。

一个具有 b 条支路、n 个节点的电路，根据 KCL 可列出$(n-1)$个独立的节点电流方程式，根据 KVL 可列出 $b-(n-1)$个独立的回路电压方程式。

(1)如图 2-1-11 所示，电路的支路数 $b=3$，支路电流有 i_1、i_2、i_3 三个。

(2)节点数 $n=2$，可列出 $2-1=1$ 个独立的 KCL 方程。

节点 a $\quad i_1+i_2-i_3=0$

(3)独立的 KVL 方程数为 $3-(2-1)=2$ 个。

回路Ⅰ $\quad i_1R_1+i_3R_3=u_{s1}$

回路Ⅱ $\quad i_2R_2+i_3R_3=u_{s2}$

解联立方程组$\begin{cases} i_1+i_2-i_3=0 \\ i_1R_1+i_3R_3=u_{s1} \\ i_2R_2+i_3R_3=u_{s2} \end{cases}$，即可得三个电流值。

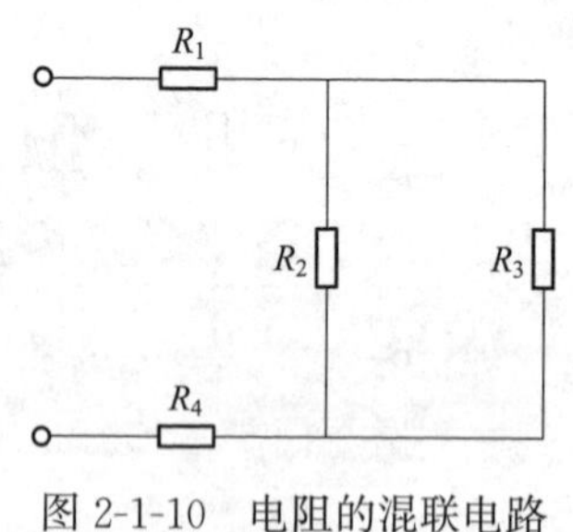

图 2-1-10 电阻的混联电路

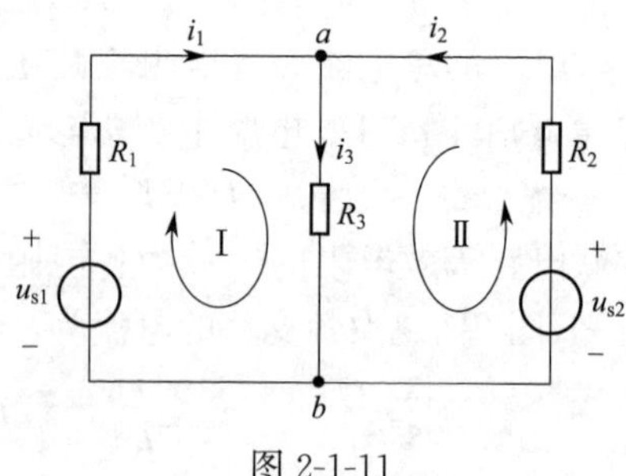

图 2-1-11

八、叠加定理

解含有几个电源的复杂电路时，可将其分解为几个简单电路来研究，然后将计算结果叠加，求得原电路的实际电流、电压，这一原理称为叠加原理。

叠加原理只适用于线性电路，即电路的参数不随外加电压及通过其中的电流而变化的电路；而且叠加原理只能用来计算电流和电压，不能直接用于计算功率。

例题 电路如图 2-1-12 所示，用叠加原理求各支路电流。

解：

(1)将原电路分解为 E_1 和 E_2 分别作用的两个简单电路，并标出电流参考方向，如图 2-1-13、图 2-1-14 所示。

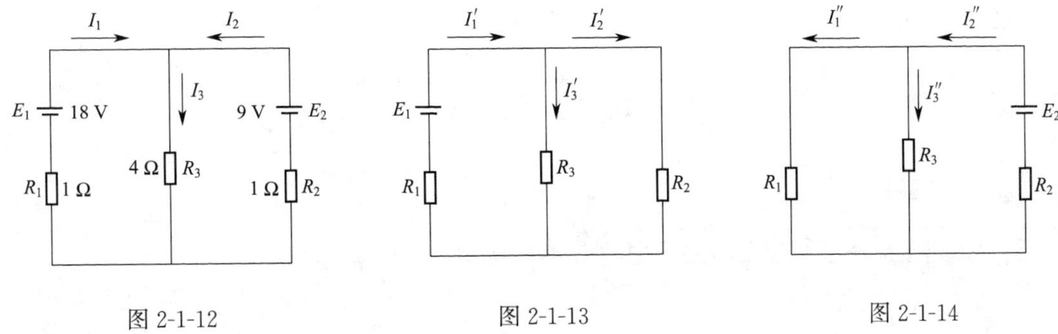

图 2-1-12　　图 2-1-13　　图 2-1-14

(2)分别求出各电源单独作用时各支路电流

在图 2-1-13 中，E_1 单独作用时：

$$I_1'=\frac{E_2}{R_1+\frac{R_2R_3}{R_2+R_3}}=\frac{18}{1+\frac{1\times4}{1+4}}=10\ \text{A}$$

$$I_2'=\frac{R_3}{R_2+R_3}I_1'=\frac{4}{1+4}\times10=8\ \text{A}$$

$$I_3'=\frac{R_2}{R_2+R_3}I_1'=\frac{1}{1+4}\times10=2\ \text{A}$$

在图 2-1-14 中，E_2 单独作用时：

(3)将各支路电流叠加(即求出代数和)，得

$I_1=I_1'-I_1''=10-4=6$ A(方向与 I_1' 相同)

$I_2=I_2''-I_2'=5-8=-3$ A(方向与 I_2' 相同)

$I_3=I_3'+I_3''=2+1=3$ A(方向与 I_3'、I_3'' 均相同)

实 作 技 能

一、实训准备

在正式作业前，先准备好如下实训用品：

1. 复杂电路图。
2. 工具：铅笔。

二、实训流程及标准

1. 识读电路图符号。
2. 明确电路图的节点数、回路数、支路数、网孔数等。
3. 用铅笔标注电路中电流的参考方向和回路的绕行方向。
4. 列方程。

5. 求解方程组。
6. 说明电流的方向。

三、实训内容

电路图分析。

能 力 考 核

一、考核题目

利用支路电流法求解复杂电路图中的未知电流值。

二、考核内容

1. 识读电路图符号。
2. 利用支路电流法求解复杂电路。

三、考核要求

1. 正确标注电路图中的参考方向。
2. 正确标注电路图中的回路绕行方向。
3. 正确使用基尔霍夫定律、欧姆定律等。
4. 正确求解方程组。

四、考核时间

1. 准备时间:2 min。
2. 正式作业时间:10 min。计时从识读电路图开始至求解未知量完毕结束。
3. 规定时间内全部完成,超时停止作业。

五、考核标准

考 核 表

考核项点	配分	考核内容		
利用支路电流法求解复杂电路图中的未知电流值	70	[1]标注方向 [2]利用基尔霍夫定律列方程 [3]正确求解方程组		
安全文明生产	15	严格按照要求操作,禁止违章		
清理现场	15	清理现场		
用　时			成　绩	

任务二 万用表的使用

铁路机车车辆电器设备是保证列车运行安全和提高列车运行效率的重要设备，为了保证这些设备稳定可靠地工作，为列车的安全运行打下基础。在对设备进行检修维护和故障处理时，必需要以电学理论为基础借助相关的仪器仪表来进行，所以电器检修必须掌握常见仪器仪表的使用，例如万用表等。

任 务 单

<table>
<tr><td>项　　目</td><td colspan="4">电工基础</td></tr>
<tr><td>任　　务</td><td colspan="2">万用表的使用</td><td>学　　时</td><td>2</td></tr>
<tr><td colspan="5">任 务 概 述</td></tr>
<tr><td colspan="5">机车车辆电器设备为列车的安全运行保驾护航，作为机车车辆检修人员的责任就是保证这些设备稳定可靠地工作。所以必须按规定对设备进行各种的测试、检修和维护。在对车上电器设备进行检修、维护和故障处理时，电学基本概念是必备理论知识，并且需要借助相关的仪器仪表来进行，所以检修人员必须掌握常见仪器仪表的正确使用
万用表作为一种多量程和多电量测量的便携式电工仪表，是铁路电器检修人员经常使用的仪表之一</td></tr>
<tr><td colspan="5">任 务 内 容</td></tr>
<tr><td colspan="5">1. 了解电学基本概念
2. 掌握数字式万用表的结构
3. 学习数字式万用表的使用，能够根据被测对象，选择合适挡位，使用万用表正确测量电压，电阻和电流并准确读数</td></tr>
<tr><td colspan="5">任 务 目 标</td></tr>
<tr><td colspan="2">知 识 目 标</td><td colspan="2">能 力 目 标</td><td>素 质 目 标</td></tr>
<tr><td colspan="2">1. 了解电学基本概念
2. 掌握数字式万用表的结构
3. 掌握数字万用表的使用方法</td><td colspan="2">1. 根据被测对象，能够选择合适挡位，正确使用数字式万用表进行测量
2. 能够正确读数</td><td>1. 树立安全生产意识
2. 培养严谨认真的工作态度
3. 培养团队合作精神</td></tr>
<tr><td colspan="5">任 务 要 求</td></tr>
<tr><td colspan="5">1. 在实训过程中，严格遵守实训场所有关规定
2. 树立“安全第一”意识，保证人身及设备安全
3. 做好实训准备工作，准备好相关物品
4. 操作仪表、工具时，严格按照操作规范进行
5. 及时记录实训数据与结果，认真撰写实训报告
6. 发生下列情况之一，应立即终止实训
(1)在实训过程中因违规操作损坏仪表或工具
(2)在实训过程中因违规操作发生安全事故</td></tr>
</table>

理论知识

万用电表简称万用表，它是一种多量程和多电量测量的便携式电工仪表，一般以测量电流、电压和电阻为主要目标，是电工必备的仪表之一。

万用表可分为指针式（模拟式）和数字式万用表两种。指针式万用表的表头为磁电系电流表，数字式万用表的表头为数字电压表。近年来，随着单片 CMDS、A/D 转换器的广泛应用，新型数字万用表（DMM）迅速得到推广和普及，显示出强大的生命力，并在许多情况下逐步取代指针式万用表。数字万用表具有很高的灵敏度和准确度，具有显示清晰直观、功能齐全、性能稳定、过载能力强、便于携带等特点。

下面以数字式万用表为例介绍万用表的结构、测量原理及使用方法。

一、数字式万用表的基本结构

（一）数字式万用表的内部结构

数字式万用表是在直流数字电压表的基础上扩展而成的。主要由模拟量/数字量（A/D）转换器、计数器、译码显示器和控制器等组成。在此基础上，利用交流-直流（AC-DC）转换器、电流-电压转换器、电阻-电压转换器，就可以把被测电量转换成直流电压信号，构成一块数字万用表，内部结构框图如图 2-2-1 所示。

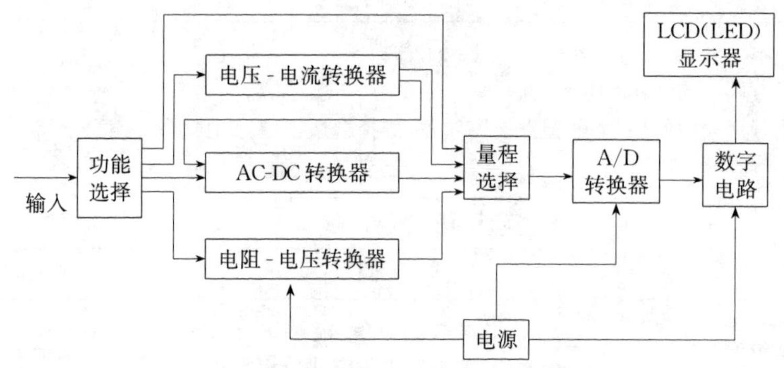

图 2-2-1 数字万用表的内部结构框图

（二）数字式万用表的外观结构

数字式万用表的表盘主要由液晶显示器、电源开关、功能开关旋钮、测试插孔等部分组成，外观结构如图 2-2-2 所示。

功能开关旋钮所指示的各符号含义介绍如下：

(1)Ω 电阻挡：分 200 Ω，2 k，20 k，200 k，2 M，200 M 六挡。

(2)V～交流电压挡：分 2 V，20 V，200 V，750 V 四挡。

(3)V＝直流电压挡：分 200 mV，2 V，20 V，200 V，1 000 V 五挡。

(4)A＝直流电流挡：分 200 μA，2 mA，20 mA，200 mA，20A 五挡。

(5)A～交流电流挡：分 200 mA，20 A 两挡。

(6)hFE:三极管 β 测量,有 NPN 和 PNP 两种型号管子的插孔。

(7)二极管测量,短路测量。

二、数字式万用表的使用方法

1. 基本操作

(1)打开万用表电源开关,液晶显示器中应有数字显示。若显示器中出现电池低电压符号,提示电池电量不足,应及时更换电池。

(2)测量时,应选择合适的挡位和量程,若不知被测值大小,可将功能开关置于最大量程挡,在测量中按需要逐步降低量程。如果测量时显示器显示“1”,表示无穷大或者所选量程偏小,须更换为较大量程。

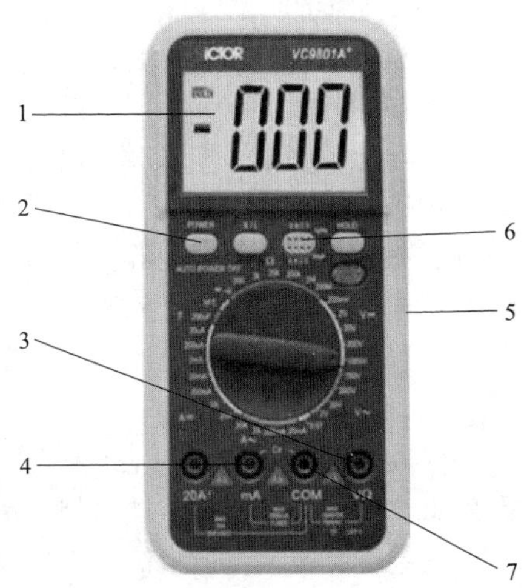

图 2-2-2 数字式万用表表盘结构

1—液晶显示器;2—电源开关;3—电阻电压测试孔;4—电流测试插孔;5—功能开关旋钮;6—三极管测试插孔;7—测试公共接地端

2. 直流电压的测量

电压基本概念:电路中两点间电压的大小等于单位正电荷在两点间移动时电场力所做的功,也就是这两点间的电位之差。习惯上规定正电荷在电场力作用下移动的方向为电压的实际方向。电压的单位为伏[特],符号 V。常用的电流单位还有千伏(kV)、毫伏(mV)等。

电位的基本概念:电路中各点对参考点之间的电压即电位,用符号 ψ 表示,参考点的电位为零,$\psi=0$。在电路中 a、b 两点间的电压等于 a、b 两点间的电位之差。

(1)将黑表笔插入“COM”孔,红表笔插入“VΩ”孔。

(2)将功能开关置于直流电压挡的相应量程。

(3)将表笔并联在被测电路两端,红表笔接高电位端,黑表笔接低电位端,读数即显示。

3. 交流电压的测量

交流电的基本概念:大小和方向均随时间做周期性变化且在一个周期内的数学平均值等于零的电压、电流或电动势称为交流电。其中,大小和方向均随时间按正弦规律变化的电压或电流称为正弦交流电,或正弦量。

(1)将黑表笔插入“COM”孔,红表笔插入“VΩ”孔。

(2)将功能开关置于交流电压挡的相应量程。

(3)表笔与被测电路并联,红、黑表笔无须考虑极性。读数即显示。

4. 直流电流的测量

电流的基本概念:电荷的定向移动形成电流。其大小为单位时间内通过导体横截面的电荷量,用 I 表示。习惯上规定正电荷的运动方向为电流的实际方向。电流的单位为安[培],符号 A。常用的电流单位还有千安(kA)、毫安(mA)和微安(μA)等。

(1)范围在 0～200 mA 时,将黑表笔插入“COM”孔,红表笔插“A”孔;测量范围在 200 mA～20 A 时,红表笔插“20A”孔。

(2)将功能开关置于直流电流挡的相应量程。

(3)两表笔与被测电路串联,且红表笔接电流流入端,黑表笔接电流流出端。读数即显示。

5. 交流电流的测量

(1)表笔插法与测量直流电流的相同。

(2)将功能开关置于交流电流挡的相应量程。

(3)表笔与被测电路串联,红、黑表笔无须考虑极性。读数即显示。

6. 电阻的测量

电阻的基本概念:电子在导体内移动时,导体阻碍电子移动的能力称为电阻。电阻用字母R表示,单位是欧[姆],符号是Ω。

欧姆定律:流过导体的电流与其两端的电压成正比,与其电阻成反比。

$$U=\pm IR$$

(1)黑表笔插入“COM”孔,红表笔插入“VΩ”孔(注:红表笔接万用表内部电源的“+”极)。

(2)将功能开关置于电阻挡的相应量程。

(3)表笔开路或被测电阻值大于量程时,显示“1”。

(4)仪表与被测电阻并联。

(5)严禁被测电阻带电测量。当检查内部线路阻抗时,要保证被测线路所有电源切断,所有电容放电。

(6)对于大于1 MΩ的电阻,要几秒钟后读数才能稳定,这是正常的。测量所显示的阻值直接读数,无须乘倍率。

7. 电容的测量

电容的基本概念:电容器两极板间的电压是U时,电容器任一极板所带电荷量是Q,那么Q与U的比值叫电容器的电容量,简称电容,用字母C表示。电容的单位是法[拉],符号为F,单位还有微法(μF)和皮法(PF)。

(1)将功能开关置于电容档的相应量程。

(2)将待测电容两引脚插入“Cx”孔即可读数。

8. 二极管的测量

二极管特点:晶体二极管亦称半导体二极管,它具有单向导电的特性,常用于整流、检波、稳压,在电子线路中应用广泛。图形符号为阳极—▷|—阴极。

(1)将万用表功能开关转至$R\times100$或$R\times1$ k挡。

(2)用两个表笔分别正反方向测量二极管两端,即可读到大小两个阻值。

(3)两个阻值较小的阻值为二极管的正向电阻,这时黑表笔所接的一端为二极管正极,红表笔所接的一端为二极管的负极;这两个电阻值的差越大越好。

(4)若两个阻值都差不多而且都很大,则证明二极管断路。

(5)若两个阻值都为零,则证明二极管短路。

也可将功能开关旋至二极管测量挡,红表笔插入VΩ孔(红表笔极性为正),黑表笔插入COM孔。测量时万用表将显示二极管的正向压降。通常二极管的正向压降显示值为500～800 mV,若被测二极管是坏的,将显示“000”(短路)或“1”(开路)。进行反向检查时,如果被测二极管是好的,将显示“1”,若被测二极管是坏的,就显示“000”或其他值。

9. 三极管放大倍数h_{FE}的测量

三极管特点:晶体三极管又称半导体三极管,可作为放大与振荡元件,应用极为广泛。三极管工作在放大状态的工作条件是:发射结加正向电压(正偏),集电结加反向电压(反偏)。三极管图形符号为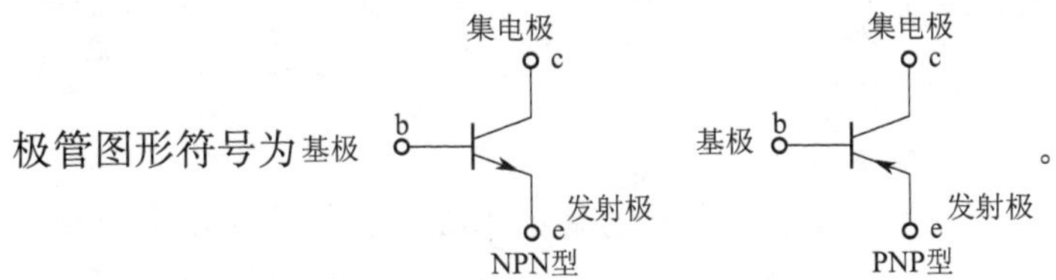

。

(1)将功能开关置于"h_{FE}"挡。

(2)测试条件为:$I_B=10\ \mu A$,$U_{CE}=2.8\ V$。被测管在低电压、小电流状态下工作,测出的h_{FE}值仅供参考。

(3)三极管三个引脚插入 NPN 型或 PNP 型对应的插孔中,这时显示器上将显示h_{FE}的近似值。

10. 线路的通、断检查

将功能开关置于"二极管蜂鸣器"挡,两只表笔分别触及被测线路两点,若两点电阻值小于 70 Ω 时,表内蜂鸣器发出叫声,则说明线路时痛的,反之,则线路不通或电阻值超过 70 Ω。以此来检查判断线路通或断。

11. 注意事项

(1)测量电压时应将数字式万用表与被测电路并联。测量电流时应与被测电路串联,测交流量时不必考虑正负极性。

(2)当误用交流电压挡去测量直流电压,或误用直流电压挡去测量交流电压时,显示屏将显示"000",或低位上的数字出现跳动。

(3)用导线连接被测电路时,导线应尽可能短,以减少测量误差。

(4)若测量电流时,没有读数,应检查熔丝是否熔断。

(5)交流电压、电路的测量读数均指电压、电流的有效值。

(6)测量完毕,应关上电源;若长期不用,应将电池取出。

(7)不宜在日光及高温、高湿环境下使用与存放(工作温度为 0～40 ℃,湿度小于 80%)。使用时应轻拿轻放。

实 作 技 能

一、实训准备

在正式作业前,先准备好如下实训用品:

1. 设备:电工电子实训设备一套。
2. 仪表:万用表。

二、实训流程及标准

1. 根据实验原理连接电路图。
2. 利用万用表正确测量要求数据并记录。
3. 分析数据,验证基尔霍夫定律。

三、实训内容

1. 实验原理

基尔霍夫定律是电路的基本定律。它包括基尔霍夫电流定律(KCL)和基尔霍夫电压定律(KVL)。

(1)基尔霍夫电流定律(KCL)

在电路中,对任一节点,各支路电流的代数和恒等于零,即$\sum I=0$。

(2)基尔霍夫电压定律(KVL)

在电路中,对任一回路,所有支路电压的代数和恒等于零,即$\sum U=0$。

基尔霍夫定律表达式中的电流和电压都是代数量,运用时,必须预先任意假定电流和电压的参考方向。当电流和电压的实际方向与参考方向相同时,取值为正;相反时,取值为负。

基尔霍夫定律与各支路元件的性质无关,无论是线性的或非线性的电路,还是含源的或无源的电路,它都是普遍适用的。

2. 按图 2-2-3 接线

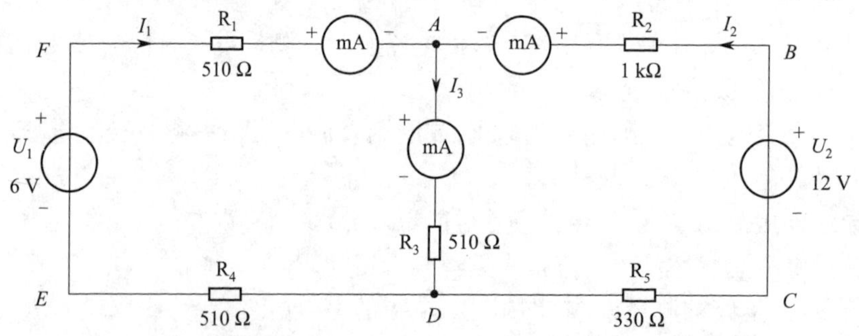

图 2-2-3 基尔霍夫定律实验接线

3. 测量并记录数据

(1)实验前,可任意假定三条支路电流的参考方向及三个闭合回路的绕行方向。图 2-2-3 中的电流 I_1、I_2、I_3 的方向已设定,三个闭合回路的绕行方向可设为 *ADEFA*、*BADCB* 和 *FBCEF*。

(2)分别将两路直流稳压电源接入电路,令 $U_1=6$ V,$U_2=12$ V。

(3)用万用表,测量支路电流,数据记入表 2-2-1。此时应注意毫安表的极性应与电流的假定方向一致。

(4)用万用表分别测量两路电源及电阻元件上的电压值,数据记入表 2-2-1。

(5)断电测量线路中各电阻元件的电阻值。

表 2-2-1 基尔霍夫定律实验数据

被测量	I_1 (mA)	I_2 (mA)	I_3 (mA)	U_1 (V)	U_2 (V)	U_{FA} (V)	U_{AB} (V)	U_{AD} (V)	U_{CD} (V)	U_{DE} (V)
计算值										
测量值										
相对误差										

4. 分析数据,验证基尔霍夫定律

能 力 考 核

一、考核题目

万用表的使用。

二、考核内容

1. 使用万用表测量线路中电压和电流值。
2. 测量电阻元件的电阻值。

三、考核要求

1. 严格按照万用表的使用要求进行各项测量。
2. 测试过程中,注意选择合适的量程和挡位。
3. 正确读数。

四、考核时间

1. 准备时间:2 min。
2. 正式作业时间:15 min。计时从工具准备齐全开始至检查、记录完毕结束。
3. 规定时间内全部完成,超时停止作业。

五、考核标准

若考生发生下列情况之一,则应及时终止其考试,考生该试题成绩记为零分。
1. 在考试过程中因违规操作损坏仪表或设备。
2. 在考试过程中因违规操作发生安全事故。

考 核 表

考核项点	配 分	考核内容		
万用表的使用	70	[1]正确选择挡位和量程 [2]按要求进行相应测试 [3]正确读数 [4]判断测试结果是否符合要求		
安全文明生产	15	严格按照要求操作,禁止违章		
清理现场	15	清理现场,工具仪表摆放整齐		
用 时			成 绩	

任务三 电气控制线路的故障检修

铁路机车车辆在运行过程中很多电气设备会经常发生各种电气故障,这些故障多是由于没有按时检修、操作失误、操作不规范、低压电器本身的故障、电气控制线路接线柱松动或由于质量瑕疵等原因造成的。因此，作为检修人员，除了要会阅读、分析电气控制线路图，更应该掌握继电器-接触器电气控制线路基本控制环节的故障检修方法，在实践中不断地总结和提高。

任 务 单

<table>
<tr><td>项　　目</td><td colspan="3">电工基础</td></tr>
<tr><td>任　　务</td><td>电气控制线路的故障检修</td><td>学　　时</td><td>2</td></tr>
<tr><td colspan="4">任 务 概 述</td></tr>
<tr><td colspan="4">铁路机车车辆在运行过程中很多电气设备会经常发生各种电气故障，作为检修人员，除了要会阅读、分析电气控制线路图，更应该掌握继电器-接触器电气控制线路基本控制环节的故障检修方法，在实践中不断地总结和提高</td></tr>
<tr><td colspan="4">任 务 内 容</td></tr>
<tr><td colspan="4">1. 掌握常用低压电器的基本概念、分类、结构、符号及工作原理
2. 掌握电气控制线路图的识读方法
3. 掌握电气线路故障的检修方法</td></tr>
<tr><td colspan="4">任 务 目 标</td></tr>
<tr><td colspan="2">知 识 目 标</td><td>能 力 目 标</td><td>素 质 目 标</td></tr>
<tr><td colspan="2">1. 掌握常用低压电器的基本概念、分类、结构、符号及工作原理
2. 掌握电气控制线路图的识读方法
3. 掌握电气线路故障的检修方法</td><td>1. 能够正确识读电气控制线路图，并分析工作原理
2. 根据故障现象，分析判断故障原因，并准确排除故障</td><td>1. 树立安全生产意识
2. 培养严谨认真的工作态度
3. 培养团队合作精神</td></tr>
<tr><td colspan="4">任 务 要 求</td></tr>
<tr><td colspan="4">1. 在实训过程中，严格遵守实训场所有关规定
2. 树立“安全第一”意识，保证人身及设备安全
3. 做好实训准备工作，准备好相关物品
4. 操作仪表、工具时，严格按照操作规范进行
5. 及时记录实训数据与结果，认真撰写实训报告
6. 发生下列情况之一，应立即终止实训
(1)在实训过程中因违规操作损坏仪表或工具
(2)在实训过程中因违规操作发生安全事故</td></tr>
</table>

理 论 知 识

一、低压电器概述

(一)低压电器的定义与分类

1. 定义

我国现行标准将工作电压交流 1 200 V、直流 1 500 V 以下的电气线路中起通断、保护、控制或调节作用的电器称为低压电器。

2. 分类

表 2-3-1 列出了低压电器的三种分类方式。

表 2-3-1　低压电器的分类

按用途分	控制电器	接触器、继电器、电动机启动器等
	主令电器	按钮、行程开关、万能转换开关等
	保护电器	熔断器、热继电器、各种保护继电器、避雷器等
	执行电器	电磁铁、电磁离合器等
	配电电器	高压断路器、隔离开关、刀开关、低压断路器等
按操作方式分	自动电器	接触器、继电器等
	手动电器	刀开关、转换开关和主令电器等
按工作原理分	电磁式电器	直流接触器、电磁式继电器等
	非电量控制电器	按钮开关、行程开关、刀开关、热继电器、速度继电器等

二、开关电器

(一)刀　开　关

刀开关的典型结构如图 2-3-1 所示，主要由静插座、触刀、操作手柄、绝缘底板组成，实物图如图 2-3-2 所示。

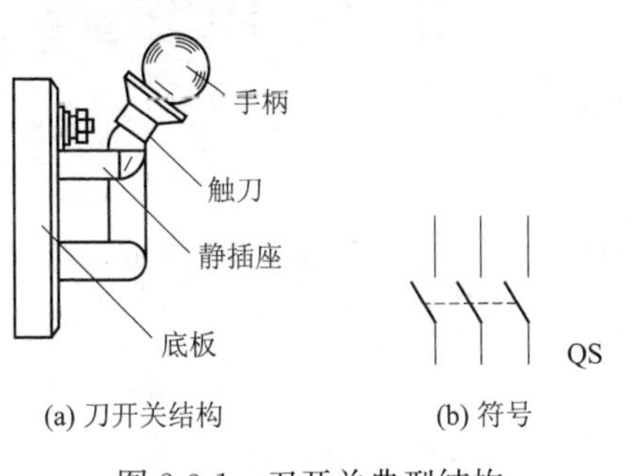

(a) 刀开关结构　　(b) 符号

图 2-3-1　刀开关典型结构

图 2-3-2　刀开关实物

刀开关又可分为：开关板用刀开关(不带熔断器式刀开关)、带熔断器式刀开关和封闭式负荷开关。

(二)组合开关

组合开关又称转换开关。常用的组合开关有 HZ10 系列，其结构如图 2-3-3、图 2-3-4 所示。

(三)低压断路器

1. 低压断路器的用途

低压断路器又称自动空气开关，集控制和多种保护功能于一身，除能完成接通和分断电路外，尚能对电路或电气设备发生的短路、严重过载及失压等进行保护。常用断路器如图 2-3-5 所示。

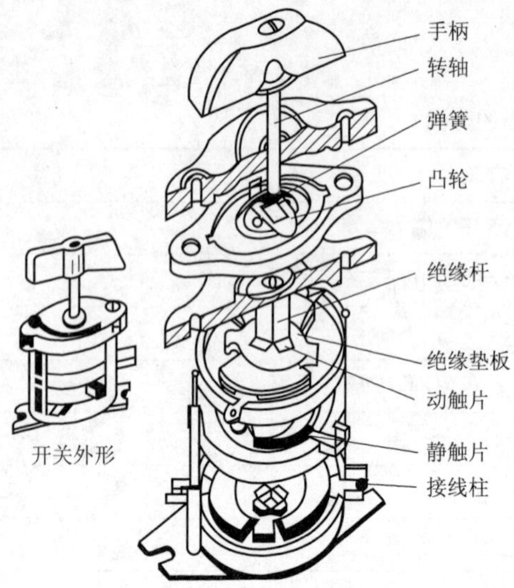

图 2-3-3 HZ 系列转换开关

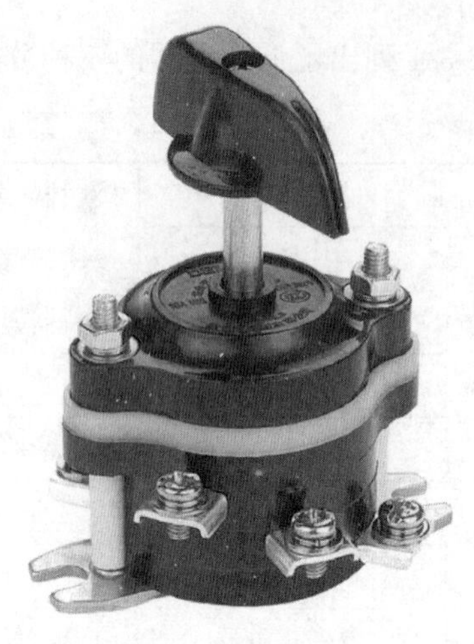

图 2-3-4 转换开关实物

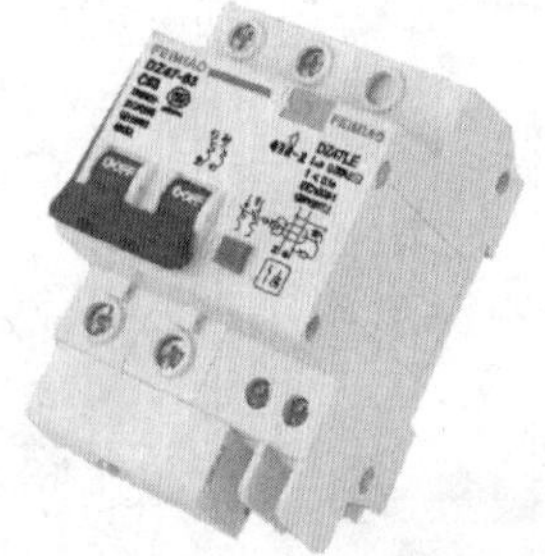

图 2-3-5 常用断路器

2. 断路器的结构和工作原理

断路器由触头系统、灭弧室、传动机构和脱扣机构几部分组成，如图 2-3-6 所示。

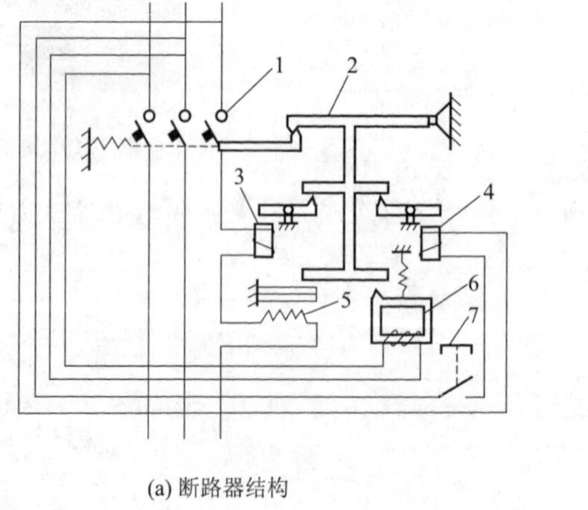

(a) 断路器结构

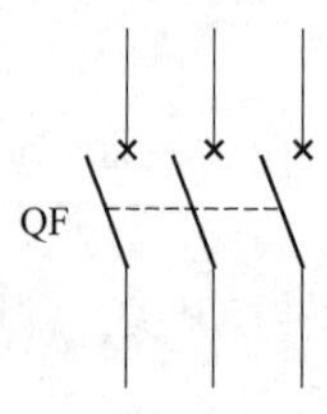

(b) 断路器符号

图 2-3-6 断路器

1—主触头；2—自由脱扣器；3—过电流脱扣器；4—分励脱扣器；5—热脱扣器；6—失压脱扣器；7—按钮

当操作手柄使开关处在闭合位置时，过流脱扣器的衔铁是释放着的，当电路发生短路或严重过载时，过流脱扣器的线圈因流过大电流而产生较大的电磁吸力，把衔铁往下吸而顶开锁钩，使主触点断开，起过流保护作用。失压脱扣器在正常情况下吸住衔铁，主触点闭合，当电压严重下降或断电时释放衔铁而使主触点断开，实现失压保护；当电源电压恢复正常时，必须重新合闸才能工作。热脱扣器在正常情况下不动作，当线路长时间过载，电路流经热元件的电流增大，热元件双金属片受热膨胀变形，推动导杆，使主触点断开，实现过载保护。

三、熔 断 器

（一）熔断器的基本原理

1. 熔断器结构和原理

熔断器由熔体和熔座两部分组成，如图 2-3-7 所示。熔体是主要部分，既是感测元件又是执行元件，熔座的作用是便于安装熔体和有利于熔体熔断时熄灭电弧。在正常情况下，熔体中通过额定电流时熔体不应该熔断，当电流增大至某值时，熔体经过一段时间后熔断并熄弧，这段时间称为熔断时间。

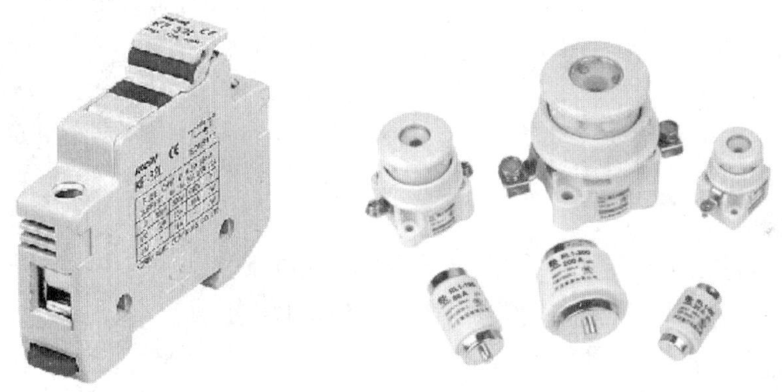

图 2-3-7　常用熔断器

2. 熔断器的分类

常用的熔断器有瓷插式、螺旋式、无填料封闭管式等几种类型，常用熔断器结构如图 2-3-8 所示。

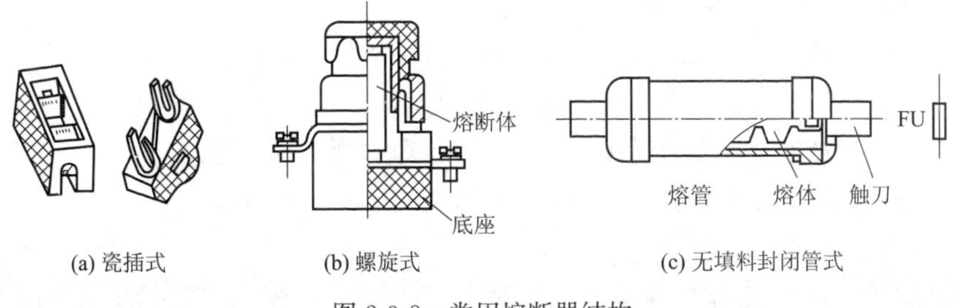

图 2-3-8　常用熔断器结构

3. 熔断器的技术参数

（1）额定电压：熔断器长期工作时和分断后能够承受的电压，一般等于或大于电器设备的额定电压。

(2)额定电流:熔断器长期工作时,温升不超过规定值时所能承受的电流。

(3)极限分断能力:熔断器在额定电压和功率因数(或时间常数)条件下,能分断的最大电流值,而在电路中出现的最大电流值一般指短路电流值。因此,极限分断能力也反映了熔断器分断短路电流的能力。

(二)熔断器的选择

1. 熔体额定电流的选择

选择熔体的额定电流时,必须按照电路中实际需要的工作电流为依据,又要考虑负荷的性质。具体选用方法如下:

(1)对于电炉和照明等负载的短路保护,熔体的额定电流应稍大于线路负载的额定电流,一般可按负荷电流的1.1～1.5倍选择。

(2)对于单台电动机采用熔断器短路保护时,熔体的额定电流可按电动机额定电流的1.5～2.5倍选择。

(3)多台电动机在同一条线路上采用熔断器短路保护时,熔体的额定电流应为其中最大容量电动机额定电流的1.5～2.5倍再加上其余电动机额定电流的总和。

(4)并联电容器采用熔断器保护时,对于单台并联电容器,熔体的额定电流应为电容器额定电流的1.5～2.5倍;对于并联电容器组,熔体的额定电流应为电容器组额定电流的1.3～1.8倍。

2. 熔断器的选择

(1)熔断器的额定电压必须大于或等于线路的工作电压。

(2)熔断器的额定电流必须大于或等于所装熔体的额定电流。

四、交流接触器

1. 交流接触器的作用和结构

接触器是一种频繁地接通和切断交、直流大容量(大电流)电路的自动控制电器。可实现远距离频繁通、断电动机和自动控制,与按钮配合使用具有零压保护功能。其主要控制对象是电动机,也可用于控制其他电力负载,如电热器、电照明、电焊机、电容器组等。图2-3-9为交流接触器的结构原理图。主要由三部分组成。

触头系统:采用双断点桥式触头结构,一般有三对常开主触头。

电磁系统:包括动、静铁芯,吸引线圈和反作用弹簧。

灭弧系统:大容量的接触器(20 A以上)采用缝隙灭弧罩及灭弧栅片灭弧,小容量接触器采用双断口触头灭弧、电动力灭弧、相间弧板隔弧及陶土灭弧罩灭弧。

2. 交流接触器的工作原理

当吸引线圈两端加上额定电压时,动、静铁芯间产生大于反作用弹簧弹力的电磁吸力,动、静铁芯吸合,带动动铁芯上的触头动作,即常闭触头断开,常开触头闭合;当吸引线圈端电压消失后,电磁吸力消失,触头在反弹力作用下恢复常态。

3. 交流接触器常用型号及电路符号

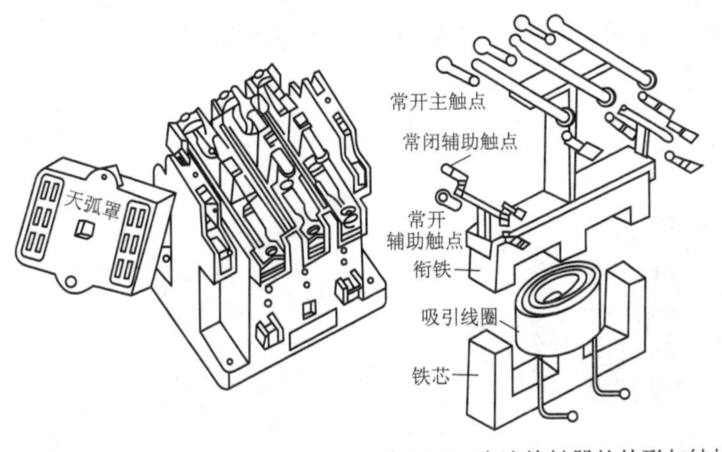

图 2-3-9　交流接触器的外形与结构

我国交流接触器常用型号主要有 CJ10、CJ12、CJXI、CJ20、CJ40 等系列及其派生系列产品。接触器的电路符号如图 2-3-10 所示。

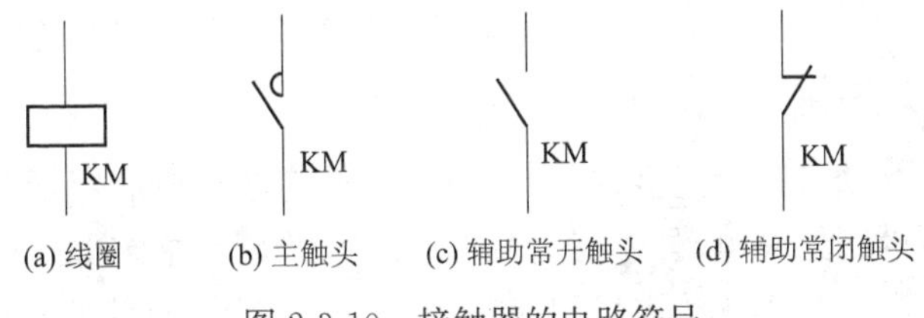

(a) 线圈　(b) 主触头　(c) 辅助常开触头　(d) 辅助常闭触头

图 2-3-10　接触器的电路符号

五、继 电 器

继电器是一种通过监测各种电量或非电量信号，接通或断开小电流控制电路的电器。它与接触器不同，不能直接用于接通和分断负载电路，而主要用于电动机或线路的保护以及生产过程自动化的控制。常用的继电器的分类见表 2-3-2。

表 2-3-2　继电器的分类

<table>
<tr><td rowspan="4">按动作原理分</td><td>电磁式继电器</td><td>又可分为：直流继电器和交流继电器；电压继电器、电流继电器、中间继电器和时间继电器</td></tr>
<tr><td colspan="2">电子式继电器</td></tr>
<tr><td colspan="2">热效应式继电器</td></tr>
<tr><td colspan="2">气动式继电器</td></tr>
<tr><td>按动作时间分</td><td colspan="2">时间继电器</td></tr>
<tr><td>按输入量的物理性质</td><td colspan="2">电压继电器、电流继电器、速度继电器、温度继电器、时间继电器、压力继电器和热继电器</td></tr>
</table>

(一)热继电器

1. 热继电器的结构

热继电器是利用电流的热效应来切断电路的保护电器，对三相异步电动机进行过载保护。

主要由发热元件、双金属片和触头及动作机构等部分组成,如图 2-3-11 所示。

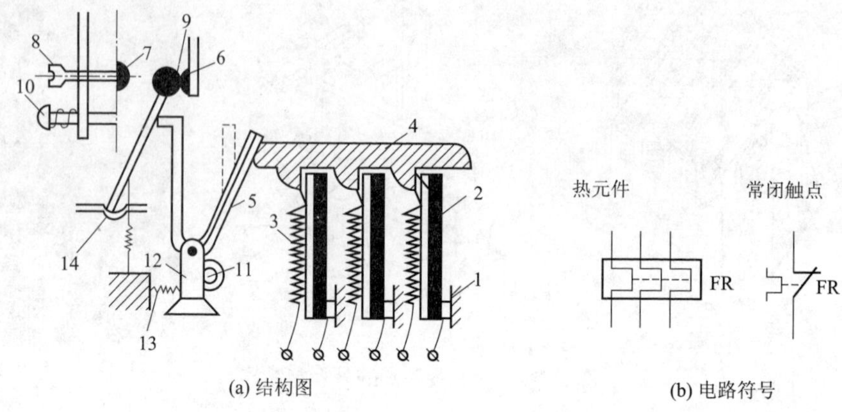

(a) 结构图 (b) 电路符号

图 2-3-11 热继电器

1—双金属片固定支点;2—双金属片;3—热元件;4—导板;5—补偿双金属片;6—常闭触点;7—常开触点;8—复位螺钉;9—动触点;10—复位按钮;11—调节旋钮;12—支撑;13—压簧;14—推杆

2. 热继电器的工作原理

使用热继电器对电动机进行过载保护时,将热元件与电动机的定子绕组串联,将热继电器常闭触头串联在交流接触器的电磁线圈的控制电路中,并调节整定电流调节旋钮,使人字形拨杆与推杆相距一段适当的距离。当电动机正常工作时,通过热元件的电流即为电动机的额定电流,热元件发热,双金属片受热后弯曲,使推杆刚好与人字形拨杆接触。常闭触头处于闭和状态,交流接触器保持吸合,电动机正常运行。若电动机出现过载情况,绕组中电流增大,通过热继电器热元件中的电流增大使双金属片温度升得更高,弯曲程度加大,推动人字形拨杆,人字形拨杆推动常闭触头,使触头断开而断开交流接触器线圈电路,使接触器释放、切断电动机的电源,电动机停车而得到保护。

(二)时间继电器

时间继电器用来按照所需时间间隔,接通或断开被控制的电路,以协调和控制生产机械的各种动作,因此是按整定时间长短进行动作的控制电器。

时间继电器种类很多,按构成原理分为电磁式、电动式、空气阻尼式、晶体管式和数字式等;按延时方式分为通电延时型、断电延时型,如图 2-3-12 所示。

(三)速度继电器

速度继电器是以速度的大小为信号与接触器配合,完成笼型电动机的反接制动控制,故亦称为反接制动继电器。速度继电器常用于铣床和镗床的控制电路中。速度继电器原理、符号如图 2-3-13 所示,实物如图 2-3-14 所示。

六、按 钮

按钮是一种用人体某一部分所施加力而操作,接通和断开控制电路,并具有弹簧储能复位

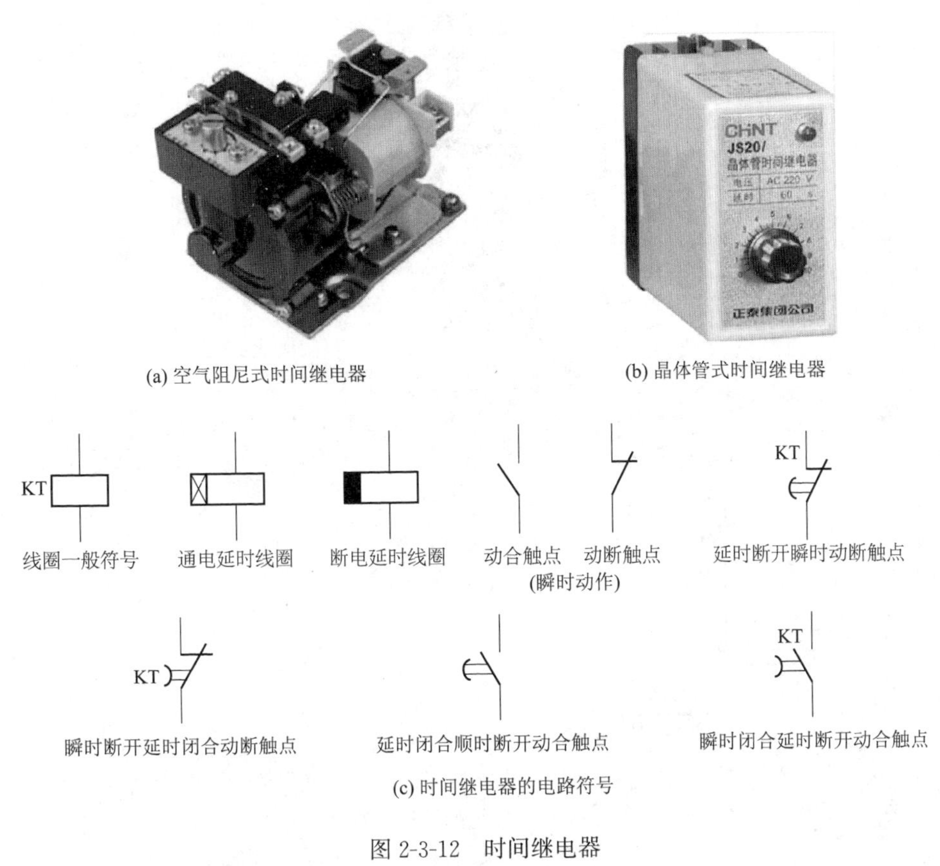

(a) 空气阻尼式时间继电器　(b) 晶体管式时间继电器

(c) 时间继电器的电路符号

图 2-3-12　时间继电器

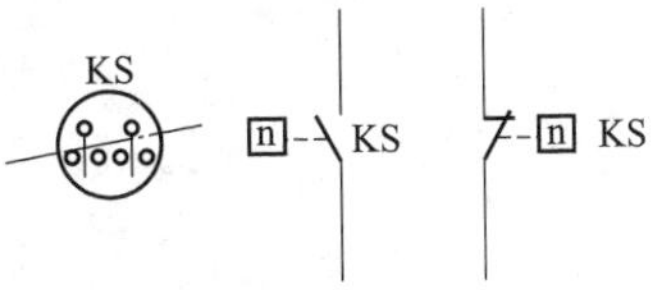

(a) 原理图　(b) 文字符号

图 2-3-13　速度继电器原理和符号

1—螺钉；2—反力弹簧；3—常闭触头；4—动触头；5—常开触头；6—返回杠杆；
7—杠杆；8—定子导体；9—定子；10—转轴；11—转子

功能的控制开关，其结构原理如图 2-3-15 所示；按钮由按钮帽、复位弹簧、桥式触头和外壳组成，实物如图 2-3-16 所示。

按照按钮的结构型式可分为开启式(K)、保护式(H)、防水式(S)、防腐式(F)、紧急式(J)、钥匙式(Y)、旋钮式(X)和带指示灯(D)式等。

图 2-3-14 速度继电器

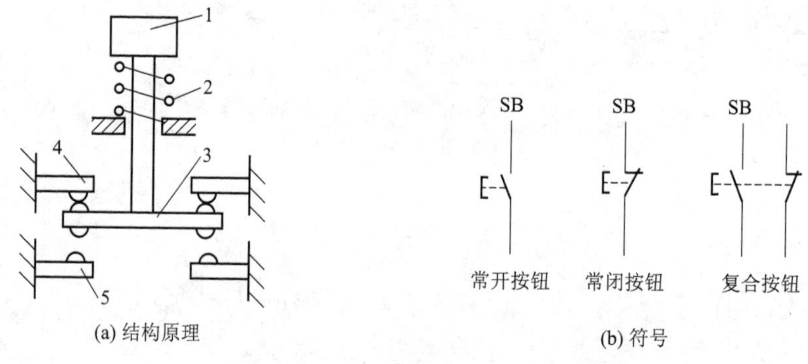

(a) 结构原理

(b) 符号

图 2-3-15 按钮的结构与符号

1—按钮；2—复位弹簧；3—动触头；4—常闭触头；5—常开触头

图 2-3-16 按钮

实 作 技 能

一、实训准备

在正式作业前，先准备好以下实训用品：

1. 设备：电工电子实训台、电工常用工具、常用低压电器元件、导线等。
2. 仪表：万用表。

二、实训流程及标准

1. 正确识读电气线路图。
2. 正确分析电气线路图的工作原理。
3. 根据故障现象分析判断故障原因,准确排除故障。

三、实训内容

1. 识读电气线路图并分析工作原理

首先,认识各电器的结构、图形符号、接线方法,然后分析电气线路图的工作原理,图 2-3-17 为接触器联锁的正反转控制电气线路。

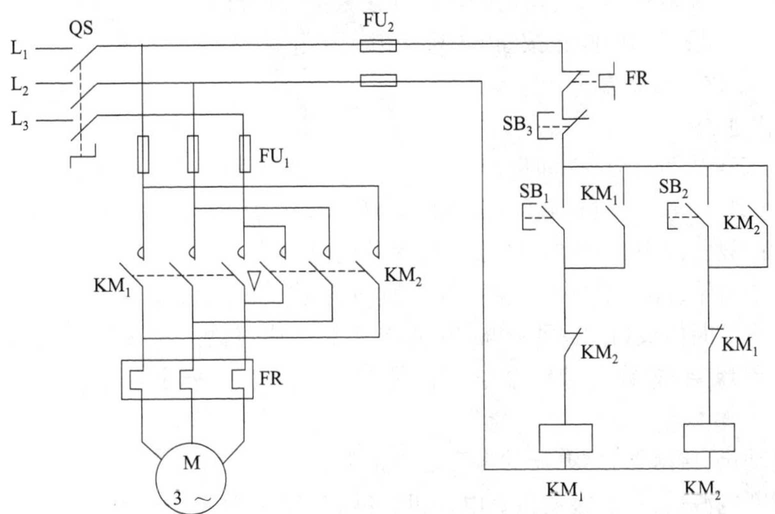

图 2-3-17 接触器联锁的正反转控制电气线路

工作原理:闭合电源中开关 QS 正、反转控制原理如下:

(1)正转控制

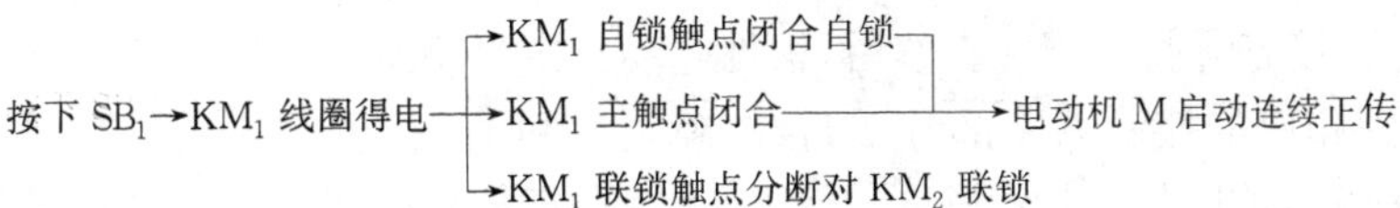

(2)反转控制

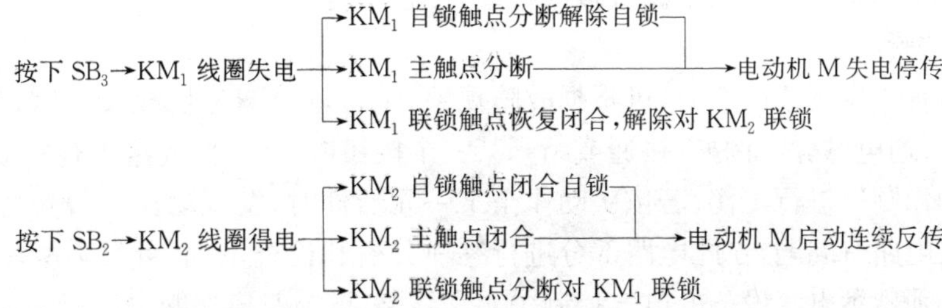

停止时,按下停止按钮 SB_3→控制电路失电→KM_1(或 KM_2)主触点分断→电动机 M 失电停转

自锁的概念：当启动按钮松开后，接触器通过自身的辅助常开触头使其线圈保持得电现象叫自锁。与启动按钮并联起自锁作用的辅助常开触头叫做自锁触头。

联锁的概念：当一个接触器得电动作时，通过其辅助常闭触头使另一个接触器不能得电动作，接触器之间这种互相制约的作用叫做接触器联锁（或互锁）。实现联锁作用的辅助常闭触头称为联锁触头（或互锁触头），联锁用符号"▽"表示。

2. 电路调试

(1)开启控制屏电源总开关，按启动按钮，调节调压器输出，使输出线电压为 220 V。

(2)按正向起动按钮 SB_1，观察并记录电动机的转向和接触器的运行情况。

(3)按反向起动按钮 SB_2，观察并记录电动机和接触器的运行情况。

(4)按停止按钮 SB_3，观察并记录电动机的转向和接触器的运行情况。

(5)再按 SB_2，观察并记录电动机的转向和接触器的运行情况。

(6)实验完毕，按控制屏停止按钮，切断三相交流电源。

3. 电气线路故障检修方法

(1)外观检查法

电气线路发生故障，切忌立即盲目动手检查，要通过问、闻、看、听、摸、拽等外观检查了解故障现象，通过外观检查，分析判断故障原因，一般外观性故障可以找出并排除。

① 问：询问设备使用者故障时的操作过程及现象。

② 闻：是否有绝缘漆、塑料等过热烧焦的刺鼻气味。

③ 看：查看熔断体或熔丝是否熔断，触点是否烧熔或烧灼。导线与接线端子连接处的导线是否被压住绝缘层，导线与接线端子连接是否已经脱落。查看熔断器等元器件安装是否正确。

④ 听：电动机、接触器、继电器的声音是否正常。

⑤ 摸：切断电源后，尽快触摸检查电动机、变压器、电磁线圈及熔断器是否有过热现象。

⑥ 拽：切断电源，轻拽各连接导线接头是否有松动，排除接触器触点、线圈及热继电器等接触不良。

(2)电路分析法

电气线路由主电路和控制电路两部分组成，分析电路时先从主电路入手，了解在电源与电动机的通路上连接有哪些元器件。然后，根据电动机主电路所用元器件的文字符号、图区号及控制要求，找到相应的控制电路部分，结合故障现象和电路工作原理进行认真分析、推理、排查，从而确定故障范围，查找出故障点。例如，连续运行控制电路若变为点动运行时，通过分析得出原因是电路没有自锁功能，故障点应该是自锁电路的问题，从而排查与启动按钮并联的接触器常开自锁触点是否未接入电路或接线松动、接触不良等。

(3)通电试验法

经外观检查未发现故障点时，可根据故障现象，结合电路图分析故障原因，在不扩大故障的前提下，进行通电试验。例如，接通或断开某一个按钮或开关时，线路中有关接触器、继电器将按规定的动作顺序进行工作，若依次动作至某一元器件时，发现动作不符合要求，即说明该元器件或相关电路有问题，在此电路部分进行逐项分析和检查，一般可发现故障，这种方法要求维修人员必须熟悉电气设备的电气控制关系和线路，试验时应切断电动机主电路电源，可在控制电路带电情况下检查。

（4）仪表测量法

仪表测量法是维修电工用来准确确定故障点的行之有效的检查方法。操作时，在电路的带电或断电状态下使用电工仪表对有关参数进行检测，如电阻、电压、电流等，根据检测数值与正常值对比结果来判断元器件的好坏、设备的绝缘情况及线路的通断情况等，进而查找出故障点。下面以在控制电路中，按下启动按钮 SB_2，接触器 KM_1 不吸合的故障来说明检修方法。

① 电阻测量法

此方法必须在断开电源的情况下使用。把万用表功能开关置于合适的电阻挡位或数字万用表的蜂鸣挡，测量电路的线路电阻或触点间电阻，根据阻值判断是否存在故障点，例如：若测试点间的电阻为无穷大，则说明电路或触点为开路状态。如果测试点间仅为闭合触点与导线的连接通路则电阻应该为零，如果测试点间包含线圈，检测值应该为线圈的阻值，如果电阻值偏大许多，说明测试点间的触点或接线接触不良。

② 电压测量法

将万用表功能开关置于交流电压 500 V 的挡位，测量电路的线路电压或元器件的节点电压，判断故障点。

a. 电压分阶测量法。以电压分阶测量法检修电路，如图 2-3-18(a)所示，分析见表 2-3-3。

b. 电压分段测量法。以电压分段测量法检修电路，如图 2-3-18 (b)所示，分析见表 2-3-4。

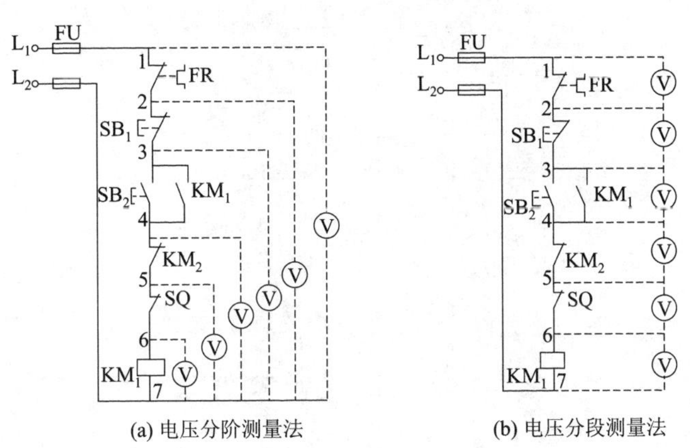

(a) 电压分阶测量法　　(b) 电压分段测量法

图 2-3-18　电压测量法

表 2-3-3　电压分阶测量法分析

步骤	检测点	正常	故障	可能故障的原因
1	用万用表测量 L_1、L_2 间的电压	测量值应为电源电压	电压为零或过低	电源故障
2	测 1、7 点间的电压			熔断器中的熔断体熔断或断路
3	按下 SB_2 不放，将一表笔接到 7 点上，另一表笔向前逐点测量 6、5、4、3、2 点的电压			6、5、4、3、2 某点断线或接触不良

表 2-3-4 电压分阶测量法分析

步骤	检测点	正常	故障	可能故障的原因
1	用万用表测量 L_1、L_2 间的电压	测量值应为电源电压	电压为零或过低	电源故障
2	测 1、7 点间的电压			熔断器中的熔断体熔断或断路
3	按下 SB_2 不放，测量 7、6 点间的电压			6 点接触不良或接触器线圈损坏
4	按下 SB_2 不放，逐段测量 6 与 5、5 与 4、4 与 3、3 与 2、2 与 1 点的电压	测量值应为 0	电压不为零	6、5、4、3、2 某点断线或接触不良

c. 短接法

电气线路的常见故障为断路故障，如导线断路、虚连、虚焊、触点接触不良等。对这类故障，除用电压测量法和电阻测量法外，还有一种更为简便可靠的方法，就是短接法。检修时，在电路带电的情况下，用一根绝缘良好的导线将所怀疑断路或接触不良的部位短接，如短接好后电路工作正常，说明被短接部分电路有断路故障。一般采用分段短接法，即一次短接一个或多个触点来逐步查出电路故障处。

以短接法检修电路，如图 2-3-19 所示，分析见表 2-3-5。

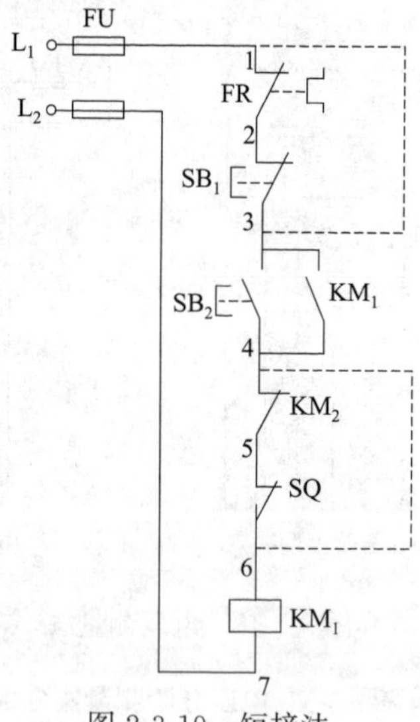

图 2-3-19 短接法

表 2-3-5 短接法分析

步骤	检测点	正常	故障	可能故障原因
1	用万用表测量 L_1、L_2 间的电压	测量值应为电源电压	电压为零或过低	电源故障
2	测 1、7 点间的电压			熔断器中的熔断体熔断；熔断器接线端松动等
3	用绝缘导线短接 1、6 点	KM_1 吸合	KM_1 不吸合	KM_1 线圈断路
4	用绝缘导线短接 1、5 点			KM_2 常闭触点电路断路

续上表

步骤	检测点	正常	故障	可能故障原因
5	用绝缘导线短接1、4点	KM_1 吸合	KM_1 不吸合	SQ_1 常闭触点电路断路
6	用绝缘导线短接1、3点，按 SB_2			SB_2 常开触点未接通或电路断路
7	用绝缘导线短接1、2点，按 SB_2			SB 常开触点电路断路
8	按以上顺序依次排查均正常后，按 SB_2			FR 常闭触点电路断路

4. 检修排故练习

(1)人为设置故障，检修人员对照原理图分析判断出故障范围。

(2)使用万用表检测出故障点。

(3)排除故障，修复电路。

能力考核

一、考核题目

电气控制线路的故障检修。

二、考核内容

1. 原理图正确识读。
2. 线路检测与调试。
3. 故障检测与排除。

三、考核要求

1. 正确识读电气控制线路图并分析工作原理。
2. 严格按照万用表的使用要求进行正确测量。
3. 按照电气线路故障检修步骤进行正确检测和准确排故。

四、考核时间

1. 准备时间：2 min。
2. 正式作业时间：15 min。计时从工具准备齐全开始至检查、记录完毕结束。
3. 规定时间内全部完成，超时停止作业。

五、考核标准

若考生发生下列情况之一，则应及时终止其考试，考生该试题成绩记为零分。

1. 在考试过程中因违规操作损坏仪表或设备。
2. 在考试过程中因违规操作发生安全事故。

考 核 表

考核项点	配　分	考核内容	
原理图识读	10	[1]元器件符号正确识别 [2]自锁、互锁概念清楚 [3] 工作原理分析正确	
线路检测 故障排除	60	[1] 正确调试电路 [2] 正确使用仪表 [3] 查出故障点 2 处 [4] 准确排除故障 2 处	
安全文明生产	15	严格按照要求操作,禁止违章	
清理现场	15	清理现场,工具仪表摆放整齐	
用　时		成　绩	

项目三　信息与网络技术基础

一、学习目标

1. 了解计算机系统的工作原理；
2. 掌握车载信息无线传输装置的检修；
3. 了解网络的分类及常见传输介质；
4. 掌握列车联网实验、25T 型客车 KAX-1 列车级主机联网通信功能试验；
5. 了解 25T 列车网络系统；
6. 掌握网关、代理节点检修。

二、学习任务

任务列表

序　号	任务名称	学时要求
1	认知计算机及 TCDS 车载监测系统	2
2	认知计算机网络及客车网络联网试验	2
3	认知 25T 型空调客车网络系统及网关、代理节点检修	2
合计学时		6

任务一 认知计算机及 TCDS 车载监测系统

当今社会计算机技术的应用在全国各个领域发展迅速，为了适应知识经济和信息产业发展的需要，操作和应用计算机已成为人们必须掌握的一种基本技能。铁路行业中计算机也有非常广泛的应用，计算机在铁路上主要应用于数据处理、过程控制和科学计算三个方面。车辆系统主要负责车辆装备的运用、检修等。通过计算机系统的运用，可以保证设备稳定可靠地工作，为列车的安全运行保驾护航。通过认识一般计算机系统的组成及工作原理，可以加深对车辆上计算机系统运用和维护的认识。

任 务 单

<table>
<tr><td>项　目</td><td colspan="4">信息与网络技术基础</td></tr>
<tr><td>任　务</td><td colspan="2">认知计算机及 TCDS 车载监测系统</td><td>学　时</td><td>2</td></tr>
<tr><td colspan="5">任 务 概 述</td></tr>
<tr><td colspan="5">计算机系统负责了铁道车辆车上的控制和信息处理，工作质量的好坏直接影响到了行车安全。计算机硬件容易因日常维护不到位而造成工作性能降低，不仅达不到计算机硬件应有的工作效率，而且会造成运行计算机软件运行缓慢
因此在日常中保养和利用计算机已成为普通职工必须具备的基本知识，对计算机实施很好的保养与维护不仅可以提高计算机的工作效率，还能延长计算机的工作寿命。结合车载监测系统检修试验，加深对计算机系统的认识</td></tr>
<tr><td colspan="5">任 务 内 容</td></tr>
<tr><td colspan="5">本任务主要学习计算机主机的结构，能够认识各硬件并熟悉功能，能掌握配件的拆卸方法。掌握车载监测系统检修试验</td></tr>
<tr><td colspan="5">任 务 目 标</td></tr>
<tr><td colspan="2">知 识 目 标</td><td>能 力 目 标</td><td colspan="2">素 质 目 标</td></tr>
<tr><td colspan="2">1. 掌握计算机主机结构
2. 掌握 TCDS 车载监测系统检修试验流程
3. 掌握配件的拆卸方法</td><td>车载监测系统检修试验</td><td colspan="2">1. 树立安全生产意识
2. 培养严谨认真的工作态度
3. 培养团队合作精神</td></tr>
<tr><td colspan="5">任 务 要 求</td></tr>
<tr><td colspan="5">1. 在实训过程中，严格遵守实训场所有关规定
2. 树立“安全第一”意识，保证人身及设备安全
3. 做好实训准备工作，准备好相关物品
4. 操作仪表、工具时，严格按照操作规范进行
5. 及时记录实训数据与结果，认真撰写实训报告
6. 发生下列情况之一，应立即终止实训
(1)在实训过程中因违规操作损坏仪表或工具
(2)在实训过程中因违规操作发生安全事故</td></tr>
</table>

理 论 知 识

一、计算机的发展

自从1946年2月现代电子计算机的鼻祖ENIAC(Electronic Numerical Integrator and Computer)在美国宾夕法尼亚大学问世以后,短短50年里,计算机技术经历了巨大的变革。

学术界经常使用器件(硬件)划分计算机的发展史,如第一代电子管计算机(1946~1957),第二代晶体管计算机(1958~1964),第三代集成电路计算机(1965~1969),第四代大规模集成电路计算机(1970~),目前提出了所谓的第五代(或新一代)计算机。

二、计算机的分类及其应用

计算机分类的方法大致可分如下几种:

(1)按信息的形式和处理方式分类(数字计算机、模拟计算机以及数字混合计算机)。

(2)按计算机的用途分类(通用计算机和专用计算机)。

(3)按计算机规模分类(巨型机、大型机、中型机、小型机、微型机等)。

计算机的应用如下:

(1)在科学计算中的应用。

(2)在实时控制中的应用。

(3)在数据处理中的应用。

(4)计算机在辅助设计和辅助制造(CAD/CAM)中的应用。

(5)办公自动化系统中的应用。

三、在车辆系统中的应用

客车运行安全监控系统(TCDS)重点监测客车轴温、制动系统、转向架安全指标、火灾报警、客车供电、电器及空调系统运行状况,对危及旅客列车运行安全因素进行实时监测诊断、记录和存储、集中显示和报警。运行中,车载监测诊断系统通过无线通信装置向地面监控终端报告列车运行状态,列车入库后,通过无线局域网或移动存储器将记录数据下载到地面数据库与专家系统,从而实现列车运行监测信息的自动收集和集中管理。

客车行车安全监测系统为基于LONWORKS网络的分布式微机监视诊断系统。其拓扑结构为车厢级和列车级两级总线式结构。列车级网络采用双绞屏蔽线传输介质,连接一台列车级主机和多台车厢级主机。

列车级主机包含两个LONWORKS管理网卡,分别管理A、B两个列车级网络。列车级CPU选择两个网卡中的一个作为管理主节点,它汇总各个车厢代理节点发送来的信息并进行存贮和分析,CPU将另外一个网卡作为从节点。当管理主节点所在的网络中有一个或多个车厢级代理节点出现问题时,可以在从节点网络中选取车厢级代理节点发送的信息,保证列车级数据的完整性。

列车级主机采用嵌入式系统,列车级管理器采用嵌入式实时操作系统,系统运行内核很小,并且使用的资源优化为最少,仅在需要的几个进程之间交换信息,系统运行稳定,可以随时掉电而不会伤害系统本身。

列车级主机具有数据存储功能，它可以将全列制动节点、车辆节点和防滑器节点的事件信息和故障信息进行存储，并在车厢级过程数据的基础上在列车级对全列数据进行进一步的分析和对比，从而在列车级形成对制动故障和车辆故障的进一步诊断和故障报警。故障信息通过串口与四方所的主机进行通信，由其发送给地面接收装置。事件信息和故障信息可以通过USB口下载到移动存储设备中，供地面专家系统导入地面数据库进行数据分析。

列车级显示器显示整列车的安全监测诊断信息。列车级显示器可以集中显示当前所有车辆的制动系统、车辆系统和防滑器系统的所有信息，当某一个或多个车厢出现潜在安全隐患时，列车级显示器发出报警提示信息，并给出故障发生的定位信息和故障参数。列车级显示器采用触摸屏方式，可以方便地查阅全列信息、单个车厢信息、分系统信息及故障历史信息。列车级显示器程序采用嵌入操作系统编程，系统可以在各种条件下开/关机，系统性能不受影响。

列车级主机面板布局如图 3-1-1 所示。

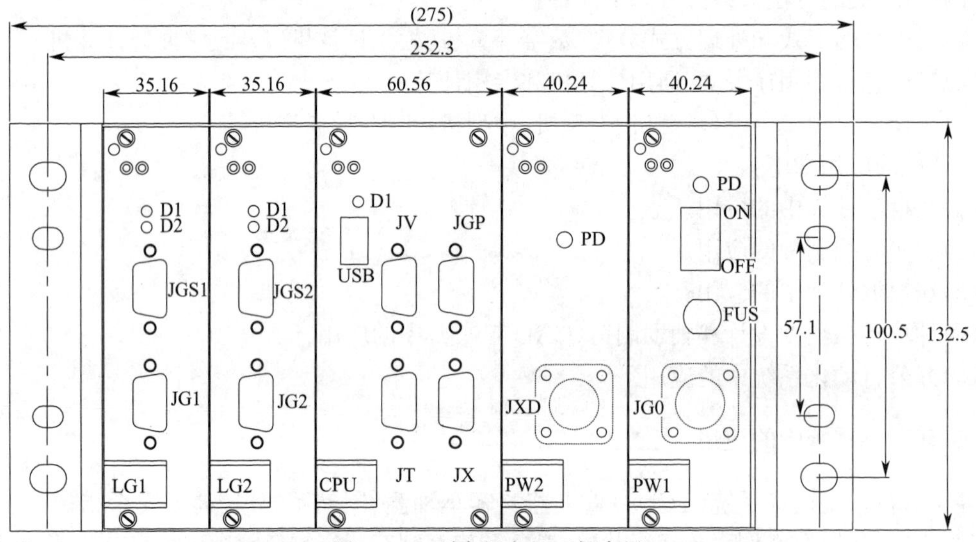

图 3-1-1 列车级主机面板布局

PW1 卡：JG0—DC 110 V/DC 48 V 电源输入，24 V 输出；

PW2 卡：JXD—DC 24 V 输出给显示器，主机内部 5 V 电源；

CPU 卡：JX—外接列车级触摸屏显示器；JT—网络调试接口；USB—数据下载接口；JGP—与 PLC 网关通信接口；

LG2 卡：JG2—第二条列车网(B 线)接口；JGS2—第二条组网线接口；

LG1 卡：JG1—第一条列车网(A 线)接口；JGS1—第一条组网线接口

实 作 技 能

一、实训准备

在正式作业前，先准备好如下实训用品：

1. 设备：25G、25T 装有客车安全监控系统(TCDS)的客车。

2. 工具：螺丝刀、活动扳手、毛刷、100 V 级兆欧表、TCDS 检验测试仪、万用表。

二、实训流程及标准

作业前准备→清扫卫生→检查检修→通电试验→完工整理。

三、实训内容

1. 作业前准备

(1)穿工作服,戴工作帽,持上岗证。

(2)准备维修工具,测量仪表。

2. 清扫卫生

KAX1 行车安全监测诊断系统卫生清扫。

3. 检查检修

(1)车顶 WLAN 和 GPS 天线检修:车顶天线配件齐全,安装牢固,密封性能良好,天线和法兰座固定螺栓齐全、安装牢固。法兰座根部焊接处无裂纹、防水性良好。GPS 天线和 WLAN 天线外壳完好、清洁。

(2)馈线、线缆检修:WLAN 和 GPS 天线馈线完好无破损,安装牢固。线卡无松动,馈线布线无 90 ℃折弯。馈线线缆连接器完好,连接可靠。

(3)车内 GPRS 天线检修:车内 GPRS 天线连接线无破损,天线在箱外吸附牢固。周围无铁磁性屏蔽遮挡物,进 GPRS 板卡的连接头安装牢固无松动。

4. TC-CZ1 车载信息无线传输装置检查检修

(1)TC-CZ1 车载信息无线传输装置 WLAN 与 GPRS 板卡在车厢级主机检查:WLAN 与 GPRS 板卡在车厢级主机内各部配件齐全,外表清洁,标识清晰,安装牢固。

(2)TC-CZ1 车载信息无线传输装置 WLAN 板卡检查:WLAN 馈线连接器与板卡上"WLAN"插座连接可靠无松动。与 GPRS 板卡之间的"DC 12 V"连接可靠。D1、D2、D3 指示灯状态符合:WLAN 板卡 D1 指示电源灯:正常时常亮;故障或无电时熄灭;D2 WLAN 工作状态指示灯:当通信链路建立时,常亮;在进行数据传输时,闪亮;D3 WLAN 工作状态指示灯:当通信链路建立时,常亮。

(3)TC-CZ1 车载信息无线传输装置 GPRS 板卡检查:GPS 馈线连接器与板卡"GPS"插座连接可靠无松动。GPRS 天线电缆的连接器良好,与板卡"GPRS"插座连接可靠无松动。与 WLAN 板卡之间的"DC 12 V"插座连接可靠。SIM 卡须在有效期内,过期者更换 SIM 卡。D1、D2、D3、D4 指示灯状态符合:GPRS 板卡 D1GPRS 串口收发指示灯:没有数据收发时,常灭,有数据收发时,指示灯闪烁;D3 GPS 状态指示灯:正常 1 s 闪烁 1 次,故障为常亮或常灭。D4 GPS 电源指示灯:正常时常亮,熄灭表示电源故障,有故障时更换板卡。

(4)TC-CZ1 车载信息无线传输装置车厢级主机内的 WLAN 板卡和 GPRS 板卡到列车级主机的 CPU 板卡之间的通信电缆检查:车厢级主机内的 WLAN 板卡和 GPRS 板卡到列车级主机的 CPU 板卡之间的通信电缆无破损、无老化,连接正确牢固。机箱的 PE 接地与车体地连接牢固无松动。

5. TC-CZ3 车载信息无线传输装置检查检修

(1)TC-CZ3 车载信息无线传输装置车载主机的外机箱检查:车载主机的外机箱各部配件

齐全，外表清洁，安装牢固无松动。

(2)TC-CZ3 车载信息无线传输装置车载主机的内机箱检查：内机箱安装牢固，各板卡配件齐全，外表清洁，板卡标识清晰，在机箱内各板卡安装牢固。

(3)TC-CZ3 车载信息无线传输装置 TPW1/TPW4 板卡检查：供电电压(DC 110 V 或 DC 48 V)须在规定的波动范围之内。板卡上的“JG0”电源连接器插座良好，连接可靠。板卡上的电源保险管须为 2 A(对于 DC 110 V 供电)或 3 A(对于 DC 48 V 供电)。ON-OFF 和 PD 指示灯状态符合：TPW1/TPW4B 板卡，ON-OFF 电源开关，PD DC 12 V 输出指示，常亮表示正常；熄灭表示无 DC 12 V 输出。有故障时更换 TPW1/TPW4 板卡。

(4)TC-CZ3 车载信息无线传输装置 TZW1/TZW4 板卡检查：板卡上的“JZW”连接器插座良好，连接牢固；与轴温 FSK 通信连接正确可靠。D1、D2、D3、D4 指示灯状态符合：D1 电源状态指示，常亮表示正常；熄灭表示板卡供电故障。D2 接收数据状态指示，闪烁表示正在接收数据；常灭表示无接收数据；常亮表示板卡故障。D3 发送数据状态指示，闪烁表示正在发送数据；常灭表示无发送数据；常亮表示板卡故障，D4 心跳指示，正常时 1 s 闪烁一次；常亮和常灭表示板卡故障，有故障时更换 TZW1/TZW4 板卡。

(5)TC-CZ3 车载信息无线传输装置 GPRS 板卡检查：板卡上的“JGS”和“JPR”连接器良好，安装牢固，与 GPS 天线馈线和 GPRS 天线连接正确可靠。板卡里的 SIM 卡须在有效期内，过期者更换 SIM 卡。D1、D2、D3 指示灯状态符合：D1 电源状态指示，常亮表示正常；熄灭表示板卡供电故障。D2 GPS 通信功能指示，正常时 1 s 闪烁一次；熄灭和常亮表示板卡 GPS 功能故障。D3 GPRS 通信功能指示，闪烁表示正常；熄灭和常亮表示板卡 GPRS 功能故障或 SIM 卡故障。有故障时更换该板卡。

(6)TC-CZ3 车载信息无线传输装置 TCPS/TCPY 板卡检查：板卡上各连接器(JV、JK、JT、JR)插座完好，安装牢固不松动，外观清洁。D1 指示灯状态符合：D1 电源状态指示，常亮表示正常；熄灭表示板卡供电故障。有故障时更换板卡。

(7)TC-CZ3 车载信息无线传输装置 WLWF/WLYF 板卡检查：板卡上的“JWL”连接器插座安装牢固无松动，与 WLAN 馈线连接器连接牢固无脱落。D1、D2、D3 指示灯状态符合 D1 数据链路指示，常亮：车载 WLAN 卡网络与 CPU 板卡连接正常；熄灭：车载 WLAN 卡网络与 CPU 板卡连接错误；D2 WLAN 联网指示，常亮：车载 WLAN 卡连接 WLAN 网络成功。熄灭：车载 WLAN 卡没有连接 WLAN 网络。闪烁：WLAN 板卡配置不正确。D3 电源状态指示，常亮表示正常；熄灭表示板卡供电故障。有故障时更换板卡。

(8)TC-CZ3 车载信息无线传输装置机箱通过 PE 与车体连接检查：TC-CZ3 机箱通过 PE 与车体地连接牢固无松动。

6. 通电试验

车载主机使用 TCDS 检测仪进行测试，连接后，按照检测仪指示信息检验车载 GPS、GPRS、WLAN 等功能，各项功能测试正常。

7. 完工整理

(1)填写《TCDS 设备检修、故障停机记录簿》。

(2)擦拭、摆放 TCDS 检测仪，检修工具。清理工作场地。

能 力 考 核

一、考核题目

TCDS车载监测系统(车载信息无线传输装置)检修试验。

二、考核内容

1. 掌握车载信息无线传输装置各板卡的检查。
2. 掌握车载主机使用TCDS检测仪进行测试。

三、考核要求

1. 严格按照规定方法进行操作。
2. 注意拆装部件的顺序。

四、考核时间

1. 准备时间:2 min。
2. 正式作业时间:30 min。计时从工具准备齐全开始至检查、记录完毕结束。
3. 规定时间内全部完成,超时停止作业。

五、考核标准

若考生发生下列情况之一,则应及时终止其考试,考生该试题成绩记为零分。
1. 在考试过程中因违规操作损坏设备。
2. 在考试过程中因违规操作发生安全事故。

考 核 表

考核项点	配分	考核内容	
车载信息无线传输装置的检修试验	70	[1]各天线、馈线、线缆的检修 [2]按要求进行相应拆卸组装 [3]各板卡的检查及通电试验 [4]判断测试结果是否符合要求	
安全文明生产	15	严格按照要求操作,禁止违章	
清理现场	15	清理现场,工具仪表摆放整齐	
用时		成绩	

任务二　认知计算机网络及客车网络联网试验

通过计算机网络系统的运用,可以保证车载设备间数据的传输,监测列车运行状态,对列车故障进行诊断,为列车的安全运行保驾护航。通过认识一般计算机网络系统的组成及工作原理，可以熟悉常见的网络结构，掌握不同情况下网络的应用，提高网络故障的解决及日常维护的能力。

任 务 单

<table>
<tr><td>项　　目</td><td colspan="5">信息与网络技术基础</td></tr>
<tr><td>任　　务</td><td colspan="3">认知计算机网络及客车网络联网试验</td><td>学　　时</td><td>2</td></tr>
<tr><td colspan="6">任 务 概 述</td></tr>
<tr><td colspan="6">随着互联网技术的高速发展，计算机网络被普遍应用于人们的生活、工作和学习中，在铁路系统中，计算机网络技术为人们提供了便利，传递了信息，保障了行车安全，而计算机网络的基础知识对广大职工来说比较匮乏，通过学习计算机网络的基础知识，可以了解计算机网络的组成结构及功能原理，加深对车辆网络的认识，提高解决客车网络故障的能力</td></tr>
<tr><td colspan="6">任 务 内 容</td></tr>
<tr><td colspan="6">本任务主要学习计算机网络的基本知识，熟悉网络拓扑结构及传输介质，掌握列车联网试验、列车级主机联网通信功能试验等</td></tr>
<tr><td colspan="6">任 务 目 标</td></tr>
<tr><td colspan="2">知 识 目 标</td><td colspan="2">能 力 目 标</td><td colspan="2">素 质 目 标</td></tr>
<tr><td colspan="2">1. 掌握计算机网络结构
2. 掌握列车联网试验
3. 掌握列车级主机联网通信功能试验</td><td colspan="2">1. 能够掌握试验前准备
2. 掌握列车级主机联网通信功能试验</td><td colspan="2">1. 树立安全生产意识
2. 培养严谨认真的工作态度
3. 培养团队合作精神</td></tr>
<tr><td colspan="6">任 务 要 求</td></tr>
<tr><td colspan="6">1. 在实训过程中，严格遵守实训场所有关规定
2. 树立“安全第一”意识，保证人身及设备安全
3. 做好实训准备工作，准备好相关物品
4. 操作仪表、工具时，严格按照操作规范进行
5. 及时记录实训数据与结果，认真撰写实训报告
6. 发生下列情况之一，应立即终止实训
(1)在实训过程中因违规操作损坏仪表或工具
(2)在实训过程中因违规操作发生安全事故</td></tr>
</table>

理 论 知 识

一、概　　述

所谓计算机网络，就是在地理位置上不同，并具有独立功能的多个计算机系统，利用通信设备和线路相互连接起来，配置功能完善的网络软件，实现数据通信和网络资源共享的系统。

按照地理范围的不同，将计算机网络分为三类：

(1)局域网(LAN，Local Area Network)，一般限定在较小的区域内，小于 10 km 的范围，通常采用有线的方式连接。例如一个企业。

(2)城域网(MAN,Metropolitan Area Network),规模局限在一座城市的范围内,10 km到100 km的区域,是地理范围介于局域网和广域网之间的一种高速网络。

(3)广域网(WAN,Wide Area Network),覆盖的地理范围可以达到几千公里。例如一个国家、洲,形成一个国际性的远程网络。Internet网是典型代表。

二、计算机网络的结构组成

一个完整的计算机网络系统是由网络硬件系统和网络软件系统组成的。

1. 网络的硬件系统

局域网的硬件系统由网络服务器、网络工作站、网络适配器(网卡)、传输介质四个基本部分组成。如果要扩展局域网的规模,就需要增加通信连接设备,如调制解调器、集线器、网桥和路由器等。

(1)网络服务器

网络服务器是一台高性能的计算机,用于网络管理、运行应用程序、处理各网络工作站成员的信息请示等。

(2)网络工作站

工作站也称为客户机,由服务器进行管理和提供服务的、连入网络的任何计算机都属于工作站,其性能一般低于服务器。

(3)网络适配器

网络适配器又称网卡,在局域网中用于将用户计算机与网络相连。

(4)传输介质

传输介质就是通信网络中发送端和接收端之间的物理通道,传输模拟信号或数字信号。常用的传输介质有双绞线、同轴电缆、光纤和无线传输介质(无线电和微波)。

2. 网络的软件系统

在计算机网络中,多个节点之间的数据控制与通信,都是由网络软件实现的。网络软件主要包括网络操作系统、网络通信协议及网络实用软件组成。

(1)网络操作系统

网络操作系统管理连接在网络上的多个计算机系统,支持各计算机通过计算机网络互联起来,并提供一种统一、安全、经济有效的使用网络资源的方法。

(2)网络通信协议

在网络上要将不同厂家、不同操作系统的计算机和其他相关设备连接在一起,大家必须遵守事先约定好的规则和标准,这样的规则和标准就称为网络通信协议。

三、计算机网络的拓扑结构

当我们组建计算机网络时,要考虑网络的布线方式,这也就涉及网络拓扑结构的内容。网络拓扑结构指网路中计算机线缆,以及其他组件的物理布局。

局域网常用的拓扑结构有:总线形结构、环形结构、星形结构、树形结构。拓扑结构影响着整个网络的设计、功能、可靠性和通信费用等许多方面,是决定局域网性能优劣的重要因素之一。

1. 总线形拓扑结构

总线形拓扑结构是指:网络上的所有计算机都通过一条电缆相互连接起来。

总线上的通信:在总线上,任何一台计算机在发送信息时,其他计算机必须等待。而且计算机发送的信息会沿着总线向两端扩散,从而使网络中所有计算机都会收到这个信息,但是否接收,还取决于信息的目标地址是否与网络主机地址相一致,若一致,则接受;若不一致,则不接收。

信号反射和终结器:在总线形网络中,信号会沿着网线发送到整个网络。当信号到达线缆的端点时,将产生反射信号,这种发射信号会与后续信号发送冲突,从而使通信中断。为了防止通信中断,必须在线缆的两端安装终结器,以吸收端点信号,防止信号反弹。

特点:其中不需要插入任何其他的连接设备。网络中任何一台计算机发送的信号都沿一条共同的总线传播,而且能被其他所有计算机接收。有时又称这种网络结构为点对点拓扑结构。

优点:连接简单、易于安装、成本费用低。

缺点:

(1)传送数据的速度缓慢:共享一条电缆,只能有其中一台计算机发送信息,其他接收。

(2)维护困难:因为网络一旦出现断点,整个网络将瘫痪,而且故障点很难查找。

2. 星形拓扑结构

每个节点都由一个单独的通信线路连接到中心节点上。中心节点控制全网的通信,任何两台计算机之间的通信都要通过中心节点来转接。因此中心节点是网络的瓶颈,这种拓扑结构又称为集中控制式网络结构,这种拓扑结构是目前使用最普遍的拓扑结构,处于中心的网络设备跨越式集线器(Hub)也可以是交换机。

优点:结构简单、便于维护和管理,因为当中某台计算机或头条线缆出现问题时,不会影响其他计算机的正常通信,维护比较容易。

缺点:通信线路专用,电缆成本高;中心结点是全网络的可靠瓶颈,中心结点出现故障会导致网络的瘫痪。

3. 环形拓扑结构

环形拓扑结构是以一个共享的环形信道连接所有设备,称为令牌环。在环形拓扑中,信号会沿着环形信道按一个方向传播,并通过每台计算机。而且,每台计算机会对信号进行放大后,传给下一台计算机。同时,在网络中有一种特殊的信号称为令牌。令牌按顺时针方向传输。当某台计算机要发送信息时,必须先捕获令牌,再发送信息。发送信息后再释放令牌。

环形结构有两种类型,即单环结构和双环结构。令牌环(Token Ring)是单环结构的典型代表,光纤分布式数据接口(FDDI)是双环结构的典型代表。

环形结构的显著特点是每个节点用户都与两个相邻节点用户相连。

优点:

(1)电缆长度短,环形拓扑网络所需的电缆长度和总线拓扑网络相似,但比星形拓扑结构要短得多。

(2)增加或减少工作站时,仅需简单地连接。可使用光纤,它的传输速度很高,十分适用一环形拓扑的单向传输。传输信息的时间是固定的,从而便于实时控制。

缺点:

(1)节点过多时,影响传输效率。环某处断开会导致整个系统的失效,节点的加入和撤出过程复杂。

(2)检测故障困难:因为不是集中控制,故障检测需在网个各个节点进行,故障的检测就不很容易。

4. 树形拓扑结构

树形结构是星形结构的扩展,它由根结点和分支结点所构成。

优点:结构比较简单,成本低。扩充节点方便灵活。

缺点:对根结点的依赖性大,一旦根结点出现故障,将导致全网不能工作;电缆成本高。

5. 网状结构与混合型结构

网状结构是指将各网络结点与通信线路连接成不规则的形状,每个结点至少与其他两个结点相连,或者说每个结点至少有两条链路与其他结点相连。

优点:可靠性高;因为有多条路径,所以可以选择最佳路径,减少时延,改善流量分配,提高网络性能,但路径选择比较复杂。

缺点:结构复杂,不易管理和维护;线路成本高;适用于大型广域网。

混合型结构是由以上几种拓扑结构混合而成的,如环星形结构,它是令牌环网和 FDDI 网常用的结构。再如总线形和星形的混合结构等。

四、传输介质

传输介质是数据传输系统中发送器和接收器之间的物理通路,信号在介质中以电磁波或光波的形式进行传输。传输介质可以分为有线传输介质(同轴电缆、双绞线、光纤)和无线传输介质(微波、卫星、红外线)。

(一)同轴电缆

1. 定义

由绕同一轴线的内外两个导体组成,内外导体之间用绝缘层隔开,如图 3-2-1 所示。

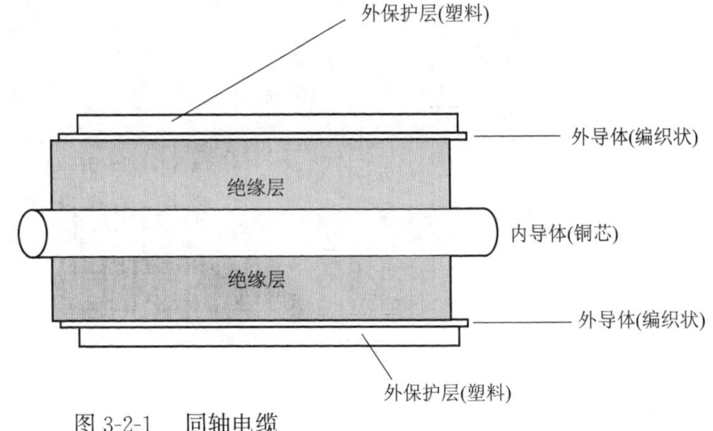

图 3-2-1　同轴电缆

2. 分类及特性

表 3-2-1　分类及特性

分类	细同轴电缆	粗同轴电缆
传输速率	10 Mbit/s	10 Mbit/s

续上表

分类	细同轴电缆	粗同轴电缆
传输距离	185～925 m	500～2 500 m
可靠性	较差	高
抗干扰能力	强	强

(二)双绞线

1. 定义

双绞线(TP-Twisted Pair):是由两条相互绝缘的导线按照一定的规格互相缠绕(一般以逆时针缠绕)在一起而制成的一种通用配线,每根铜线的直径约为 1 mm。双绞线过去主要是用来传输模拟信号的,但现在同样适用于数字信号的传输。

2. 分类

分为屏蔽双绞线与非屏蔽双绞线。

屏蔽双绞线在双绞线与外层绝缘封套之间有一个金属屏蔽层。屏蔽层可减少辐射,防止信息被窃听,也可阻止外部电磁干扰的进入,使屏蔽双绞线比同类的非屏蔽双绞线具有更高的传输速率。

屏蔽双绞线(STP,Shielded Twisted Pair)如图 3-2-2(a)所示。

非屏蔽双绞(UTP,Unshielded Twisted Pair)如图 3-2-2(b)所示。

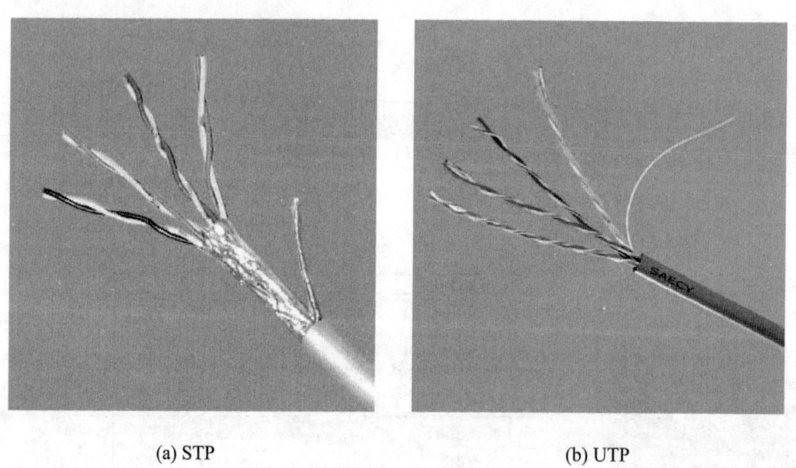

(a) STP (b) UTP

图 3-2-2 屏蔽双绞线与非屏蔽双绞线

(三)光纤

光纤利用全反射原理来传导光线,只要射到光纤表面的光线的入射角大于某一临界角度,就可以产生全反射,并且可以存在许多条不同角度入射的光线在一条光纤中传输,这种光纤就称为多模光纤(Multimode Fiber)。光纤传输原理如图 3-2-3 所示,实物如图 3-2-4 所示,光纤分类见表 3-2-2。

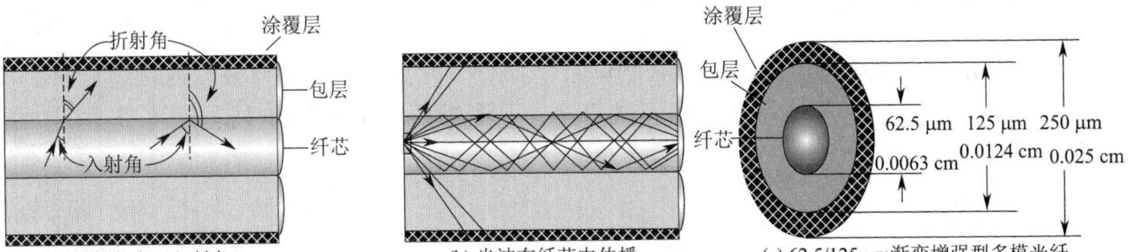

(a) 折射角大于入射角　　(b) 光波在纤芯中传播　　(c) 62.5/125 μm渐变增强型多模光纤

图 3-2-3 光纤传输原理

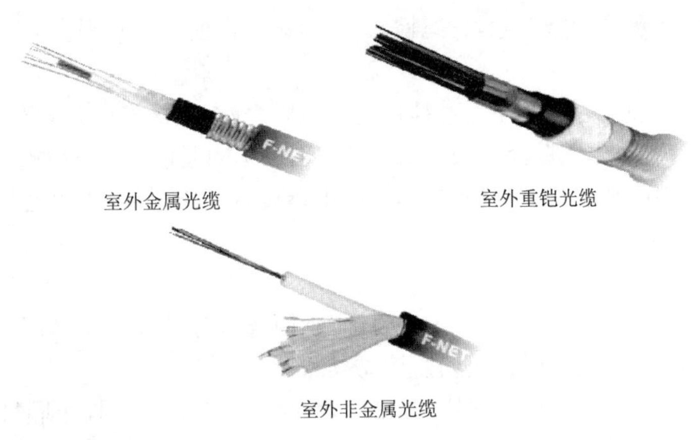

室外金属光缆　　室外重铠光缆

室外非金属光缆

图 3-2-4　光纤

表 3-2-2　光纤分类

项目	分类	主要特点	主要用途	连接距离
光纤	单模光纤	传输频带宽,通信容量大,短距离时达几千兆的传输率;线路损耗低、传输距离远;抗干扰能力强,安全可靠;搞化学腐蚀能力强	用于高速度、长距离连接;成本高;需要激光源;耗散极小,高效	可达到几千米至几十千米
	多模光纤		用于低速度、短距离布线;成本低;耗散大,低效	一般在 2 000 m 左右

实 作 技 能

一、实训准备

在正式作业前,先准备好如下实训用品:

1. 设备:能进行联网实验的 25T 型客车。

2. 工具:电工工具、钳形表、电笔、电筒、轴报器钥匙、点温计、便携式显示器、警示牌、尖嘴钳、万用表、毛刷、棉纱。

二、实训流程及标准

作业前准备→试验前准备→列车联网试验→轴温报警器联网试验→播音联网试验→25T型客车 KAX1 列车级主机联网通信功能试验→25T 型工程师车 KAX1 列车级主机通信功能试验→完工整理。

三、实训内容

1. 作业前准备

(1)作业者须穿戴好防护劳保用品,设置防护信号。

(2)检查确认工具及材料齐全,测量量具须良好,并在计量有效期内。

(3)作业人员必须熟悉检修工艺,掌握检修要领,领会作业安全常识。

2. 试验前准备

(1)在供电线路两端电力连接座上悬挂供电警示牌,检查确认安全后对车辆进行供电。

(2)逐辆打开控制柜,通过选择开关 SA3 选择,确保车辆通信、联网同侧。

(3)闭合试验车辆控制电源,检查确认车辆的电器设备工作正常;各代理节点、网关电源指示灯正常,LSV 通信指示无闪烁、常亮。

3. 联网试验

(1)打开各试验车辆综合控制柜,点击触摸屏"画面选择"按钮,进入"画面选择"界面。

(2)点击"全列监控"按钮,进入"全列监控"界面。

(3)轻触被监控车厢号数字显示按钮,弹出"数字键盘",输入被监控车厢号如"10",确认后按回车键,则被监控车厢号变为 10 号车厢。

(4)检查被监控车厢信息,查看监控主界面,供电、空调、电压、电流、漏电值、蓄电池电压、充放电流、车内温度、逆变器、充电机等电气设备监控信息显示正常;选择监控子界面,查看防滑器、轴温、车门状态、烟火报警状态等显示正常。

(5)在"全列监视"界面,按下"全列控制"触摸按钮,弹出" 全列控制界面"。点击相应工况触摸按钮,按下"发送命令",监控车辆能进行相应工况转换。

(6)试验完后,按下"回主画面"触摸按钮,返回触摸屏主画面。

4. 轴温报警器联网试验

(1)在测试车辆上将轴报钥匙插入轴温报警仪电锁开关,打到"开"位,按上翻键"▲"或下翻键"▼",检查其他连挂车辆轴温数据联网正常。

(2)若发现车厢顺位号闪烁时,检查连挂车辆中是否存在顺位号重复的现象,并进行重新设置顺位号。

5. 播音联网试验

(1)开启广播机,检查输出电流在正常范围内,全列播音线路、负载无混线现象。

(2)逐辆检查确认车厢各扬声器音量、音质良好,开关、旋钮作用良好。

6. 25T 型客车 KAX1 列车级主机联网通信功能试验

将便携式显示器通信电缆插头插入"XS"板卡的"J11"插座,显示器出现主页面,显示车厢级防滑器、制动、一位转向架、二位转向架板卡的车厢总线联网通信功能,应确认全部联网功能正常。(●表示联网通信功能正常;○ 表示未联网)

7. 25T 型工程师车 KAX1 列车级主机通信功能试验

(1)确认“JG1”插头和“JG2”插头应同时插入主机相应板卡“LG1”和“LG2”板卡插座。

(2)确认列车级主机电源接通。列车级主机显示器进入主页面显示。

(3)主页面各项显示功能应正确、显示应清晰无跳动、无严重干扰波纹。右上角的实时时钟应正确运行。

(4)触摸“修改车号”功能按钮,显示屏幕进入列车组网信息页面。

(5)比较“修改车号”屏幕页面上组网信息(车号、顺位号和排列顺序)和本车设置是否一致。若一致,说明列车组网和通信功能试验成功;不一致时须查找并排除故障。

(6)分别触摸“车厢监测”“系统监测”“查看记录”等软按钮,屏幕应进入相应页面。各页面显示功能正确、显示应清晰无跳动、无严重干扰波纹。

8. 完工整理

关闭电源,拆除防护信号,清理工作场地,填写相关记录,(车统—15)做到工完、料净、场地清。

能 力 考 核

一、考核题目

客车网络联网试验。

二、考核内容

1. 能够根据需求,做好正确的试验准备。
2. 能够掌握列车联网试验。
3. 25T 型客车 KAX1 列车级主机联网通信功能试验。

三、考核要求

1. 严格按照各项客车网络联网试验流程。
2. 测试连通。

四、考核时间

1. 准备时间:2 min。
2. 正式作业时间:30 min。计时从工具准备齐全开始至检查、记录完毕结束。
3. 规定时间内全部完成,超时停止作业。

五、考核标准

若考生发生下列情况之一,则应及时终止其考试,考生该试题成绩记为零分。

1. 在考试过程中因违规操作损坏仪表或设备。
2. 在考试过程中因违规操作发生安全事故。

考 核 表

考核项点	配　分	考核内容	
联网试验	70	[1]正确做好试验准备 [2]列车联网试验 [3]列车级主机联网通信功能试验 [4]判断测试结果是否符合要求	
安全文明生产	15	严格按照要求操作,禁止违章	
清理现场	15	清理现场,工具仪表摆放整齐	
用　时		成　绩	

任务三　认知铁路客车空调网络系统

随着我国旅客列车提速范围越来越大,运行速度越来越高,确保我国旅客列车运行安全的任务变得越来越艰巨。涉及列车运行安全的项点都必须在车辆运行状态下进行监控,一旦发现问题,必须立即采取相应处理措施,这样才能使旅客列车的运行安全得到可靠保证。

任 务 单

<table>
<tr><td>项目</td><td colspan="4">信息与网络技术基础</td></tr>
<tr><td>任务</td><td colspan="2">认知空调客车网络系统</td><td>学时</td><td>2</td></tr>
<tr><td colspan="5">任务概述</td></tr>
<tr><td colspan="5">构筑数字化铁路安全运输的基础是对列车各部分功能单元实现数字化控制,因此研究以客车的电气系统、空调系统、车门系统、轴温报警系统、防滑器控制系统、火灾报警系统等重要系统为基础的旅客列车的运行监控系统并实现“车对车”的有线监控及“车对地”的无线传输非常必要。而这一切需求都必须建立在列车网络的基础上的
通过学习列车网络的组成结构,熟悉其功能结构,掌握日常维护及简单的故障处理方法</td></tr>
<tr><td colspan="5">任务内容</td></tr>
<tr><td colspan="5">本任务主要学习列车网络的组成结构,熟悉其功能结构,掌握日常维护及网关、代理节点的检修方法</td></tr>
<tr><td colspan="5">任务目标</td></tr>
<tr><td colspan="2">知识目标</td><td>能力目标</td><td colspan="2">素质目标</td></tr>
<tr><td colspan="2">1. 掌握列车网络的组成
2. 掌握列车网络的工作原理
3. 了解网络系统的简单故障处理</td><td>1. 了解列车网络结构
2. 能够掌握网关、代理节点的检修方法</td><td colspan="2">1. 树立安全生产意识
2. 培养严谨认真的工作态度
3. 培养团队合作精神</td></tr>
</table>

续上表

任务要求
1. 在实训过程中，严格遵守实训场所有关规定 2. 树立“安全第一”意识，保证人身及设备安全 3. 做好实训准备工作，准备好相关物品 4. 操作仪表、工具时，严格按照操作规范进行 5. 及时记录实训数据与结果，认真撰写实训报告 6. 发生下列情况之一，应立即终止实训 (1)在实训过程中因违规操作损坏仪表或工具 (2)在实训过程中因违规操作发生安全事故

理 论 知 识

一、概　　述

空调客车列车监控系统能够自动监测车厢的各种参数，以确保设备和车辆运行安全。列车监控系统由位于各个车厢的综合控制柜、智能节点和位于随车工程师办公席的主控站以及通信网线组成。综合控制柜主要由供电控制、空调控制、防滑器、轴温报警器等组成。智能节点主要有烟火报警器、车门控制器等部件。监控网络主要由与相应控制器相连的网关组成。系统构成框图如图 3-3-1 所示。

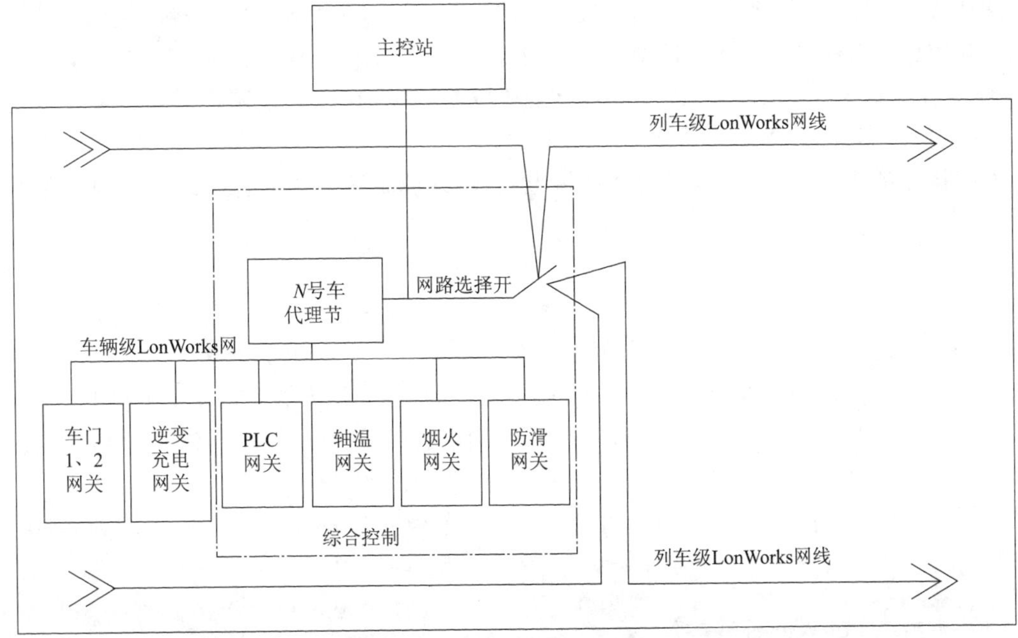

图 3-3-1　监控系统构成框图

二、系统功能

(一)列车主控站

列车主控站由 10.4 英寸液晶触摸显示屏、主机网关、无线传输装置等组成。主控站是整个列车监控系统的神经中枢,负责向各节车厢发送控制命令,接收监控对象的信息,显示所有监控对象的状态,实时记录全部车厢的数据(通过 CF 存储卡),通过无线传输装置实现卫星定位和向地面传输数据。

主机网关通过 LonWorks 接口及列车网络实现全列信息和命令的传递。主机网关负责将列车总线上的车辆信息收集后转换为监控主机能够识别的命令,通过 RS-232C 接口传送到监控主机并将监控主机的命令发送至列车总线。

接线方法:接线标签的 1、2 为网关电源。3、4 为 LonWorks 网线。5、6 为屏蔽接线端,等电位。7 端为 RS-232C 的信号地,8 为网关 RS-232C 的发送端 RT,9 为网关 RS-232C 的接收端 RR。

触摸屏是一种微型可编程终端,采用全中文液晶触摸屏(带背光),具有字符类型和图像类型显示,由通信接口 PORT A 和主机网关的 RS-232C 接口进行通信。主要功能是显示全列车辆的供电、空调、车下电源、防滑器、轴报器、车门系统、烟火报警器等运行工况及参数的显示,实时显示各功能单元的运行状态及实时报告故障现象。

(二)列车级 LonWorks 网络线

由 39 芯通信连接器及双绞屏蔽线组成,占用 39 芯中的 18、23 芯。连接一位角连接器的线号为 LW11A、LW11B;连接三位角连接器的线号为 LW21A、LW21B;连接二位角连接器的线号为 LW12A、LW12B;连接四位角连接器的线号为 LW22A、LW22B。LW11A 与 LW21A;LW11B 与 LW21B;LW12A 与 LW22A;LW12B 与 LW22B 在综合控制柜网路转换开关处短接,分别构成列车级 LonWorks 网络Ⅰ、Ⅱ路。如果一顺编组,全列网路转换开关应置于同一路。在首尾车的二路网线上设有 100Ω 终端电阻,网线应处于导通和保持线间及对地绝缘良好状态。

(三)代理节点

代理节点是联接列车网和车辆网的桥梁,有 2 个独立的 LonWorks 通信接口。上行 LonWorks 通信接口负责列车级网络通信,接收列车主机的信息,并将信息转发给下行 LonWorks 通信模块。下行 LonWorks 通信接口负责车厢级网络通信,转发集中控制命令,接收车厢级各应用节点传输的参数、工作状态等信息,并将这些信息传送到列车网。

接线方法:接线标签的 1、2 为网关电源。3、4 为车辆级 LonWorks 网线。5、6 为屏蔽接线端,等电位。7 端为信号地,8、9 为列车级 LonWorks 网线。

(四)车辆级 LonWorks 网络线

由双绞屏蔽线组成,线号为 LW1A、LW1B;该网线在综合柜处留有连接一、二位端门控器和充电器的接线端子。网线应处于导通和保持对地绝缘良好状态。

(五)网 关

将轴温报警器等带有 RS-232C 或 RS-485 通信口的设备与车辆级 LonWorks 网络连接起来,通过网关进行电平转换与协议转换,实现信息交换。网关按 RS-232C 或 RS-485 硬件接口不同分为两大类;按协议转换所需软件不同分为 PLC(232)、轴报(485)、防滑器(232/485)、烟火(485)、车门(485)、逆变器(485)等网关。其中防滑器网关有铁科院(232)和 SAB(485)二种,分别对应铁科院和 SAB 防滑器;逆变器网关有二种分别对应 SMA 和国产逆变器,不能互换。

接线方法:接线标签的 1、2 为网关电源,3、4 为 LON 网线,5、6 为屏蔽接线端等电位。8 为网关 RS-485 的 RP 与轴报器等 RS-485 设备的 A 连接,9 为网关 RS-485 的 RN 与轴报器等 RS-485 设备 B 连接。(若与外部设备的通信接口为 RS-232C,则 8 为网关 RS-232C 的发端 RT 与 PLC 等 RS-232C 设备收端连接,9 为网关 RS-232C 的 RR 与 PLC 等 RS-232C 设备发端连接,7 端为 RS-232 的信号地与 PLC 等 RS-232C 设备信号地连接,通常 RS-232C 的发端对信号地有负电压)。

PLC 适配器为 DB9 插座,2 为发端,3 为收端,9 为信号地;铁科防滑器 2R 为收端,3T 为发端,5D 为信号地;SAB 防滑器为 DB9 插座 9 为 A,6 为 B。

使用方法:按接线图接好线。上电后,电源指示灯亮,网关开始工作,综合控制柜安全记录仪发光二极管闪亮,触摸屏有信息显示,表明车辆网通信基本正常。如果通过触摸屏可以监测到其他车的信息,则列车网通信基本正常。

如果修改 PLC 的本车车厢号,网关须重新上电。

如果 LSV 指示灯闪烁,表明通信故障,但不影响本车 PLC 和其他部件正常工作。处理方法如下:

(1)检查同列车中是否有车厢号重复的现象。如果有,请先断电,然后拔下网关的连接器 LJ1;然后 PLC 上电,修改车厢号后断电,再插上 LJ1,重新上电。

(2)检查接线是否正确,接线是否有短路现象。

(3)检查列车网络线是否有短路、开路、对地绝缘不良现象。

(4)检查供电电源是否正常。

(5)更换网关。

修改 PLC 的本车车厢号:在主画面上,轻触左上角车厢号显示处,可切换到"设定车厢号画面",只要轻触车厢号数字显示处即可调出"键盘",输入车厢号;轻触车号数字显示处可调出"键盘",输入车号。

(六)日常使用维护

通过车载设备检查列车、车辆网络工作是否正常;通过地面设备登陆 INTERNET 网站检查无线数据传输装置工作是否正常;通过地面设备读取 CF 卡数据,检查列车主控站工作是否正常。对读取数据进行备份、分析、打印报表,按总公司、集团公司要求录入 OA 网。

1. 检查车辆网络工作

通过主画面上的"本车网络"触摸开关可以查询本车轴温报警器、防滑器、烟火报警器、车门的详细信息。如果显示信息不是"离线",则说明与之通信正常。如果显示信息是"离线",则应检查控制电源、通信口、网关、网线等是否正常。

通过主画面上的“逆变信息”触摸开关切换到“逆变信息”画面显示目前车下逆变器的状态及参数;按下“运行参数”触摸开关切换到“供电系统信息”画面显示目前充电机的状态及参数。如果显示逆变器、充电机故障代码不是“FE”,则说明与逆变器、充电机通信正常。如果显示逆变器、充电机故障代码是“FE”,则应检查逆变器、充电机控制电源、通信口、网关、网线等是否正常。

2. 检查列车网络工作

按下“全列监控”触摸开关,可切换到“全列监视”画面,只要轻触监视车厢号数字显示处,调出“键盘”,输入监视车厢号并回车,被监视车厢的信息即可显示出来。按下“防滑”显示被监视车的防滑信息,按下“轴报”显示被监视车的轴报信息,按下“烟火”显示被监视车的烟火信息,按下“车门”显示被监视车的车门信息,按下“返回”触摸开关返回。

在“全列监视”画面,按下“全列控制”调出“全列控制”画面。根据画面上的触摸开关及提示,如想控制其他车厢电源转换,可按下电源控制区内的触摸开关;如想控制其他车厢空调机组转换工况,可按下空调控制区内的触摸开关,触摸开关变黑为选中。按下“取消命令”可以取消选择,确认命令正确无误后,再按下“发送命令”触摸开关向受控车厢发送命令。按下“返回”触摸开关返回。全列监视及全列控制界面如图 3-3-2 所示。

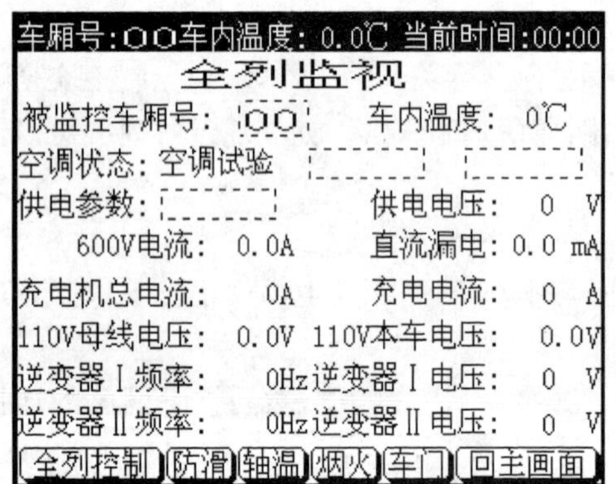

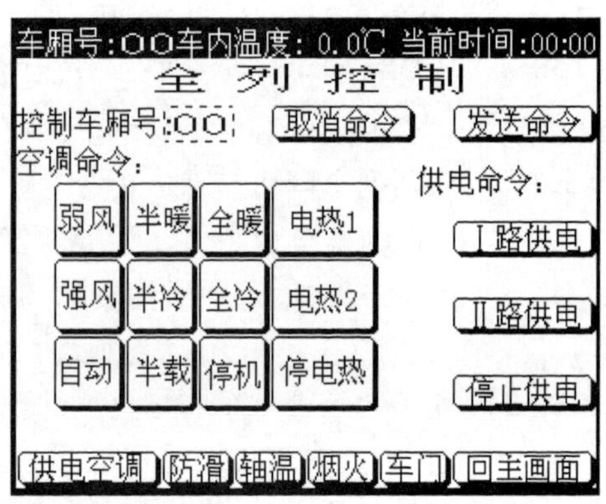

图 3-3-2 全列监视及全列控制界面

如果列车网络工作异常,请检查网路选择开关位置是否正确,39 芯连接器是否插好,列车网线是否正常(贯通、无交叉、无短接、无接地、有终端电阻),代理节点 LSV 是否闪亮,车厢号设置是否重号,对方控制电源是否正常。

3. 检查主控站工作

列车监控系统使用前必须设定有效的车次及监控主机号。车次按照实际运行车次设定,如果监控主机所在的车改变车次则须重新设定。监控主机号只能设定为 1 或 2,当车辆编组中只有一个监控主机时,监控主机号设为 1;当车辆编组中有两个监控主机时,一个设为 1,另一个设为 2;监控主机号不能重复。调整界面如图 3-3-3 所示。

操作步骤:用手轻触主画面下方的“车次”显示处,调出“input password(输入密码)”对话框,再用手轻触密码显示处调出键盘,输入密码“sysdq”后按回车键,输入密码后利用键盘输入实际运行车次,确认无误后按下回车键。

例如:车次为 2031/2032/2033/2034 次则直接输入“2031/2032/2033/2034”共 19 个字符后回车。

用手轻触主画面下方的“监控主机号”显示处,调出“input password(输入密码)”对话框,

铁路客车综合监控系统　正在发送控制命令

	供电系统	空调系统	车下电源	防滑器	轴报器	车门系统	烟火
1号车	一路供电	强风	正常	8 8	正常	车门打开	正常
2号车	二路供电	强风半冷	正常	88.	报警	车门打开	无效
3号车	停止供电	强风全冷	正常	7. 1.	正常	车门打开	故障
4号车	二路供电	弱风	正常	7. 2.	正常	车门打开	报警
5号车	一路供电	弱风半暖	正常	1. 0.	报警	车门打开	正常
6号车	二路供电	弱风全暖	正常	2. 0.	正常	车门打开	无效
7号车	一路供电	空调停止	正常	7. 3.	正常	车门打开	故障
8号车	二路供电	强风全冷	正常	7. 4.	正常	车门打开	报警
9号车	一路供电	弱风半暖	正常	7. 5.	正常	车门打开	正常

在线：　故障：　离线：　后续车厢

车次：2031/2032/2033/2034　监控主机号：1　2004-02-25　15:05:53

用手轻触此处输入车次　用手轻触此处输入监控主机号

图 3-3-3　调整界面

再用手轻触密码显示处调出键盘，输入密码“sysdq”后按回车键，输入密码后利用键盘输入监控主机号 1 或 2，确认无误后按下回车键。

(1)查看列车概况

监控主机分两个画面显示全列车辆的运行概况。主画面 1 显示第 1～9 号车，主画面 2 显示第 10～18 号车。运行概况画面可以查看供电状态、空调工况、车下电源状态、防滑器信息码、轴温状态、车门状态、烟火报警状态。主画面上方显示信息分类，左侧显示车号及整车状态，黄色为离线、绿色为正常、红色为故障或报警(烟火信息报警为红色，故障为无色)。主画面 1、主画面 2 如图 3-3-4、图 3-3-5 所示。

铁路客车综合监控系统　正在发送控制命令

	供电系统	空调系统	车下电源	防滑器	轴报器	车门系统	烟火
1号车	一路供电	强风	正常	8 8	正常	车门打开	正常
2号车	二路供电	强风半冷	正常	88.	报警	车门打开	无效
3号车	停止供电	强风全冷	正常	7. 1.	正常	车门打开	故障
4号车	二路供电	弱风	正常	7. 2.	正常	车门打开	报警
5号车	一路供电	弱风半暖	正常	1. 0.	报警	车门打开	正常
6号车	二路供电	弱风全暖	正常	2. 0.	正常	车门打开	无效
7号车	一路供电	空调停止	正常	7. 3.	正常	车门打开	故障
8号车	二路供电	强风全冷	正常	7. 4.	正常	车门打开	报警
9号车	一路供电	弱风半暖	正常	7. 5.	正常	车门打开	正常

在线：　故障：　离线：　后续车厢

车次：2031/2032/2033/2034　监控主机号：1　2004-02-25　15:05:53

图 3-3-4　主画面 1

铁路客车综合监控系统　正在发送控制命令

	供电系统	空调系统	车下电源	防滑器	轴报器	车门系统	烟火
10号车	二路供电	弱风	正常	8 8	正常	车门打开	正常
11号车	一路供电	强风	正常	88.	正常	车门打开	无效
12号车	二路供电	弱风半暖	正常	1. 0.	正常	车门打开	故障
13号车	一路供电	弱风全暖	正常	7. 1.	正常	车门打开	报警
14号车	二路供电	强风半冷	正常	7. 2.	正常	车门打开	正常
15号车	一路供电	空调停止	正常	7. 3.	正常	车门打开	无效
16号车	二路供电	强风半冷	正常	7. 4.	正常	车门打开	故障
17号车	一路供电	强风全冷	正常	5. 0.	正常	车门打开	报警
18号车	二路供电	弱风全暖	正常	3. 0.	正常	车门打开	正常

在线：　故障：　离线：　返回

车次：2031/2032/2033/2034　监控主机号：1　2004-02-25　15:05:53

图 3-3-5　主画面 2

(2)查看全列分类详细信息

在主画面 1 或主画面 2,按下上方分类信息进入该类信息显示画面,分类信息显示画面可以查看全列车辆某一类信息的详细参数,如图 3-3-6 所示。

轻触进入全列
轻触进入全列空调系统
轻触进入全列车下电源
轻触进入全列防滑器信息
轻触进入全列轴报器信息
轻触进入全列车门系统
轻触进入全列烟火系统信息

铁路客车综合监控系统　正在发送控制命令

	供电系统	空调系统	车下电源	防滑器	轴报器	车门系统	烟火
1号车	一路供电	强风	正常	8 8	正常	车门打开	正常
2号车	二路供电	强风半冷	正常	88.	报警	车门打开	无效
3号车	停止供电	强风全冷	正常	7. 1.	正常	车门打开	故障
4号车	二路供电	弱风	正常	7. 2.	正常	车门打开	报警
5号车	一路供电	弱风半暖	正常	1. 0.	报警	车门打开	正常
6号车	二路供电	弱风全暖	正常	2. 0.	正常	车门打开	无效
7号车	一路供电	空调停止	正常	7. 3.	正常	车门打开	故障
8号车	二路供电	强风全冷	正常	7. 4.	正常	车门打开	报警
9号车	一路供电	弱风半暖	正常	7. 5.	正常	车门打开	正常

在线：　故障：　离线：　后续车厢

车次：2031/2032/2033/2034　监控主机号：1　2004-02-25　15:05:53

图 3-3-6　全列分类信息

(3)查看单车详细信息

在主画面按下左侧对应车号进入该车单车状态查询画面。单车状态画面可以看到本车供电、空调、车下电源、防滑器、轴报器、车门、烟火报警器等设备的详细运行工况及参数,如图 3-3-7 所示。

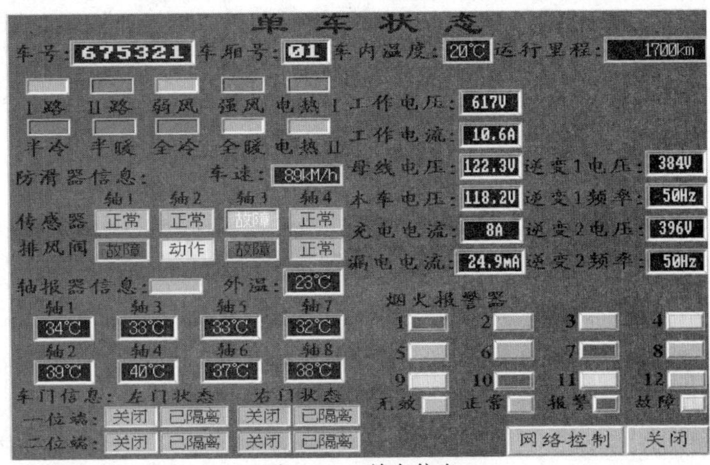

图 3-3-7　单车信息

(4)发送控制命令

在主画面1或主画面2,按下左侧对应车号进入该车单车状态查询画面后,按下“网络控制”触摸开关进入“网络控制”画面,如图3-3-8所示。根据监控主机屏上的触摸开关及提示,如想控制该车厢电源转换,可按下电源控制区内触摸开关;如想控制该车厢空调机组转换工况,可按下空调控制区内触摸开关,触摸开关变绿为选中。按下“取消命令”可以取消选择,确认命令正确无误后,再按下“发送命令”触摸开关向被控车厢发送命令。按下“返回”触摸开关返回。

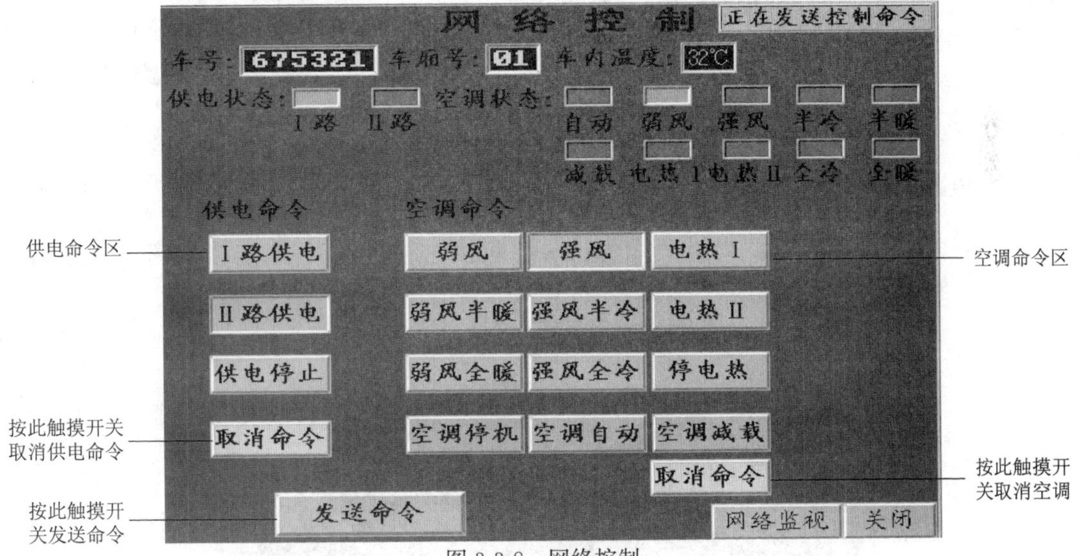

图 3-3-8　网络控制

(5)记录运行数据

监控主机启动后自动开始记录运行数据,每隔一分钟记录一次,记录内容包括全列车辆的供电系统、空调系统、车下电源、防滑器、轴报器、车门系统、烟火报警器等系统的详细信息。

(6)更改系统日期、时间

用手轻触主画面下方日期显示处,调出数字输入键盘按照年、月、日的顺序输入正确的日期,年、月、日之间用“.”分隔。

用手轻触主画面下方时间显示处,调出数字输入键盘按照时、分、秒的顺序输入正确的时间,时、分、秒之间用“.”分隔。

例如:当前日期为2003年12月20日,输入“2003.12.20”共10个字符后回车;当前时间为12时40分40秒,输入“12.40.40”共8个字符后回车。

(7)显示触摸屏的维护

显示触摸屏为液晶显示屏,使用过程中防止表面与硬、尖锐的物体接触以免损伤。

如果显示触摸屏脏得难以看清,请用一柔软干布擦拭显示触摸屏。如果特别脏,用干布擦除赃物可能损伤面板表面。在这种情况下,用含中性洗涤液的湿抹布绞干后擦拭显示触摸屏。

为确保显示触摸屏始终能在最佳状态下使用要进行定期维护工作。正常的环境下,维护检验的标准周期是8个月到1年。

检验项目:

①电源电压是否在20.4~27.6 V范围内;

②环境温度是否在0~50 ℃范围内;

③环境湿度是否在相对湿度35%~85%范围内且无凝露;

④所有单元安装是否可靠,接线是否牢固,接线螺丝有否松动,连接电缆有否磨损。

更换电池:

显示触摸屏使用锂电池保存内容。在25 ℃的环境温度下使用显示触摸屏,电池的寿命大约为5年,如果环境温度高于25 ℃,那么电池的寿命就会缩短。建议根据客车运行环境提前更换电池以免造成损失。在以下情况下必须更换电池:

①新电池已装用5年以上。

②当运行为桔黄色(工作期间)或为红色(停止工作)。

可更换电池的型号为:C500-BAT08。

三、线路上的常见问题

网络线路出现问题主要检查网线,查39芯跨接电缆、连接器及连接器座,常见问题如图3-3-9~图3-3-14所示。

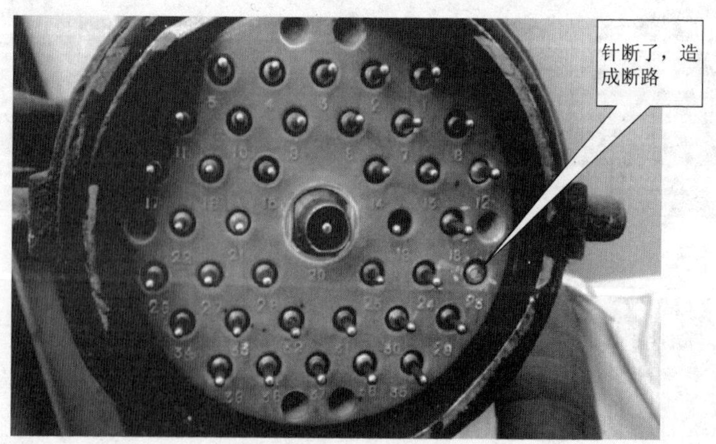

图3-3-9 断针,造成断路

图 3-3-10　连接器座浸水，短路

图 3-3-11　弯针导致接触不良或者接触不到，严重短路

图 3-3-12　缩针导致接触不良或者接触不到，严重短路

图 3-3-13 39 芯连接器座,母针缩针

图 3-3-14 灰尘导致短路接触不良

厂修过的车应注意检查,柜内和柜外连接线的端子排上,上下接线是否正确,线号是否一一对应。接线端子排如图 3-3-15 所示。注意网络转换开关 SA3 是否正常,如时好时坏,也可能直接网线不导通。

(a)

图 3-3-15

(b)

图 3-3-15　接线端子排

实 作 技 能

一、实训准备

在正式作业前，先准备好如下实训用品：

(1)设备：各型网关、代理节点。

(2)工具：万用表、编程器、毛刷、擦布、电工工具、笔记本电脑、焊台、点温计。

二、实训流程及标准

预检→检修→通电试验→完工整理。

三、实训内容

1. 预检

(1)检查网关、代理节点外观良好无破损，破损者更换。

(2)各插接头无破损、烧损、老化，插接性能良好。

2. 检修

(1)打开配件外壳清除内部杂质，内部电路板需完整无变形、变色、脱锡及金属层剥离。

(2)测量 DC—DC 模块输出端电压为 4.9～5.1 V，否则更新模块。

(3)查下 LonWorks 模块，测试通信状态需良好，不良者维修或更新。

(4)更换的各类电子元器件需符合原设计要求，即型号、规格、工业等级相符。停产元器件需装用替代元器件时，器件参数需与被替代元器件型号相符或标准更高。

(5)更换的各类电子元器件需做温升试验：电器配件全功率运行 30 min 后，更换器件温度不得超过 65 ℃(环境温度 25 ℃时)；电流中间不得发生突变。

(6)更换的元器件需焊接、捆扎、紧固可靠，不得与外壳或配线发生干磨碰。

3. 通电试验

(1)更换 EEPROM 芯片需进行存储单元校验，存储单元需无坏点。

(2)网关联网通信功能需正常,LSV灯不亮。

(3)设备离线、故障、正常信息切换传递良好。

4. 完工整理

整理工具、材料,回收剩余配件,做到工完、料净、场地清。

能力考核

一、考核题目

网关、代理节点的检修。

二、考核内容

1. 了解列车网络结构。
2. 能够掌握网关、代理节点的维护方法。

三、考核要求

1. 严格按照万用表的使用规则进行各项测量。
2. 合理使用工具。
3. 排除故障。

四、考核时间

1. 准备时间:2 min。
2. 正式作业时间:30 min。计时从工具准备齐全开始至检查、记录完毕结束。
3. 规定时间内全部完成,超时停止作业。

五、考核标准

若考生发生下列情况之一,则应及时终止其考试,考生该试题成绩记为零分。

1. 在考试过程中因违规操作损坏仪表或设备。
2. 在考试过程中因违规操作发生安全事故。

考 核 表

考核项点	配分	考核内容	
网关、代理节点的检修	70	[1]正确测量DC—DC模块输出端电压 [2]对LonWorks模块进行通信状态的测试 [3]查找电子元器件故障并进行排除 [4]判断测试结果是否符合要求	
安全文明生产	15	严格按照要求操作,禁止违章	
清理现场	15	清理现场,工具仪表摆放整齐	
用时		成绩	

项目四　车辆基本知识

一、学习目标

了解车辆主要工种职业标准和技能要求。掌握铁道客车和铁道货车的基本知识，了解轮对、制动装置、钩缓装置等主要部件的组成。

二、学习任务

任务列表

序　号	任务名称	学时要求
1	认知车辆主要工种职业标准和技能要求	2
2	认知铁道客车	8
3	认知铁道货车	8
合计学时		18

任务一 认知车辆主要工种职业标准和技能要求

为了进一步完善国家职业标准体系，推动职业教育、职业培训和职业技能鉴定工作的科学化、规范化，根据《中华人民共和国劳动法》的有关规定，劳动和社会保障部、国铁集团共同组织有关专家，制定了《客车检车员国家职业标准》《货车检车员国家职业标准》《车辆钳工国家职业标准》《车辆电工国家职业标准》。

任 务 单

<table>
<tr><td>项　目</td><td colspan="4">车辆相关岗位职业标准及车辆新技术认知</td></tr>
<tr><td>任　务</td><td colspan="2">车辆主要工种职业标准和技能要求认知</td><td>学　时</td><td>2</td></tr>
<tr><td colspan="5">任 务 概 述</td></tr>
<tr><td colspan="5">客车检车员指对铁路运用客车车辆及其空调设备和电气装置等技术状态进行检查、测试，并对其进行维护及故障处理的人员。货车检车员指对铁路运用货车车辆技术状态进行检查、测试，并对其进行维护及故障处理的人员。车辆钳工指从事铁路车辆机械装置及部件制造、修理、装配、调试的人员。车辆电工指从事铁路车辆电气装置组装布线检修调试的人员。车辆主要工种职业标准适用于从事本职业的人员</td></tr>
<tr><td colspan="5">任 务 内 容</td></tr>
<tr><td colspan="5">本任务主要学习：客车检车员、货车检车员、车辆电工、车辆钳工职业标准和技能要求</td></tr>
<tr><td colspan="5">任 务 目 标</td></tr>
<tr><td colspan="2">知 识 目 标</td><td colspan="2">能 力 目 标</td><td>素 质 目 标</td></tr>
<tr><td colspan="2">掌握车辆主要工种职业标准和技能要求</td><td colspan="2">能够熟记车辆主要工种职业标准和技能要求</td><td>1. 树立严谨认真的学习态度
2. 培养学习能力和理解能力</td></tr>
<tr><td colspan="5">任 务 要 求</td></tr>
<tr><td colspan="5">在学习过程中严格按照标准内容规范学习</td></tr>
</table>

理 论 知 识

车辆主要工种包括客车检车员、货车检车员、车辆电工、车辆钳工等，如图 4-1-1 所示。

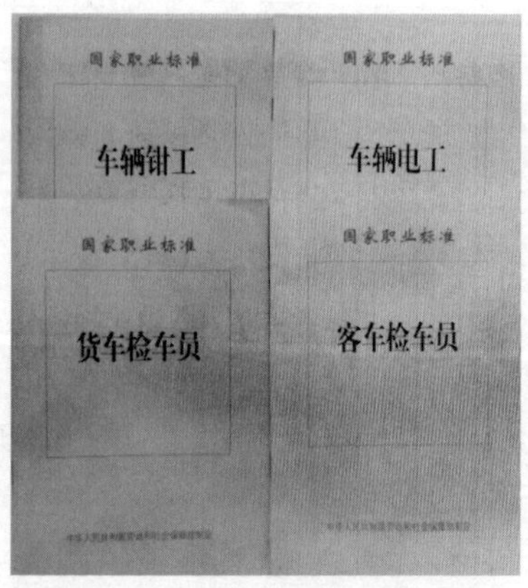

图 4-1-1　车辆主要工种

一、客车检车员

（一）中　　级

1. 作业准备
防护信号的设置。
2. 检查测试
(1)车辆单车技术检查(能判断故障;能进行制动试验;能进行数据录入及上传)
(2)车电单车技术检查(能查找、判断客车灭灯、电子防滑器等系统部件的一般故障)
(3)空调电器单车技术检查(能调试空调装置并查找一般故障)
3. 处理故障
(1)车辆的维护及检修(能判断处理客车车辆常见故障)
(2)车电装置的维护及检修(能判断处理车电装置一般故障)
(3)空调电器装置的维护及检修(能分解组装空调装置;能检测一般故障)

（二）高　　级

1. 作业准备
设备的准备。
2. 检查测试
(1)车辆单车技术检查(能进行客车质量鉴定)
(2)车电单车技术检查(能鉴定客车等级;能判断供电系统等关键系统部件的一般故障)
(3)空调电器单车技术检查(能检查判断空提系统复杂故障;能检查验收主要部件的质量)
3. 处理故障
(1)车辆的维护及检修(能指导中级检车员;能处理复杂故障;能调查分析一般行车事故)
(2)车电装置的维护及检修(能判断处理车电复杂故障等)
(3)空调电器装置的维护及检修(能处理空调装置、电气控制柜复杂故障等)

（三）技　　师

1. 检查测试
(1)车辆单车技术检查(能识读零件图和装配图;能指导、处理运用转向架的部件的关键技术问题)
(2)车电单车技术检查(能指导、诊断新型客车机电合一产品的故障)
(3)空调电器单车技术检查(能读懂新型客车电路图)
2. 处理故障
(1)车辆的维护及检修(能处理疑难故障;能对一般事故组织救援工作)
(2)车电装置的维护及检修(能处理客车机电合一设备的故障)
(3)空调电器装置的维护及检修(能处理空调系统的疑难故障)
3. 技术管理
(1)生产过程管理(能编制一辆车技术检查作业过程;编制车辆整修计划等)

(2)生产工艺改进(能协调有关工种检修作业间的技术问题等)
(3)撰写技术总结
4. 培训指导
(1)技术培训(对中、高级客车检车员)
(2)专业指导(对中、高级客车检车员)

(四)高级技师

1. 检查测试
(1)车辆单车技术检查(能判断客车的运行品质;能诊断疑难故障等)
(2)车电单车技术检查(能诊断车辆电器的疑难故障;能检测车辆各系统工作状态)
(3)空调电器单车技术检查(能诊断车辆空调的疑难故障)
2. 处理故障
(1)车辆的维护及检修(能处理疑难故障;能撰写故障分析报告)
(2)车电装置的维护及检修(能处理新型客车电器、真空集便系统等故障)
(3)空调电器装置的维护及检修(能设计加装并改造特种车的空调及配电系统)
3. 技术管理
(1)生产过程管理(能指导检修;能编制新型客车检修标准等)
(2)生产工艺改进(能对现行的检修设备和工艺及作业标准提出改进意见)
(3)撰写技术论文
4. 培训指导
(1)技术培训(对技师及以下)
(2)专业指导(对技师及以下)

二、货车检车员

(一)中　级

1. 作业准备
(1)接车作业
(2)传递作业信号
2. 检查测试
(1)技术状态检查(能对货物列车、自备车等车辆进行技术检查)
(2)技术状态测试(能使用试验、检测设备;能按规程完成车辆部件尺寸检测)
3. 故障处理与分析
(1)处理故障(能按规定扣留技术状态不良车;能运用快速修方法处理故障)
(2)分析故障(能对运行途中发生行车故障的列车进行故障调查)

(二)高　级

1. 作业准备
接车及准备作业。

2. 检查测试
(1)技术状态检查(能对专用车辆、军用列车等进行单车技术检查等)
(2)技术状态测试(能判断破损车辆的破损程度;判断轮对故障等)
3. 故障处理与分析
(1)处理故障(能调整更换车辆部分零件;能识读绘制零件图装配图)
(2)分析故障(能对行车一般事故进行调查等)

(三)技　　师

1. 检查测试
(1)技术状态检查(能按技术标准完成对车辆的落成验收)
(2)技术状态测试(能对转向架部分进行分解检测等)
2. 故障处理与分析
(1)处理故障(能对有关生产数据进行统计分析)
(2)分析故障(能分析故障原因,撰写调查报告)
3. 技术管理
(1)生产过程管理(能编制检查、更换车辆零部件的作业过程等)
(2)生产工艺改进(能对新型车辆进行检查维修等)
(3)撰写技术总结
4. 培训指导
(1)技术培训(对中、高级货车检车员)
(2)专业指导(对中、高级货车检车员)

(四)高级技师

1. 检查测试
(1)技术状态检查(能完成对厂修车辆的落成验收等)
(2)技术状态测试(能对车辆零部件报废进行技术鉴定)
2. 故障处理与分析
(1)处理故障(能对特种车辆进行故障处理等)
(2)分析故障(能调查分析故障类型等)
3. 技术管理
(1)生产过程管理(能进行材料消耗核算等)
(2)检修方法改进(能对车辆检修方法进行改进等)
(3)撰写技术论文
4. 培训指导
(1)技术培训(对技师及以下货车检车员)
(2)专业指导(对技师及以下货车检车员)

三、车辆电工、车辆钳工

车辆电工共设五个等级:初级、中级、高级、技师、高级技师。车辆钳工共设五个等级:初级、中级、高级、技师、高级技师。

能 力 考 核

一、考核题目

车辆主要工种职业标准和技能要求。

二、考核内容

客车检车员、货车检车员各等级工作内容及技能要求。

三、考核要求

采取闭卷答题方式。

四、考核时间

正式考试时间:45 min。

五、考核标准

若考生在考试过程中作弊,则应及时终止其考试,考生该试题成绩记为 0 分。

考 核 表

考核项点	配　分	考核内容	
车辆主要工种职业标准和技能要求	100	[1]客车检车员各等级工作内容及技能要求　50 分 [2]货车检车员各等级工作内容及技能要求　50 分	
用　时		成　绩	

任务二　认知铁路客车

铁路是国家的重要基础设施,交通运输体系的骨干。在铁路、公路、水运、航空和管道五种运输方式中,铁路担负着我国大部分运输任务,发挥着重要作用。客车车辆是铁路客运的装载工具,因此,必须经常保持数量足够、质量良好的车辆,才能满足国民经济高速发展的需要。认真学习和掌握各种客车车辆的构造和性能,做好车辆的运用、检修工作,是客车车辆部门技术人员的基本任务。

任 务 单

项　目	车辆基本知识		
任　务	认知铁路客车	学　时	8
任务概述			
学习和掌握各种客车车辆的构造和性能,做好车辆的运用、检修工作			

续上表

<table>
<tr><td colspan="3">任务内容</td></tr>
<tr><td colspan="3">了解客车基本组成及种类，掌握轮对、制动机、车钩缓冲装置的组成，了解 KMIS 系统、THDS、TPDS、TADS 的作用</td></tr>
<tr><td colspan="3">任务目标</td></tr>
<tr><td>知识目标</td><td>能力目标</td><td>素质目标</td></tr>
<tr><td>1. 掌握轮对的组成
2. 掌握客车制动机的组成
3. 掌握车钩缓冲装置的组成</td><td>掌握轮对、客车制动机、钩缓装置的组成，知道各个部件的作用</td><td>1. 树立安全生产意识
2. 培养严谨认真的工作态度
3. 培养团队合作精神</td></tr>
<tr><td colspan="3">任务要求</td></tr>
<tr><td colspan="3">1. 了解客车基本组成及种类
2. 掌握轮对的组成
3. 掌握客车制动机的组成
4. 掌握车钩缓冲装置的组成
5. 了解 KMIS 系统的应用
6. 了解 THDS、TPDS、TADS 设备的作用</td></tr>
</table>

理论知识

一、客车基本组成及种类

从结构组成来看，客车一般可分转向架、制动装置、车钩缓冲装置、车体及车内设备五大部分，如图 4-2-1 所示。

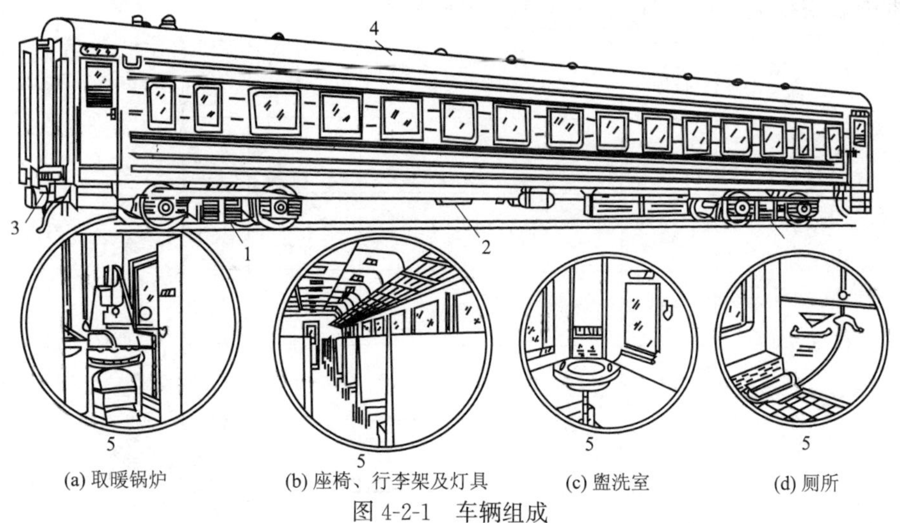

图 4-2-1　车辆组成

1—转向架；2—制动装置；3—车钩缓冲装置；4—车体；5—车内设备

转向架是车辆上能相对车体回转的一种走行装置。它承受着车体的自重和载重，并由机车牵引行驶在钢轨上。转向架主要由构架、轮对、轴箱、弹簧减振装置、摇枕、基础制动装置等部分组成。转向架必须有足够的强度和良好的运行平稳性，以保证安全运行和满足旅客的舒适性要求。

制动装置是车辆上起制动作用的零部件组成的一整套机构。它的主要作用是保证运行中的列车能按需要实现减速或在规定的距离内实现停车,以保证行车安全。制动装置由空气制动机、手动制动机和基础制动装置组成。空气制动利用压缩空气,手制动机利用人力可分别推动基础制动装置,使闸瓦压紧车轮和闸片压紧制动盘来实现制动作用。制动装置是保证列车安全运行的重要部分。

车钩缓冲装置是用于机车与车辆或车辆与车辆之间相互连接,传递纵向牵引力及缓和列车运行中冲击力等作用的装置。主要由车钩、缓冲器、解钩装置及附属配件等组成,安装在车体两端的牵引梁上。要求具有强度大、摘挂方便、缓冲性能良好的特点。

客车车体是容纳旅客、装载行包及整备品等的部分。车体主要由底架、侧墙、端墙及车顶组成。其中底架是车体的基础,由纵向梁、横向梁、辅助梁和底板等组成,承受着作用于车辆上的垂直载荷和水平载荷。因此,车体应具有足够的强度和刚度,其结构形式应考虑车辆的用途,使之相互适应。

客车车内设备是指为旅客提供必需的舒适条件所需的设备。如车内的座席、卧铺、茶桌、行李架、给水、卫生、取暖、通风、照明、空气调节及各种电器设备和供电装置等。

客车车辆检修标记分为定期检修标记和检修有关标记。

(一)定期检修标记

1. 客车厂、段标记

车辆的厂、段标记如图 4-2-2 所示,在车辆二、三位端涂打定检标记,定检标记位置为:车体端梁向上 800 mm 处为表格框下线位置(有登顶梯结构的在两梯中间位置涂打),车体侧墙向内 300 mm 处为表格线右线位置(受结构限制者可适当调整);标记规格:外框表格线宽 3 mm,框内表格线宽 2 mm,字号为 40 号,字体为宋体。

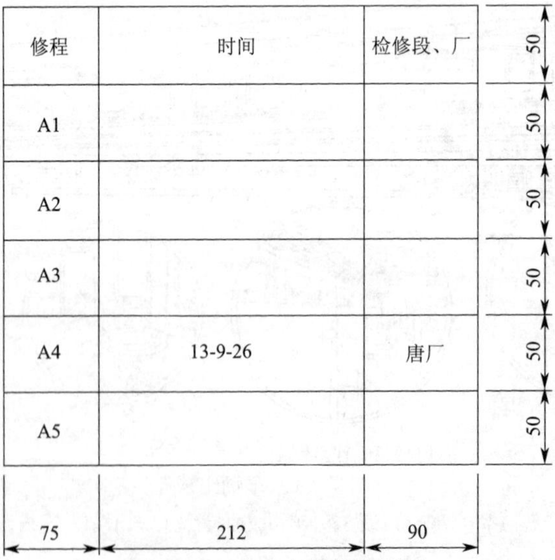

修程	时间	检修段、厂	50
A1			50
A2			50
A3			50
A4	13-9-26	唐厂	50
A5			50
75	212	90	

图 4-2-2　客车定期检修标记

2. 客车 A1 修标记

客车 A1 修标记如图 4-2-2 所示,在车辆二、三位端定检标记 A1 修内涂打。检修时间 A1

修需涂打年、月、日。

(二)车辆检修有关标记

1. 车辆方位:用阿拉伯数字“1”或“2”表示,分别表示车辆的一位端和二位端,涂打在脚蹬的外侧面和内端墙上方。

2. 车钩中心线:沿车钩钩舌外侧及钩头两侧,在钩身横截面高度 1/2 处用白色油漆涂打一宽度为 5 mm 的水平直线,即为车钩中心线。车钩中心线距轨面的距离应符合规定。

3. 钩型:在钩头侧面涂有车钩型号(阿拉伯数字),以便于识别。

4. :表示客车架车作业时,顶车指定的部位。

(三)车辆方位和轴距

为了制造、检修和运用需要,对于车辆及其零部件的方向、位置规定了统一的确定方法。

1. 车辆的方向

车辆位于平直线路时,沿车辆前后的连接牵引方向叫作车辆纵向。与车辆纵向垂直的水平方向叫作车辆横向。

2. 车辆的位置

车辆的方向规定以制动缸活塞杆伸出的一端为一位端,与一位端相反的另一端为二位端。在一位端一般都装有手制动机,如图 4-2-3 所示。

对于有单元制动缸的客车,一般以装有手制动装置的一端为一位端。

3. 零部件位置的确定

车辆的车轴、车轮、轴箱、车钩、转向架、车底架各梁和其他部件的位置确定,如果是纵向排列的,是由一位端至二位端止以自然数顺次标注。如果位置是左右对称的,则站在一位车端。面向二位端,从一位端起,从左向右以自然数顺次标注到二位端止,如图 4-2-4 所示。

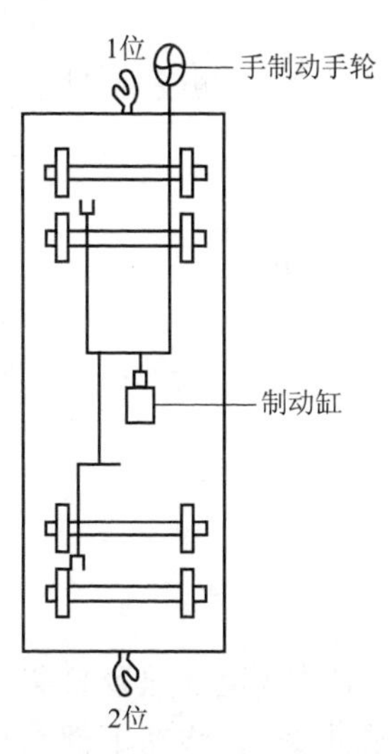

图 4-2-3　车辆方向确定

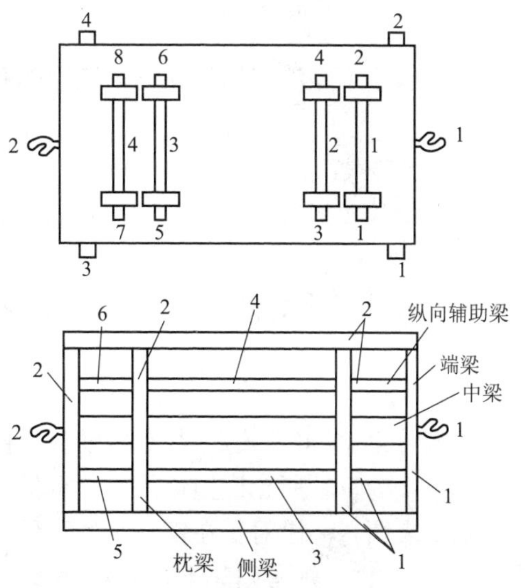

图 4-2-4　车辆零部件位置确定

4. 车辆的轴距与定距

车辆运行在曲线时，车体或转向架的中心线与线路不一致，这种不一致的程度越大，轮缘与钢轨之间的磨损就越大。为了克服这种缺点，除在线路铺设上，应限制曲线半径不得过小，外轨应适当加高和轨距加宽外，在车辆的制造上，对轮轴距离也加以规定限制。

(1)全轴距

车辆上一、二位端最外面的车轴中心线间的水平距离称为全轴距，如图 4-2-5 中 B 所示。

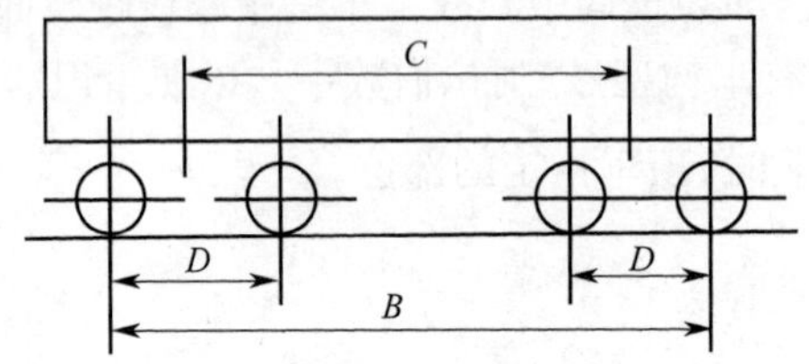

图 4-2-5 车辆轴距与定距

(2)车辆定距

车辆定距指车体两端支承处之间的距离。有转向架的车辆为两心盘中心线之间的水平距离，如图 4-2-5 中 C 所示。

(3)固定轴距

同一转向架中前后两车轴中心线间的水平距离称为固定轴距，如图 4-2-5 中 D 所示。

固定轴距的大小对车辆的运行有很大影响。固定轴距过大时，车辆在曲线半径小的线路上运行时，外侧车轮轮缘压迫钢轨内侧面，不但易加剧轮缘与钢轨间的磨耗，而且容易扩大轨距造成脱轨事故。固定轴距过小时，会增大车辆的振动，使旅客感到不舒服，而且使车辆上的螺栓等紧固件容易松弛，各零件及货物易损坏。一般铁路客车车辆转向架的固定轴距，二轴转向架为 2 400～2 700 mm。

(四)车辆主要技术参数

车辆的技术经济指标是介绍车辆性能和结构特点的一种指标，一般包括性能参数和主要尺寸。

1. 性能参数

性能参数包括自重、载重、容积、定员，除此之外还有以下几项：

(1)构造速度

设计时，根据各种条件所规定的允许速度。它主要取决于车辆的结构强度、制动装置能力等。

(2)轴重

车辆总重(自重＋载重)与车辆轴数之比称为轴重。

轴荷重为车轴所允许担负的最大重量。

轴重表明每一轮对压在钢轨上的重量，其值一般不允许超过铁道线路及桥梁所允许的数值，而线路允许的轴重则与钢轨型号、每公里线路上铺设的枕木数量、线路上部结构的状态以及列车运行的速度等因素有关。在设计车辆时，为了能有最大的载重量，充分利用线路允许的承载条件，将轴重设计得接近允许值。对于较大载重的车辆就只能以增加车轴数量来满足轴重允许要求。

(3)每延米重

指车辆总重与车辆长度之比。它与桥梁设计密切相关。

2. 车辆主要尺寸

(1)车辆长度

车辆两端两个车钩均处在闭锁位置时,钩舌内侧面之间的距离(m)称为车辆长度。车辆长度随着生产技术水平的提高日益加长,但受到车辆在曲线上的偏倚量和生产运用条件的限制,所以一般车辆长度都在 27 m 以下。

(2)车辆宽度与最大宽度

车辆宽度指车辆两侧的最外凸出部位之间的水平距离。车辆最大宽度指车辆侧面的最外凸出部位与车体纵向中心线间的水平距离的两倍。

(3)车辆高度与最大高度

空车时,车体上部外表面至轨面的垂直距离为车辆高度。车辆最大高度指空车时车辆上部最高部位至轨面的垂直距离。

(4)车体、底架长度

车体长度为车体两外端墙板(非压筋处)外表面间的水平距离。底架长度为底架两端梁外表面间的水平距离。

(5)车体内部主要尺寸

①车体内长:车体两端墙板内表面间的水平距离。

②车体内宽:车体两侧墙板内表面间的水平距离。

③车体内侧面高:由地板上平面至侧墙上侧梁的上平面间的垂直距离。

④车体内中心高:由地板上平面至车顶中央部内表间的垂直距离。

(6)地板面高度

指空车时,底架地板(或本地板)上表面至轨面的垂直距离(不包括木地板覆盖物。例如地板布,地毯等的厚度)。对于通用客、货车辆的地板面高度有一定范围的要求,货车应与高站台高度相适应,以便于装卸货物;各种客车地板面高度除与站台高度相适应外尽可能一致,这样可以方便旅客在各车厢之间顺利通行。

(7)车钩中心线高度

空车时,车钩中心线至轨面的垂直距离。这是保证各车辆之间和车辆与机车之间能够连挂运用的最重要尺寸。我国客车辆 15 号系列车钩高度标准为 880_{-5}^{+10} mm,密接式车钩高度标准为 880_{-30}^{0} mm。

二、轮对和滚动轴承

轮对是转向架主要部件之一。它的功用是最终承受车辆的自重和载重(轮对本身重量除外),并以其在钢轨上滚动完成车辆的运行。轮对是由 1 根车轴和 2 个车轮(含制动盘)采取过盈配合,经冷压装组成的整体车辆部件,如图 4-2-6 所示。在轮轴结合部位采用过盈配合,使两者牢固地结合在一起,为保证安全,决不允许有任何松动现象发生。

车轴是轮对的主要配件,它除与车轮组成轮对外,两端还要与轴箱油润装置配合,保证车辆安全运行。目前,我国铁路客车轮对已全部采用滚动轴承及滚动轴承车轴。

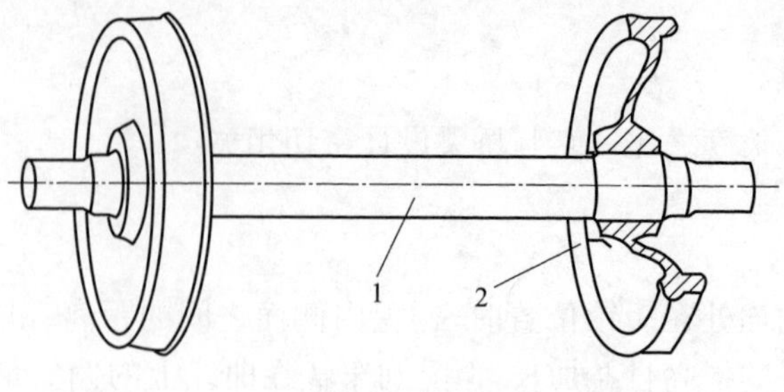

(a) 轮对

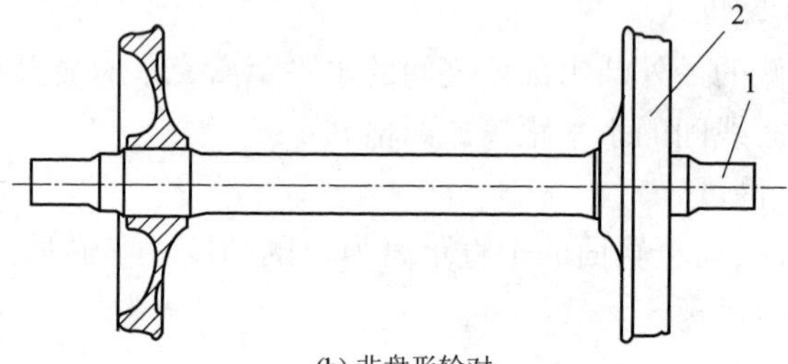

(b) 非盘形轮对

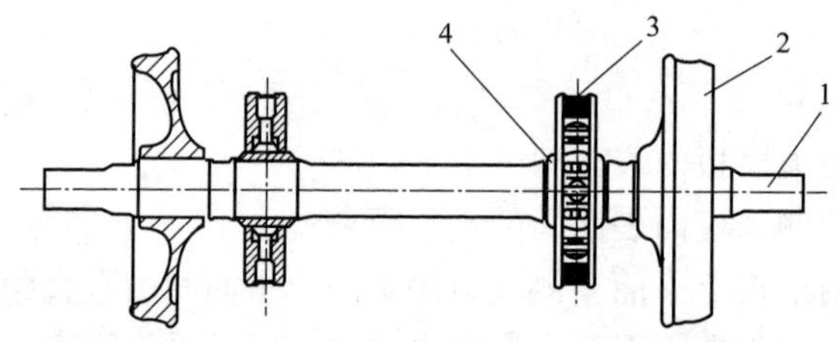

(c) 盘形轮对

图 4-2-6 轮对

1—车轴；2—车轮；3—制动盘；4—盘毂

(一)车轴各部分名称及功用

滚动轴承车轴如图 4-2-7 所示。

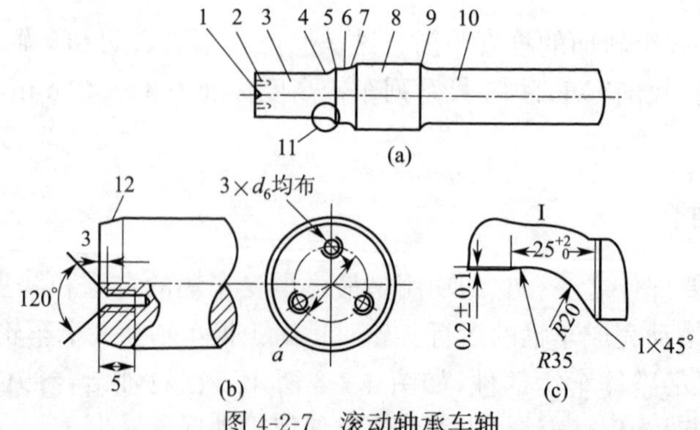

图 4-2-7 滚动轴承车轴

1—中心孔；2—轴端螺栓孔；3—轴颈；4—卸荷槽；5—轴颈后肩；6—防尘挡圈座；7—轮对前肩；8—轮座；9—轮对后肩；10—轴身；11—轴端倒角；12—制动盘座

1. 中心孔:加工车轴和组装、加工轮对时机床顶针孔支点,并可以作为校对轴颈、车轮圆度的中心。

2. 轴端螺栓孔:安装轴承前盖或压板,防止滚动轴承外移窜出,如图 4-2-7(b)所示。

3. 轴颈:安装轴承,承受垂直载荷。

4. 卸荷槽:为磨削轴颈时便于砂轮退刀,其退刀槽作用,可以减少轴承内圈组装后与此处相互间的接触应力,有利于提高此处的疲劳强度,如图 4-2-7(c)所示。

5. 轴颈后肩:轴颈与防尘挡圈间的过渡圆弧,可防止应力集中。

6. 防尘挡圈座:安装防尘挡圈并限制滚动轴承后移。

7. 轮对前肩:防尘挡圈座与轮座之间的过渡圆弧,可防止应力集中。

8. 轮座:固定车轮,是车轴的最大受力部分。

9. 轮对后肩:轮座与轴身之间的过渡圆弧,可防止应力集中。

10. 轴身:车轴中间连接部分。

11. 轴端倒角:轴端部设有 1∶10 的倒角,其作用是压装滚动轴承时起引导作用。

12. 制动盘座:起安装制动盘作用,该部分只在使用盘形制动的车轴上有,一般 1 根轴上有 2 个制动盘座,高速转向架车轴上为 3～4 个。

(二)车　轮

车轮是车辆最终受力配件。它把车辆的载荷传给钢轨,并在钢轨上转动,完成车辆的运行。其性能的好坏,直接影响行车安全。

我国铁路车辆主要采用辗钢整体车轮,简称辗钢轮。辗钢轮最大的优点是强度高,韧性好,适应载重大和速度高的要求;其次是自重较轻,踏面磨耗后可以旋修,维修费用低。辗钢轮的缺点是制造技术较复杂,设备投资较大,踏面耐磨性较差等。我国铁路客车使用的车轮轮径为 ϕ915 mm,少量使用 ϕ950 mm 和 ϕ920 mm。

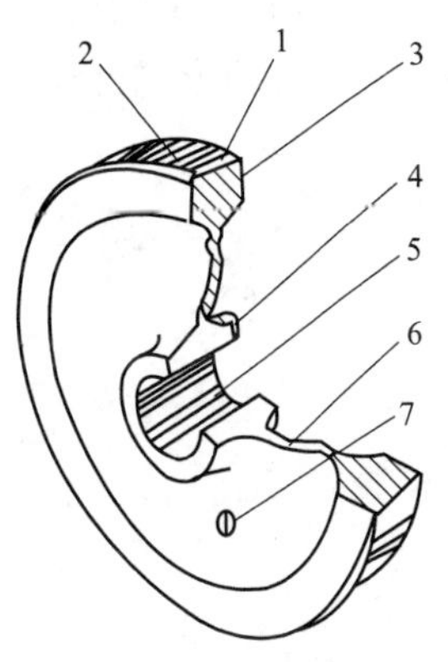

图 4-2-8　整体轮各部名称

1—踏面;2—轮缘;3—轮辋;4—轮毂;5—轮毂孔;6—轮辐板;7—辐板孔

辗钢轮各部名称,如图 4-2-8 所示。

1. 踏面:车轮与钢轨面相接触的外圆周面,具有一定的斜度。踏面与轨面在一定的摩擦力下完成滚动运行。

2. 轮缘:车轮内侧面的径向圆周突起部分,称为轮缘。其作用是防止轮对脱轨,保证车辆在直线和曲线上安全运行。

3. 轮辋:车轮具有完整踏面的径向厚度部分,以保证踏面内具有足够的强度同时也便于加修踏面。

4. 轮毂:车轮中心圆周部分,固定在车轴轮座上,为车轮整个结构的主干与支承。

5. 轮毂孔:用于安装车轴,该孔与车轴轮座部分直接固结在一起。

6. 轮辐板:连接轮辋与轮毂的部分,呈板状者称为辐板,辐板呈曲面状,使车轮具有某些弹性,则力在传递时较为缓和。

7. 辐板孔:为了便于加工和吊装轮对而设,每个车轮上有 2 个。现在由于用途不大且易在其周围产生裂纹,同时还影响车轮的平衡性能,故在 S 形辐板车轮上已取消。

(三)轴箱装置

轴箱装置是铁路车辆的重要组成部分,它不仅将车辆的重量传递给轮对,而且不断地保持轴承的正常润滑,使车辆不间断的运行。如果轴箱油润装置发生故障,轻微的会延误行车,严重的会使轴颈因激烈磨耗而折断,造成严重事故。车辆的轴箱装置有两种形式,即滑动轴承轴箱装置和滚动轴承轴箱装置。我国的客车车辆全部采用滚动轴承轴箱油润装置。

1. 滚动轴承组成、工作原理及优点

滚动轴承一般由外圈、内圈、滚动体(滚子)、保持架组成。滚动轴承是借助于在内、外圈之间的滚动体滚动实现传力和转动的。内圈紧配合于轴颈上,并与轴一起旋转。外圈装配在轴箱或轴承座内,起支撑作用。滚动体在内圈和外圈之间,当轴颈和内圈一同相对外圈旋转时,引导滚动体一面绕其轴心自转,一面绕内外圈滚道滚转。滚动体的大小和数量决定轴承的承载能力。保持架的作用是使各滚动体均匀分布,防止互相碰撞摩擦,并在一定程度上引导滚动体滚动良好。

由于滚动轴承依靠主要元件间的滚动接触支承转动零件,故以滚动摩擦取代了滑动轴承的滑动摩擦,因而具有摩擦阻力小、功率消耗少、启动容易等优点。

2. 滚动轴承轴箱装置

客车用滚动轴承轴箱装置根据密封形式不同,分为橡胶迷宫式和金属迷宫式两种,这两种密封形式轴箱装置都具有较好的密封性能。

(1)橡胶迷宫式轴箱装置

这种装置由轴箱体、轴箱后盖、防尘挡圈、橡胶油封、轴箱前盖、压板等组成,如图 4-2-9 所示,该种轴箱形式已经全部更换为金属迷宫式轴箱,只有少部分 202 型转向架使用。

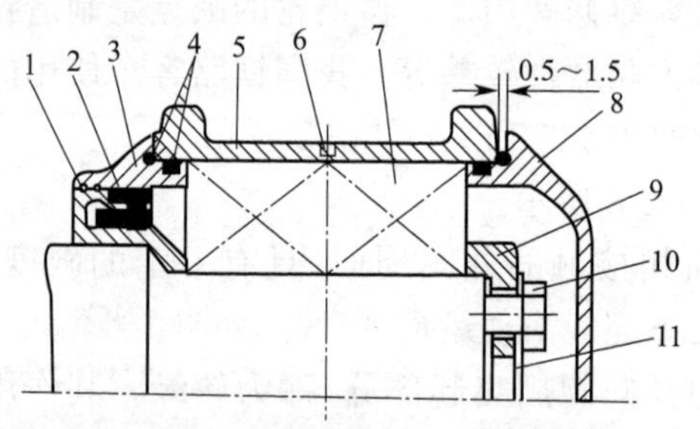

图 4-2-9 橡胶迷宫式轴箱装置

1—防尘挡圈;2—橡胶油封;3—轴箱后盖;4—密封圈;5—轴箱体;
6—轴温报警器安装孔;7—圆柱滚子轴承;8—轴箱前盖;9—压板;10—压板螺栓;11—防松片

(2)金属迷宫式轴箱装置

这种装置由轴箱体、防尘挡圈、轴箱前盖、压板组成。其中轴箱前盖、压板与橡胶迷宫式轴箱装置的轴箱前盖、压板通用,如图 4-2-10 所示。

三、转 向 架

走行装置是车辆上支承车体并担负车辆走行任务的部分,而转向架是能相对车体回转的一种走行装置,它是由轮对、构架及其他配件共同组成的一个独立结构。为了便于通过曲线,

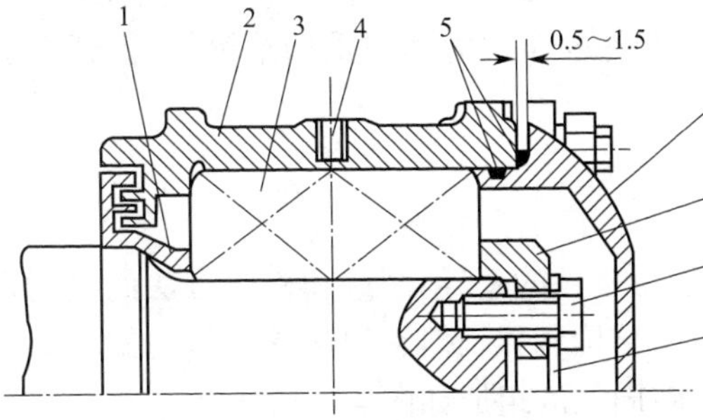

图 4-2-10　金属迷宫式轴箱装置

1—防尘挡圈；2—轴箱体；3—圆柱滚子轴承；4—轴温报警器安装孔；
5—密封圈；6—轴箱前盖；7—压板；8. 压板螺栓；9—防松片

车体和转向架之间设有心盘(旁承)或空气弹簧，转向架可以通过心盘(旁承)或空气弹簧相对于车体运动，使车辆的载重量、长度和容积都可以增加，以满足近代铁路运输发展的需要。

(一)转向架的作用

车辆转向架上，除了有轮对、轴箱、轴承和构架等基本配件外，为了减少线路不平坦和轮对运动对车体的各种动态影响，在轮对与转向架构架间或构架与车体之间均设置弹性元件；此外，还设有基础制动装置。基础制动装置的作用是传递和放大制动缸的制动力，使车辆和闸片(闸瓦)间产生适当的正压力和摩擦力，从而使车辆具有良好的制动效果。使用转向架的车辆与将单个轮对直接安装在车体上的车辆上相比，有以下作用和优点：

1. 减少车辆运行阻力。转向架中加装有圆形的下心盘，与车底架中央的上心盘嵌合在一起，使车体与转向架能相对圆滑转动。因此，采用转向架后，使比较长的车辆易于通过曲线区段。转向架的轮对是直接安装在转向架侧架或构架上的，因其固定轴距很短，能保证其本身自由通过半径很小的曲线。因此，使用转向架后能减少车辆通过曲线时的运行阻力。

2. 车辆通过高低不平处，能减少车体的垂直位移。如图 4-2-11 所示，h 为两轨头处的垂直差距，与当车体直接支承在单个轮对上通过该处时相比，如不考虑弹簧的作用，其支点瞬时的垂直移动量 e 仅为 $h/2$。这样，可增加车辆运行的平稳性。

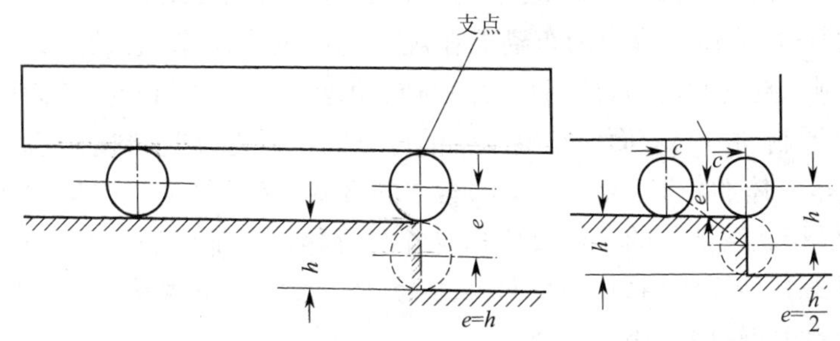

图 4-2-11　车辆通过钢轨接头

3. 便于安装多系弹簧及减振器，保证车辆有良好的运行品质，以适应不断提高的行车速度。

4. 转向架易从车体下推出，便于检修。

5. 传递和放大制动缸产生的制动力,使车辆具有良好的制动效果。

6. 支承车体并将车体上的各种作用力和载重传给钢轨,保证在运行中,车体能可靠地坐落在转向架上。

(二)转向架组成

由于车辆的用途不同,运行条件的差异,制造和检修方法的制约,及经济效益等因素的影响,使得转向架的类型非常多,结构各异。但它们又具有转向架的共同特点,其基本作用和基本组成部分是相同的。一般转向架的组成如图 4-2-12 所示。

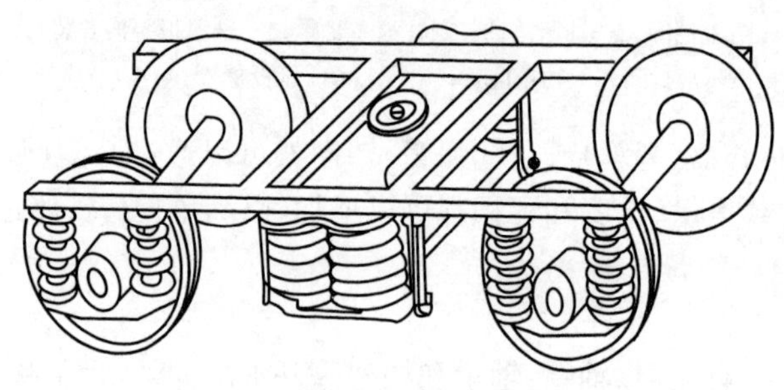

图 4-2-12 转向架组成

1. 轮对轴箱装置:轮对沿着钢轨滚动,除传递车辆重量外,还传递轮轨之间的各种作用力,其中包括牵引力和制动力。轴箱和轴承装置是联系构架和轮对的活动关节,使轮对的转动转化为车体沿钢轨的平动。

2. 弹性悬挂装置:为减少线路不平顺和轮对运动对车体的各种动态影响(如垂向振动、横向振动和曲线通过等),转向架在轮对与构架(侧架)之间或构架(侧架)与车体(摇枕)之间,设有弹性悬挂装置。前者称为轴箱悬挂装置(又称第一系悬挂),后者称为摇枕(空气弹簧)悬挂装置(又称第二系悬挂)。弹性悬挂装置包括弹簧装置,减振装置和定位装置等。

3. 构架:构架是转向架的基础,它把转向架各零、部件组成一个整体。它不仅承受、传递各种作用力及载荷,而且它的结构、形状和尺寸大小都应满足各零件的结构、形状及组装的要求(如应满足制动装置、弹簧减振装置、轴箱定位装置等安装的要求)。

4. 基础制动装置:为使运行中的车辆能在规定的范围内停车,必须安装制动装置。其作用是传递和放大制动缸的制动力,使闸片(瓦)与制动盘(轮对)之间产生的内摩擦力转换为轮轨间的外摩擦力(即制动力),从而使车辆承受前进方向的阻力,产生制动效果。

5. 转向架支承车体的装置:转向架支承车体的方式(又可称为转向架的承载方式)不同,使得转向架与车体相联结部分的结构及形式也各有所异。但都应满足 2 个基本要求:安全可靠地支承车体,承载并传递作用力(如垂向力、振动力等);为使车辆顺利通过曲线,车体和转向架之间应能绕不变的旋转中心相对运动。

(三)209P 型转向架

1. 主要技术参数

轨距(mm) 1 435

运行速度(km/h)	120
通过最小曲线半径(m)	145
每台转向架重量(t)	6.535
固定轴距(mm)	2 400
车轴型号	轴身在制动盘座外 同 RD_3
心盘允许最大载荷(t)	29.5
弹簧形式	两系螺旋弹簧
减振方式	中央油压减振器(垂向)
轴承型号	42726QT,152726QT
基础制动装置	盘形制动
摇枕吊有效长度(mm)	590
自重下心盘面距轨面高度(mm)	780

2. 209P 型转向架的结构特点

209P 型转向架如图 4-2-13 所示由构架装置、导柱式轮对定位装置、摇枕弹簧装置、基础制动装置组成(根据需要可加装轴端发电机装置),主要结构特点如下:

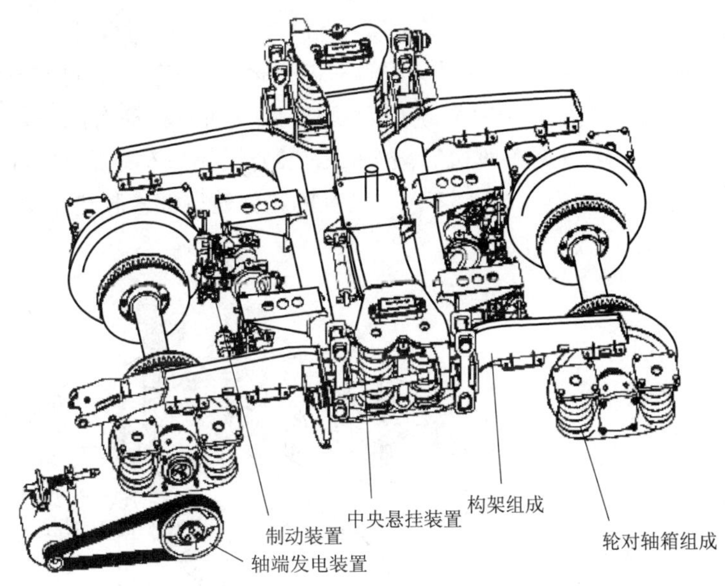

图 4-2-13　209P 型转向架

(1)构架装置

由于转向架生产厂家的不同,构架分别采用整体铸钢构架或焊接构架,构架上设置有制动吊座、牵引拉杆座、摇枕吊销、支撑板座及导柱安装座,如需安装轴端发电机装置,则在构架三位端加铸(焊)小端梁并加焊电机吊架,构架制动衬套原采用聚四氟乙烯衬套,后改为奥贝球铁衬套。

(2)导柱式轮对定位装置(图 4-2-14)

①轮对采用 RD_{3A} 型车轴,设轴端发电机时采用 RD_{4A} 型车轴,采用全加工整体辗钢

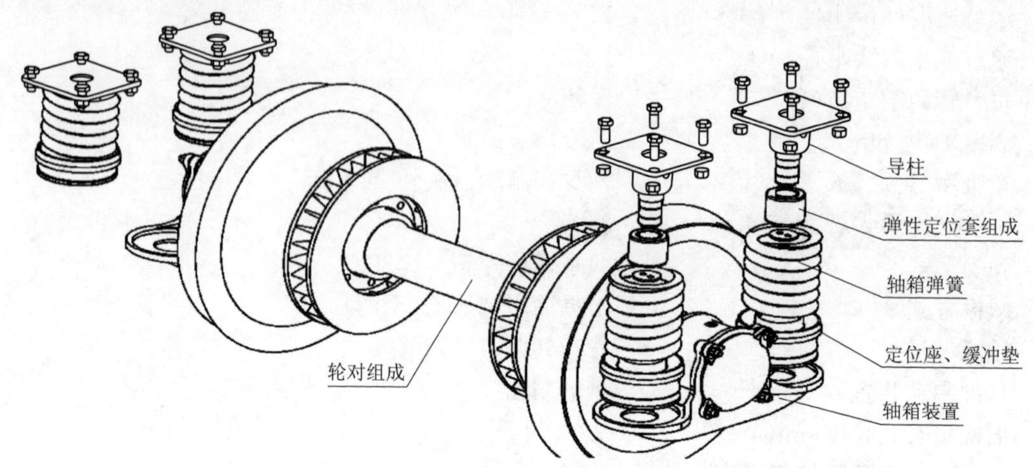

图 4-2-14 209P 型转向架导柱式轴箱定位装置

KKD 型车轮。

②采用整体金属迷宫式轴箱，内装滚子轴承，具有良好的密封效果和运动可靠性。

③定位座组成中的摩擦套采用奥贝球铁衬套或聚四氟乙烯衬套，具有自润滑性，可在无润滑条件下长时期工作，耐腐、耐磨性能好，摩擦系数低，基本上不磨对偶件。

④不同车型依据车体质量，配置不同参数的轴箱弹簧，同一车型不同公司生产，配置的弹簧参数和橡胶垫厚度也不同。经 2013 年统型后，中车南京浦镇车辆有限公司、中车唐山机车车辆有限公司及中车长春轨道客车股份有限公司三家公司新造车采用的弹簧参数将完全一致，弹簧材质由 60Si2MnA 改为 60Si2CrVAT，并且轴箱弹簧下部橡胶垫厚度统一为 50 mm。

(3)摇枕弹簧装置(图 4-2-15)

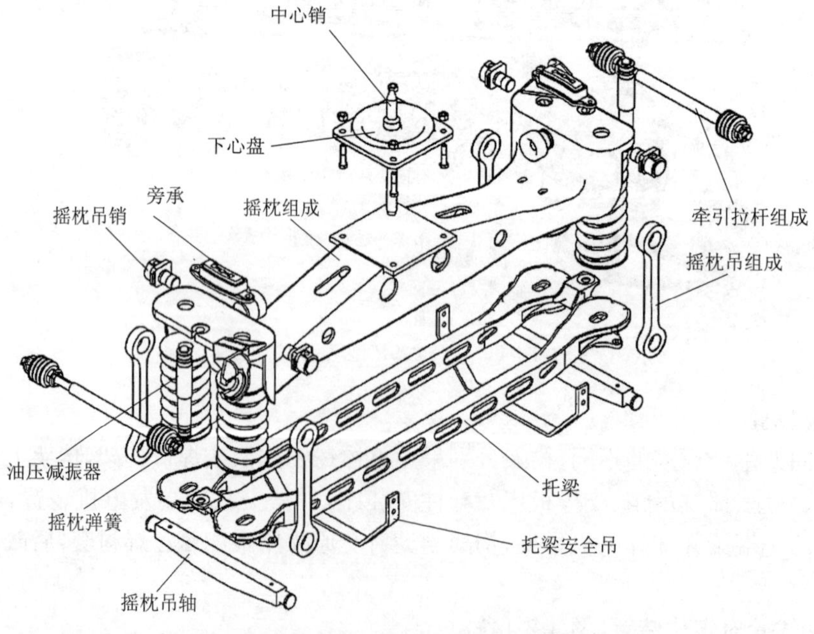

图 4-2-15 209P 型转向架摇枕弹簧装置

①摇枕弹簧装置采用超外侧悬挂，横向跨距大，支撑面高，采用摇枕吊杆，有效改善了车体的横向振动性能。

②弹簧静挠度大，有效地降低车体自振频率，增加了平稳性和舒适性。

③转向架两侧装有纵向牵引拉杆，车辆找平后紧固其摇枕端 M30 镀锌螺母，其安装长度为 840 mm。牵引拉杆两端装有强度高、耐老化、弹性好的橡胶垫；牵引杆杆体原设计为 Q235A 空心结构，后改为 Q235A 整体铸造结构，螺纹挤压成型，并进行渗透探伤检查。

④在摇枕与托梁间设置有二系垂向油压减振器，具有密封、防尘、防锈性能好，阻尼稳定，调整、拆卸方便，质量轻等优点。

⑤构架摇枕吊座支撑板具备钩高调整功能。在构架摇枕吊上面插入活动的摇枕吊销支撑板，其孔上、下偏心 20 mm，只要上、下倒置，即可调整钩高。

⑥中心销采用下穿式，有利于车体底架的防腐。

⑦不同车型依据车体质量，配置不同参数的轴箱弹簧，同一车型不同公司生产，配置的弹簧参数和橡胶垫厚度也不同。经 2013 年统型后，浦镇公司、唐车公司及长客股份三家公司新造车采用的弹簧参数将完全一致，并且摇枕弹簧下部统一设置 25 mm 橡胶垫。

(4)基础制动装置

209P 型转向架基础制动装置，如图 4-2-16 所示，每轴设两套盘形制动单元，盘形制动单元由制动缸、内外侧杠杆、杠杆吊座、闸片托、闸片、闸片托吊、闸片吊等零部件组成，以三点悬挂式安装在构架横梁的制动吊座上，并在二位侧轮对轴端设防滑器传感器装置。

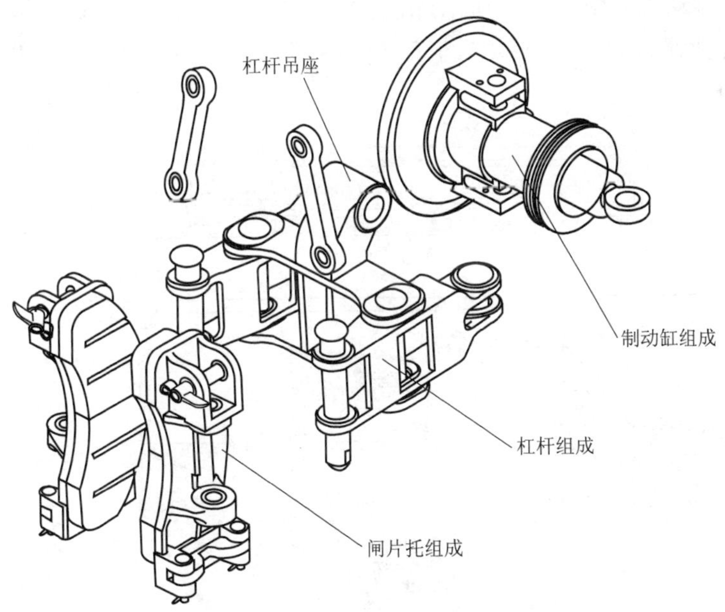

图 4-2-16　209P 型转向架基础制动装置

①采用膜板式制动缸或皮碗式制动缸，具有闸片间隙自动调整功能。

②盘型制动装置有较理想的制动效果。为便于闸片组装，闸片分对称的两个半块制造，闸片分左右件，在其后部镶有钢背。新造闸片厚度为 28 mm，允许磨耗剩余厚度 5 mm，左右闸片同时更换。

③由闸片托和锁铁等零部件组成闸片托装置，闸片托为铸铁件，并分左右件。闸片托装上闸片后，将锁铁锁住，即可防止闸片脱落。闸片托分为两种结构，早期的闸片托采用传统结构，闸片托与制动杠杆间采用闸片吊销、螺母和开口销连接，在运用过程中会发生转动，影响使用性能；目前使用闸片托为防自转结构，闸片托与制动杠杆间采用扁孔圆销和扁开口销连接。

④制动圆销材质均为 45 钢。

⑤制动杠杆按照不同车重对应不同杠杆比。

(5)轴端发电机装置

如需要在转向架轴端安装发电机装置时，则在构架小端梁处焊接发电机安装吊架，车轴采用 RD_{4A} 型统型车轴，轴端布置发生相应改变。

(6)不同公司生产的 209P 型转向架的主要区别

浦镇公司和长客股份、唐车公司的 209P 型转向架主要区别：浦镇公司生产的 209P 型转向架采用 ZG230-450 整体铸钢结构，长客股份和唐车公司生产的构架则采用 Q235A 材质钢板焊接结构。由于运营在部分区域的客车构架腐蚀较为严重，将逐步改为采用耐候钢材。

四、车辆制动装置

目前，我国铁路客车制动机有 104 型空气制动机，F8 型空气制动机，104 型电空制动机，F8 型电空制动机等。

(1) 104 型空气制动机

104 型空气制动机如图 4-2-17 所示，由 104 型空气分配阀、工作风缸、副风缸、制动缸（单元制动缸）、闸瓦间隙调整器、制动缸排气塞门（缓解阀）、截断塞门、远心集尘器、列车管等组成。

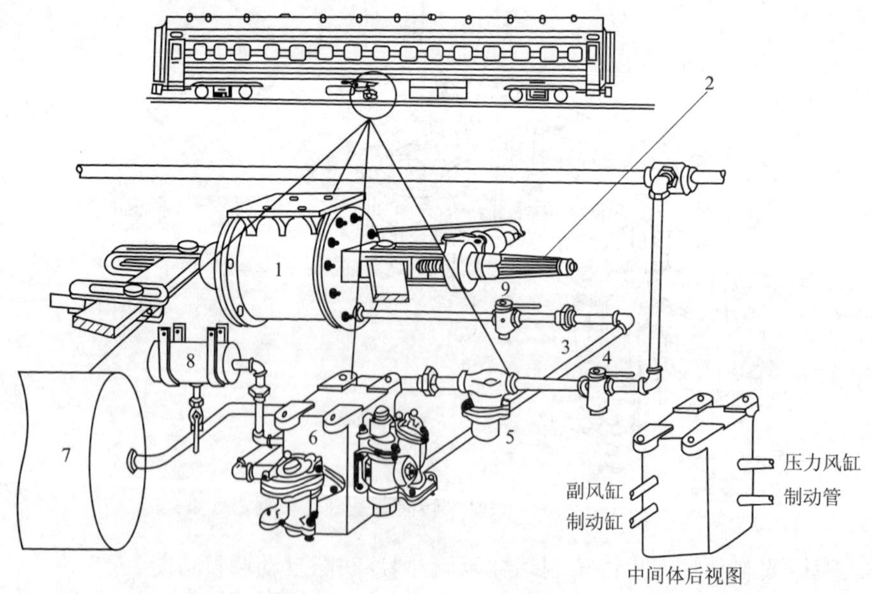

图 4-2-17　104 型空气制动机

1—制动缸；2—闸瓦间隙调整器；3—制动缸管；4—截断塞门；
5—远心集尘器；6—104 型分配阀；7—副风缸；8—工作风缸；9—缓解阀

(2)F8 型空气制动机

F8 型空气制动机如图 4-2-18 所示，由 F8 型空气分配阀、副风缸、工作风缸、制动缸(单元制动缸)、制动缸排气塞门(缓解阀)、截断塞门、远心集尘器、列车管等组成。

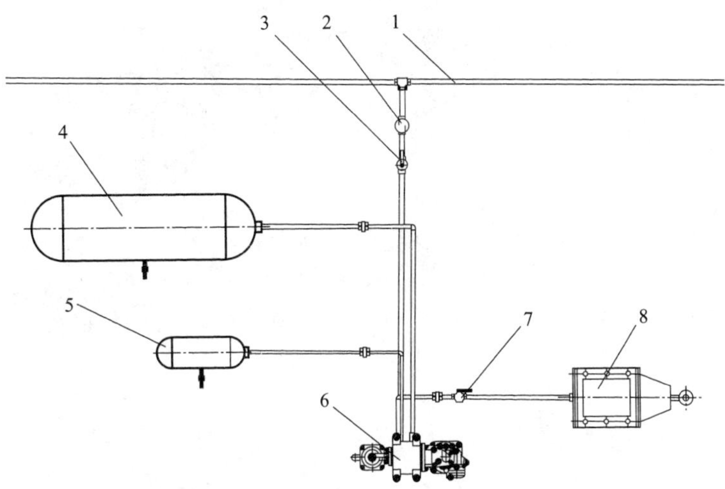

图 4-2-18　F8 型空气制动机

1—列车管；2—远心集尘器；3—截断塞门；4—副风缸；
5—工作风缸；6—F8 型分配阀；7—制动缸排气塞门(缓解阀)；8—制动缸

(3)104 型电空制动机

104 型电空制动机是在 104 型空气制动机的基础上增设一个电磁阀安装座、三个电磁阀、一个缓解风缸及相应管路、导线、连接器和分线盒等构成的。

(4)F8 型电空制动机

F8 型电空制动机是由 F8 型空气制动机加装一个电空阀箱(内装三只电磁阀)及相应管路、导线、连接器和分线盒等构成的。

(一)104 型空气分配阀

104 型空气分配阀在作用原理上采用二压力(工作风缸与列车管两种压力)控制，间接作用方式(用列车管压力的变化来控制工作风缸和容积室的压力，再由工作风缸压力来控制副风缸的充气，由容积室压力的变化来控制制动缸的充气、保压和排气)；在结构上采用橡胶膜板——金属滑阀结构和分部作用方式；在性能上具有一阶、二阶局减作用，列车常用制动波速快，制动缸压力具有初次跃升性能。

104 型空气分配阀，如图 4-2-19 所示，由中间体、主阀和紧急阀三部分组成。中间体吊装在车辆底架上，只在厂修和必须更换时才卸下。主阀和紧急阀分别安装在中间体两个相邻的垂直面上，检修时可分别卸下。

1. 中间体

中间体是铸铁件，其外部四个垂直面分别用作主阀、紧急阀和各连接管的安装座面，内部为三个独立的空腔经通道与主阀座或紧急阀座相关孔连通，如图 4-2-20 所示。

中间体上紧急阀安装面是靠车体外侧的垂直面；与紧急阀安装面相邻的右侧垂直面为主

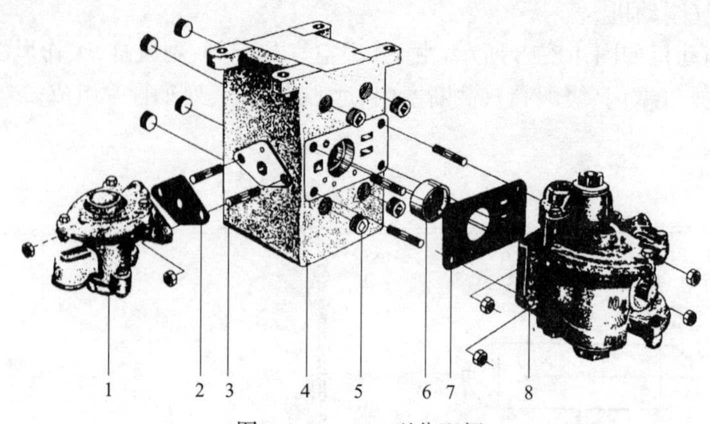

图 4-2-19 104 型分配阀

1—紧急阀；2—紧急阀垫；3—双头螺栓；4—中间体；5—螺堵；6—滤尘器；7—主阀垫；8—主阀

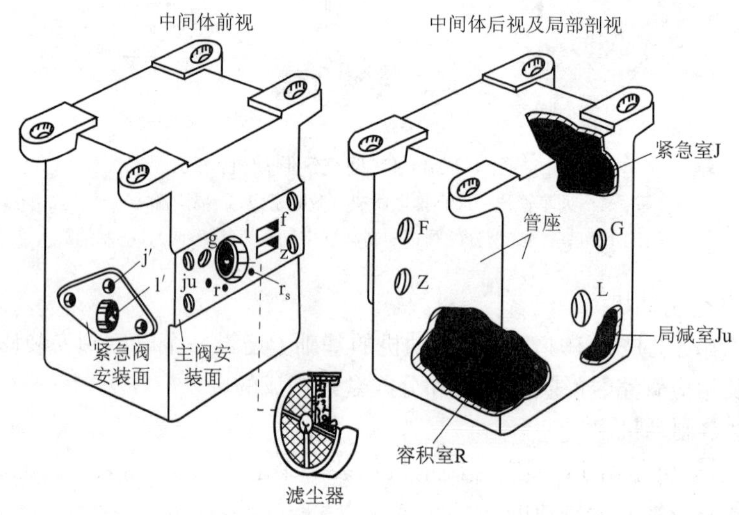

图 4-2-20 104 阀中间体

阀安装面；与紧急阀相邻的左侧垂直面上设有工作风缸连接管孔 G(ϕ19 mm)和列车管连接管孔 L(ϕ25 mm)；与主阀相邻的另一个垂直面上设有两个 ϕ19 mm 的管孔 F 和 Z，它们分别连接副风缸管和制动缸管。

中间体内有三个空腔：容积室(3.8 L)、紧急室(1.5 L)和局域室(0.6 L)。

在中间体内主阀安装面的列车管 L 通路内装有一个杯形滤尘器，它采用青铜粉末制成的金属滤尘器，便于卸下清洗。

中间体在相对的两个立面上分别有四个清砂孔，用螺堵拧紧，不得漏泄。

2. 主阀

主阀，如图 4-2-21 所示，由作用部、充气部、均衡部、局减阀和增压阀五部分组成，用以控制充气、缓解、制动和保压作用。

(1)作用部

作用部主要由主活塞压板螺母、主活塞压板、主活塞膜板、密封圈(ϕ24)、主活塞、滑阀、滑阀弹簧及滑阀弹簧销、节制阀、节制阀弹簧、主活塞杆、稳定杆、稳定弹簧、稳定弹簧座、挡圈、滑

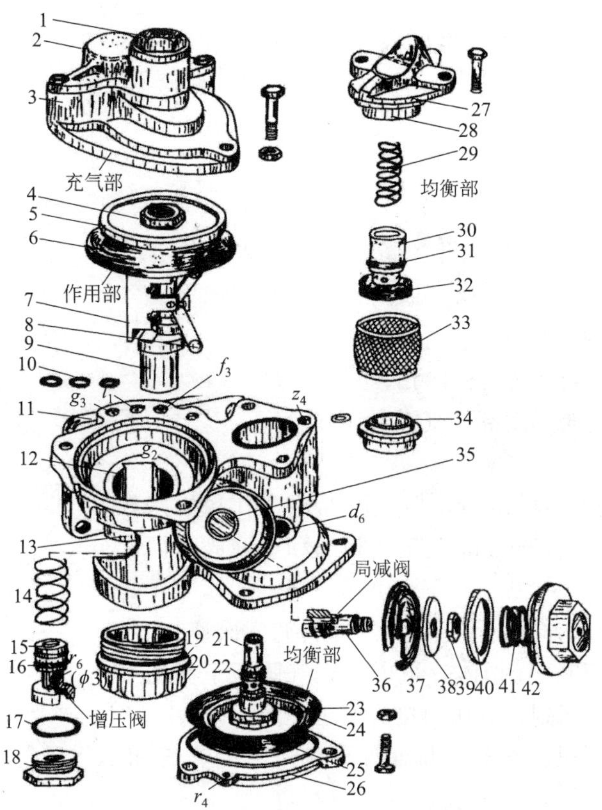

图 4-2-21 104 型分配阀主阀

1—止回阀盖;2—充气阀体;3—主阀上盖;4—主活塞压板螺母;5—主活塞压板;6—主活塞膜板;7—滑阀;8—滑阀弹簧;9—主活塞杆;10—ϕ16 密封圈;11—主阀体;12—滑阀套;13—增压阀套;14—增压阀弹簧;15—增压阀;16—ϕ24 密封圈;17—ϕ40 密封圈;18—增压阀盖;19—ϕ75 密封圈;20—主阀下盖;21—活塞杆;22—ϕ15 密封圈;23—均衡活塞膜板;24—均衡活塞;25—均衡活塞压板;26—均衡阀下盖;27—均衡阀上盖;28—均衡阀杆套;29—均衡阀弹簧;30—均衡阀杆;31—ϕ19 密封圈;32—均衡阀;33—滤尘套;34—均衡阀座;35—局减阀套;36—局减阀;37—局减膜板;38—局减活塞;39—局减活塞螺母;40—压圈;41—局减阀弹簧;42—局减阀盖

阀座等组成。

主活塞上方通列车管,下方通工作风缸。

主活塞膜板及密封圈保证主活塞上、下侧的气密性。主活塞按照上下的压力差来带动滑阀、节制阀上下移动而产生各作用位置。主活塞尾部装有稳定弹簧、稳定杆、稳定弹簧座和挡圈等零件,用以防止列车运行中因列车管轻微漏泄或压力波动而引起自然制动。

节制阀、滑阀和滑阀座上的孔、槽布置如图 4-2-22 所示。

①节制阀

l_{10}—局减联络槽。

②滑阀

g_1—充气限孔(ϕ1.2),位于滑阀背面,与 l_5 孔在滑阀内部有暗道连通。

l_5—充气孔。

l_6、l_7—分别为局减孔和局域室入孔,均为上下贯通孔。制动时,这两个孔可通过节制阀

局减联络槽 L_{10} 连通。

l_8、l_9—分别为局减阀孔和局减阀入孔，这两个孔在滑阀内部有暗道连通。

r_1—制动孔，上下贯通。

d_1—缓解联络槽

③滑阀座

l_2、l_3—分别为列车管充气用孔和局减用孔，通制动管 L。

r_2—容积室孔，经紧急增压阀部通向容积室 R。

j_{u1}—局减室孔，通局减室。

z_1—局减阀孔，通局减阀套径向孔。

d_2—缓解孔，经主阀作用部排气口通大气。

(2)充气部

充气部位于主阀上盖的上方，其用途为：由工作风缸来控制列车管向副风缸的充气。充气部由充气阀部和止回阀部两部分组成。

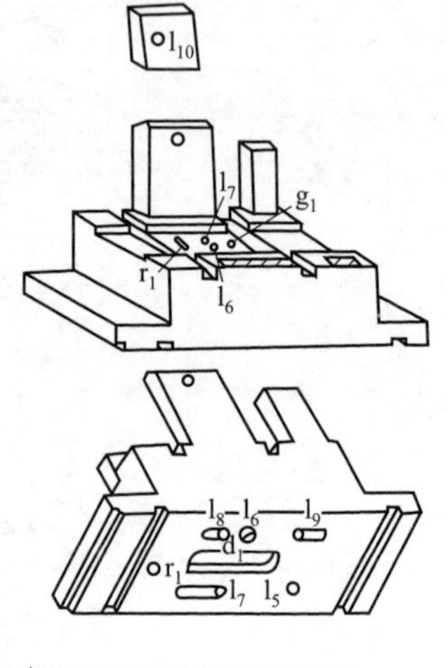

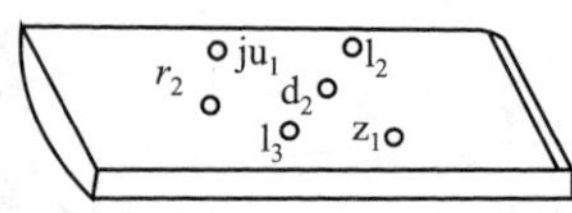

图 4-2-22 节制阀、滑阀和滑阀座上的孔槽布置

充气阀部由充气阀弹簧、充气阀、密封圈、充气阀座、充气活塞、充气膜板、膜板垫和充气阀体等组成。充气膜板下方通工作风缸，上方通副风缸。当副风缸压力接近于工作风缸压力时，充气阀受充气阀弹簧弹力作用而关闭，列车管停止向副风缸充气。从而保证副风缸的充气和工作风缸的充气能协调一致地进行。

充气止回阀由止回阀盖、密封圈、止回阀弹簧、止回阀、止回阀座等组成。止回阀下方通列车管，上方通充气阀。用以防止副风缸空气压力高于列车管空气压力时产生逆流，影响制动作用。

(3)均衡部

均衡部由均衡活塞部和均衡阀部两部分组成。均衡活塞部分包括：均衡活塞杆、均衡活塞、均衡活塞膜板、密封圈、均衡活塞压板、压板螺栓和均衡阀下盖。均衡阀部分包括：均衡阀上盖、均衡阀杆套、均衡阀弹簧、均衡阀杆、均衡阀、均衡阀座、均衡阀销、密封圈等。

均衡活塞上方通制动缸，下方通容积室，通过作用部的控制，使容积室的压力根据需要发生变化，均衡活塞按照容积室和制动缸的压力差而动作，开放或关闭均衡阀，从而控制制动缸的压力。缩孔Ⅱ用以控制制动缸压力与容积室压力同步(稳定)变化。

(4)局减阀

局减阀位于主阀体的作用部与均衡部之间。它由局减阀套、密封圈、局减阀、局减膜板、局减活塞、压圈、局减活塞螺母、局减阀弹簧、局减阀弹簧垫、毛毡、局减阀盖等组成。

局减活塞右(外)侧经局减阀盖上 $\phi3$ 小孔通大气；其左侧经局减阀上的两个径向孔($\phi3$)和轴向中心孔通制动缸。局减阀套上有 8 个 $\phi1$ 径向小孔(z_2)，这些小孔外侧经主阀体内暗道通滑阀座 z_1 孔。由于局减阀弹簧的弹力，局减阀平常处于将制动缸与滑阀座 z_1 孔连通状态。制动时，由于滑阀向上移动，使列车管的压力空气经滑阀座 z_1 孔和局减阀而充入制动缸，即可产生制动第二阶段的局部减压作用。当制动缸压力升到 50～70 kPa 时，局减活塞带动局减阀右移完全压缩局减阀弹簧，局减阀套上的 8 个径向小孔 z_2 被局减阀杆关闭，即切断列车管向制动缸充气的局减通路。

(5)增压阀

增压阀由增压阀套、增压阀弹簧、增压阀杆、增压阀盖和密封圈等组成。增压阀套压入主阀体内,沿径向有 8 个小孔通副风缸。增压阀杆沿轴向呈空心状,阀杆下部有两个径向小孔通容积室,阀杆上方通列车管。由于增压阀弹簧的弹力、列车管压力和阀杆的自重而使增压阀杆经常处于下方的关闭位置,即关闭副风缸与容积室的通路。当紧急制动时,因列车管压力急剧下降,容积室压力迅速上升,增压阀杆上下两侧产生压力差,达到能够克服增压阀弹簧的抗力时,增压阀杆上升至上方的开放位置。于是副风缸的压力空气经过增压阀进入容积室,使容积室增压。当均衡活塞上方制动缸侧压力与下方已获得增压的容积室压力接近于平衡后,均衡阀关闭副风缸向制动缸的通路,这样,制动缸也获得增压。

运用中由于紧急增压作用招致大量车轮滑行擦伤,原铁道部要求关闭 104 阀的增压阀,即在增压阀部加装了增压阀挡圈,限制阀杆上移。需要恢复增压作用时,取下增压阀挡圈即可。

3. 紧急阀

紧急阀,如图 4-2-23 所示,由紧急活塞部(包括:紧急活塞杆、紧急活塞、紧急活塞膜板、紧急活塞压板和密封圈等)、安定弹簧和放风阀部(包括:放风阀座、放风阀、放风阀导向杆、放风阀弹簧、放风阀套和密封圈等),以及紧急阀上盖、紧急阀下盖和紧急阀体等组成。

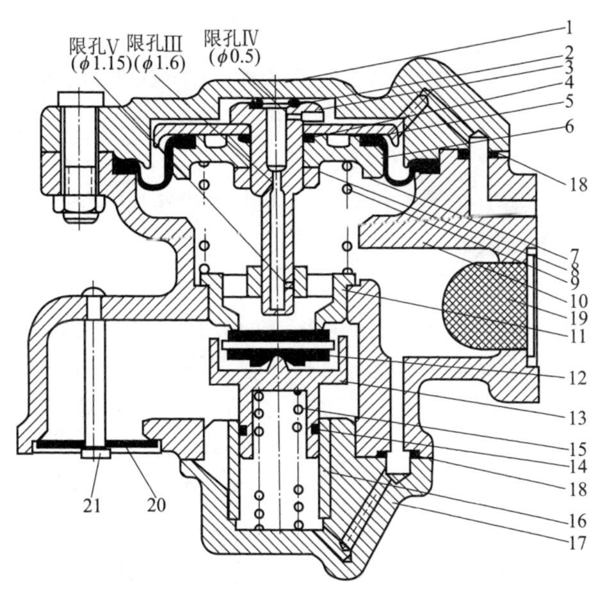

图 4-2-23　104 阀紧急阀

1—紧急阀上盖;2—橡胶异形密封圈;3—紧急活塞杆;4—O 形橡胶密封圈;5—紧急上活塞;6—紧急膜板;7—紧急下活塞;8—螺母;9—安定弹簧;10—紧急阀体;11—放风阀座;12—放风阀;13—放风阀导向杆;14—O 形橡胶密封圈;15—放风阀弹簧;16—放风阀套;17—放风阀盖;18—O 形橡胶密封圈;19—滤尘网;20—橡胶罩垫;21—排气口销

紧急活塞上方通紧急室,下方通列车管。放风阀导向杆下方也通列车管。紧急活塞杆的轴向中心孔中有一个 $\phi1.8$ 的缩孔(Ⅲ),用以限制紧急室向列车管的逆流速度,以保证紧急制动时紧急活塞两侧有足够的压力差来推动紧急活塞。缩孔(Ⅲ)如过大,将会降低紧急制动灵敏度,如太小则会影响常用制动安定性。紧急活塞上部设 $\phi0.5$ 的缩孔(Ⅳ),用以控制列车管向紧急室充气的速度,以保持紧急活塞上下两侧压力平衡,避免紧急室充气过快引起意外紧急制动。紧急活塞杆下部设有 $\phi1.2$ 的径向缩孔(Ⅴ),用以提高紧急制动灵敏度和限制紧急制动后,紧急室压力空气排入大气的速度。

紧急活塞正常状态在安定弹簧弹力作用下处于上部极端位置。紧急活塞杆的底面距放风阀有约 4 mm 的间隙。在紧急制动时,由于列车管急速减压,紧急活塞上下两侧形成很大的压力差,紧急活塞下移,安定弹簧被压缩。紧急活塞先下移 4 mm,继之紧急活塞杆顶开放风阀,使列车管压力空气通过开放的放风阀而排入大气,直到接近排尽为止。

(二)104E 型分配阀

104E 型分配阀在 104 型分配阀基础上进行改进,在不改变 104 型分配阀的性能,并符合 104 型分配阀的各项技术条件的情况下,提高稳定性、安定性,优化结构、加强防尘,提高运用可靠性。

104 型分配阀的原理:

104 型分配阀有充气缓解位、常用制动位、制动保压(中立)位和紧急(非常)制动位四个作用位置。

1. 充气缓解位(图 4-2-24)

列车管充气增压时,主活塞上下两侧产生压力差,主活塞连同滑阀、节制阀一起下移,直到主活塞外缘底面接触主阀体为止,形成充气缓解位。

这时压力空气通路有:

(1)列车管压力空气→滤尘器→主阀安装面 l 孔→充气孔 l_2→充气孔 l_5→充气限孔 g_1→滑阀室→g_2 孔→{ g 孔→工作风缸；g_3 孔→充气膜板下方 }

(2)列车管压力空气→滤尘器→安装面 l 孔→局减孔 l_3→滑阀局减孔 l_6→节制阀 23

(3)列车管压力空气→滤尘器→安装面 l 孔→主阀体顶面 l_1 孔→主活塞上方→主阀上盖 l_{11} 孔→顶开止回阀→止回阀上方 f_1 空腔→充气阀 f_2 空腔→被工作风缸压力顶开的充气阀 8→主阀体顶面 f_3 孔→{ 安装面 f 孔→副风缸；增压阀套径向孔口 f_5 孔腔；均衡阀上方 f_4 空腔 }

列车管压力空气能够充入副风缸,是因为工作风缸压力顶开了充气阀。待副风缸压力上升至接近于工作风缸压力时,由于充气阀弹簧的弹力和充气阀自重的作用,使得充气阀关闭,则副风缸停止充气。所以副风缸充气是受工作风缸压力所控制的。

(4)列车管压力空气经滤尘器、主阀安装面 l 孔至增压阀上方。在增压阀上方的空气压力和增压阀弹簧 36 弹力的共同作用下使增压阀处于关闭状态。

(5)列车管压力空气→紧急阀安装面 l′孔→滤尘网→紧急活塞下方 l'_1 空腔→紧急活塞杆中心孔→缩孔(Ⅲ)→紧急活塞杆上部径向缩孔(Ⅳ)→紧急活塞上侧 j'_1 空腔→紧急阀安装面 j′孔→紧急室。

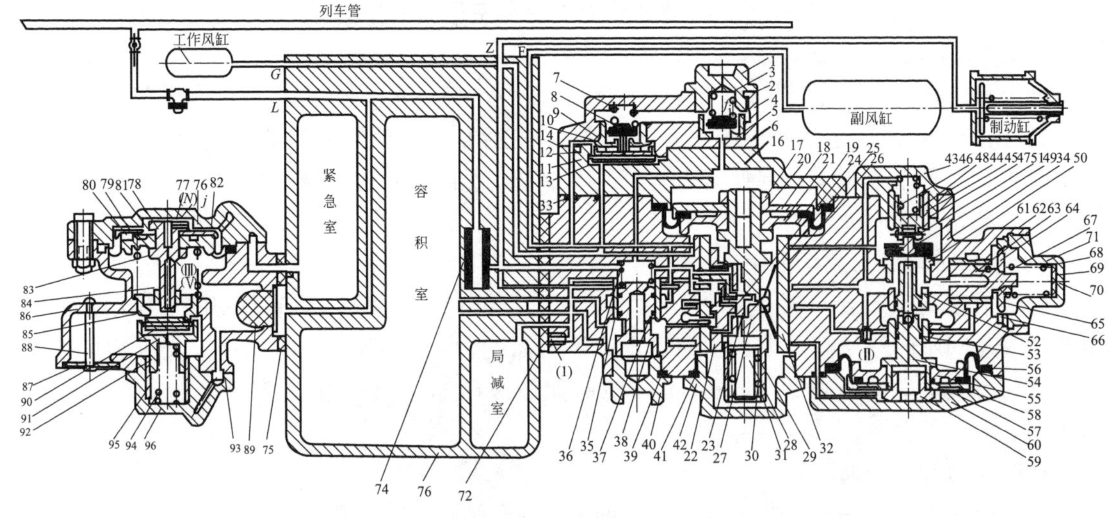

图 4-2-24 104 型分配阀结构原理(充气缓解位)

1—止回阀盖;2—密封圈;3—止回阀弹簧;4—止回阀;5—止回阀座;6—充气阀体;7—充气阀弹簧;8—充气阀;9—密封圈;10—充气阀座;11—充气活塞;12—充气膜板;13—膜板垫;14—密封圈;16—主阀上盖;17—主活塞压板螺母;18—主活塞压板;19—主活塞膜板;20—密封圈;21—主活塞;22—滑阀;23—节制阀;24—节制阀弹簧;25—滑阀弹簧;26—滑阀弹簧销;27—主活塞杆;28—稳定杆;29—稳定弹簧;30—稳定弹簧座;31—挡圈;32—滑阀套;33—密封圈;34—主阀体;35—增压阀套;36—增压阀弹簧;37—密封圈;38—增压阀;39—密封圈;40—增压阀盖;41—密封圈;42—主阀下盖;43—均衡阀上盖;44—密封圈;45—均衡阀杆套;46—均衡阀弹簧;47—密封圈;48—均衡阀杆;49—均衡阀;50—均衡阀座;51—均衡阀销;52—均衡活塞杆套;53—密封圈;54—均衡活塞杆;55—均衡活塞;56—均衡活塞膜板;57—密封圈;58—均衡活塞压板;59—压板螺栓;60—均衡阀下盖;61—局减阀套;62—密封圈;63—局减阀;64—局减膜板;65—局减活塞;66—压圈;67—局减活塞螺母;68—局减阀弹簧;69—局减阀弹簧垫;70—毛毡;71—局减阀盖;72—垫;73—中间体;74—滤尘器;75—垫;76—紧急阀上盖;77—密封圈;78—紧急活塞杆;79—紧急活塞;80—紧急活塞膜板;81—密封圈;82—紧急活塞压板;83—压板螺母;84—安定弹簧;85—放风阀座;86—紧急阀体;87—排气保护罩垫;88—排气垫铆钉;89—滤尘网;90—放风阀;91—放风阀导向杆;92,93—密封圈;94—放风阀弹簧;95—放风阀套;96—紧急阀下盖

(6)列车管压力空气经紧急阀安装面 l′孔、滤尘网至放风阀导向杆下方 l_2'空腔,用以抵销放风阀上方的背压,与放风阀弹簧弹力共同作用,使放风阀处于关闭状态。

(7)容积室压力空气→主阀安装面 r 孔→增压阀下部 r_3 空腔→容积室孔 r_2→缓解联络槽 d_1→大气孔 d_2→作用部排气孔 d_3→大气。

(8)均衡活塞下方压力空气→主阀底面 r_4 孔→主阀体暗道→主阀安装面 r_5 孔→容积室,再经上述第(7)条通路排入大气。

(9)由于容积室和均衡活塞下方与大气连通,均衡活塞上下两侧产生压力差,使均衡活塞下移,于是均衡活塞杆中 l_5 孔顶部阀口开放,此时有:

制动缸压力空气→主阀安装面 z 孔→主阀暗道→均衡活塞杆上部外围空腔 z_3→均衡活塞杆中心孔→径向孔 d_5、排气口 d_6 排入大气。

均衡活塞上方压力空气经缩孔(Ⅱ)和均衡阀杆上方压力空气经主阀体顶面 z_4 孔一起流向空腔 z_3,经均衡活塞杆中心孔、径向孔 d_5→均衡部排气口 d_6→大气。

由于容积室压力空气排入大气，均衡活塞下移，均衡活塞杆中心孔顶部阀口开放，才有制动缸压力空气排入大气。所以说，制动缸压力受容积室压力的控制。

2. 常用制动位

列车管施行常用制动减压时，虽有工作风缸压力空气经充气限孔 g_1 至列车管的少量逆流现象，但由此而造成的主活塞下侧压力下降微小，主活塞上下两侧还是能形成足够的压力差，克服自重及各种阻力压缩稳定弹簧先是带动节制阀，然后又带动滑阀上移到常用制动位。先后产生局部减压和制动作用。

(1)第一阶段局部减压作用

当主活塞两侧形成一定压力差后，主活塞首先压缩稳定弹簧，带动节制阀向上移动。此时由于滑阀与阀座的静摩擦力大于压缩稳定弹簧所需的力，所以滑阀暂时不动。又因为主活塞杆下肩与滑阀下端面间隙为 4 mm，所以稳定弹簧被压缩 4 mm，主活塞仅能带动节制阀上移 4 mm。

这时压力空气的通路有：

列车管压力空气→滤尘器→主阀安装面 l 孔→滑阀座局减用孔 l_3→滑阀局减孔 l_6→局减联络槽 l_{10}→局减入孔 l_7→局减室孔 j_{u1}，经主阀体暗道→局减室→缩孔(Ⅰ)→大气。

列车管充入局减室的压力空气，最后也全部经缩孔(Ⅰ)排入大气，形成第一阶段局部减压作用。在此过程中，关闭限孔 g_1，停止工作风缸向列车管逆流。同时开放了制动孔 r_1，为使工作风缸压力空气进入容积室作好准备，以便主活塞到达常用制动位时，工作风缸压力空气迅速充入容积室，加快制动作用。

(2)第二阶段局部减压和制动作用

由于第一阶段局减作用，主活塞上下两侧压差加大，使主活塞又能带动滑阀继续上移至常用制动位。

这时的压力空气通路有：

①列车管压力空气→滤尘器→主阀安装面 l 孔→滑阀座局减用孔 l_3→滑阀局减阀孔 l_8→局减阀入孔 l_9→滑阀座局减阀孔 z_1→主阀体暗道→局减阀环槽 z_2→局减阀套 8 个径向小孔→局减阀两个 $\phi 3$ 径向孔→局减阀轴向中心孔→主阀暗道→主阀安装面 z 孔→制动缸。

这样，就形成了第二阶段局部减压作用。

②工作风缸压力空气→主阀安装面 g 孔→g_2 孔→滑阀室→制动孔 r_1→容积室孔 r_2→增压阀下部 r_3 空腔→主阀安装面 r 孔→容积室。

第二阶段局减作用与容积室充气作用几乎是同时发生，所以制动缸初始的压力空气是来自副风缸和列车管。当制动缸压力上升至 50～70 kPa 时，由于局减阀关闭而停止第二阶段局减作用。这种局减作用可保证列车尾部车辆在列车管一开始有小量减压时就能获得一定的制动力。

③容积室压力空气→主阀安装面 r_5 孔→主阀体暗道→主阀体底面 r_4 孔→均衡活塞下方。

均衡活塞由于上下两侧压力差而上移，顶开均衡阀，则有下述第④条通路。

④副风缸压力空气→主阀安装面 f 孔→主阀暗道→均衡阀上部 f_4 空腔→被顶开的均衡阀→均衡活塞杆上部外围空腔 z_3→主阀体暗道→z 孔→制动缸。z_4 孔→均衡阀杆上方。缩孔(Ⅱ)→均衡活塞上方。

⑤紧急室压力空气→紧急活塞上方 j'_1 空腔→紧急活塞杆中空通路→缩孔（Ⅲ）→紧急活塞下侧 l'_1 空腔→紧急阀安装面 l'孔→列车管。

由于常用制动时，列车管减压速度并不急剧，紧急室压力空气还来得及通过缩孔（Ⅲ）逆流至列车管，紧急活塞两侧压力差不足以充分压缩安定弹簧，放风阀仍处于关闭状态，制动机不会产生紧急制动作用，此即为常用制动安定性的表现。

此外，在常用制动时，列车管和容积室的压力差不足以克服增压阀弹簧弹力和阀杆自重，所以增压阀仍处于下方关闭位置。

3. 制动保压位

常用制动后，列车管停止减压，此时工作风缸仍向容积室充气而继续减压。当主活塞上下两侧压力接近平衡时，由于主活塞尾部稳定弹簧弹力与主活塞自重的作用，使主活塞只能带动节制阀向下移动（4 mm）至主活塞杆上肩与滑阀上端面接触而停止。节制阀关闭了 r_1 孔，工作风缸停止向容积室充气，形成制动保压位。

容积室压力停止上升，也就是均衡活塞下侧空气压力停止上升。当均衡活塞上侧制动缸压力上升到接近均衡活塞下侧压力时，由于均衡阀弹簧弹力的作用，均衡阀压着均衡活塞杆一起下移而关闭阀口，副风缸停止向制动缸充入压力空气，而制动缸压力空气因均衡活塞杆口仍处于关闭状态，所以也不能排向大气，形成制动缸处于保压状态。

在制动保压位时，若制动缸有漏泄，也就是均衡活塞上侧空气压力下降，均衡活塞因上下两侧又产生压力差而上移，又开放了均衡阀，于是副风缸向制动缸补充压力空气直到制动缸压力与容积室压力接近平衡时，均衡阀受均衡阀弹簧弹力作用而关闭，再一次停止副风缸向制动缸充入压力空气，这样形成制动缸自动补气作用。

4. 紧急制动位

列车管急剧减压时，主活塞上下两侧形成很大压力差，主活塞带动节制阀、滑阀克服稳定弹簧弹力及其他阻力上移到紧急制动位。主阀的动作过程也可以分为两个阶段：第一阶段局减和第二阶段局减及制动作用，但比常用制动动作迅速。第一阶段局减压力空气通路同常用制动；第二阶段局减及制动压力空气通路也基本和常用制动相同。现将不同的部分，即增压阀和紧急阀作用的情况叙述如下：

（1）增压阀作用

增压阀的工作情况是：增压阀杆上方列车管急剧减压，增压阀杆下方由于工作风缸向容积室充气使容积室压力迅速上升，阀杆上下两侧形成的压力差足以克服增压阀弹簧弹力和阀杆自重而上移，使得增压阀套径向小孔的内侧孔口开放，形成如下压力空气通路：

副风缸压力空气→增压阀套外围空腔 f_5→增压阀套径向小孔→增压阀杆径向孔→阀杆中心孔→空腔 r_3→主阀安装面 r 孔→容积室。

这条通路充气到副风缸与容积室压力接近平衡时为止。

由于副风缸和工作风缸都向容积室充入压力空气，实现了容积室增压，由容积室通过均衡部控制的制动缸压力也相应地提高，实现了紧急制动增压作用。此位置工作风缸、副风缸、容积室、制动缸四个容器相互连通，最终达到压力平衡。制动缸压力较常用制动时的最高压力提高 10%～15%。

（2）紧急阀作用

当列车管急剧减压时，虽然紧急室压力空气可以经紧急活塞上方 j'_1 空腔，紧急活塞杆中心孔及其下端底口逆流至列车管，但受缩孔（Ⅲ）的限制，仍然能使紧急活塞上下两侧产生很大压力差，克服安定弹簧弹力而下移。此时紧急活塞杆中心孔下端口接触放风阀而被堵死。于是紧急室压力空气只能经缩孔（Ⅲ）和缩孔（Ⅴ）逆流至列车管，这种逆流受 ϕ1.2 缩孔（Ⅴ）的限制，形成紧急活塞上下两侧压力差急剧增大，并克服放风阀弹簧弹力，使紧急活塞继续下移，直至紧急活塞杆将放风阀顶杆压下，打开放风阀。这样一来，列车管压力空气便经放风阀而大量地迅速地排入大气。

放风阀开放后，必须待紧急室的压力空气基本排尽，安定弹簧弹力使紧急活塞上移，放风阀弹簧才能将放风阀关闭。故当紧急制动后施行再充气时，也必须待紧急室压力空气排尽后才能进行。

紧急室的排气时间规定为 15 s 左右。这是为了防止在紧急制动后而尚未停车时对列车施行缓解，否则将会产生剧烈的纵向冲动，甚至造成断钩事故。

该阀具有常用制动转紧急制动性能。在施行常用制动过程中，若遇紧急情况，可再施行紧急制动。常用制动减压转紧急制动减压，仍能通过紧急阀产生列车管紧急排气，使制动机产生紧急制动作用。

（三）F8 型空气分配阀

F8 型空气分配阀（简称 F8 阀）是四方车辆研究所与天津机车车辆机械厂共同研制的，1989 年通过铁道部鉴定，并列入推广项目。F8 阀可以与国内客车任何型号的三通阀、分配阀无条件混编。其结构与机车 JZ-7 型制动机相近，许多零部件均可与之互换使用。F8 阀是目前国内最接近 UIC（国际铁路联盟）标准的分配阀。

与以前的客车分配阀相比，F8 型分配阀具以下主要特点：

（1）采用二、三压力平衡作用原理，即主阀是三压力机构（列车管、工作风缸、制动缸三压力平衡）；辅助阀是二压力机构（列车管和辅助室压力平衡）。由于主阀是三压力机构，所以具有良好的阶段缓解作用。但在缓解时，需等待列车管压力充到接近工作风缸压力时，制动缸压力才能降到零，所以缓解时间较长。这与二压力分配阀有较大差别。但只需将转换盖板转到“沟通”位，就能实现一次轻易缓解，与二压力阀混编。辅助阀设计成二压力机构，并且具有加速缓解作用。主阀和辅助阀的相互配合，使该分配阀既具有三压力分配阀的阶段缓解、自动补风等特点，又具有二压力分配阀的轻易缓解的特点。

（2）采用橡胶膜板和柱塞止阀结构，简化了检修工艺，延长了使用时间，提高了作用的可靠性。

（3）制动缸压力由限压阀来控制，最高压力可根据需要在一定范围内调定，不易产生车轮滑行擦伤。同时制动缸压力与制动缸活塞行程无关。

（4）具有较好的局部减压作用，制动波速快，制动一致性好。

（5）具有较好的紧急制动性能，紧急制动时作用可靠，制动波速高，是我国第一个在紧急制动波速方面达到国际先进水平的空气分配阀。

（6）通用性好。能与 L、GL、104 等阀混编。原本装用上述阀的客车，改装 F8 阀也很方便。

F8 型空气分配阀由主阀、辅助阀和中间体等三部分组成，如图 4-2-25 所示。

1. 主阀

主阀控制分配阀的充气、缓解、制动、保压等作用，是分配阀中最主要的部分。它由主控制

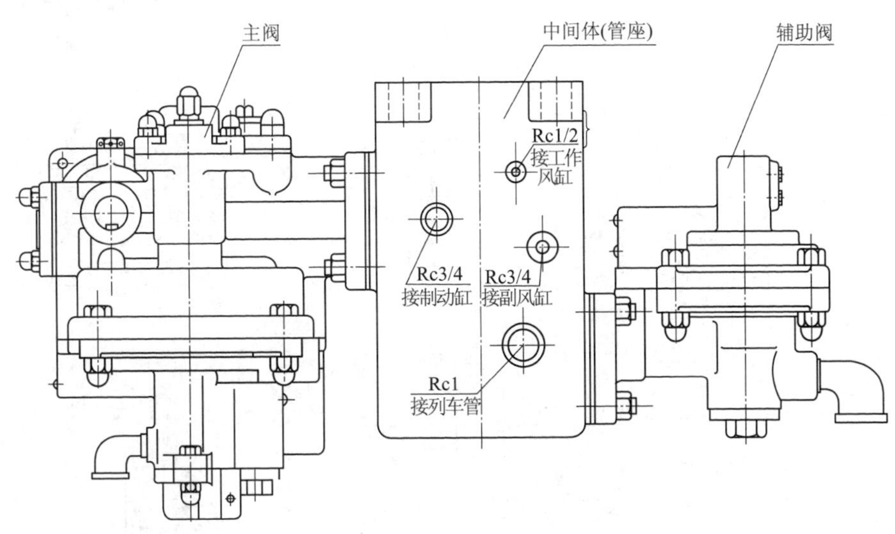

图 4-2-25　F8 型空气分配阀的组成

部、充气阀、限压阀、副风缸充气止回阀、局减阀及主阀体、主阀下体等组成，如图 4-2-26 所示。

(1)主控部

主控部由平衡阀弹簧、导杆、平衡阀、主阀杆、小活塞、中体组成、顶杆、主活塞、缓解柱塞、制动弹簧、缩孔堵、局减阀套、缓解阀组成、导杆、保压弹簧、缓解阀盖组成及各种 O 形圈、胶垫等组成。

主阀是三压力平衡机构，主活塞上下两侧分别是列车管和工作风缸压力空气，小活塞上方是制动缸压力，下方通大气。通过三压力($P_{制}$、$P_{列}$与 $P_{工}$)的平衡作用来实现分配阀和制动、保压、缓解等三个基本作用位置。

①当施行列车管减压时，主活塞上侧空气压力下降，上下两侧形成一定的压力差($P_{制}+P_{列}<P_{工}$)。在此压差作用下，主活塞向上移动，通过顶杆带动小活塞及主阀杆向上移动，打开平衡阀，使副风缸的压力空气通过打开的平衡阀进入制动缸。

②停止列车管减压(阶段缓解时为停止增压)时，制动缸压力还在上升(下降)。当工作风缸和列车管、制动缸压力作用平衡($P_{制}+P_{列}=P_{工}$)时，在平衡阀弹簧的作用下平衡阀关闭(在保压弹簧的作用下缓解阀关闭)，停止副风缸向制动缸的充气(停止制动缸向大气的排气)。此时，制动缸压力保持一定值，主阀处于保压位。

③当列车管压力增大时，列车管、制动缸压力空气作用在主活塞上侧向下的力大于工作风缸压力空气作用在主活塞下侧向上的力($P_{制}+P_{列}>P_{工}$)，主活塞带动缓解柱塞向下移动，打开缓解阀，使制动缸的压力空气通过缓解阀排向大气，主阀处于缓解位。

④在列车管减压，主活塞刚开始上移时，缓解柱塞随之向上移动，打开了列车管与局减阀套间的联络通路，使部分列车管压力空气经缓解柱塞上的中心孔、局减阀套、顶开止回阀，通过主阀下体和主阀体内部通路，一路经充气阀套尾部孔排向大气，另一路进入中间体的局减室，使列车管发生局部减压作用，从而促进主阀迅速动作进入制动位，同时也促进制动波传递。

⑤一次性缓解和阶段缓解的转换。通过调转转换盖板的位置，可以实现“一次缓解”或“阶段缓解”作用。当与无阶段缓解作用的分配阀混编运用时，转换盖板须置“一次位”(沟通位，转

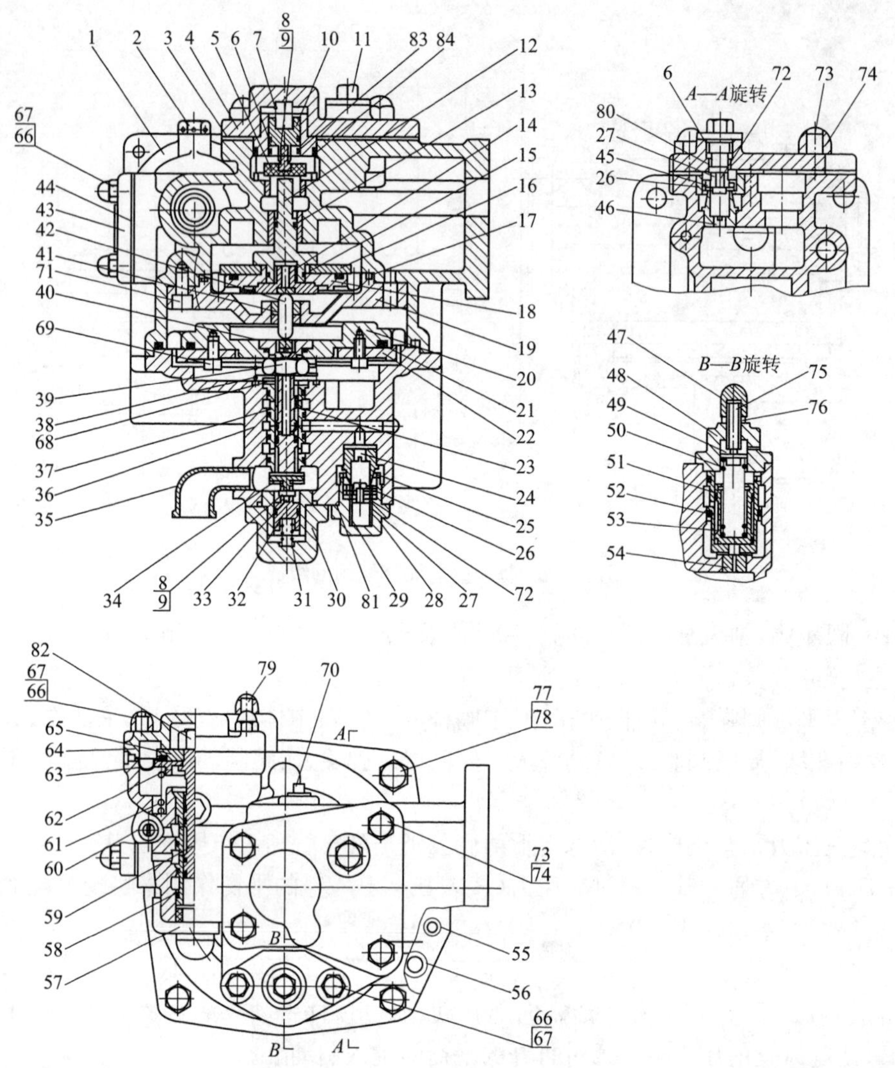

图 4-2-26 F8 型空气分配阀主阀

1—主阀体组成；2—排气堵；3—主阀上盖垫；4—主阀上盖组成；5—平衡阀；6—O 形圈；7—平衡阀弹簧；8—销；9—固定销；10—导杆；11—螺堵；12—主阀杆；13—O 形圈；14—压帽；15—O 形圈；16—压板；17—膜板；18—小活塞；19—中体组成；20—主活塞；21—大膜板；22—压板；23. 缓解柱塞；24—缩孔堵（Ⅰ）；25—弹簧挡圈；26—止回阀胶垫；27—止回阀；28—螺盖；29—止回阀弹簧；30—缓解阀盖组成；31—保压弹簧；32—导杆；33—O 形圈；34—缓解阀组成；35—排风弯头；36—主阀下体组成；37—局减阀套；38—制动弹簧；39—螺母；40—硬心；41—O 形圈；42—顶杆；43—转换盖板；44—转换盖垫；45—止回阀套；46—缩孔堵（Ⅱ）；47—螺母；48—限压阀盖；49—弹簧托；50—限压阀弹簧；51—限压阀套；52—O 形圈；53—限压阀；54—大缩堵；55—胶垫；56—大胶垫；57—防尘排气罩组成；58—充气阀套；59—充气柱塞；60—缩孔 M8；61—充气阀弹簧；62—压板；63—充气阀膜板；64—充气阀盖；65—膜板托；66—螺柱；67—螺母；68—挡圈；69—螺钉；70—螺塞；71—螺钉；72—螺钉；73—螺柱；74—螺母；75—螺钉；76—螺母；77—螺栓；78—螺母；79—螺柱；80—止回阀簧；81—O 形圈；82—螺母；83—销；84—滤尘网

换盖板铸造箭头向上）。施行缓解时工作风缸压力空气经局减阀套、转换盖板上的沟槽逆流至列车管。这样既可使列车管得到局部增压，又可使主活塞上下达到压力平衡。所以即使总风缸停止给列车管充气增压，主阀也会继续保持在缓解状态，实现一次轻易缓解。当与有阶段缓解作用的分配阀编组运用或特殊需要时，转换盖板置“阶段位”（隔断位，盖板铸造箭头朝下）。列车管充气增压时，缓解柱塞与局减阀套间隙虽已开通，但转换盖板处被隔断。故在制动缸压力降到充气阀柱塞的联络凹槽沟通规定值（20 kPa）以前，工作风缸与列车管不能连通，从而实现阶段缓解作用。

（2）充气阀

充气阀主要由充气阀盖、膜板托、充气阀膜板、压板、充气柱塞、充气阀弹簧、充气阀套、排气罩及O形圈、胶垫等组成。

充气阀有两个作用位置：上端位（缓解位）和下端位（作用位）。由于充气阀弹簧的弹力作用，充气阀平常处于上端位。当膜板上方空气压力大于20 kPa左右时，活塞才被压下到下端位。

①在缓解位，充气阀膜板上方制动缸压力低于20 kPa时（充气阀在上端位），列车管压力空气经充气阀套、充气柱塞向工作风缸充气。同时通过充气阀套尾部孔将由局减室压力空气排向大气。

②在局减位时，列车管部分压力空气经充气阀套尾部孔排向大气。

③在制动位，充气阀膜板上方制动缸压力高于20 kPa时（充气阀在下端位），制动缸压力空气推动充气阀膜板压缩充气阀弹簧，移动充气柱塞，切断局减室通大气的通路，同时切断列车管与工作风缸间的联络通路，以保证主阀的正常作用。

④在缓解、保压位时，与转换盖板配合，切断工作风缸压力空气向列车管逆流，以实现阶段缓解。

（3）限压阀

限压阀主要由限压阀盖、限压阀套、限压阀、限压阀弹簧、弹簧托、大缩堵、调整螺钉、紧固螺母和O形圈等组成。

限压阀的作用：限制常用制动和紧急制动时制动缸的最高压力，其限压值可根据需要通过松紧调整螺钉调定，调整后紧固螺母锁紧。

（4）副风缸充气止回阀

副风缸充气止回阀主要由止回阀套、缩孔堵、螺堵、止回阀、止回阀胶垫及止回阀弹簧等组成。

副风缸充气止回阀的作用：

①列车管通过它向副风缸充气，并限制充气速度，使前后车辆充气保持一致。

②当列车管压力下降时，防止副风缸压力空气向列车管逆流，保证主阀的正常工作。

（5）局减阀

局减阀主要由止回阀胶垫、止回阀、止回阀弹簧、螺盖、缩孔堵及弹簧挡圈等组成。其中部分零部件与副风缸充气止回阀通用。

局减阀的作用：

①在局减位时，列车管压力空气经此阀向大气及局减室排气。

②再制动时，能防止局减室的压力空气向列车管逆流。

（6）主阀体及主阀下体

主阀体及主阀下体由铸铁铸造而成，内部设有主控部、充气阀、限压阀、副风缸充气止回阀、局减阀等零部件的空腔以及压力空气流通的各铸造及加工气路。

2. 辅助阀

辅助阀主要由辅助阀体、辅助阀上盖、辅助阀活塞、辅助阀杆、辅助阀膜板、活塞压板、辅助阀套、放风阀、螺盖、放风阀弹簧、常用排风堵、紧急排风堵、滤尘网以及各种 O 形圈、胶垫等组成,如图 4-2-27 所示。

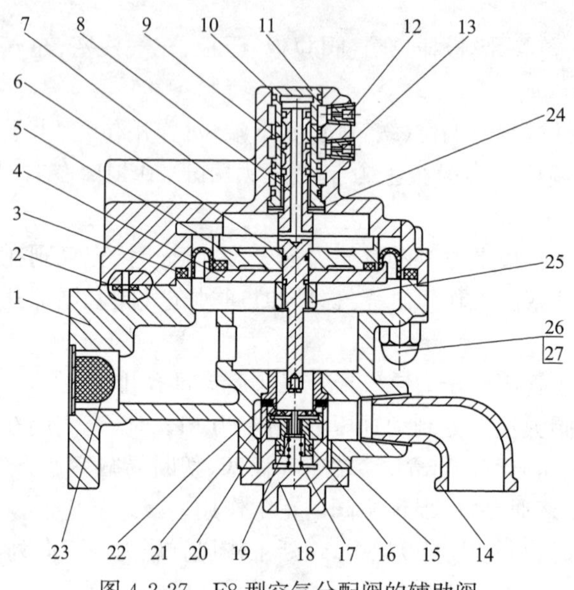

图 4-2-27 F8 型空气分配阀的辅助阀

1—辅助阀体组成;2—胶垫;3—辅助阀膜板;4—活塞压板;5—辅助阀活塞;6—O 形圈;7—辅助阀上盖;8—辅助阀杆;9—O 形圈;10—O 形圈;11—辅助阀套;12—常用排风堵;13—紧急排风堵;14—放风弯头;15—放风阀;16—O 形圈;17—放风阀弹簧;18—螺盖;19—放风阀胶垫螺帽;20—放风阀胶垫;21—触头;22—弹簧挡圈;23—滤尘网;24—挡圈;25—螺母;26—螺栓;27—螺母

辅助阀是二压力机构。辅助阀活塞上方为辅助室压力空气:从主阀来的工作风缸压力空气经辅助阀体及上盖内部气路,并通过辅助阀套下排孔充入辅助阀膜板上方,然后经辅助阀上盖和辅助阀体内部气路向中间体的辅助室充风。膜板下方为列车管压力空气。即辅助室与列车管空气压力相平衡。

辅助阀的作用:

(1)常用制动位:由于列车管减压使得辅助阀活塞下移,但辅助阀杆仅下移到与放风阀接触而不打开放风阀。此时辅助室压力空气经辅助阀杆中心孔、辅助阀套的上排孔和常用排风堵排入大气。由于排风堵的限制,使辅助室压力空气的排风减压速度与列车管的减压速度相一致,辅助阀活塞与两侧压力基本平衡,因此辅助阀活塞及阀杆不能继续下移打开放风阀,而保证了辅助阀常用制动的安定性。

(2)保压位:列车管停止减压后,辅助阀活塞及辅助阀杆稍稍上移,切断了辅助室排大气的通路,辅助阀处于保压状态。需要说明的是,列车管停止减压后,常用排风堵在几十秒内轻微排风是正常的。另外,保压后列车管的漏泄也可导致常用排风堵不停地轻微排风。

(3)缓解位:列车管增压(膜板下方列车管压力上升),辅助阀活塞及辅助阀活塞杆上移到达缓解位,打开了工作风缸与辅助室的通路。由于制动位时辅助室压力空气部分排入大气,而工作风缸压力基本未变，故工作风缸压力高于辅助室压力。因此工作风缸压力空气再次经辅助阀套的下排孔充入辅助膜板上方及辅助室。这样就使得工作风缸压力迅速下降，从而加速主阀的缓解，起到加速缓解的作用。

(4)紧急制动位：当列车管紧急排气减压时，辅助室的压力空气来不及从常用排气堵排出(即常用排风堵的排风速度低于列车管的排风速度)，辅助阀膜板两侧形成压差，使得辅助阀活塞及辅助阀活塞杆迅速下移并打开放风阀，使列车管压力空气通过打开的放风阀迅速排入大气，起到紧急放风作用。此时，常用排风堵和紧急排风堵同时打开，共同将辅助室内的压力空气排入大气。当列车管的风排完，而且辅助室的空气排到其压力作用小于放风阀弹簧力时，放风阀关闭，同时辅助阀活塞与辅助阀杆上移，切断了紧急排风堵与辅助室的通路。

3. 中间体

F8 型空气分配阀中间体，如图 4-2-28 所示，由铸铁铸成，既作为主阀、辅助阀及各连接管路的安装座，又在中间体内设有各种暗道和空腔，直接参与分配阀的作用。

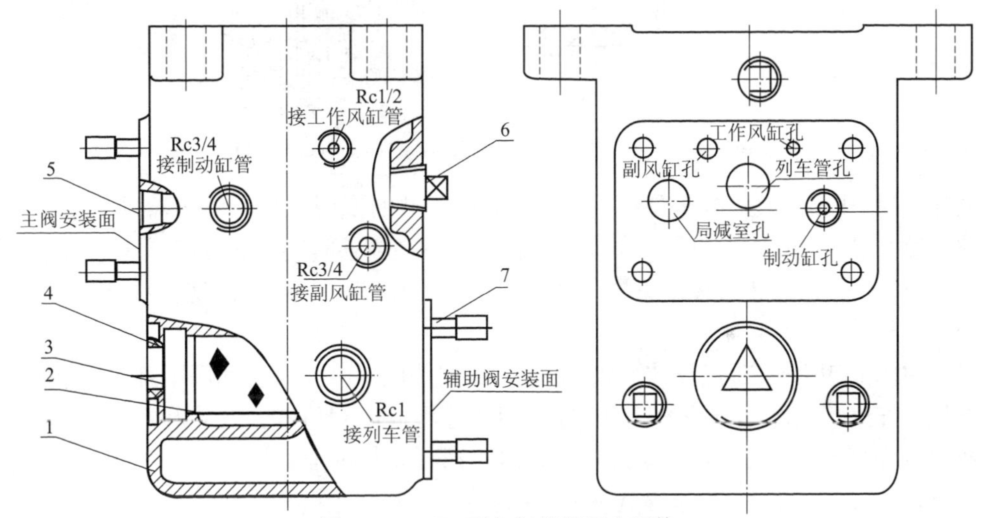

图 4-2-28　F8 型空气分配阀中间体

1—中间体；2—防尘垫；3—滤尘器；4—螺盖；5—制动缸限制堵；6—螺堵 RC3/4；7—螺柱

中间体内装有防尘垫、滤尘器、螺盖、制动缸限制堵、螺堵和螺栓等零件。

中间体内设有两个空腔，一个是 0.8 L 局减室，一个是 3 L 的辅助室。另外还有一些内部气路。在列车管的内部气路上装有一个圆柱形双套防尘网的滤尘器，过滤进入主阀的压力空气。滤尘器用螺盖固定在中间体内，便于清洗和更换。

主阀和辅助阀分别安装于中间体的两侧，另一侧留有连接车下管路的管锥螺孔，分别连接列车管(ϕ25 mm)、副风缸(ϕ18 mm)、制动缸(ϕ18 mm)、工作风缸(ϕ12.5 mm)。中间体上平面有四个吊装孔，用于将整套分配阀吊装在车辆底架下。

中间体的主阀安装面上设置一制动缸限制堵，主要为空重车调整阀等附属装置配套所设。当不使用上述装置时，必须将此堵拆掉，否则会影响制动缸的升压时间，影响正常使用。

F8 型空气分配阀共有六个作用位置，即充气缓解位、局部减压位、常用制动位、制动保压位、阶段缓解保压位和紧急制动位。

(1)充气缓解位(图 4-2-29)及缓解保压位

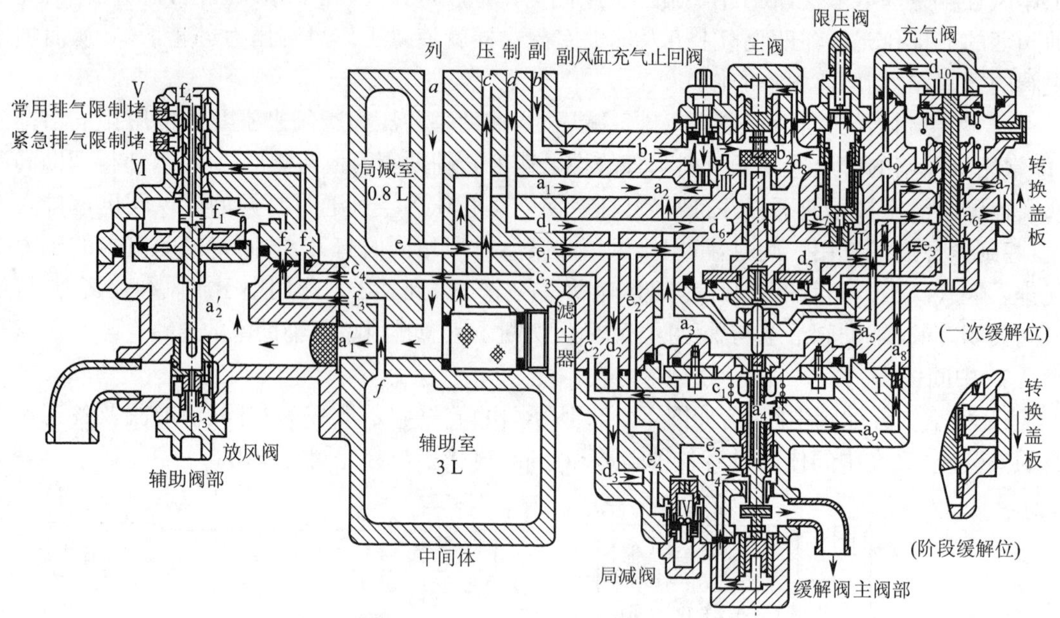

图 4-2-29 F8 型空气分配阀结构原理(充气缓解位)

初充气时,压力空气经列车制动主管、制动支管、截断塞门和远心集尘器进入中间体。然后一路经滤尘器、主阀安装面孔 a_1 进入主阀;另一路经辅助阀安装面孔 a_1'、滤尘网进入辅助阀活塞下方 a_2',同时进入放风阀下方 a_3'(该阀为无压差阀)。辅助阀活塞上移,辅助阀处于初充气位。

进入主阀的压力空气,经阀体通路 a_2:①一路到达副风缸充气止回阀下部,通过缩孔堵Ⅱ打开副风缸充气止回阀,由阀体通路 b_1 及中间体通路 b 向副风缸充气;同时到达副风缸充气止回阀上方和平衡阀上方空间 b_2(为制动时向制动缸充气做准备)。②另一路到达主活塞上方 a_3。此时推动主活塞下移,压缩其下方的制动弹簧,直到主活塞压板外缘碰到下阀体,此时主阀处于初充气位。另外主活塞上方压力空气在进入缓解柱塞中心孔 a_4(为局减做准备)的同时经主阀体内部通路 a_5→充气阀套中间排孔→充气柱塞沟槽 a_6 和转换盖板槽 a_7(一次缓解位)→主阀体内部通路 a_8→工作风缸限制堵→主阀下体内部通路 a_9→局减阀套上排孔→缓解柱塞沟槽→主活塞下方 c_1→下阀体及主阀体内部通路 c_2→中间体内部通路 c_3 向工作风缸充气,工作风缸压力可充至定压(列车管定压)。并同时通过中间体内部通路 c_4→辅助阀体及上盖通路 c_5→辅助阀套下排孔→辅助阀杆沟槽到达辅助活塞上方 f_1。然后又分为两路:一路经辅助阀上盖及阀杆内部通路 f_2→中间体内部通路 f_3 向中间体内的辅助室充气,充至定压;另一路经辅助阀杆中心孔到达辅助阀杆顶部 f_4(为制动位常用排风堵排辅助室的压力空气做准备)。

再充气时,列车管增压,主阀原三压力平衡状态被打破,$P_{制}+P_{列}>P_{工}$,即向下的力大于向上的力,主活塞和小活塞同时下移(带动缓解柱塞下移,打开缓解阀),到达充气缓解位。此时,工作风缸、副风缸和辅助室的充气通路与初充气时相同。此外还有制动缸和局减室排气(初充气时只沟通通路而不排气)作用。

制动缸的压力空气经中间体 d_1→主阀体内部通路 d_2→主阀下体 d_3→局减阀套下排孔→

缓解柱塞四周→打开的缓解阀→大气。同时充气阀活塞上方 d_{12} 和小活塞上方 d_{10} 的压力空气经大缩孔堵→d_7→主阀体 d_6→d_2→d_3→缓解阀→大气(缓解阀导杆下方 d_5 的压力空气也通过打开的缓解阀排入大气)。

当制动缸压力下降到规定值(20 kPa)时,充气活塞在充气阀弹簧的作用下移动,打开了列车管与工作风缸间的通路,使工作风缸充气;同时也打开了局减室与大气的通路,使局减室的压力空气经充气阀套尾部排入大气。

主阀转换盖板置一次位,当列车管充气增压时,主活塞下移,在切断局减室列车管通路的同时,打开了工作风缸与列车管间的逆流通路,即主活塞下方(工作风缸的压力空气)c_1 经缓解柱塞沟槽→局减阀套上排孔→主阀下体通路 a_9→工作风缸限制堵→主阀体内部通路 a_8→充气阀套上排孔→转换盖板沟槽 a_7→主阀体内部通路 a_5 逆流至主活塞上方 a_3。此时即使停止列车管充气,三压力也不会平衡(不可能回到保压位),会继续下移打开缓解阀,一次轻易缓解。

转换盖板置阶段位,列车管增压,主阀动作过程与一次缓解位相同。只是由于转换盖板上列车管与工作风缸的通路被切断,当制动缸压力下降到规定值(20 kPa)前,充气阀仍处于制动位,充气阀上工作风缸与列车管的通路也被切断。工作风缸压力空气就不能向列车管逆流。只是在缓解初期,由于辅助阀的加速缓解作用,使工作风缸压力稍有下降后便保持不变,工作风缸压力成为一定值(低于定压值)。根据 $P_{制}+P_{列}=P_{工}$,而 $P_{工}$ 为定值,因此 $P_{列}$ 上升,$P_{制}$ 下降。若列车管停止增压,当 $P_{制}$ 下降到一定值后,主阀三压力机构向上的力稍大于向下的力时,主活塞带动小活塞向上移动,关闭缓解阀(制动缸停止排气)后停止上移,主阀处于缓解保压位。

辅助阀阶段缓解过程与一次缓解位相同。当列车管停止增压后,工作风缸压力空气向辅助室充气到辅助室压力与列车管压力相同时,在辅助膜板拱力作用下,辅助阀活塞下移,切断工作风缸与辅助室的通路,辅助阀处于缓解保压位。

列车管再次增压,然后保压,主阀和辅助阀重复上述动作。随着列车管数次增压和保压,制动缸压力也数次下降和保压。这样就实现了分配阀的阶段缓解作用。当制动缸的压力下降到 20 kPa 以下,充气阀沟通了工作风缸与列车管的联络,就不能再保压而是完全缓解。

(2)局部减压位及稳定性

当列车管减压,主活塞上方 a_3 压力下降,使得主活塞下方 c_1 工作风缸压力空气经缓解柱塞沟槽→局减阀套上排孔→主阀下体通路 a_9→工作风缸限制堵→主阀体内部通路 a_8→充气阀套上排孔→空气柱塞沟槽及转换盖板沟槽 a_7(一次缓解位)→主阀体内部通路 a_5→主活塞上方 a_3,向列车管逆流。但由于受工作风缸限制堵的限制,工作风缸压力空气逆流量小于列车管减压量。随之主活塞两侧形成一定的压差,即 $P_{列}<P_{工}$,$P_{制}=0$,加上制动弹簧力的作用,主活塞与缓解柱塞向上移动,先切断工作风缸向列车管逆流通路,工作风缸压力停止下降。然后关闭缓解阀,切断制动缸与大气的通路,同时缓解柱塞中心孔与局减阀套中间排孔联通,使主活塞上方 a_3 列车管压力空气→缓解柱塞中心孔 a_4→局减阀套中间排孔→主阀下体通路 e_5→局减阀缩孔堵Ⅰ→打开局减止回阀,一部分到达局减止回阀下方,另一部分经主阀下体通路 e_4→主阀体通路 e_2,一路经中间体通路 e_1 到局减室。最后局减室压力与保压后列车管压力相等。如列车管继续减压,即局减阀上部压力下降,局减阀下方(局减室)压力高于上方压力,局减止回阀被关闭,局减室内压力不变。另一路经主阀体通路→充气阀套下排孔 e_3→充气阀

尾部排气罩→大气。

在缓解状态下不发生自然制动的性能称为稳定性。在充气缓解位，当列车管缓慢减压(轻微漏泄)的速度小于列车管最小减压速度，工作风缸的压力空气经工作风缸限制堵向列车管逆流，当逆流量与列车管减压量相同时，主活塞上下不能形成足够的压差值，主活塞仍处在缓解位不动，保证了分配阀缓解状态的稳定性。

(3)常用制动位及安定性

由于局减的作用造成主活塞上方列车管的空气压力急剧下降，主活塞在局减位并没有停下，而是继续向上移动，并通过中体顶杆带动小活塞上移，打开平衡阀，使主阀到达常用制动位。此时副风缸压力空气经中间体→主阀体内部通路 b_1→平衡阀上部空间 b_2，通过打开的平衡阀→主阀杆四周→主阀体内部通路 d_8。然后，一路到达平衡阀导杆上部 d_9(该阀为无压差阀)；另一路经限压阀套上排孔→限压阀沟槽→限压阀套下排孔到达限压阀下部 d_7。在通过大缩孔堵向小活塞上部 d_{10} 进气的同时，由主阀体通路 d_{11}→充气阀盖到达充气阀活塞一侧 d_{12}。当制动缸压力升到规定值(20 kPa)时，压缩充气阀弹簧，使充气阀活塞及充气阀杆移动，切断了局减排大气的通路及充气阀的列车管与工作风缸充气(或逆流)通路。充气阀呈制动状态。同时限压阀下部压力空气 d_7→主阀体 d_6，然后，一路经中间体通路 d_1 向制动缸充气，另一路经阀体通路 d_2→主阀下体 d_3→局减阀套下排孔→缓解柱塞杆周围及缓解阀垫上方(为缓解做准备)的同时，也经缓解阀盖通路 d_4 到达缓解阀导杆下方 d_5(该阀也为无压差阀)。

在制动时，由于列车管压力低于副风缸压力，因此副风缸充气止回阀被关闭。

列车管减压引起局减后，辅助阀活塞下方 a_2' 列车管压力下降，而辅助阀活塞上方 f_1 辅助室的压力没有变化，辅助活塞上下形成压差，辅助活塞与辅助阀杆一起下移，先遮断工作风缸与辅助室的通路(c_5 和 f_1)，然后开启辅助室与常用排风堵间的通路，辅助室压力空气→中间体 f_3→辅助阀体及上盖通路 f_2→辅助阀套下排孔→辅助阀活塞上方 f_1→辅助阀杆中心孔→辅助阀杆顶部 f_4→辅助阀套的上排孔经常用排风堵排入大气。

常用制动时不发生紧急制动作用的性能称为安定性。

当列车管减压速度没有达到紧急制动所要求的减压速度时，辅助室压力空气经常用排风堵排入大气，辅助阀活塞上下压差不能继续增加，放风阀不会被打开，保证了分配阀常用制动的安定性。

(4)制动保压位及自动补气作用

施行常用制动过程中，列车管停止减压时，副风缸的压力空气继续进入制动缸及小活塞上方，当三压力机构向下的作用力大于向上的作用力时，小活塞通过中体顶杆与主活塞一起下移，关闭平衡阀。此时副风缸与制动缸通路被切断，副风缸停止向制动缸充气。主阀处于制动保压位。

停止列车管减压时，辅助室的压力空气继续通过常用排气堵排入大气，当辅助活塞上方的压力稍低于其下方的压力时，辅助阀活塞与辅助阀杆同时上移，切断辅助室与大气的通路，辅助阀也处于制动保压位。

在制动保压位，如果制动缸发生漏泄或持续制动造成制动缸活塞行程增大时，制动缸压力下降，主控部小活塞上方压力随之下降，三压力平衡被破坏。主活塞带动小活塞及主阀杆上移，重新打开平衡阀。副风缸压力空气经平衡阀口进入制动缸和小活塞上方。当制动缸压力补充到平衡值后，主活塞和小活塞下移，平衡阀重新关闭，主阀再次处于保压位。这就称为“自动补气作用”。

(5)紧急制动位

紧急制动时，主阀的动作过程与常用制动时相同，只是由于列车管减压速度比常用制动快，因此动作更迅速；另外，由于紧急制动时列车管压力空气全部排入大气，三压力机构上下压力差比常用制动时大得多，平衡阀被完全打开，副风缸压力空气迅速进入制动缸，制动缸压力迅速升至规定值。限压阀在其下部制动缸空气压力作用下，压缩限压阀弹簧，使限压阀上移，切断副风缸到制动缸的通路，制动缸压力停止上升。制动缸的最高压力可根据要求调定。另外在紧急制动时，由于动作迅速，工作风缸的逆流量及局减量(局减室压力)均比常用制动时小。

辅助阀开始的动作过程与常用制动时相同，只是由于列车管减压快，受常用排风堵的限制，辅助阀活塞上方辅助室的压力空气不能迅速排入大气(与列车管压力相平衡)。因此辅助阀活塞上下形成较大压力差，使辅助阀活塞继续下移，打开放风阀。列车管压力空气通过放风阀迅速排入大气，实现列车管紧急放风作用。此时辅助阀杆也打开了紧急排风堵的通路，辅助室的压力是经常用和紧急两个排风堵同时排入大气。辅助室压力空气从开始排出到基本排尽需 10～15 s。

只要列车管压力不低于 400 kPa，无论分配阀处于什么作用位置(初充气除外)均可随时施行紧急制动。

(四)104 型电空制动机

104 型电空制动机的构造：

104 型电空制动机是在 104 型自动空气制动机的基础上增设一个电磁阀安装座(在主阀和中间体之间)、三个磁阀、一个缓解风缸及相应的管路、导线、连接器和分线盒等就构成了“104＋电空”型自动电空制动机，简称 104 型电空制动机，如图 4 2 30 所示。

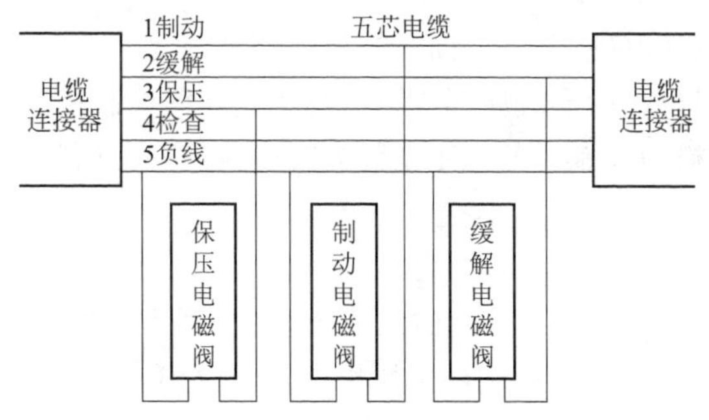

图 4-2-30 104 型电空制动机示意

增设电磁阀安装座后，原中间体与主阀的空气通路不变。只是在安装座上另设一个止回阀，为副风缸向缓解风缸充气之用。电磁阀安装座上装有三个相同的电磁阀(均为二位三通电磁阀)，分别为保压电磁阀、制动电磁阀、缓解电磁阀。电磁阀座另有一根外接管路与缓解风缸相通，还有一个外接管路与主阀上 d_3 排气孔(容积室排气孔)相连。

缓解风缸内的压力空气由副风缸通过充气止回阀充至与副风缸相近的压力。在制动过程中，副风缸压力降低，缓解风缸保持压力不变。

制动电磁阀的常闭阀口遮断列车管到大气的通路，得电时常闭阀口打开，开通列车管到大气的通路，形成局部减压。失电时复位，停止排气。缓解电磁阀控制缓解风缸与列车管之间的通路，也是常闭的，得电时开通，形成局部增压。保压电磁阀控制容积室与大气的通路，用的是其常开位，失电时此路畅通，得电时关闭该通路。

104 型电空制动机的控制线用五芯电缆线。每辆车的端部左右各装有一个五芯电缆插座。五根线分别为制动导线、缓解导线、保压导线（F8＋电空把它作为备用线）、检查线（F8＋电空用作紧急制动导线）和回线（零线）。车辆中部的分线盒将主导线与每个车辆上的电磁阀连接。相邻车辆（或机车）的插座之间再用独立的电缆连接线插头相连接，如图 4-2-31 所示。

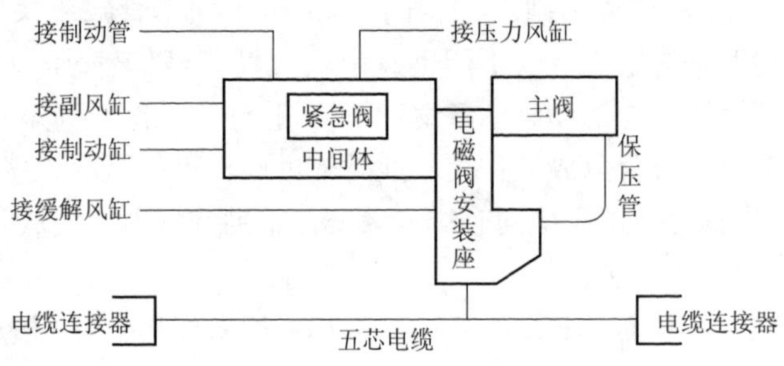

图 4-2-31　104 型电空制动配线示意

104 型电空制动机的作用：

1. 充气缓解位（即运转位）

104 型分配阀处于充气缓解位。

三个电磁阀均不得电。常开的保压电磁阀使容积室到大气气路畅通，即容积室压力空气→d_3→保压管→保压电磁阀→大气。

2. 常用制动位

施行常用制动时，制动电磁阀得电，列车管压力空气除由机车中继阀或操纵阀排大气外，还可经车辆制动电磁阀排大气，形成局部减压。其排气速率控制在不“起紧急”的限度之内，即该电磁阀排风孔径有严格的控制。各 104 型分配阀迅速进入常用制动位。副风缸向制动缸充气，制动缸升压。

3. 保压位

当列车管压力减到预定值时，制动电磁阀失电复位，列车管停止减压，分配阀进入制动保压位。保压电磁阀得电，关闭了容积室经保压电磁阀到大气的通路。104 阀主控机构处于缓解位时，也可由容积室保压而实现制动缸保压。

4. 制动后的缓解位

制动后缓解时，只有缓解电磁阀得电，缓解风缸中未曾消耗过的压力空气经缓解电磁阀回送至列车管，使之形成局部增压。各 104 阀的主活塞和滑阀几乎同时移至缓解位。同时由于保压电磁阀失电，容积室畅通大气，制动缸缓解。

5. 制动后的阶段缓解作用

由于容积室通大气的气路受保压电磁阀控制，所以尽管 104 阀为一次缓解阀，但在它处于缓解位时，通过保压电磁阀间断地得失电，控制容积室阶段性排气，相应地通过 104 阀均衡部的动作，制动缸随之阶段性排气。从而实现制动机的阶段缓解作用。

6. 紧急制动位

“104＋电空”没有紧急(制动)电磁阀，紧急制动时，紧急阀与空气制动时一样动作，同时制动电磁阀得电。当列车管的空气压力降至零以后 0.5 s 制动电磁阀失电。显然，紧急制动时制动缸的升压速度与常用制动时没有区别。

104 型电空制动机电磁阀动作情况如表 4-2-1 所示。

表 4-2-1　电磁阀动作表

<table>
<tr><th></th><th>运转位</th><th>制动位</th><th>保压位</th><th>缓解位</th><th colspan="3">阶段缓解</th><th>紧急位</th></tr>
<tr><td>制动电磁阀</td><td>—</td><td>＋</td><td>—</td><td>—</td><td colspan="3">—</td><td>先＋后—</td></tr>
<tr><td>保压电磁阀</td><td>—</td><td>—</td><td>＋</td><td>—</td><td>—</td><td>＋</td><td>—</td><td>—</td></tr>
<tr><td>缓解电磁阀</td><td>—</td><td>—</td><td>—</td><td>＋</td><td>＋</td><td>—</td><td>＋</td><td>—</td></tr>
</table>

注：表中“＋”为得电，“—”号为失电。

其他作用同原 104 型自动空气制动机。

104 型集成电空制动机：

104 型集成电空制动机是在原 104 型电空制动机的基础上进行集成化优化设计而成的。它将电空制动所有部件集中安装连接在一块集成安装板(简称集成板)上，并有外罩把这些部件罩住。取消了原 104 型电空制动机中 104 型分配阀的中间体。

在 104 型电空制动集成安装板上，正面装有 104 主阀、紧急阀、充气阀、电磁阀、电磁阀安装座等；背面有容积组合，包括容积室(3.8 L)、紧急室(1.5 L)、局减室(0.6 L)，有列车管、副风缸、工作风缸、制动缸、缓解风缸的法兰接口，电气制动用电缆线连接器。这样，所有的阀类等零部件在集成安装板的正面，容积组合和管路连接法兰在集成安装板的背面，如图 4-2-32 所示。

电磁阀安装座，用来安装各电磁阀、充气阀及接线端子等。可整体拆下，方便检修。

三只电磁阀与原 104 型电空制动机使用的结构型号一致，作用相同，可以互换。

充气阀相当于原 104 型电空制动机电磁阀安装座上的充气止回阀，只是结构有所变化。缓解风缸可由副风缸通过该充气阀充气。如果将副风缸换成总风缸，也可以满足缓解风缸的充气要求，并且缓解风缸的压力空气不能向副风缸或总风缸逆流。

容积组合包含有容积室、紧急室和局减室，与集成安装板采用法兰连接。风缸和空气管路接口，都采用法兰连接方式。

104 型集成电空制动机各风缸、制动支管、五芯主电缆和电空连接器与原 104 型电空制动机的一致。

104 集成电空制动机实现了集成式安装，更方便制动机的安装、检修和维护。其整体结构趋于紧凑、合理。其空气制动、电空制动的功能和作用原理与原 104 型电空制动机相同，可以装车混编运用。

(五)F8 型电空制动机

F8 型电空制动机的构造：

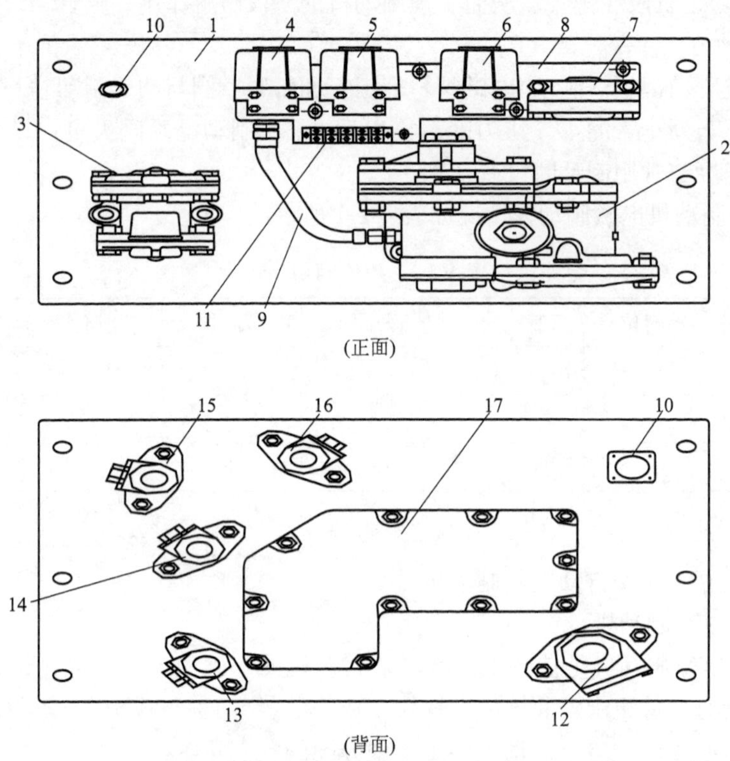

图 4-2-32 104 型电空制动集成安装板组成

1—集成安装板；2—104 主阀；3—104 紧急阀；4—保压电磁阀；5—制动电磁阀；6—缓解电磁阀；7—充气阀；8—电磁阀安装座；9—保压管；10—连接器；11—连线端子；12—列车管法兰接头；13—制动缸法兰接头；14—副风缸法兰接头；15—缓解风缸法兰接头；16—工作风缸法兰接头；17—溶剂组合

F8 型自动空气制动机增设一个电空阀箱及相应管路、导线、连接器和分线盒等就构成了“F8＋电空”型自动电空制动机，简称 F8 型电空制动机。

电空阀箱是单独设置和安装的，用 4 个 M16 安装螺栓吊装在车下。它与原 F8 阀之间只有管路连接。箱背面有一个穿电线口，连接车下电空制动电路。电线穿入后需包扎好防止受潮。

电空阀箱内有 RS 电空阀（R—Release 的缩写，代表缓解；S—Servicebrake 的缩写，代表常用制动）、紧急电空阀、过渡板及连接电路，引入线须连接在固定的接线排上。

1. RS 电空阀

RS 电空阀，如图 4-2-33 所示，包括 RS 电空阀体、常用制动限制堵、缓解限制堵、常用制动电磁阀、缓解电磁阀等。RS 电空阀和过渡板一起，用三个连接螺栓安装在电空阀箱内。

常用制动电磁阀的常闭阀口遮断列车管到大气的通路。常用制动或紧急制动时均得电动作，排出列车管压力空气，形成局部减压。其排气速率控制在不“起紧急”的限度之内，即该电磁阀的排气孔径有严格的控制。

缓解电磁阀的常闭阀口遮断工作风缸与列车管间通路。缓解时得电动作，工作风缸中的压力空气经缩孔堵和缓解电磁阀流向列车管，起到局部增压、加速缓解的作用。

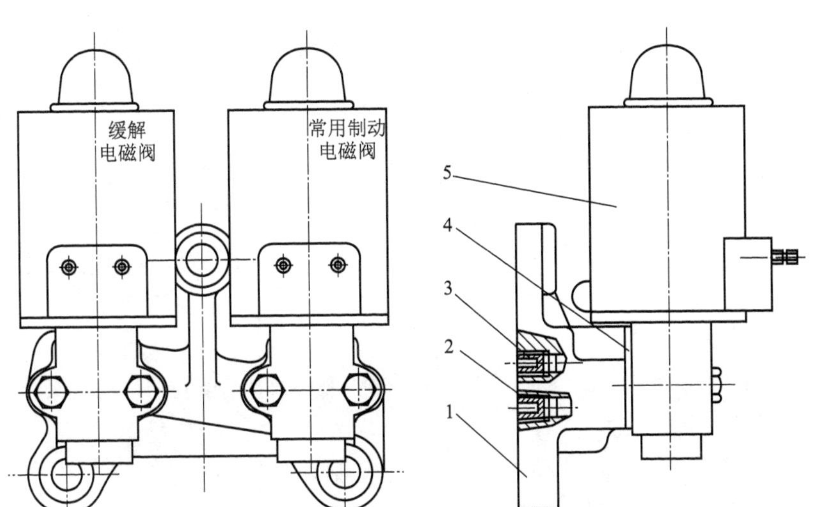

图 4-2-33 RS 电空阀

1—RS 电空阀体;2—常用制动限制堵;3—缓解限制堵;4—胶垫;5—电磁阀

2. 紧急电空阀

紧急电空阀由放大阀、限压阀、紧急电空阀体、紧急限制堵、紧急制动电磁阀等组成。

放大阀在紧急制动时开放副风缸到制动缸的通路,叠加放大副风缸至制动缸空气通路截面;同时还连通列车管与大气的通路,产生电空制动附加排气。电磁阀的作用是在电空紧急制动时,控制放大阀,使它起作用。

常用制动、缓解和紧急制动电磁阀均为二位三通电磁阀,可无条件互换使用。

F8 型电空制动机的控制线也是采用五芯电缆线。

F8 型电空制动机实际只用四根线:制动、缓解、紧急和零线。但为保证与 104 型电空制动机混编,制动保压线仍应保持贯通。

F8 型电空制动机的作用:

F8 型电空制动机有充气缓解位、常用制动位、保压位和紧急制动位等四个作用位置。

(1)充气缓解位

初充气时,缓解电磁阀得电动作,列车管压力空气经打开的缓解电磁阀、缓解限制堵、过渡板上通路向工作风缸充气(同时列车管还经 F8 阀向工作风缸充气),工作风缸可充至定压。另一路,列车管压力空气到放大阀套下排孔及放大阀杆沟槽处,由于放大阀及阀杆处在上端位,不能经此通大气。副风缸压力空气到紧急电磁阀口下,阀口处于关闭状态。制动缸经 F8 阀与大气相通,呈缓解状态。

制动后再充气缓解时,由于工作风缸压力比列车管压力高,所以工作风缸压力空气经缓解限制堵、缓解电磁阀向列车管逆流,工作风缸压力降低,促进 F8 阀缓解,列车管局部增压,提高缓解波速。列车管与工作风缸压力平衡后,如列车管继续增压,将由列车管向工作风缸充气。缓解限制堵控制工作风缸充气速度和向列车管逆流速度。

由于常用制动电磁阀失电,常用制动排气阀口被关闭;紧急制动电磁阀失电,放大阀上部气室通大气,放大阀杆处于上端位,制动缸与副风缸间气路被切断。

(2)常用制动位

施行常用制动时,常用制动电磁阀得电动作,列车管的压力空气经常用制动电磁阀、制动限制堵排入大气,形成局部减压,促使 F8 阀迅速进入常用制动位。其动作不受空气波传递时间的影响。制动限制堵控制列车管的排气速度。

发生常用制动后,制动缸的压力空气可进入紧急限压阀下部的阀口处及放大阀体腔内(止回阀上方),但对紧急电空阀的作用无影响。

此时缓解电磁阀和紧急电磁阀均失电,工作风缸压力不变,放大阀和紧急限压阀均处于初始位置。

(3)保压位

保压位三个电磁阀均不得电,列车管、工作风缸、副风缸、制动缸压力均保持不变,相互间的通路被切断。

在此位置,若缓解电磁阀间歇励磁,可获得电空制动阶段缓解作用;若常用制动电磁间歇励磁,可获得电空制动的阶段制动效果。

由于 F8 阀本身具有阶段缓解性能,故不需要设保压电磁阀。

(4)紧急制动位

施行紧急制动时,紧急和常用制动电磁阀均得电。常用制动电磁阀得电,使列车管产生与常用制动时相同的排气效果。紧急制动电磁阀得电动作后,副风缸的压力空气经紧急电磁阀进入放大阀杆上部气室,推动放大阀杆向下移动,实现以下功能:

①沟通列车管与大气的通路

列车管压力空气经放大阀杆和阀套之间隙排入大气。

②开放副风缸到制动缸通路

由于放大阀杆向下移动,压缩止回阀弹簧,打开止回阀。副风缸压力空气经紧急限制堵、放大阀下部的止回阀、限压阀下部已打开的止回阀进入制动缸。此时,副风缸压力空气除经 F8 阀进入制动缸外,又增加了上述一条新通路,相当于扩大了通路截面,提高了制动缸升压速率,缩短了制动缸充气时间。

制动缸升压后,压力空气经限压阀杆、套间隙,作用在限压阀活塞上。当该作用力大于限压阀弹簧力时,限压阀上移。同时下方止回阀在止回阀弹簧力作用下和限压阀杆一起上移,直至止回阀阀口被关闭,切断副风缸与制动缸之间的联络通路,停止从该通路向制动缸充气。

制动缸限压值的大小,可通过调整螺栓调节限压阀弹簧的预紧力来改变。

F8 型集成电空制动机:

F8 型集成电空制动机是在原 F8 型电空制动机的基础上进行集成化优化设计而成的。它取消了原 F8 型电空制动机中 F8 阀中间体、电空阀箱、电空 RS 阀体,采用了用不锈铝合金制造的集成化气路板。

集成化气路板(简称集成板)由不锈铝合金面板、底板黏接而成。将原 F8 阀中间体、RS 电空阀体内气路及连接电空制动部分的管路系统,加工在较厚的底板上,然后与面板黏接,保证各气路间的完全密封。原中间体内的辅助室和局减室用两个与原容积相同的小气室代替,安装在面板上。全部连接管路增设管路滤尘器后连接在面板一侧。形成一个系统的电空制动集成气路板,如图 4-2-34 所示。集成板底板一侧安装有 F8 阀主阀和辅助阀、电空紧急阀和电磁阀安装座以及接线排等附件。主要阀类用一外罩罩住,以保持清洁。外罩表面经过喷塑处理或使用耐腐蚀性玻璃钢。集成板后面有一个连接器插座,连接车下电空制动电路,用 4 个 M16 安装螺栓吊装在车下。

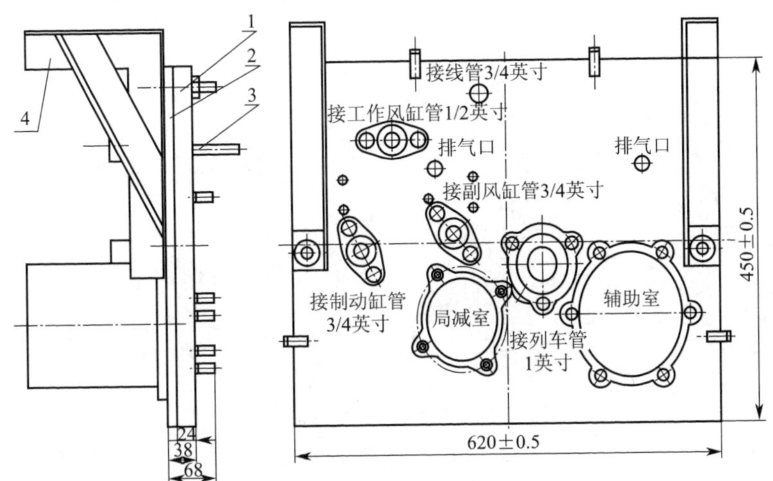

图 4-2-34 F8 集成气路板

电磁阀安装座组成包括:常用排气口、紧急排气口、电磁阀安装座体、空—电切断装置、常用制动限制堵、常用制动电磁阀、缓解电磁阀、紧急电磁阀等。

电磁阀安装座用四个螺栓安装在集成板上。电磁阀安装座中设有三个空—电切断装置,用以分别切断三个电磁阀的空气通路,也就是切断空气部分与电空部分的通路。当运用中电空部分出现故障时,通过这三个切断装置切断电空部分,使其不再发生作用,而 F8 阀空气制动部分仍可正常使用,不必进行关门处理。

电空紧急阀由放大阀、限压阀等组成。放大阀在电空紧急制动时,放大副风缸至制动缸的通路截面,同时使列车管通大气,产生电空紧急制动附加排气作用,诱发各 F8 阀起紧急。限压阀用以控制紧急制动时制动缸的最高压力。

F8 型集成电空制动机各风缸、制动支管、五芯主电缆和电空连接器与原 F8 电空制动机一致。二者空气制动、电空制动功能及作用原理相同,可装车混编运用。

(六)盘形制动装置

盘形制动装置的分类:

制动盘可分成单面盘(一个摩擦面)和双面盘(两个摩擦面)两种。它们可以是整体式,也可以是对半分开式。

盘形制动装置按制动盘在轮对上的安装方式不同分为轴盘式和轮盘式两种。轴盘式是把制动盘安装在车轴上;轮盘式是把制动盘安装在车轮上。

如图 4-2-35 所示为“轴盘式”双面作用的盘形制动装置。制动盘是一个受力又受热的零件,由于铸铁盘不宜用过盈装配直接装在车轴上,故采用锻钢或铸钢盘毂作为车辆与铸铁盘的过渡零件,并在铸铁盘螺栓连接处加装弹性套。这样,不但解决了铸铁盘的安装问题,而且可使大量热量为摩擦盘所吸收及散发,而不影响盘毂在车辆上的安装可靠性。

轮装制动盘安装在车轮的两侧或一侧。动车和机车动轴上挂有电机或齿轮箱,采用“轴盘

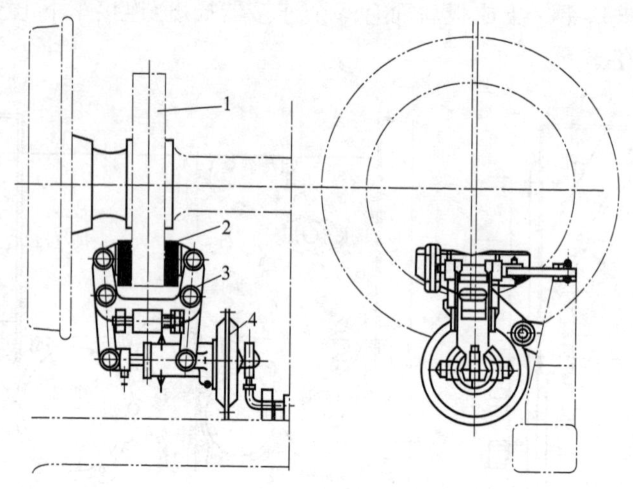

图 4-2-35 “轴盘式”盘形制动装置
1—制动盘;2—闸片;3—夹钳;4—单元制动缸

式”或“轮盘式”的双面盘有困难,可采用“轮盘式”单面盘,如图 4-2-36 所示。先把带有散热箱的铸铁单面盘与过渡钢环连接(二者保持一定间隙,以允许盘受热膨胀),然后再装到轮辐上。它与车轮的组装方法,可以是热嵌、压嵌或螺栓连接。热嵌和压嵌适用于整体车轮,螺栓连接适用于带箍车轮。

(七)单元制动缸

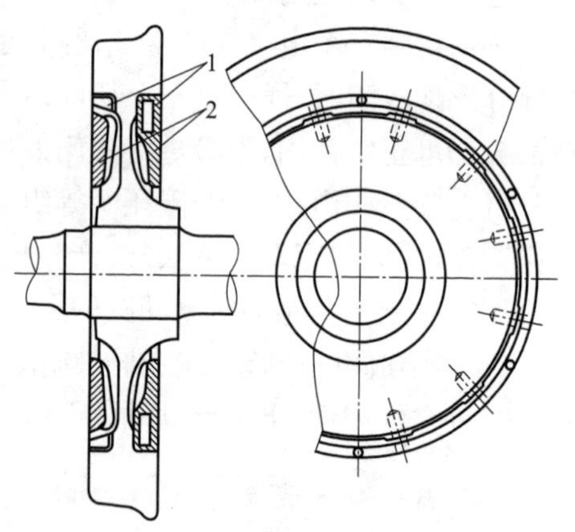

图 4-2-36 “轮盘式”单面盘的安装
1—过渡钢环;2—制动盘

当前我国铁道客车采用的单元制动缸型号主要有 SP 系列单元制动缸、PDZ 系列单元制动缸、SYSZ 系列单元制动缸、STG 系列单元制动缸和 DAKO 型单元制动缸。这里主要介绍 SP2 型单元制动缸。

SP2 型单元制动缸的构造:

SP2 型单元制动缸,如图 4-2-37 所示,主要由两部分组成,一部分是直径为 254 mm 的膜板制动缸,另一部分是闸片间隙自动调整器。

膜板制动缸由膜板、活塞、复原弹簧、缸体和缸盖等组成。闸片间隙调整器由引导弹簧、引导螺母、引导挡铁、调整螺母、调整弹簧、导向螺栓、调整挡铁、丝杠和轴承等组成。另外还有手动高速丝杠用回程螺母、丝杠与活塞杆鼻子之间的定位销。护管的作用是保护伸出缸体外的丝杠。活塞杆鼻子和制动缸体上的两翼吊耳是用于安装悬挂制动缸体的。除此之外,还有吊销、压板以及紧固用的螺栓等。

改进型的盘形制动单元取消了定位销,采用了啮合齿方式,方便了合成闸片的安装和调整。改进型丝杠回程机构,如图 4-2-38 所示,主要包括:活塞杆鼻子、回程铁、O 形密封圈、弹簧、垫圈、轴用弹性挡圈、螺栓、垫圈和丝杠等。

SP2 型盘形制动单元的技术参数见表 4-2-2。

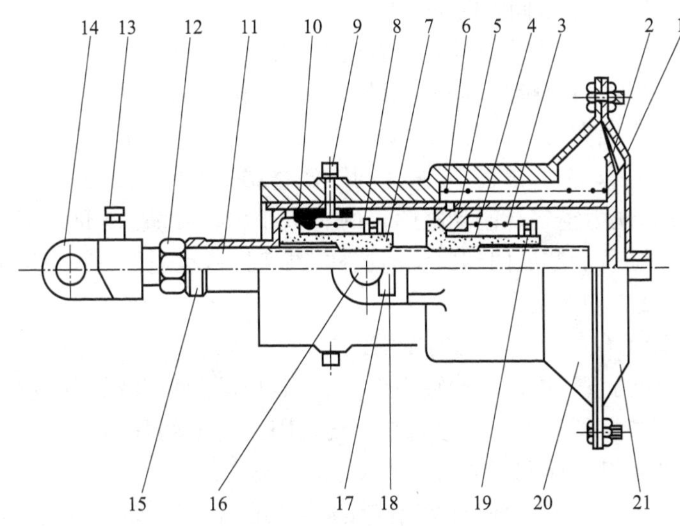

图 4-2-37 SP2 型盘形制动单元

1—膜板；2—活塞；3—引导弹簧；4—引导螺母；5—引导挡铁；6—复原弹簧；7—调整螺母；8—调整弹簧；9—引导螺栓；10—调整挡铁；11—丝杠；12—回程螺母；13—定位销；14—活塞杆鼻子；15—护管；16—吊销；17—压板；18—螺栓；19—轴承；20—缸体；21—缸盖

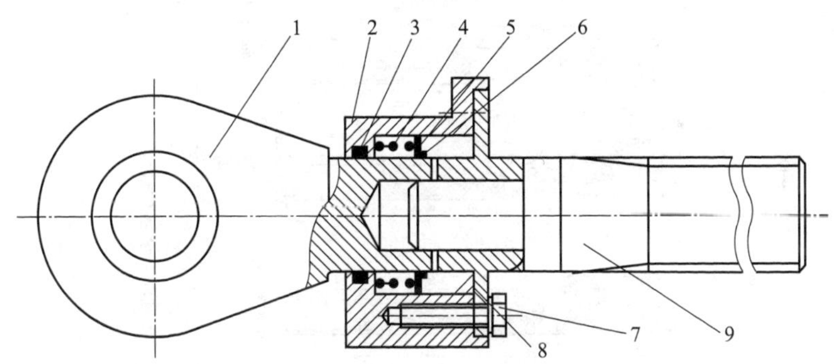

图 4-2-38 改进型丝杠回程机构

1—活塞杆鼻子；2—回程铁；3—O 形密封圈；4—弹簧；5—垫圈；6—轴用弹性挡圈；7—螺栓；8—垫圈；9—丝杠

表 4-2-2 SP2 型盘形制动单元的技术参数

项 目	技术参数	项 目	技术参数
制动缸杠杆夹钳孔中心孔距(mm)	250～350	制动缸有效直径(mm)	254
制动缸活塞最大行程(mm)	30	制动缸工作压力(kPa)	小于 500
丝杠调整最大行程(mm)	100	质量(kg)	27
闸片与制动盘标准间隙 A 值(mm)	14		

SP 型单元制动缸的作用原理：

SP 型单元制动缸的工作状态可分为：正常间隙制动位、正常间隙缓解位、过大间隙制动位、过大间隙缓解位。其中过大间隙缓解位又有第一阶段的状况和第二阶段的状况。

1. 合成闸片与制动盘正常间隙时的作用

制动机制动时,压力空气进入制动缸膜板的右侧,推动膜板及活塞向左移动,压缩复原弹簧,同时也带动引导挡铁、引导螺母、调整螺母和丝杠一起向左移动,此时调整挡铁也在调整螺母的推动下移动了一个距离(标准间隙 A 值),如图 4-2-39(a)所示。这时闸片正好与制动盘接触,即完成了制动作用。在此过程中,闸片间隙调整器不发生调整作用。

当制动机缓解时,压力空气从制动缸膜板的右侧排出,活塞在复原弹簧的作用下,恢复到缓解位置。引导挡铁随着活塞退回到原位。这样,高速挡铁也退回原位,移动的距离正好是标准间隙 A 值,如图 4-2-39(b)所示。

2. 合成闸片与制动盘间隙过大时的作用

制动机制动时,压力空气进入制动缸膜板的右侧,推动膜板及活塞向左移动,同时带动引导挡铁、引导螺母、调整螺母和丝杠一起向左移动。因为合成闸片与制动盘的间隙过大,制动缸活塞所移动的距离超过了标准间隙 A 值。如图 4-2-39(c)所示。

设闸片与制动盘磨耗后,制动缸活塞增加的移动距离为 f,即丝杠向左移动了 $A+f$ 的距离。

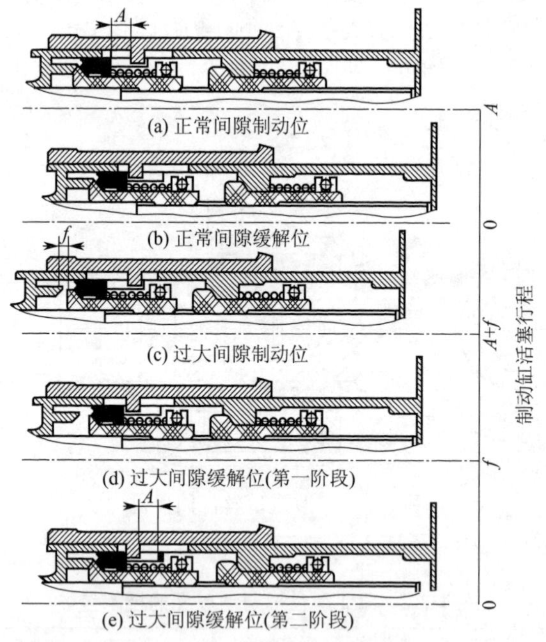

图 4-2-39 SP2 型盘形单元制动的作用原理

而此过程中,调整挡铁被导向螺栓挡住,仅移动了标准间隙 A 值,不能继续移动,调整螺母与调整挡铁的啮合部分脱开,在调整弹簧的作用下,推动轴承向右移动的同时,带动调整螺母在非自锁螺纹丝杠上旋转,很快高速螺母与调整挡铁重新啮合。此时,在调整螺母与护管间形成间隙 f。

制动机缓解时,闸片间隙调整器的动作分两阶段。第一阶段,制动缸膜板右侧的压力空气排出,制动缸活塞在复原弹簧的作用下向右移动。在此过程中,引导挡铁和调整挡铁等随着制动活塞一起向右移动,所移动的距离为标准间隙 A 值,如图 4-2-39(d)所示。

第二阶段，膜板右侧的压力空气继续排出，制动缸活塞在复原弹簧的作用下继续向右移动。引导螺母与引导挡铁脱开，在引导弹簧的作用下，推动轴承向右移动的同时，带动引导螺母在非自锁螺纹丝杠上旋转，很快引导螺母与引导挡铁重新啮合。在这一阶段丝杠没有移动，消除了闸片与制动盘磨耗后增加的间隙，如图 4-2-39(e)所示。

通过这两个阶段的缓解过程，闸片间隙调整器对超出标准值 A 的 f 值进行了调整，也就是消除了合成闸片与制动盘的磨耗所增大的闸片间隙，使闸片间隙又恢复到了标准值。

(八)电子防滑器

制动防滑器有机械防滑器、电子防滑器。目前，铁路客车主要装用电子防滑器。

防滑器的主要功能是：制动时能有效地防止车辆轮对因滑行而造成的踏面擦伤和制动时能根据轮轨间黏着的变化调节制动缸压力，实现调节制动力，充分利用轮轨间的黏着系数，得到较短的制动距离。

目前我国新型铁路客车上使用的制动防滑器的型号有 SWKP 型系列、MGS 型系列和 TFX 型系列等，作用原理基本相同。

(九)客列尾装置

铁路客车列尾装置是列车尾部安全防护装置的简称(简称 KLW)，是用于在取消运转车长后列车尾部无人值守情况下为提高铁路运输的安全性而研制的专用运输安全装置。

客列尾装置由主机和天馈线构成。其中主机包含外壳、控制单元、记录单元、数码管单元、电磁阀、风压传感器、信道机、电源单元、连接软管、电源电缆、转接馈线和挂接插槽等。

客车列尾系统由旅客列车尾部防护装置(简称“KLW”)和列车防护报警设备(简称“LBJ”)两部分组成。其中 KLW 设备主机安装在列车尾部客车内，LBJ 设备安装在机车驾驶室内，由机车乘务员负责操控，构造如图 4-2-40 所示。

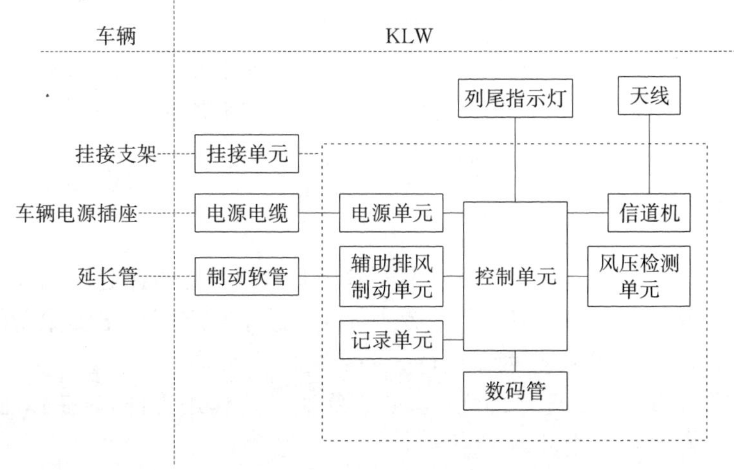

图 4-2-40　客列尾装置构造

五、车钩缓冲装置

车钩缓冲装置是车辆最基本也是最重要的部件之一。它由车钩、缓冲器、钩尾框、从板等零部件组成。在钩尾框内依次装有前从板、缓冲器和后从板,如图 4-2-41 所示,借助钩尾扁销把车钩和钩尾框连成一个整体,从而使车辆具有连挂、牵引和缓冲三种功能。

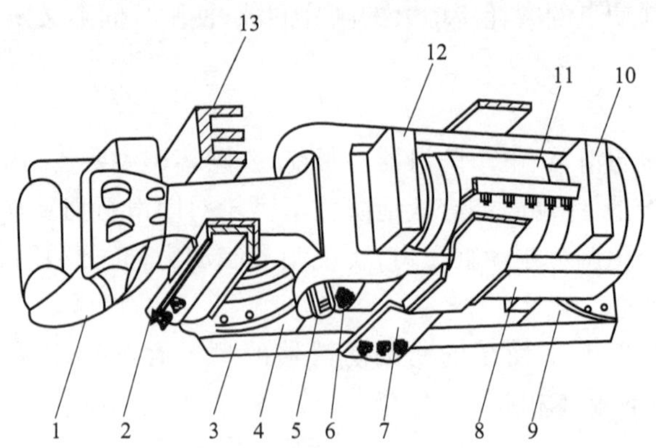

图 4-2-41 车钩缓冲装置组成

1—车钩;2—车钩托梁;3—牵引梁;4—前从板座;5—钩尾扁销;6—钩尾扁销螺栓;7—钩尾框托板;8—钩尾框;9—后从板座;10—后从板;11—缓冲器;12—前从板;13—冲击座

在车钩缓冲装置中,车钩的作用是用来实现机车和车辆或车辆和车辆之间的连挂和传递牵引力及冲击力,并使车辆之间保持一定的距离。缓冲器则是缓和列车运行及调车作业时车辆之间的冲撞,吸收冲击动能,减小车辆相互冲击时所产生的动力作用。从板、钩尾框则起着传递纵向作用力(牵引力或冲击力)的作用。

车钩缓冲装置一般组成一个整体安装于车底架两端的牵引梁内,其前、后从板及缓冲器卡装在牵引梁的前、后从板座之间,下部靠钩尾框托板及复原装置托住,各部相互位置如图 4-2-42(a)所示。

当车辆受牵拉时,作用力的传递过程为:车钩→钩尾扁销→钩尾框→后从板→缓冲器→前从板→前从板座→牵引梁,如图 4-2-42(b)所示。当车辆受冲击时,作用力的传递过程为:车钩→前从板→缓冲器→后从板→后从板座→牵引梁,如图 4-2-42(c)所示。由此可知,车钩缓冲装置无论是承受牵引力,还是冲击力,都要经过缓冲器将力传递给牵引梁。这样就可以使车辆间纵向冲击振动得到缓和、消减,从而改善了运行条件。

(一)缓 冲 器

缓冲器的作用是缓和列车在运行中由于机车牵引力的变化或在起动、制动及调车作业时车辆相互碰撞而引起的纵向冲击和振动。缓冲器有耗散车辆之间冲击和振动的功能,从而减轻对车体结构的破坏作用,以提高列车运行的平稳性。

缓冲器的工作原理是借助于压缩弹性元件来缓和冲击作用力,同时在弹性元件变形过程中利用摩擦和阻尼吸收冲击能量。

目前,我国铁路客车使用 1 号、G1 型缓冲器,其中 G1 型缓冲器在既有客车广泛使用,1 号缓冲器正逐步淘汰。

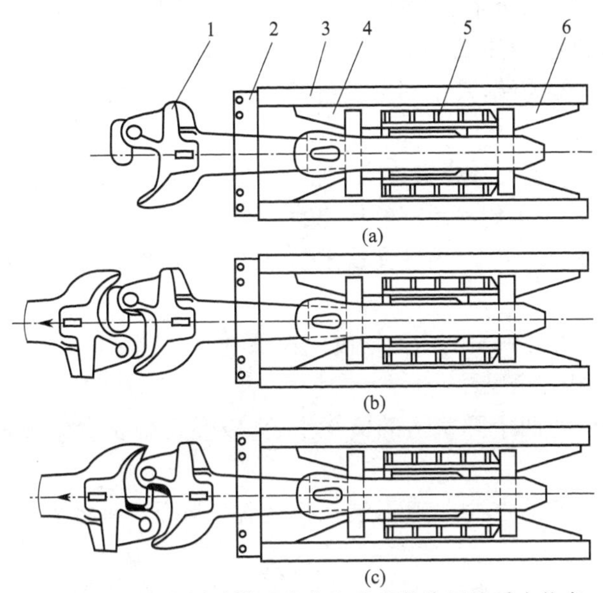

图 4-2-42　车钩缓冲装置在车上的安装位置及受力状态

1—车钩；2—车钩托梁；3—牵引梁；4—前从板座；5—缓冲器；6—后从板

G1 型缓冲器

1. 构造及作用

G1 型缓冲器分为前后两部分。前部为圆弹簧，后部为内外环弹簧，彼此以锥面相配合，两部分之间有弹簧做分隔。圆弹簧用来缓和冲击作用力，环弹簧两滑动斜面间的摩擦力用来消耗冲击功能，起到吸收能量的作用。

缓冲器的结构如图 4-2-43 所示，由弹簧盒、弹簧盒盖、弹簧座、圆弹簧、环弹簧基底板等组成。

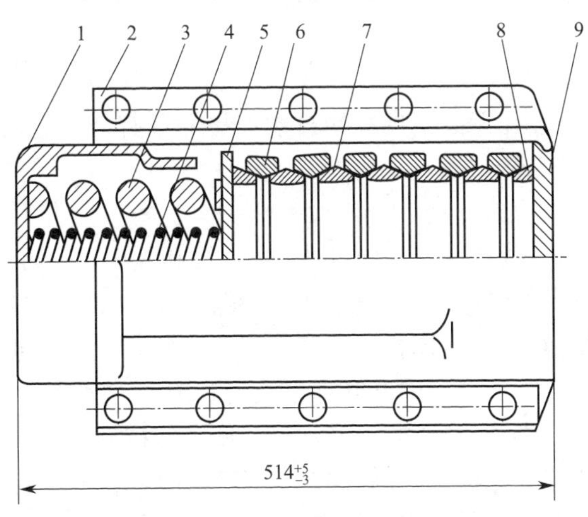

图 4-2-43　G1 型缓冲器

1—弹簧盒盖；2—弹簧盒；3—外圆弹簧；4—内圆弹簧；5—弹簧座；
6—外环弹簧；7—内环弹簧；8—半环弹簧；9—底板

(1)弹簧盒:分为上下两个半盒,借助螺栓将两个半环状盒连成一体。

(2)弹簧盒盖:用ZG25铸钢制成。

弹簧盒盖位于缓冲器前端,其中部有六角形凸缘,与盒盖的折缘部分卡住,从而保证盒盖受压后延盒体方向移动。

(3)弹簧座:置于圆弹簧与环弹簧之间,列车的冲击力经弹簧盒盖传递给圆弹簧,弹簧座则在圆弹簧地推动下,把冲击力传给后部的环弹簧上。

(4)环弹簧:由外环弹簧7个,内环弹簧8个(其中半环弹簧2个),均用$60Si2CrV_A$弹簧钢制成。

内环弹簧的外面和外环弹簧的内面均制成V形锥面。组装时,要求有29～49 kN的初压缩力,以保证弹簧锥面相互密贴。

(5)底板:靠其台肩与两个弹簧盒的突缘卡合,以便将弹簧盒组装成为一个整体并传递外力。

(6)内外圆弹簧:位于缓冲器的前部,装在弹簧盒盖与弹簧座之间。

2. 作用原理

当缓冲器受牵引力或冲击力作用时,盒盖向内移动,压缩圆弹簧,并将力通过弹簧座板传给环簧。由于内外环为锥面配合,受力后外环扩张,内环缩小,产生轴向弹性变形,起到缓冲作用。与此同时,内外环锥面间又相对滑动,因摩擦而做功,从而使部分冲击能变为摩擦功而耗散。当外力去除后,各内外环由于弹力而复原,此时同样也要消耗部分冲击能量,从而起到缓和、消减冲击的作用。

(二)密接式钩缓装置

1. 密接式钩缓装置的组成

密接式钩缓装置主要由连挂系统、缓冲系统和安装吊挂系统三大部分组成。可实现列车自动连挂,连挂时,要求连挂速度不大于5 km/h,解钩由人工完成。各部件组成如图4-2-44所示。

(1)连挂系统

车钩自动连挂系统主要作用是实现车钩自动连接和分解,25T型客车用密接式钩缓装置连挂系统只完成机械连挂功能。

(2)缓冲系统

缓冲系统在列车运行过程中起到吸收冲击能量、缓和纵向冲击和振动的作用。25T型客车用密接式钩缓装置所用的缓冲器为弹性胶泥缓冲器。弹性胶泥缓冲器具有容量大、阻抗小,结构简单、性能稳定的优点,检修周期长。车钩受牵引力时,牵引力通过法兰盘传递到缓冲器壳体,再通过碟簧筒把力传递到碟形弹簧和弹性胶泥芯子上,弹性胶泥芯子把力传递到内半筒总成上,最后通过拉杆配合把力传递到车钩拉杆上,使车钩拉杆承受牵引力;而车钩受压时,压力传递的顺序依次为:内半筒总成、弹性胶泥芯子、碟簧组成、拉杆配合和车钩拉杆。碟簧组成上顶板既起传递力的作用,又能保证碟形弹簧行程走尽时保护碟形弹簧。

(3)安装吊挂系统

安装吊挂系统对整个钩缓装置提供安装定位和支撑,并包含一个回转机构,保证钩缓装置在各自由度方向上能产生足够的动作量,动作和复位灵活。

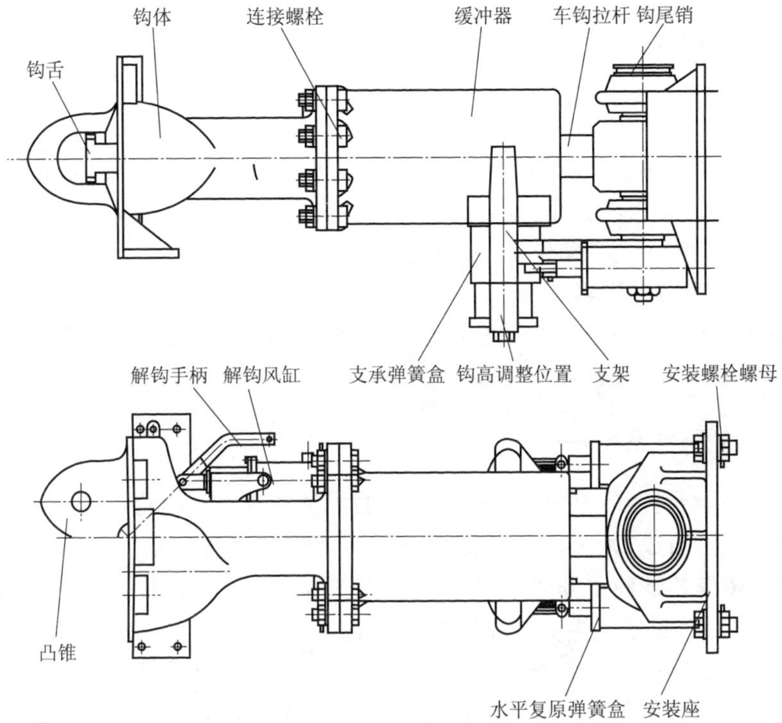

图 4-2-44　密接式车钩缓装置

密接式钩缓装置通过 4 个 M38 螺栓安装在车体底架的车钩安装座上，安装和拆卸工作量小。

为保证车钩解钩后动连挂，密接式钩缓装置具有水平面内自动对中功能，以便解钩后车钩纵向中心线能保持在与列车纵向中心线平行的位置。

2. 密接式车钩缓冲装置的优点

(1)自动连挂，连挂后两车钩为类刚性杆。

(2)手动解钩，但预置了解钩风缸，可随时升级为自动解钩。

(3)预置了风管连接器接口，可随时升级自动风管连接功能。

(4)预置了电气连接器吊挂接口，可随时升级自动电气连接功能。

(5)最多可牵引 20 辆客车稳定运行。

(6)具有连挂到位识别功能，转动关节内置关节轴承，可保证列车顺利通过现有线路及所有平、竖曲线。

(7)内置大容量弹性胶泥缓冲器，列车运行舒适度高。

(8)最大允许 5 km/h 连挂速度(速度过高易损坏车载设备，建议控制在 2 km/h 以下)。

(9)模块化组合装配，换件修理简便。

(10)部件磨耗程度轻微，免维护能力突出。

六、DC 600 V 供电系统

DC 600 V 供电制式的空调客运列车，在电气化区段运行时，通过电力机车主变压器，将接触网单相工频 25 kV 电压，转变为两路 DC 600 V 电压，通过车端电力连接器分二路向 DC 600 V 供电客车供电。目前，该供电方式常见于 25G、25T 型客车。

(一)DC 600 V 供电系统优点：

1. 机车采用单相相控整流方式提供 DC 600 V 电源，采用 2 路供电，具有一定的冗余，一路电源故障时，另一路仍可向客车供电。

2. 各车厢逆变器放在车下，不占用客车空间。

3. 各车厢独立性强，列车编组灵活。

4. 控制电源采用 DC 110 V 并全列贯通，各车厢 DC 110 V 供电系统互补性强，可靠性高。

5. 供电系统可以实现集中控制，操作简单。

(二)DC 600 V 供电系统简介

在电气化区段，新研制的电力机车的列车辅助供电装置将受电弓接受的 25 kV 单向高压交流电降压、整流、滤波成 DC 600 V 直流电，机车上安装有两套 DC 600 V 电源装置，两套装置分两路通过动力连接器向空调客车供电，空调客车通过综合控制柜自动(按车厢号分奇偶选择)将其中一路 DC 600 V 送入逆变电源装置(简称逆变器箱，型号：2×35 kV · A+15 kV · A，包括两个 35 kV · A 逆变器和一个 15 kV · A 三相四线制隔离变压器)及 DC 110 V 电源装置(简称充电器箱，型号 8 kW+3.5 kV · A，包括一个 8kW 充电器和一个 3.5 kV · A 单相不间断逆变器)。DC 600 V 电源直接向电加热器、DC 600 V 电开水器供电，2×35 kV · A 逆变器将 DC 600 V 逆变成两路三相 50 Hz、AC 380 V 交流电，向空调装置、电开水器等三相交流用电负载供电，隔离变压器将三相三线制交流电转换成三相四线制交流电向 220 V 用电插座、防冻伴热装置供电，8 kW 充电器将 DC 600 V 变换成 DC 110 V 直流电，给蓄电池组充电的同时向照明、供电控制等直流负载供电，3.5 kV · A 单相不间断逆变器将 110 V 直流电逆变成 220 V 交流电，向用电插座供电。

DC 600 V 供电系统原理框如图 4-2-45 所示。

(三)综合控制柜

1. 综合控制柜主要特点：

(1)综合控制柜实现了客车电气控制系统的小型化、智能化、集成化和系统化。

(2)综合控制柜对整车电气系统参数进行实时监测，出现故障时及时进行保护动作，避免了用于保护不及时而引起的严重后果。

(3)综合控制柜可对供电、充电、轴温、防滑器、烟火报警器等电器设备状态进行监视和显示。

(4)综合控制柜的控制方案以自动为主，同时考虑控制系统故障的应急措施，包括极端情况下的手动应急措施。

2. 综合控制柜主要功能：

(1)电源转换控制功能

综合控制柜的电源有两路供电，分“自动”和“试验Ⅰ路”。“试验Ⅱ路”正常情况下，选择开关置于“自动位”。试验位时，将转化开关置于“试验Ⅰ路”或“试验Ⅱ路”，人为选择Ⅰ路供电或

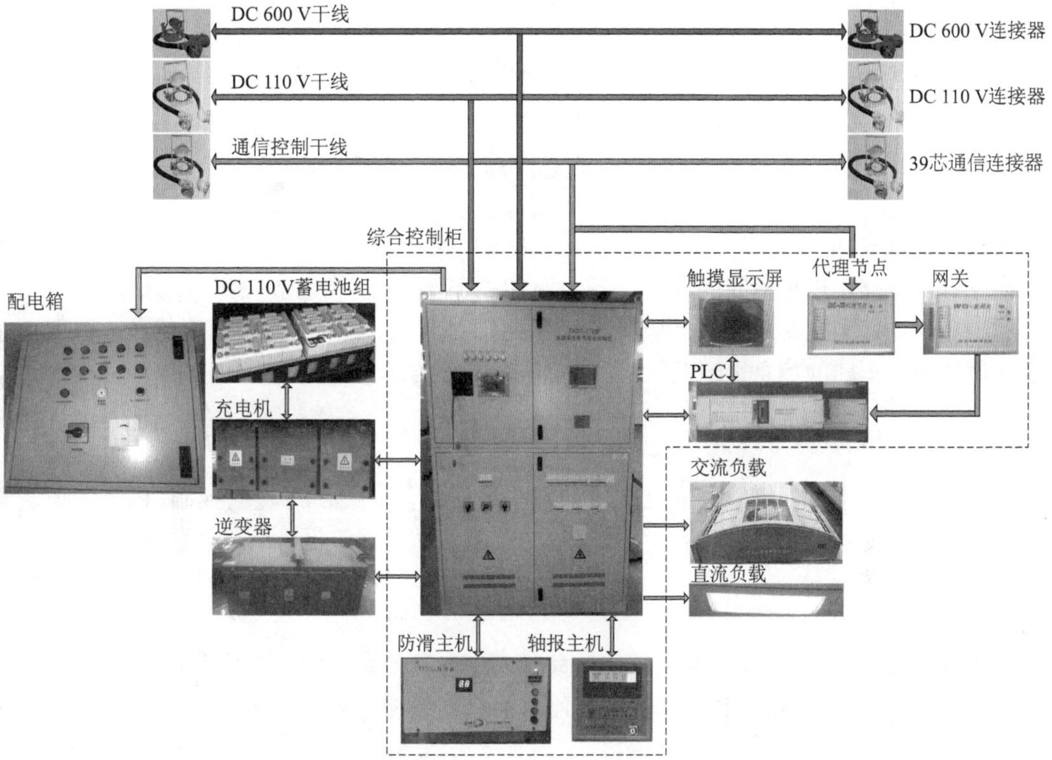

图 4-2-45　DC 600 V 供电系统

Ⅱ路供电，此时 PLC 只进行检测报警，不能进行电源回路的转换。

主电路中接有电流传感器、电压传感器，并设在线绝缘检测装置，显示触摸屏上可显示主电路的电压、电流、DC 110 V 母线电压、本车蓄电池电压、电源状态、逆变器输出电压等信息。

正常供电时，DC 600 V 电源直接向电加热器、DC 600 V 电开水器供电，2×35 kV·A 逆变器将 DC 600 V 逆变成两路三相 50 Hz、AC 380 V 交流电，向空调装置、电开水器等三相交流用电负载供电，隔离变压器将三相三线制交流电转换成三相四线制交流电向 220 V 用电插座、防冻伴热装置供电，8 kW 充电器将 DC 600 V 变换成 DC 110 V 直流电，给蓄电池组充电的同时向照明、供电控制等直流负载供电，3.5 kV·A 单相不间断逆变器将 110 V 直流电逆变成 220 V 交流电，向用电插座供电。

(2)空调机组控制功能

空调机组控制功能，通过选择开关可实现“自动”“停止”“试验暖”“试验冷”等控制。空调机组主回路中接有电流传感器，触摸屏上可显示空调机组的运行工况、压缩机或空气预热器运行状况、累计运行时间及电流值，可以显示“制冷”“制暖”设定温度值。当机组出现过载、过流、缺相及三相不平衡故障时，显示触摸屏显示故障提示状态，相应空调故障灯亮。空调机组的压缩机及空气预热器按照累计时间运行，半冷或半暖时累计时间少的机组启动运行，运行 2 h 后自动转换到另一机组交替运行。

(3)蓄电池欠压保护功能

为保护蓄电池，综合控制柜设蓄电池欠压保护功能，当 PLC 检测到本车蓄电池电压低于 92～94 V 时，将切断由本车 DC 110 V 电源供电的所有负载，本车蓄电池电压高于 96～98 V

时恢复供电。

(4)照明供电功能

照明控制功能通过转换开关分为“应急灯”“半灯”“全灯”“停止”。

(5)轴温、防滑器及车下电源箱状态监视功能

通过WG型网关能够将轴温、电子防滑器、车下电源箱的状态信息送给PLC,并在触摸屏上显示。

(6)联网通信功能

代理节点能够实现车辆间的通信。各个车厢的PLC通过代理节点将本车信息发送给其他车厢的命令传送到列车总线上,供其他车厢调用。本车PLC可以通过代理节点读取列车总线上其他任一节车厢的信息,接收其他车厢发送给本车的命令并执行。

(四)监控系统

监控系统包括本车网络即车辆级网络和列车级网络,用于集中监视、控制、显示和记录车辆供电、空调、防滑器、轴温报警器、火灾报警器、车门和逆变器等设备的工作状况和参数。

1. 系统功能

(1)触摸屏

触摸屏是人机接口,主要功能包括:(1)显示本车各设备的主要工作状态和工作参数,行车里程、车厢号;(2)对本车供电和空调进行控制;(3)全列监控功能。

(2)PLC

PLC负责本车供电和空调设备的控制和接受网络信息,执行网络控制命令,检测本车电流、电压、温度等参数,实施过压、过流等故障保护。

(3)代理节点

DL-Ⅱ代理节点负责车辆级Lon网信息的整理以及列车级和车辆级Lon网信息的传递,供触摸屏进行显示。

(4)WG-Ⅱ网关

车辆级LonWorks网上的各个网关均由“WG-Ⅱ”构成,但接口形式和软件配置各不相同,每个网关都将不同设备的信息编辑成统一的语言送到车辆级LonWorks上共享。

2. 监控内容

(1)供电系统

监视车厢供电回路、供电电压、供电电流、供电故障、漏电流、母线电压、电池电压及充、放电电流,控制车厢的供电转换和停止。

(2)空调系统

监视车厢温度、空调运行参数、空调机组的运行状态、故障状态,控制车厢空调的运行和停止。

(3)逆变器及充电器

监视运行状态、主要输出参数、故障状态。

(4)轴温及防滑

监视每节车厢的轴温信息及状态,防滑信息及状态。

(5)车门

监视前后两个车门的状态信息及故障代码。

(6)烟火报警

监视每节车厢烟火报警器的状态、传感器的状态信息。

七、铁路客车管理信息系统(KMIS)

KMIS 客车管理信息系统(KMIS)自 2002 年开始设计、实施,从最初的单机软件发展成集计划、组织、指挥、分析功能于一体的综合性智能化车辆信息系统。

(一)关键功能

1. 全路客车部局段三级车辆配属的计算机网络化管理;
2. 客车运用生产调度集中指挥、网络化发布;
3. 客车检修生产计划的科学计算、自动化编制;
4. 车辆段对客车库站乘运用生产全过程的实时监控;
5. 车辆段客车基地检修生产全过程的质量卡控;
6. 对全路关键零部件的全寿命周期跟踪管理;
7. 对车辆段生产过程的安全监控和科学评估;
8. 对车辆段客车检修和运用维修产品质量综合分析、合理评定;
9. 车统—181 故障的实时采集上报、交接电子化;
10. 设备数据接入自动化,数据采集方式多样化,如触摸屏、手持机等;
11. 智能化、多样化的综合统计分析报表为管理层提供科学的决策依据。

(二)应用范围

在客车检修生产领域,形成了以客车段修检修全过程管理系统为核心,关键部件与物料配送等系统为重点的体系。通过自动编制检修月计划、日计划,采用工位设备快速采集各作业工序的开完工时间、检修记录单等信息,贯穿扣车、入台、修竣、转备用等关键节点,串联配件拆装、交接、检修、配送等作业信息,自动形成一车一档,并提供台位动态图、检修网络图等多种分析工具,实现对客车检修进度及质量的有效监控。在客车运用生产领域,形成了运用环节库、乘作业"4+1 模式"信息化管理产品族,以故障处理与安全卡控为主线,涵盖了出库质量管理、运用工位管理、客车整修管理、作业安全卡控及乘务出勤与巡检管理等几乎全部关键业务。通过数据采集移动终端(手持机)与固定终端(触摸屏)的灵活配置,实时掌握现场列车整备进度和作业安全防护情况,对车统—181 故障交接、处理进行跟踪管理,对乘务员签到、途中巡检作业进行监控管理,提高客车整备效率和运用维修质量,保障客车运用安全。

(三)KMIS 全路联网子系统

1. 客车配属管理系统

客车配属管理系统是客车运用检修提供车辆技术装备参数的重要来源,对车辆段的修车生产活动有着重要的指导作用。客车配属管理系统由国铁集团、铁路局集团公司、车辆段三级子系统组成。国铁集团级子系统是国铁集团对客车进行配属以及调配的业务操作,对客车的配属进行全过程跟踪,掌握车辆的制造来源以及配属去向,了解车辆在管理过程的车辆配属变更以及车辆的变更改造。局级子系统提供局级用户对本局配属车辆进行配属、查询操作，能够对本局的车辆进行配属操作，建立本局的客车技术履历，汇总本局每年报废申请的车辆以及改造申请的车辆，以及对局管路用车进行配置、转属、报废的管理。段级子系统实现客车配属信息查询，客车改造、报废申请，客车技术卡片项目信息维护等功能。

2. 客车调度管理系统

客车调度管理系统对车辆状态进行管理，通过客调的车辆加甩挂命令、车辆借用管理、车统—23 和车统—36，实现车辆运用、备用、检修等状态的变更，自动"电子翻牌"。通过全部客车动态图和动态分析等模块，用户可以快速全面的掌握客车动态情况，系统不仅提供了用户熟悉的图形显示方式，而且还提供了多种统计表全方位显示客车动态。强大的数据挖掘功能可在任何界面调出某辆车的全部相关信息(单车分析：配属信息、配属电报、技术卡片、配件组成、故障信息、检修记录、编挂经历、状态修公里记录等)。根据客车车辆动态的各种统计数据，如车调报 1、车调报 1-2 等，分析计算客车车辆的检修备用率、临修率。

3. 客车生产计划管理系统

客车生产计划管理系统，主要实现生产计划的智能制定，包括厂修(A4 修)计划、段修(A2、A3 修)计划及辅修(A1 修)计划。系统通过检修车预测算法，根据客车的检修信息和运用走行公里信息对客车各修程检修到期进行预测，提供检修年计划、检修月计划的自动生成功能及检修计划图形化调整功能，并且支持工作日历设置和委外车、外委车的导入导出功能，解决用户手工编制检修计划必须收集大量数据信息并反复计算的苦恼。同时系统通过跟踪检修车修理情况，自动实现检修兑现率的自动统计以及检修周期报表、检修计划综合分析、检修任务量工作量等统计分析功能。系统还提供厂修计划、厂修合同在国铁集团、铁路局集团公司、车辆段的自动编制及网络化流转审批管理，实现修车工厂、国铁集团、铁路局集团公司、车辆配属段车辆履历信息和厂修动态信息的共享。

4. 客车厂修管理系统

客车厂修管理系统满足国铁集团运输局装备部关于网络化管理厂修合同的要求，与各铁路局集团公司和车辆段共享车辆基本信息、修理档案信息及厂修动态信息，并进行修后服务信息沟通。客车厂修动态信息的共享帮助车辆段用户随时了解入厂客车的检修进度，便于合理安排车辆运用和检修计划；对于厂修工厂，车辆段共享的客车履历数据能帮助工厂了解车辆检修运用历史和车辆配件的检修历史，便于工厂合理安排生产计划和准备配件，有助于工厂提高检修工艺水平。同时，厂修管理系统帮助工厂实现了客车从入厂到出厂的全过程管理，规范了厂修作业流程，提高了生产效率，信息数据的积累更便于工厂内部的问题分析与管理。

(四)KMIS 重点应用子系统

1. 客车乘务管理系统

客车乘务管理系统包括乘务出勤管理和乘务巡检管理两大部分：客车乘务出勤管理系统是为了保障旅客列车安全、舒适运行，采用指纹验证、酒精测试、摄像取证等设备(技术)，规范乘务员出退乘考勤管理，并实现乘务出乘数据智能分析与异常预警等功能的管理信息系统；客车乘务巡检管理系统是为了保障旅客列车安全、舒适运行，采用先进的射频识别技术，进行列车运行途中巡检作业数据及车统—181 故障信息的智能便捷采集，并实现乘务巡检数据智能分析与异常预警等功能的管理信息系统。二者有机结合、高度统一，是客车乘务管理科技化的最优解决方案。

2. 客车出库质量管理系统

客车出库质量管理系统实时采集乘务员发现的车统—181 故障信息，通过无线局域网络和远程无线数据传输系统同 KMIS 数据库同步数据，达到实时采集列车运行故障的目的，同时也解决了车统—181 故障录入不及时和录入遗漏的问题。

3. 客车运用作业安全卡控系统

客车运用作业及安全卡控系统关注运用车间的客车整备作业安全，通过现场智能终端进行身份识别及电子记名，实现在线式的号志申请，并监控脱轨器的上、下状态操作，对编组出入库与脱轨器状态、号志申请与脱轨器状态进行严密卡控，形成完备集中的网络化档案，实现号志插牌电子化，做到自动化报警与卡控。同时，系统监控脱轨器状态、班组作业及号志、列车库检过程，形成列车库检作业网络图。本系统将运用生产过程纳入精细化管理，有效地协调各班组作业，全面提高检修工作效率的同时，保证作业现场人身安全。使相关人员能方便、快捷的获取现场生产动态，实时全面地监控入库整备列车或临修辅修客车的作业情况，规范运用生产各环节的操作流程。

4. 客车整修整治管理系统

客车整修及专项整治管理系统，涵盖客车三大整修与客车专项整治业务管理，对客车整修计划、整修进度、整修检修记名以及整修故障处理进行全面掌控，便于调度指挥、防止遗漏。本系统允许用户自定义整修的项目，适应整修项目多变的实际情况。系统可自动生成整修日报表及总体进度报表，实现整修记名，记录关键数据，提供质量追溯依据，整修数据自动统计到车调报 1-2 中，整修故障可接入出库质量管理系统进行流程化操作管理。

5. 客车专项修管理系统

在客车配件检修管理方面，库列检长期以来坚持对全部运用列车每次入库均实施全面检查和检修。从实际作用和效果看，这其中包含了大量不必要的重复无效劳动。以电茶炉为例：其主要故障(加热管表面结垢、烧损)发生的周期在正常使用情况下，基本取决于水质和通电工作时间，如果每次入库都安排清垢，过度细密的重复无效劳动必然会使作业者感到腻烦和无奈，会销蚀和淡化职工的标准意识。针对现有管理难题，也为了适应重新划分维修等级及维修周期结构，优化库列检维修作业内容，在保证安全的前提下尽量减少重复无效劳动，从维修内涵上逐步向“状态修”靠近的库列检发展方向，有必要研发客车配件专项修管理系统。该系统基于现有的 KMIS 物料管理系统、配件管理系统功能，全面结合客车运用作业及关键配件检修保养情况，根据客车运行图及车辆配件运行状况，科学的安排运用班组周、日作业计划，实现对班组作业预告与预警，以及工位数据便捷采集等智能辅助功能。

6. 客车段修全过程管理系统

客车段修是对车辆进行全面检查、重点分析，目的是保持车辆的基本性能，延长车辆的使用寿命和保证车辆安全运行，是铁路车辆生产组织的一个重要方面。伴随着大提速的客车修制改革与生产力布局调整，检修工作发生了革命性变化，工作理念、生产方式、管理制度都有了进步与创新，段修全过程管理系统便是科技化变革的代表成果之一。

7. 客车轮轴管理系统

客车轮轴管理系统包括轮轴车间管理系统与轮轴检修过程管理系统，实现了对轮对的全寿命追踪管理，通过 KMIS 系统实现了运用临修换轮与定检生产统一管理，信息共享，段级管理层可以随时掌握本段轮对的装车情况、保有量情况，以便根据情况及时增补轮对，满足现场声场需要。运用部门可也查询检修基地已组装好的轮对数量、型号、轮径以及是否装车；需要临修换轮时应用备用轮对申请。解决了以前运用、检修不同部门关于轮对信息交流不畅，信息不准的问题，在保证备用轮对的前提下，有效降低轮轴检备率。

八、THDS、TPDS、TADS 的应用

车辆运行安全监控系统采用智能化、信息化、网络化技术，实现地面设备对铁路客车运行安全的动态检测，安全防范关口前移，充分体现了“预防为主”的安全管理指导思想，有效提高了铁路客车运行安全防范能力，同时也为提高铁路客车安全管理综合能力，奠定了坚实的基础。

除 TVDS、TCDS 客车专用行车安全监控系统以外，近年通过技术升级改造，将原用于货车运行安全监控的车辆轴温智能探测系统（THDS）、铁道车辆运行品质轨旁动态监测系统（TPDS）和铁道车辆滚动轴承故障轨旁声学诊断系统（TADS）应用在了客车行车安全监控上。

1. 车辆轴温智能探测系统（THDS）

THDS 是对行进列车的铁路客车轴温进行非接触式探测，根据轴温及其他信息预报铁路客车热轴故障的运输安全保障系统。

铁路客车在运行过程中，如果轴承内部损伤或外部不合理受力，会导致轴承发生结构部件过度磨耗或损坏、卡滞等故障，如果不及时对这些轴承故障发出警告，最终会导致发生严重的列车安全事故。铁路客车轴承温度过高是轴承出现故障的一个重要表征，而且轴承故障的严重程度与轴承温度的高低有着密切关系。THDS 设备利用现代红外辐射探测技术对轴承发出的红外辐射强度大小进行探测，并将其转换为相应的电信号进行处理，从而达到轴温探测和发现热轴的目的，并根据是否出现异常轴温判断轴承状态是否异常，及时发出警告，从而防止出现列车热切轴事故。

图 4-2-46 THDS 探测站轨边设备

2. 铁道车辆运行品质轨旁动态监测系统（TPDS）

TPDS 利用安装在正线上的测试平台，动态监测通过列车轮轨相互作用连续的垂直力和横向力，并在联网分析处理的基础上，识别车辆运行状态，同时还可监测车轮踏面损伤和车辆

超偏载状态。通过对报警车的追踪和处理，重点防范列车脱轨事故发生。

TPDS 对运行状态不良铁路客车进行监测、跟踪、报警，从而提高铁路客车运行的安全预警能力。

图 4-2-47　TPDS 轨旁设备

3. 铁道车辆滚动轴承故障轨旁声学诊断系统（TADS）

TADS 采用声学诊断技术和计算机网络技术，通过对运行中客车轴承噪声信号的采集和分析，识别轴承的工作状态，可提供有效的轴承内部早期故障诊断结果，在热轴之前发现故障。与 THDS 相结合，能更加有效地防止切轴和脱轨事故，提高轴承故障的防范水平。

TADS 利用轨边声学诊断装置对通过铁路客车运行噪声进行采集分析，从中发现滚动轴承滚子、内圈、外圈、保持架等零部件的早期故障。

图 4-2-48　TADS 探测站轨旁设备

能 力 考 核

一、考核题目

1. 简述客车的基本组成。
2. 轮对的组成及各部件的作用。
3. 客车制动机的组成及各部件的作用。
4. 车钩缓冲装置的组成及各部件的作用。

二、考核内容

1. 掌握轮对的组成。
2. 掌握客车制动机的组成。
3. 掌握车钩缓冲装置的组成。

三、考核要求

1. 能够全面的阐述客车基本结构。
2. 掌握轮对、制动装置、车钩缓冲装置的组成。
3. 采用笔答或口试的形式进行考核。

四、考核时间

1. 正式考核时间:30 min。
2. 在规定时间内全部完成考题内容,超 30 min 停止考核。

五、考核标准

考 核 表

<table>
<tr><th>考核项点</th><th>配　分</th><th colspan="2">考核内容</th></tr>
<tr><td>认知铁路
客车考核</td><td>100</td><td colspan="2">[1]说明客车的基本组成
[2]说明轮对的组成及各部件的作用
[3]说明客车制动机的组成及各部件的作用
[4]说明车钩缓冲装置的组成及各部件的作用</td></tr>
<tr><td>用　时</td><td></td><td>成　绩</td><td></td></tr>
</table>

任务三　认知铁路货车

铁路货车是指在我国铁道上用于运送货物和特殊需要在货物列车中使用的单元工具,在国民经济发展中起着重要的作用。随着我国铁路运输事业的发展,特别是货车重载、提速技术的进步,货车技术也有了飞速的发展。从 1949 年中华人民共和国成立到 2009 年,铁路货车实现三次大的升级换代。20 世纪 50 年代末 60 年代初,货车载重由 30 t 提高到 50 t,标志着中国铁路货车实现了载重由 30 t 向 50 t 级的第一次大的升级换代。20 世纪 70 年代末 80 年代初，载重 60 t 敞车诞生，标志着中国铁路货车实现了载重由 50 t 级向 60 t 级的第二次大的升级换代。1998 年研制开发了时速 120 km 的转 K2 型转向架和系列提速货车，开创了中国铁路货车的提速先河。2003 年至 2005 年，C_{80}、C_{70} 等新型 80 t、70 t 级货车研制成功，标志着中国铁路货车实现了载重由 60 t 级向 70 t 级及以上，时速由 70 km、80 km 向 120 km 的第三次大的升级换代。

任　务　单

<table>
<tr><td>项　　目</td><td colspan="3">铁路货车</td></tr>
<tr><td>任　　务</td><td>认知铁路货车</td><td>学　　时</td><td>8</td></tr>
<tr><td colspan="4">任 务 内 容</td></tr>
<tr><td colspan="4">本任务主要学习掌握铁路货车的基本知识，学习铁路货车的车钩缓冲装置、转向架、轮轴、制动系统等知识</td></tr>
<tr><td colspan="4">任 务 目 标</td></tr>
<tr><td colspan="2">知 识 目 标</td><td colspan="2">能 力 目 标</td></tr>
<tr><td colspan="2">1. 掌握铁路货车的组成、分类、车辆标记、主要技术参数等基本知识
2. 掌握铁路货车的转向架、车钩缓冲装置、轮轴、制动系统等知识
3. 了解我国铁路货车未来的发展方向</td><td colspan="2">1. 提升学生的职业素养，使学生了解铁路的最新技术，了解铁路车站的作用
2. 培养学生基本的专业技术能力
3. 培养学生认知能力，成为未来优秀的铁路员工打下良好的基础</td></tr>
<tr><td colspan="4">任 务 要 求</td></tr>
<tr><td colspan="4">1. 掌握铁路货车的组成、分类、车辆标记、主要技术参数等基本知识
2. 掌握铁路货车转向架、车钩缓冲装置、轮轴、制动系统的种类、组成、原理等知识
3. 了解我国铁路货车未来的发展方向</td></tr>
</table>

理　论　知　识

一、铁路货车的组成

为适应和满足货物运输的不同要求，使铁路货车形成了多种类型与结构，但均可以概括为五个基本部分组成。

（一）车　　体

货车车体是装载货物部分，又是安装和连接其他几个组成部分的基础。车体一般由底架及墙体组成，其中底架是车体的基础，一般由各种纵向梁、横向梁、辅助梁和地板等组成。墙体根据车辆类型和结构的不同，由侧墙、端墙、车顶等组成。

（二）走行部（转向架）

走行部又称转向架，它是相对于车体能回转的一种走行装置，位于车体与轨道之间，引导货车沿钢轨行驶和承受来自车体及线路的各种载荷并缓和动作用力，是保证车辆运行品质的关键部件，转向架主要由摇枕、侧架（构架）、轮轴、摇枕弹簧减振装置、基础制动装置等部分组成。除一些特种车辆外，一般货车车辆的走行部件，均由两台二轴转向架组成。

（三）车钩缓冲装置

车钩缓冲装置是实现机车与车辆或车辆与车辆之间互相连接、传递纵向牵引力、缓和冲击力等作用性能的装置，承受并传递纵向力及缓和列车运行中冲击作用。车钩缓冲装置由车钩、缓冲器、钩尾框及附属配件等组成，安装在车体两端的牵引梁上。在重载单元货车上还有采用牵引杆装置代替车钩。

（四）制动装置

制动装置是车辆上起制动作用的零部件所组成的一套机构。它的主要作用是保证高速运行的列车能按需要实现减速和在规定的距离内实现停车以及防止静止的车辆溜逸，以保证行车安全。制动装置由空气自动制动机、基础制动装置、人力制动机、空重车自动调整装置等组成。

（五）车内设备

为能良好地为运输对象服务而设于车体内的固定附属装置称车内设备。货车一般来说较简单，如棚车中有栓马环、床托，保温车中的制冷设备和乘务员的生活设备等。

二、铁路货车的分类

铁路货车（简称货车）按用途可分为通用货车、专用货车和特种货车。

（一）通用货车

通用货车可装载多种货物，有下列三种：

1. 敞车：其车体两侧及端部均设有 0.8 m 以上的固定墙板，无车顶，主要以装运散粒货物，如煤、焦炭等；也可装运木材、集装箱等无须严格防止湿损的货物；也可加盖篷布，装运一些怕湿损的货物；还可装运重量不大的机械设备。因此敞车具有很大的通用性。

2. 棚车：棚车是设有车顶和门、窗（或通风口），可防止雨水进入，供运输各种须防止湿损、日晒或散失货物的车辆。

3. 平车：平车是指底架承载面为一平面，通常两侧设有柱插，有些还设有可活动向下翻倒的端门和侧门的车辆。

（二）专用货车

专用货车专供运送某些种类的货物，主要有如下几种：

1. 罐车：罐车是设有圆筒形罐体，用于装运液体、液化气体和粉状货物等介质的车辆。罐体采用钢、玻璃钢、铝、铝合金等不同的材质制造。

罐车按装运介质的不同可分为轻油罐车、黏油罐车、沥青罐车、食油罐车、机油罐车、水罐车、化工品罐车、粉状货物罐车、液化气罐车、特种罐车等十种；按车体结构不同可分为两种：有中梁罐车、无中梁罐车；按装卸方式不同可分为两种：上卸式罐车、下卸式罐车。

2. 保温车：保温车是指车体设有隔热层，能减少车内外之间的热交换，供运输易腐或对温度有特殊要求货物的车辆。按车内有无制冷和(或)加温设备可以分为隔热车和冷藏车。

冷藏车是指设有隔热层，并设制冷和(或)加温设备的保温车。按制冷方式可分为加冰冷藏车、冷冻板冷藏车和机械冷藏车。

3. 矿石车：矿石车是供运输矿石和石砟的车辆。自翻车是矿石车的一种，是指车体在绕转轴向任一侧回转过程中，侧门能自动打开卸货的车辆。按动力源可分为气动自翻车、液压自翻车等两种。

4. 水泥车：水泥车是供运输散装水泥的车辆。按卸货方式可分为上卸式水泥车和下卸式水泥车；按罐体的结构形式分为立罐式和卧罐式。

5. 家畜车：是指设有适于运输活家畜、家禽装置的车辆。

6. 粮食车：粮食车是漏斗车的一种。漏斗车是指设有一个或数个带盖或不带盖的具有一定斜度的装货斗的车辆，通常借助于货物自身的重力从漏斗口卸货。

7. 毒品车：是供运输有毒物品(如农药等)的车辆。

8. 长大货物车：是供运输重量特重、长度特长或体积庞大货物的专用车辆。其车辆长度一般大于 19 m，少数车辆长度小于 19 m。但车体结构特殊，如带凹型、落下孔型、钳夹型底架的货车，也属于长大货物车。

9. 集装箱平车：是指设有固定集装箱的装置，供运输集装箱的专用车辆。

10. 小汽车双层平车：是指设有上下两层底架，专供运输小汽车的平车。

(三)特种货车

特种货车是具有特殊用途的车辆。

1. 救援车：供列车发生颠覆或脱轨事故时，排除线路障碍物及修复线路故障使用的车辆。一般编成救援列车，包括起重吊车、修复线路的工具车、材料车、救援人员的食宿车等。

2. 检衡车：是指检测轨道衡机能的特殊车辆，是轨道衡静态实载法的一种检衡装备。

3. 发电车：设有动力机械驱动的发电设备的车辆。有单节的，也有由发电车、机修车及发电人员生活用车等合编成的电站车组。用于给列车供电，能作为铁路线上流动的发电厂，供缺电处所用电。

4. 除雪车：供扫除铁道上积雪之用，车上装有专门的除雪装置，一般由机车推动前进。

三、车辆车型车号标记

货车的车号标记均由基本型号、辅助型号及车辆制造顺序号码三部分组成，简称车号。

基本型号：用该车种汉语名称中关键字的 1 个或 2 个大写汉语拼音字母表示的称为车辆的基本型号。

辅助型号：表示同一车种的不同结构系列及内部有特殊设施或车体材质有改变的，用 1 位或 2 位小阿拉伯数字及小号汉语拼音字母表示的记号，称为车辆辅助型号，一般附在基本型号的右下角。

车辆制造顺序号码:按预先规定的规则而编排的某一车种的顺序号码。用以区分同一类型的不同车辆,用大阿拉伯数字表示,记在基本型号和辅助型号的右侧。

具体编码表示如下:

新型货车车型编码用大写汉语拼音字母和数字混合表示,其最大位数不得超过5位,依次由下面三部分组成:

第一部分为货车所属的车种编码,用1位汉语拼音大写字母表示,代表货车所属车种,作为车型编码的首部。

第二部分为货车的重量系列或顺序系列,用1位或2位数字或大写字母表示。

第三部分为货车的材质或结构,用1位数或2位大写字母表示。

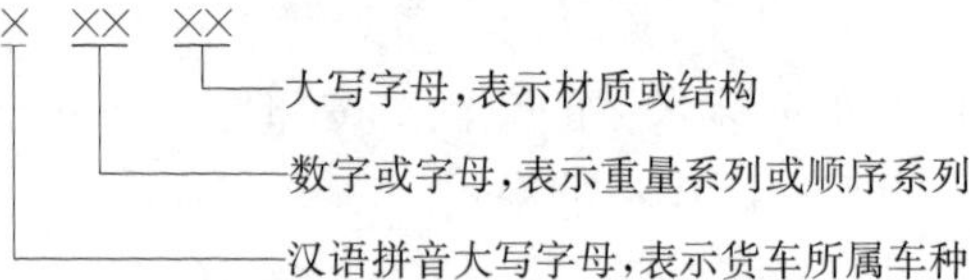

铁路货车主要车种基本型号编码表,见表4-3-1。

铁路货车号码编码表,见表4-3-2。

表4-3-1 铁路货车主要车种基本型号编码

车种	基本型号编码	车种	基本型号编码	车种	基本型号编码
棚车	P	罐车	G	水泥车	U
敞车	C	矿石车	K	家畜车	J
平车	N	自翻车	KF	粮食车	L
集装箱平车	X	长大货物车	D	守车	S
平车－集装箱共用车	NX	保温车	B	特种车	T
小汽车双层平车	SQ	毒品车	W		

表4-3-2 货车车号编码

类型	车种	车号范围
准轨货车	棚车	3030000～3649999
	敞车	4100000～4999999,1000000～2999999
	平车	5000000～5099999
	集装箱平车	5200000～5263999,5300000～5309999
	平车－集装箱共用车	5500000～5531999
	矿石车	5620600～5699999
	长大货物车	6050000～6499999
	罐车	7000000～7231999
	保温车	8000000～8009999
	毒品车	8011000～8029999

续上表

类型	车种	车号范围
准轨货车	家畜车	8030000～8059999
	水泥车	8060000～8064999
	粮食车	8066000～8079999
	守车	9000000～9049999
	海南车	9100000～9199999
窄轨车	米轨车	9200000～9249999
	寸轨车	9250000～9299999
自备车		0000001～0999999

四、产权制造标记

(一)路　　徽

凡属于国铁集团的车辆，一律涂打表示人民铁道的路徽，并在货车的侧梁端部装有人民铁道路徽的产权牌。

(二)制造标记

新造货车应安装金属的制造厂铭牌，其内容包括制造厂厂名和制造年份，式样由制造单位确定。通常安装在侧梁(或中梁)的二位或三位。

车辆上的主要零部件，如车轮、车轴、转向架、车钩及制动阀等，在其上一般均有该零部件生产厂家的某种代号，锻件常打出数码代号，铸件常铸出铸造代号，在发生事故后可据此追查责任。

(三)配属标记

所有有固定配属的货车，应涂打负责管理的所属铁路局集团公司和车辆段的简称。凡有指定使用区间和要求回送或指定配属的专用货车，在车体两侧中部应涂打配属标记。例如“某站—某站间专用”“运用后返回某站”“某单位专用车”等。

五、运用标记

(一)性能标记

1. 载重：车辆标记中所注明的货物质量称为车辆载重，以 t 为计量单位。

2. 自重：空车时车辆自身具备的质量称为车辆自重，以 t 为计量单位，保留一位小数。

3. 容积：车辆内部可容纳货物的体积称为车辆的容积。以车体内部长、宽、高的乘积表示，以 m^3 为计量单位，保留一位小数。容积下面附括号，在括号内列出长、宽、高标记，以 m 为计量单位，保留一位小数。

敞车在括号内涂打长、宽标记。

棚车、冷藏车、通风车、家畜车等在括号内涂打长、宽、高标记。

罐车应涂打容积及容量计表标记。

4. 车辆长度(全长):车辆在不受纵向外力影响时,该车两端车钩在闭锁位置时两钩舌内侧面之间的距离称为车辆全长,以 m 为单位,保留一位小数。

5. 换长:车辆长度(m)除以标准换算长度 11(旧型 30 t 货车的全长为 11 m)所得之值称为车辆的换长。它是车辆长度换算标记,保留一位小数,尾数四舍五入。采用换长是为了简化计算列车的编组长度。

(二)特殊标记

1. 货车结构特殊标记

(1)㊅:表示车内装有床托的棚车,必要时可代客车用以输送人员。

(2)㊄:表示有栓马环的货车。

(3)㎹:表示符合国际联运条件的车辆。

(4)㊆:表示活动侧板放下时,超过车辆下部限界的平车,运行中必须关闭。

(5)㊕:可装运坦克和特殊货物的车辆。

(6)㊇:表示该处为卷扬机挂钩处。

(7)㊈:表示车辆局部超出机车车辆限界。

(8)Ⓞ:表示禁止通过机械化驼峰的车辆。

2. 货车运用特殊标记

(1)限速:长大货物车限速运行的标记。

(2)限制运行曲线半径:标记有半径限度(m)。

(3)厂、矿企业自备车、租用车或路内单位的自备车均应有单位名称、产权性质标记;罐车应在性能标记上方涂有装载液、气体分类名称(如“黏油”,“轻油”等)。

(4)救援车、酸碱类罐车及危险品专用车的车体(或罐体)中部四周涂有宽 300 mm 的颜色带。救援车为白色,毒品车为黄色,爆炸品为红色,并在专用车的色带中部,涂打“危险”字样。

(5)毒品专用车在车号下面涂打“毒品专用车”字样,在车门左侧涂有“毒”字标记和图案。

3. 集中载重标记

该标记标明货车中部一定尺寸范围内允许承受装载重量的标记。

六、车辆检修标记

车辆检修标记分为定期检修标记、摘车修标记以及与检修有关的标记。

(一)定期检修标记

1. 厂、段修标记

车辆的厂、段修标记如图 4-31 所示。

横线上部为段修标记,下部为厂修标记,右侧是本次检修的年、月和检修单位简称,左侧为下次检修年、月。由厂、段修标记可反映出厂修和段修的周期;货车的厂、段修标记涂打在车体两侧墙左下角。

段修 17.9 16.3 京天

厂修 22.3 13.3 齐厂

辅修			
	11—6	5—6	京丰

轴检			
	8—6	5—6	京丰

图 4-3-1 货车检修标记

2. 货车辅修、轴检标记

货车辅修、轴检标记涂打在厂、段修标记右侧或下方，如图 1-1 所示。上中格涂打本次检修日期的月、日，右上格涂打本次检修单位简称，左上格涂打下次检修到期月、日。

（二）摘车临修标记

货车因发生临时故障需要从列车队中摘下送到修车线修理后，应在车辆端墙板上涂打摘车临修标记，表示摘车临修日期年、月、日和站修所的简称。

（三）车辆检修的有关标记

1. 延：车辆允许延期检修标记，涂打在厂修标记的左侧。

2. 车辆方位标记：分别表示车辆的 1 位端和 2 位端，用阿拉伯数字“1”和“2”表示，涂打在两侧梁右端下角。

3. 车钩中心线：沿车钩钩舌外侧及钩头两侧，在钩身横截面高度二分之一处用白色油漆涂打一宽度为 5 mm 的水平直线，即为车钩中心线。车钩中心线距轨面的距离应符合规定。

七、车辆的方位、轴距

铁道车辆的前后、左右方向是一个接近对称结构，在对称轴上或对称的部位上有许多结构相同或接近的零、部件。设置车辆方位主要便于在设计、制造、检修、运用中确定同类型零、部件在车辆中的位置。

车辆的方位一般以制动缸活塞杆推出的方向为一位，相反的方向为二位，如图 4-3-2 所示，并在车上规定的部位涂刷方位标志。对有多个制动缸的情况则以手制动机安装的位置为一位。一些长大货车使用转向架群，手制动装置也可能有多个，则以出厂时涂打的标记为准。

车辆的车轴、车轮、滚动轴承、车钩、转向架、各梁柱和其他部件的位置确定，如果是纵向排列的，则由一位端起顺次数到二位端止。如果车底架位置是左右对称的，则站立在一位车端，面向二位端，从一位端起，从左至右顺次数到二位端止，如图 4-3-2 所示。

编挂在列车中的车辆，其前、后、左、右位置的确定方法是按照列车运行方向来规定的。其前进的一端称为前部，相反的那一端称为后部，面向前部站立，而定出其左右。

车辆运行在曲线上时，因车体或转向架的中心线与线路中心线不一致，这种不一致程度越大，轮缘与钢轨之间的磨损就越大。为了克服这种缺点，除了在线路铺设上，应限制曲线半径不得过小，外轨应适当加高和轨距加宽外，在车辆的制造上，对轮轴距离也加以规定和限制。

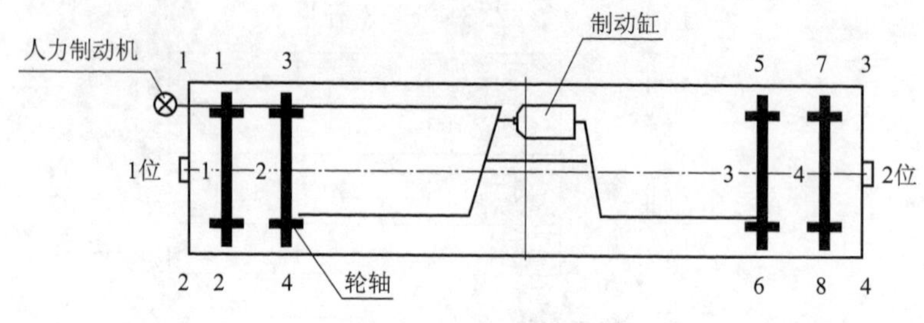

图 4-3-2 车辆方位示意

（一）全 轴 距

一辆车上，最前位车轴和最后位车轴中心线间的水平距离称为全轴距，如图 4-3-3 中 B 所示。全轴距过小时，会增加车辆的点头振动，不适合高速度运行；易引起脱线或脱钩事故，易使货物损坏或倒塌。

（二）固定轴距

同一转向架（除组合转向架外）中最前位车轴和最后位车轴中心线的水平距离称固定轴距，如图 4-3-3 中 D 所示。

固定轴距的大小对车辆的运行有很大影响。固定轴距过大时，车辆在曲线半径小的线路上运行时，外侧车轮轮缘压迫钢轨内侧面，不但易加剧轮缘与钢轨间的磨耗，而且容易扩大轨距造成脱轨事故。固定轴距过小时，会增大车辆的振动，而使车辆的螺栓等紧固件容易松弛，各零件及货物易损坏。一般货车两轴转向架的固定轴距为 1 650～1 800 mm，三轴转向架为 2 400～2 600 mm。

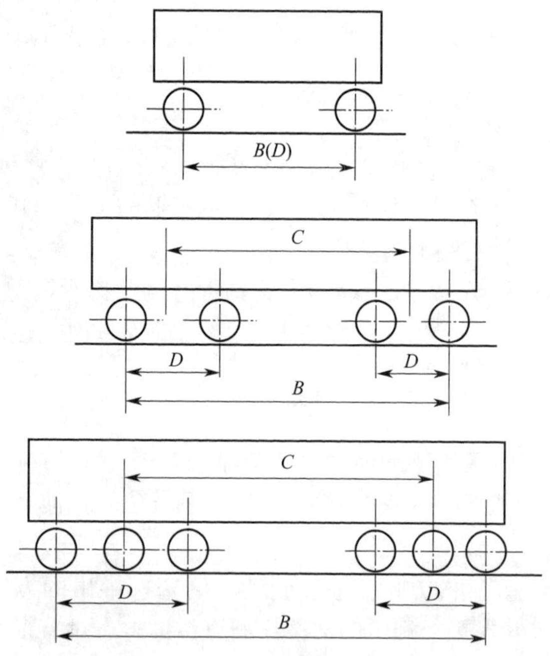

图 4-3-3 车辆的轴距和定距示意

（三）车辆定距

有转向架的车辆，底架两心盘中心销中心线之间的水平距离称为车辆定距，如图 4-3-3 中 C 所示。

车辆定距是车辆设计中不可缺少的技术参数。一般在车辆制造时，取车辆全长与车辆定距之比为 1.4∶1，比例过大时，易引起牵引梁下垂。但也不可过小，否则会造成通过曲线线路时，车体中部偏移量过大。

八、铁路限界

铁路限界由机车车辆限界和建筑接近限界两者共同组成，两者相互制约与依存。一切建筑物、设备,在任何情况下均不得侵入铁路的建筑限界,机车车辆无论空、重状态,均不得超出机车车辆限界。因此,铁路限界是铁路安全行车的基本保证之一。

限制机车车辆横截面最大容许尺寸的轮廓图形称为机车车辆限界,如图 4-3-4、图 4-3-5 所示。

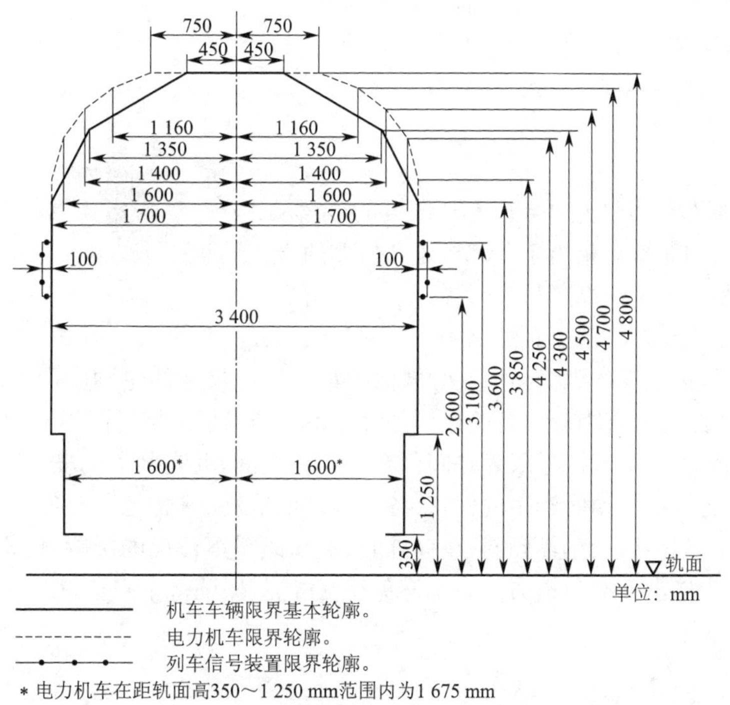

图 4-3-4　机车车辆上部限界

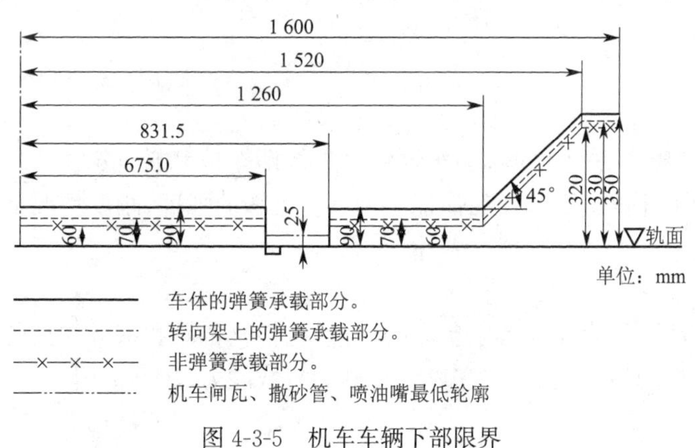

图 4-3-5　机车车辆下部限界

机车车辆无论是空车或重车,当其停放在水平线上且在无侧向倾斜及偏移时,除电力机车升起的受电弓外,其他任何部分均应容纳在限界轮廓之内,不得超越。

在使用中犹如一个直角坐标系固定在限界图中,所有竖直高度均从轨面算起;所有宽度均从中垂线向两侧计算。若一辆车在某横截面处的总宽度虽不超限,但只要某侧半宽度超限即为超限。

机车车辆限界中的主要尺寸说明如下：

(一)下部限界

25 mm 是机车车辆闸瓦插销环及砂管端口与钢轨面的限界；
60 mm 是非弹簧承载部分与钢轨面的限界位置；
70 mm 是转向架上的弹簧承载部分与钢轨面的限界位置；
90 mm 是车体弹簧承载部分与钢轨面的限界位置。

(二)上部限界

100 mm 是列车信号灯允许超过车辆限度的最大尺寸；
1 350 mm 处的曲折点相当于蒸汽机车司机棚的最大尺寸；
4 800 mm 是机车车辆高度最大限界；
1 700 mm 是机车车辆两侧距线路中心线的最大限界。

限制线路建筑物或设备距线路中心和轨面的最小容许尺寸的轮廓图形为建筑接近限界。线路上部、靠近线路的建筑物及设备的任何部分都不得侵入建筑接近限界。

在机车车辆限界与建筑接近限界之间留有一定的空间，此空间称为安全空间。安全空间是考虑到车辆在运行中振动所产生的偏移、各零部件的磨耗、货物超限时的运输、线路不正常(如线路爬动或歪斜等)以及车辆倾斜、车体外胀、货物倾斜等情况的影响，使机车车辆与线路建筑物有可能发生撞击而遭受损失。为了避免相互碰撞，保证行车安全，在两限界之间留有一定的安全空间。

九、车辆的主要技术参数

车辆的技术参数是概括地介绍车辆性能和结构特点的一种指标，一般包括性能参数和主要尺寸。

性能参数包括：

(1)自重

空车时，车辆自身具备的质量称为车辆的自重。即车体和转向架本身结构以及附于其上的所有固定设备和附件重量之和。在保证车辆具有足够的强度、刚度情况下，车辆的自重越小越经济。

(2)载重

车辆标记中所注明的货物和行李包裹的质量(包括整备品和乘务人员的质量)称为车辆的载重。即车辆所允许的最大装载量，它表明车辆的装载能力。

(3)自重系数

自重系数是车辆自重与设计标记载重的比值。显然，在保证强度、刚度和寿命均符合要求的条件下，自重系数越小越好。因此，它是衡量货车设计是否合理的一个重要指标。例如：C_{70} 型通用敞车 70 t、自重≤23.8 t，自重系数为 0.33；C_{80} 型铝合金运煤敞车载重 80 t、自重≤20 t，自重系数为 0.25。

(4)比容系数

比容系数是指设计容积与标记载重之比值，它是衡量车辆是否合理地利用其载重量的一个指标。对于不同类型的货车，因所装运货物种类不同，故对其要求也有所不同。例如：P_{70}型通用棚车容积为145 m^3、载重70 t，比容系数为2.07 m^3/t；C_{70}型通用敞车容积77 m^3、载重70 t，比容系数为1.1 m^3/t。

(5)容积

车辆内部可容纳货物的体积称为车辆的容积，一般以车辆内部的长×宽×高(长度单位用m)或用 m^3 表示。

(6)轴重

轴重是指轮对作用于钢轨上的载荷，其值为车辆总重(自重＋载重)与全车轴数的比值。轴重的最大允许值与车轴类型有关，在设计中应注意车辆的轴重不得超过其最大允许值。例如，货车转向架中所用的E型车轴的最大允许轴重为25 t；C_{80}型铝合金运煤敞车载重为80 t，采用转K5或转K6型转向架，车轴为RE_{2A}型或RE_{2B}型，轴重为25 t，C_{70}型通用敞车载重为70 t，同样采用转K5或转K6型转向架，车轴为RE_{2B}型，但轴重≤23.5 t。

(7)每延米重

每延米重即每延米轨道载重(每延米线路载荷)，是指车辆总重与车辆全长之比。

每延米重表示车辆通过桥梁的可能性，目前规定每延米长度上的载重一般不得大于8 t。例如，C_{70}型通用敞车的每延米重为≤6.71 t/m，未超过允许值。

(8)商业运营速度

商业运营速度是指车辆设计时，按安全及结构强度等条件允许，同时还必须满足连续以该速度运行时车辆有足够良好的运行性能时的速度。以往常用“构造速度”作为参数，因其概念不够明确，现以“商业运营速度”来替代它。

主要性能参数除以上表述的性能参数外，尚有通过最小曲线半径、全车制动倍率、全车制动率(常用制动位)、制动距离(重车、紧急)等性能参数。

主要尺寸包括：

(1)车辆长度

车辆两端两个车钩均处于闭锁位置时，钩舌内侧面之间的距离(m)称为车辆长度。车辆长度随着生产技术水平的提高日益加长，但受到车辆在曲线上的偏移量和生产运用条件的限制，所以一般车辆长度都在26 m以下。

(2)车辆宽度与最大宽度

车辆宽度指车辆两侧最外凸出部位之间的水平距离。车辆最大宽度是指车辆侧面最外凸出部位与车体纵向中心线间水平距离的两倍。

(3)车辆高度与最大高度

空车时，车体或罐体上部外表面至轨面的垂直距离为车辆高度。车辆最大高度是指空车时车辆上部最高部位至轨面垂直距离。

(4)车体、底架长度

车体长度为车体两外端墙(非压筋处)外表面间的水平距离。底架长度为底架两端梁外表面间的水平距离。

罐体长度是指罐体两端板(不包括加温套)最外表面间的水平距离。

(5)车体内部主要尺寸

车体内长：车体两端墙板内表面间的水平距离。

车体内宽:车体两侧墙板内表面间的水平距离。

车体内侧面高:由地板上平面至侧墙上侧梁的上平面间的垂直距离。

车体内中心高:由地板上平面至车顶中央部内表面的垂直距离。

(6)地板面距轨面高(空车)

地板面高度是指空车时,底架地板上表面至轨面的垂直距离。

(7)车钩中心线高度

空车时,车钩中心线至轨面的垂直距离。这是保证车辆之间和车辆与机车之间能够连挂运用的最重要的尺寸。我国货车车钩高度标准为 880 mm。

除上述主要尺寸外,尚有车轮直径、门孔尺寸等。

十、铁路货车转向架

随着国民经济的发展,对铁路货车的提速、重载提出了新的要求,货车提速的关键在于要有能提速运行的货车转向架。目前,已经运营的新型货车转向架大体可分为以下几种:采用交叉支撑装置的转向架:转 8G 型、转 8AG 型(2009 年完善改造后定型为转 8B 型、转 8AB 型,2014 年始进行转 K2 换装改造)、转 K1 型、转 K2 型和转 K6 型。焊接结构整体构架式转向架:转 K3 型。摆动式转向架:转 K4 型、转 K5 型。

三大件货车转向架是由一个摇枕、两个侧架组成转向架的"构架",用来传递载荷并约束两个轮对的运动。作为三大件转向架的摇枕可以相对左右侧架作浮沉、滚动运动,但摇枕与侧架间不宜有相对摇头运动,因为这种运动会削弱转向架对轮对蛇行的约束。可是像转 8A 型转向架那样的传统三大件式转向架,侧架相对摇枕的水平(摇头)转动是通过摇枕两端的弹簧和斜楔装置来约束的,这种约束方式并不十分牢靠,处在空车状态或斜楔严重磨损和变形时,这种约束比较松散,转向架"构架"易发生菱形变形。交叉支撑装置的原理就是在三大件式转向架的基础上,采用一种相互交叉的杆件结构把转向架的左右侧架弹性地连接起来。根据实测结果,加装交叉支撑装置转向架的空、重车抗菱刚度可比原三大件式转向架提高 3～6 倍,从而提高了车辆蛇行失稳临界速度,不仅使车辆具有更好的运行平稳性和脱轨安全性,而且使车辆在直线与曲线运行时的轮轨冲角减小,可有效减少车轮与钢轨的磨耗。交叉支撑装置克服了传统三大件转向架的正位对斜楔状态的依赖,同时,还可有效改善斜楔的受力状态,延长减振装置摩擦副的使用寿命,提高转向架减振性能的稳定性。

(一)转 K2 型转向架

转 K2 型转向架适用于标准轨距、轴重 21 t、最高商业运营速度 120 km/h 的各型铁路提速货车。

转 K2 型转向架采用了从美国引进的交叉支撑装置,交叉杆从摇枕下部穿过,四个端点用轴向橡胶垫等与侧架相连接;侧架、摇枕采用 B 级钢材质铸造而成;减振装置采用整体式斜楔,摇枕八字面上焊装平板型磨耗板,基础制动装置为中拉杆结构,车体上拉杆越过摇枕与游动杠杆连接;中央悬挂系统采用两级刚度弹簧,上、下心盘之间安装含油尼龙心盘磨耗盘;采用双作用弹性旁承;采用嵌入式滑槽磨耗板,采用高磨合成闸瓦。结构组成如图 4-3-6 所示。

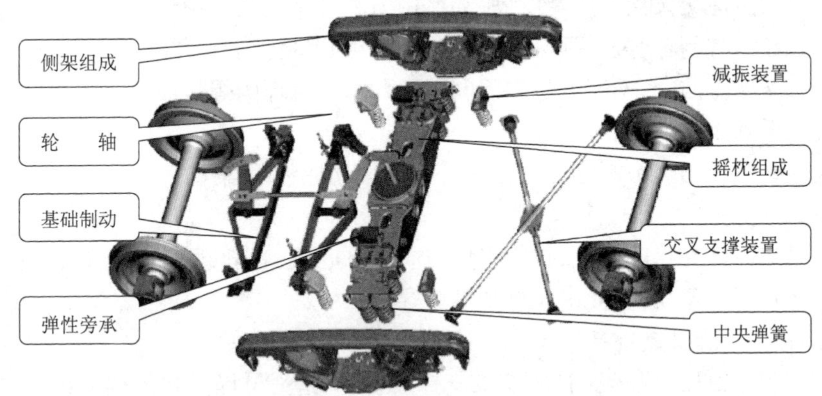

图 4-3-6　转 K2 型转向架结构示意

1. 转 K2 型转向架的主要性能及结构参数

主要性能及结构参数如下：

轨距(mm)	1 435
轴型	RD_2
自重(t)	约 4.2
最高运行速度(km/h)	120
空车弹簧总刚度(kN/mm)	5.77
重车弹簧总刚度(kN/mm)	9.662
弹簧装置静挠度(mm)	
空车	15.7
重车	40
通过最小曲线半径(m)	R100
基础制动装置制动倍率	4
固定轴距(mm)	1 750
轴颈中心距(mm)	1 956
旁承中心距(mm)	1 520
空车心盘面到轨面高(mm)	682
下心盘直径(mm)	355
下心盘至下旁承顶面距离(mm)	
自由状态	93
工作状态	83
制动杠杆与车体纵向铅垂面夹角	40°

2. 转 K2 型转向架主要组成

(1)侧架

转 K2 型转向架的侧架主要由侧架、支撑座、保持环、立柱磨耗板、滑槽磨耗板等组成。

支撑座与侧架的焊接，由于是新设计的侧架，其斜下弦与支撑座接触的弧面与支撑座的弧面的弧度相同，接触面吻合，保证了焊缝密贴，故不需用连接板。

支撑座起到传递交叉支撑所受的静、动作用力和支承交叉支撑组件的作用，因此是个关键部件，其与侧架的焊接质量关系到侧架的使用寿命，须严格控制。

保持环与支撑座贴合，不能有过大的间隙，因此，保持环的焊接质量也应高度重视。

滑槽磨耗板采用嵌入式。

侧架立柱磨耗板用折头螺栓和防松螺母与侧架立柱紧固。

(2)摇枕

摇枕由固定杠杆支点座组成、托架组成、摇枕、下心盘、心盘磨耗盘、斜面磨耗板等组成。

摇枕腹部开有预备孔，以便中拉杆从其中穿过。

(3)侧架弹性下交叉支撑装置

转 K2 型转向架采用侧架弹性下交叉支撑装置，一是为了提高转向架的抗菱刚度，从而提高转向架的蛇形失稳临界速度及车辆直线运行的稳定性；二是保持转向架的正位状态，减小车辆在直线和曲线运行时轮对与钢轨的冲角，改善转向架的曲线通过性能，减少轮轨磨耗。

转 K2 型转向架的交叉支撑装置由上交叉杆、下交叉杆、交叉杆扣板组成以及 8 个轴向橡胶垫、4 个锁紧板、4 条交叉杆端头螺栓组成。

交叉支撑装置在端部通过轴向橡胶垫、锁紧板、双耳垫圈、交叉杆端头螺栓与支撑座连接，使 2 个侧架在水平内实现弹性连接，达到控制两侧架菱形变形和剪切变形的目的。

(4)中央悬挂系统

转 K2 型转向架的中央悬挂系统采用两级刚度弹簧，一是为了在空车时具有较小的刚度，提高空车静挠度；二是保证在重车时具有较大的刚度，以承受重车的载荷，可使货车转向架的空、重车弹簧静挠度都在合理的范围内。

转 K2 型转向架中央悬挂系统由 10 个外圆弹簧、10 个内圆弹簧、4 组双圈减振弹簧组成。外圆弹簧比内圆弹簧的自由高高 22 mm，空车时仅由外圆弹簧承载，重车时，内、外圆弹簧共同承载，实现空、重车两级刚度，减振簧高于摇枕簧，减振弹簧的内、外圈自由高相等。

(5)减振装置

转 K2 型转向架的减振装置采用斜楔和圆弹簧(减振弹簧)的减振形式。

整体式斜楔减振装置由侧架立柱磨耗板、斜楔、摇枕斜面磨耗板、双圈减振弹簧等组成。斜楔的材质为贝氏体球墨铸铁，斜楔现采用组合式斜楔。侧架立柱磨耗板采用 45 钢材质，斜楔磨耗板与斜楔采用嵌入式并用开口销与斜楔体连接起来。侧架立柱磨耗板与侧架立柱的连接用折头螺栓和防松螺母进行紧固。

(6)基础制动装置

转 K2 型转向架基础制动装置由组合式制动梁、中拉杆组成、固定杠杆、固定杠杆支点、游动杠杆、高磨合成闸瓦、各种规格的耐磨销、套等组成。

转 K2 型转向架采用组合式制动梁，分为 L-A、L-B 型两种。

(7)双作用弹性旁承

双作用弹性旁承又称双作用常接触弹性旁承，主要由一个旁承座、一个旁承体、一个旁承磨耗板、一个滚子、一个滚轴及旁承调整垫板、间隙调整垫片等组成。

货车运行速度的提高，要求增大转向架和车体之间的回转阻尼，以抑制车体与转向架的摇头蛇行，同时约束车体侧滚振动，提高货车在较高速度运行时的平稳性和稳定性。双作用弹性旁承，由橡胶钢簧复合体和刚性滚子并列组成。当车辆落成后，车体上旁承与双作用弹性旁承的弹性旁承(橡胶复合弹簧)接触,且产生一定的压力,这样保证了在正常运行中,当上、下心盘相对回转时,上下旁承处产生摩擦阻力,左、右旁承间形成一定的回转阻力矩,可有效地阻止转向架或车体的摇头运动。当然这种回转阻力矩也不宜过大而影响曲线通过性能,同时,过大的阻力矩也会使失稳临界速度降低。当车体发生左、右偏载或发生侧滚时,弹性旁承体起一定的约束作用,防止上、下心盘翘离。当侧滚过大时,旁承滚子开始承载,由于在设计和制造的过程中严格控制了橡胶复合弹簧的压缩量,心盘承载和旁承承载得到了合理的分配,使车辆具有较合适的回转阻力矩。在曲线运行时,车体上旁承将与滚子接触并产生滚动运动,使车体相对于转向架不能产生较大的回转力矩。因此这种旁承结构抑制了车体蛇行运动,保证了车辆在直线运行时具有较好的平稳性,在曲线上又能大大降低轮对对轨道的横向动力作用。

双作用弹性旁承的结构组成如图 4-3-7 所示。

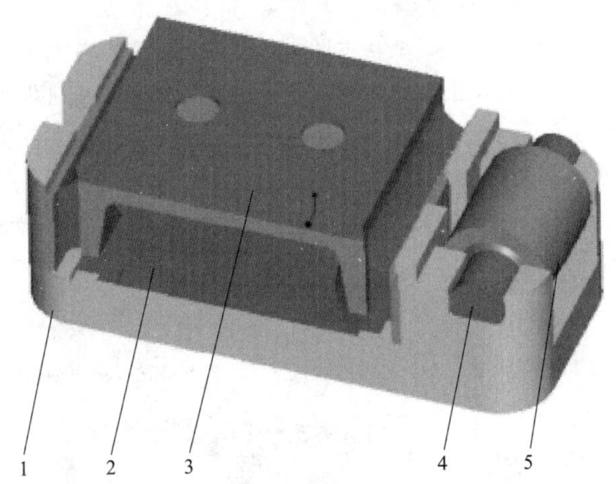

图 4-3-7　转 K2 型转向架双作用常接触弹性旁承

1—旁承座;2—弹性旁承体;3—旁承磨耗板;4—滚子轴;5—滚子

旁承盒内设置调整垫板,用来调整旁承高度,使其有合理的压缩量和旁承间隙。

旁承盒与旁承座的纵向间隙可以用不同厚度的调整垫片调整,使纵向间隙之和不大于 1 mm,并与旁承盒边缘焊固。

双作用弹性旁承在安装时其安装方向有一定的要求:同一转向架应相反;同一辆车应同侧同向。

双作用弹性旁承的旁承压缩量是决定车辆回转阻力矩大小的关键,因此要求在自由状态下,下旁承磨耗板上部到滚子的最高点的尺寸为必须保证。落成后的空车状态,上旁承磨耗板下平面至滚子最高点距离必须保证。

现在转 K2 型转向架已采用 JC 型双作用常接触式弹性旁承。增加了转向架与车体之间的回转阻力矩,提高了转向架高速运行稳定性。其作用原理与双作用弹性旁承相同。

(8)心盘磨耗盘

心盘磨耗盘的材质为含油尼龙。含油尼龙心盘磨耗盘能有效减少上、下心盘的磨损,改善上、下心盘的承载均衡性,提高上、下心盘的使用寿命。

(9)销、套

采用奥-贝球铁耐磨衬套和与之相配套的 40Cr 扁孔圆销。

(10)轮轴

转 K2 型转向架装用 HDSA 型辗钢车轮或 HDZB、HDZC、HDZD 型铸钢车轮等,RD_2 型车轴,并采用 SKF197726 型或装用塑钢保持架的 355226X2-2RZ 型轴承。

由于采用了上述一些关键技术,既可提高转 K2 型转向架的动力学性能,又可提高易磨易损件的耐磨性,延长转向架的检修期限和使用寿命,因此转 K2 型转向架是一种运行平稳、安全可靠、方便检修的新型货车提速转向架。

(二)转 K6 型转向架

转 K6 型转向架是在转 K2 型转向架的基础上研制开发的 25 t 轴重的转向架。转 K6 型转向架适应于标准轨距、轴重 25 t、最高商业运营速度 120 km/h 的各型铁路提速、重载货车,是我国 70 t 级及以上货车的主型转向架。

转 K6 型转向架系铸钢三大件式货车转向架。一系悬挂采用轴箱橡胶垫;二系悬挂采用带变摩擦减振装置的中央枕簧悬挂系统,摇枕弹簧为二级刚度;两侧架之间加装侧架弹性下交叉支撑装置;采用直径为 375 mm 的下心盘,下心盘内设有含油尼龙心盘磨耗盘;采用 JC 型双作用常接触式弹性旁承;装用 25 t 轴重双列圆锥滚子轴承,采用轻型新结构 HEZB 型铸钢车轮或 HESA 型辗钢车轮等;基础制动装置为中拉杆式单侧闸瓦制动装置,采用 L-B 型组合式制动梁、高摩合成闸瓦。

转 K6 型转向架主要结构如图 4-3-8 所示。

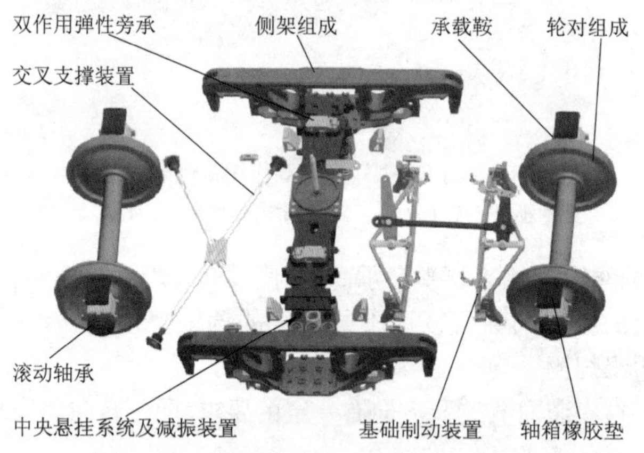

图 4-3-8 转 K6 型转向架三维实体爆炸

1. 转 K6 型转向架的主要性能参数及基本尺寸

(1)主要性能参数

轨距(mm)	1 435
轴重(t)	25
轴型	RE_{2A} 或 RE_{2B}
自重(t)	4.8
最高商业运营速度(km/h)	120
通过最小曲线半径(限速)(m)	145

(2)基本尺寸

固定轴距(mm)	1 830
轴颈中心距(mm)	1 981
旁承中心距(mm)	1 520
空车心盘到轨面高(心盘载荷 65.7 kN)(mm)	680
下心盘直径(mm)	375
下心盘面到下旁承顶面距离	
自由状态(mm)	92
工作状态(mm)	83
游杠杆自由端与铅垂轴夹角	53°
基础制动装置制动倍率	4

2. 转 K6 型转向架主要结构

(1)侧架组成

转 K6 型侧架组成结构如图 4-3-9 所示。支撑座焊接在侧架上,组装位置必须用专用组焊工装保证,配合面允许打磨修配;左、右滑槽磨耗板(同转 K2 型转向架)为嵌入式,方便检修;侧架立柱磨耗板通过 4 个折头螺栓及防松螺母与侧架立柱紧固。

(2)轴箱橡胶垫组成

转 K6 型转向架轴箱一系加装了内八字橡胶弹性剪切垫,实现轮对的弹性定位,减小转向架簧下质量,隔离轮轨间高频振动,降低对轨道的冲击,改善轮轨间的磨耗。

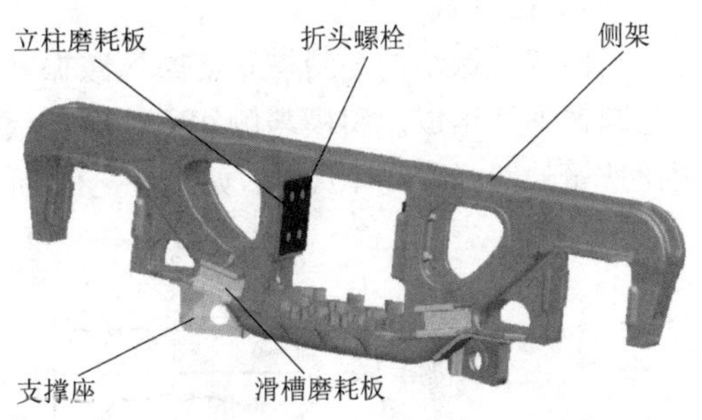

图 4-3-9 转 K6 型侧架组成结构

轴箱橡胶垫组装时,铜铰线在转向架内侧。现在新制轴箱橡胶垫均为内置铜铰线。

铜铰线的主要作用是避免由于静电可能产生的电火花危及行车安全。

(3)中央悬挂系统两级刚度弹簧

采用内、外枕簧不同高度的两级刚度弹簧是提高空车弹簧静挠度的有效措施,即在空车时弹簧具有较小的刚度,使空车弹簧静挠度提高,而在重车时弹簧具有较大的刚度,以承受重车的载荷,这样可使货车转向架的空、重车弹簧静挠度都在合理范围内。转 K6 型转向架所采用的两级刚度弹簧为内、外圈弹簧不等高结构,空车时仅外圈弹簧承重,重车时由内、外圈弹簧共同承重。两级刚度挠力曲线如图 4-3-10 所示。

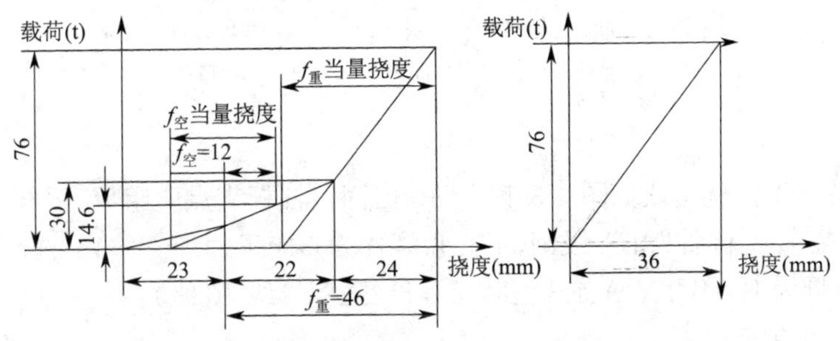

图 4-3-10 转 K6 型转向架两级刚度弹簧挠力曲线图

转向架摇枕弹簧由 6 个外圆弹簧(1)、1 个外圆弹簧(2)和 7 个内圆弹簧组成,外圆弹簧(1)比内圆弹簧高 23mm,外圆弹簧(2)与内圆弹簧同高。空车时仅外圆弹簧(1)承载,重车时内圆弹簧和外圆弹簧(2)参与承载,实现空、重车两级刚度。弹簧材质为 60SiCrVAT,如图 4-3-11 所示。

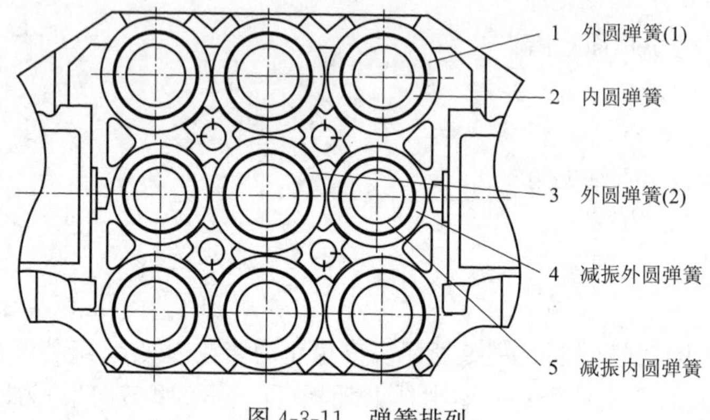

图 4-3-11 弹簧排列

(4)减振装置

转向架减振结构为斜楔式变摩擦减振装置,由侧架立柱磨耗板、组合式斜楔、斜面磨耗板、双卷减振弹簧组成。斜楔与侧架立柱磨耗板之间产生摩擦阻力,用以衰减振动能量。减振弹簧比枕簧外圆弹簧高 10 mm,如图 4-3-12 所示。

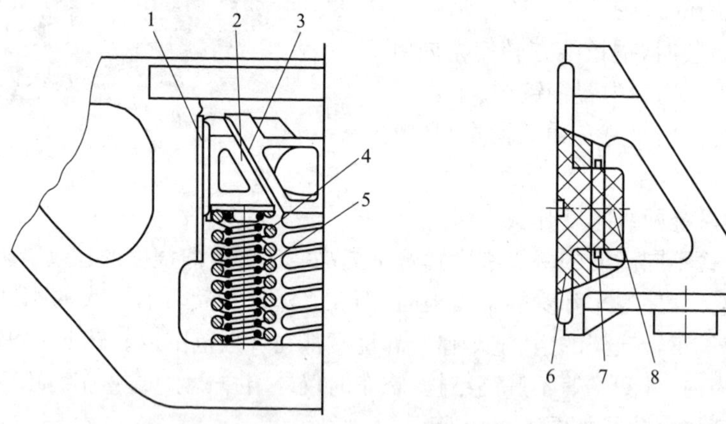

图 4-3-12 减振装置示意

1—侧架立柱磨耗板;2—组合式斜楔;3—摇枕;4—减振外圆弹簧;
5—减振内圆弹簧;6—斜楔主摩擦板;7—垫圈;8—开口销;9—斜楔

(5)摇枕组成

转 K6 型转向架摇枕组成如图 4-3-13 所示,由固定杠杆支点座组成、摇枕、下心盘、斜楔摩擦面磨耗板组成,摇枕材质为 B+级钢,下心盘螺栓为 GB/T 31. 1—2013 的 M24 螺栓(强度等级 10. 9 级),螺母为 BY-B、BY-A、FS 型防松螺母(强度等级 10 级)。

(6)基础制动装置

转 K6 型转向架基础制动装置如图 4-3-14 所示,由左、右组合制动梁组成、中拉杆组成、固定杠杆、固定杠杆支点、游动杠杆组成、高摩合成闸瓦、各种规格的耐磨销套组成。

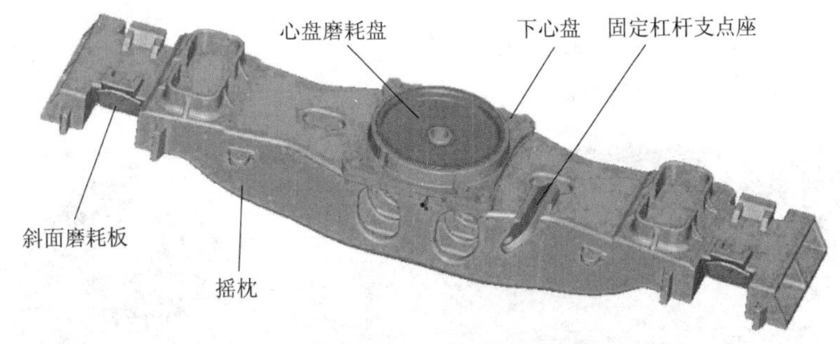

图 4-3-13　转 K6 型转向架摇枕组成图

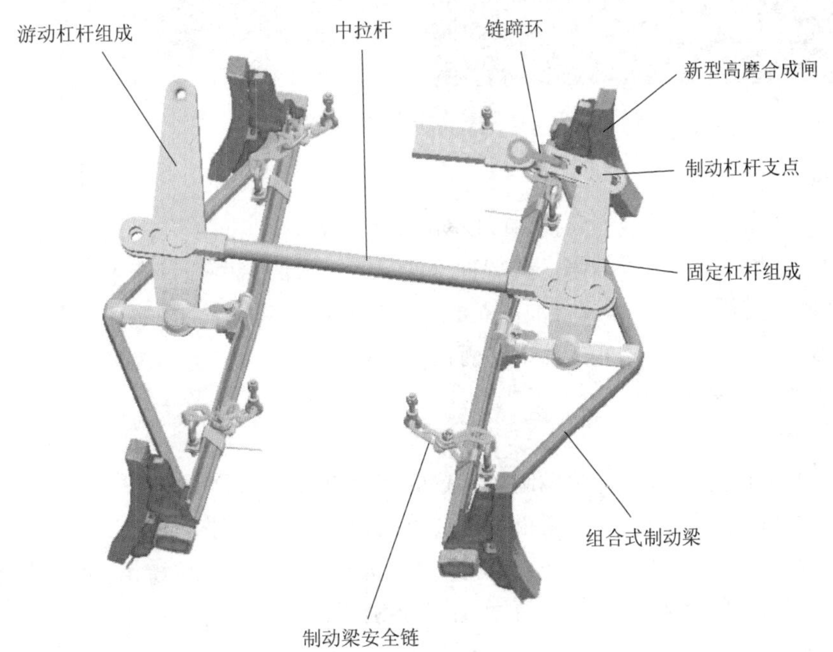

图 4-3-14　转 K6 型转向架基础制动装置

(7)侧架弹性下交叉支撑装置

转 K6 型转向架下交叉支撑装置，如图 4-3-15、图 4-3-16 所示，由下交叉杆、上交叉杆、扣板组成以及 8 个轴向橡胶垫、4 个双耳垫圈、4 个锁紧板、4 条交叉杆端头螺栓组成。

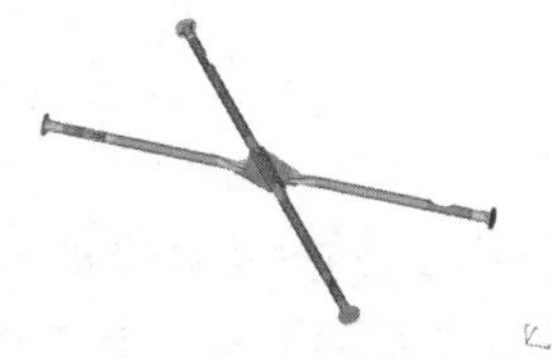

图 4-3-15　转 K6 型转向架交叉杆示意

图 4-3-16　交叉支撑装置弹性结点示意

(8)双作用常接触式弹性旁承

转 K6 型转向架采用 JC 型双作用常接触弹性旁承。增加转向架与车体之间的回转阻力矩，提高转向架高速运行稳定性。

JC 型双作用常接触弹性旁承由弹性旁承体组成、旁承磨耗板、旁承座、滚子、滚子轴、调整垫板等部件组成，如图 4-3-17 所示。

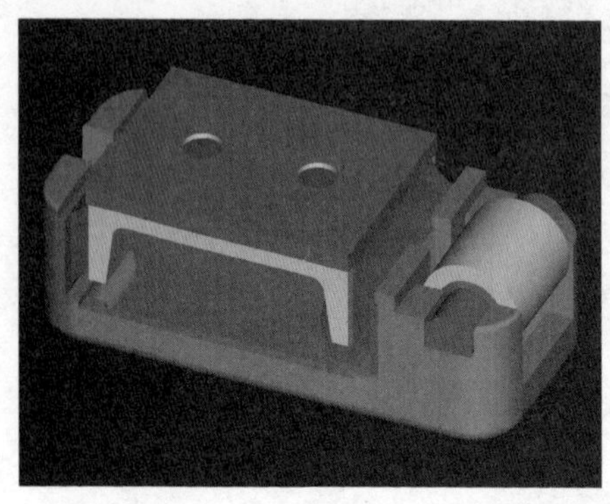

图 4-3-17 JC 型双作用常接触式弹性旁承示意

(9)心盘磨耗盘

为了减少货车上、下心盘的磨损，在转 K6 型转向架中采用了经过长期运用考验证明耐磨性能良好的心盘磨耗盘，材质为铸模式特种含油尼龙。该心盘磨耗盘介于上、下心盘之间，上、下心盘的平面和圆周边部分都被含油尼龙心盘磨耗盘隔离，这就完全避免了上、下钢质心盘直接磨损，也改善了上、下心盘面的承载均衡性。因此采用含油尼龙心盘磨耗盘可以有效提高上、下心盘的使用寿命。

(10)耐磨销套

货车转向架在运用过程中，基础制动装置的销套磨损十分严重，货车提速后，销套磨损将更为加剧。为了改善销套磨损，提高提速货车转向架销套的使用寿命，在转 K6 型转向架中全部采用耐磨销套，即采用奥一贝球铁耐磨衬套和 40Cr 扁孔圆销或拉铆销，提高圆销表面硬度，同时减小销套的间隙，提高销套装备精度，以改善销套的受力状态等。

(11)轮轴

轮对采用 HESA 型辗钢全加工车轮或 HEZB 型碳素钢铸钢车轮等，车轮进行静平衡测试，最大残余不平衡值不大于 125 g · m，同一辆车必须装用同一型号的车轮。车轴采用 RE_{2A} 型或 RE_{2B} 型车轴，材质为 LZ50 钢或 LZ45CrV 钢。滚动轴承采用 SKF TBU150 型、FAG TARO150 型滚动轴承或 353130A、353130B、353130C 紧凑型滚动轴承。同一轮对必须装用同一型号的轴承。为防止转向架在运行过程中轮对不与构架分离，在侧架导框里安装了挡键。

中车株洲车辆有限公司在保持美国摆动式转向架优点的同时，考虑适合我国铁路货车运用、检修、制造的国情，改进设计了转 K4 型和转 K5 型转向架。摆动式转向架的主要特点是：

①结构上属于铸钢三大件式转向架，具有结构简单、车轮均载性好、检修维护方便等优点。

②该转向架采用了类似于客车转向架的摇动台摆式机构，使转向架横向具有两级刚度特性，大大增加了车辆的横向柔性，提高了车辆的横向动力学性能，降低了轮轨间的磨耗，提高了车辆的运行品质。

③提高了车辆脱轨安全性。由于摆动式转向架摇枕挡位置下移，使侧滚中心降低，对侧滚

振动控制加强，有效地减小了爬轨和脱轨的可能性，尤其是对高重心的货车，大大提高了其脱轨安全性。

④该转向架具有较高的耐久性和可靠性。该转向架运用寿命长，维修工作量小，可运营160万公里免检修。

(三)转K4型转向架

1. 转K4型转向架主要性能参数

主要性能参数：

轴重(t)	21
自重(t)	≤4.2
最高运行速度(km/h)	120
轨距(mm)	1 435
轴型	RD_2
通过最小曲线半径(m)	R145
基础制动装置制动倍率	6.48
转向架中央悬挂弹簧垂向总刚度(kN/mm)	
空车垂向总刚度	3.47
重车垂向总刚度	8.96
固定轴距(mm)	1 750
轴颈中心距(mm)	1 956
旁承中心距(mm)	1 520
下心盘直径(mm)	308/355
下心盘至弹性旁承顶面距离(自由状态)(mm)	71

2. 转K4型转向架的主要组成

转K4型转向架类似于传统铸造三大件式转向架，主要由摇枕、侧架、轮轴、弹性悬挂系统及减振装置、基础制动装置、BD型旁承等组成。该型转向架的主要特征是采用了独特的弹簧托板、摇动座等结构，使之具有更好的横向性能及其他优点。其轮轴与目前线路上运用的转8AB型、转8B型、转K2型、转K3型转向架具有相同结构，但要求单个车轮的静态不平衡力矩不大于75 g·m。

(1)侧架组成及承载鞍

侧架组成有侧架立柱磨耗板、侧架、导框摇动座等组成如图4-3-18所示。

侧架主柱磨耗板材质为45钢，用折头螺栓、防松螺母将其紧固于侧架立柱上。

侧架中央方框下弦杆处不再是与转8A那样的承簧台，而是一腔形结构，用以安装摇动座支承、摇动座。

导框处也不是与转8A那样的圆台结构，而是一腔形结构，用以安装导框摇动座。

导框摇动座两侧可用不同厚度的塞片塞紧，再将固定块焊固，使导框摇动座定位于侧架导框顶部腔内。

导框摇动座底面为圆弧形，而承载鞍顶面也是圆弧形，两圆弧面形成滚动副，使侧架象吊杆一样，具有摆动的功能，以提高车辆的横向性能。

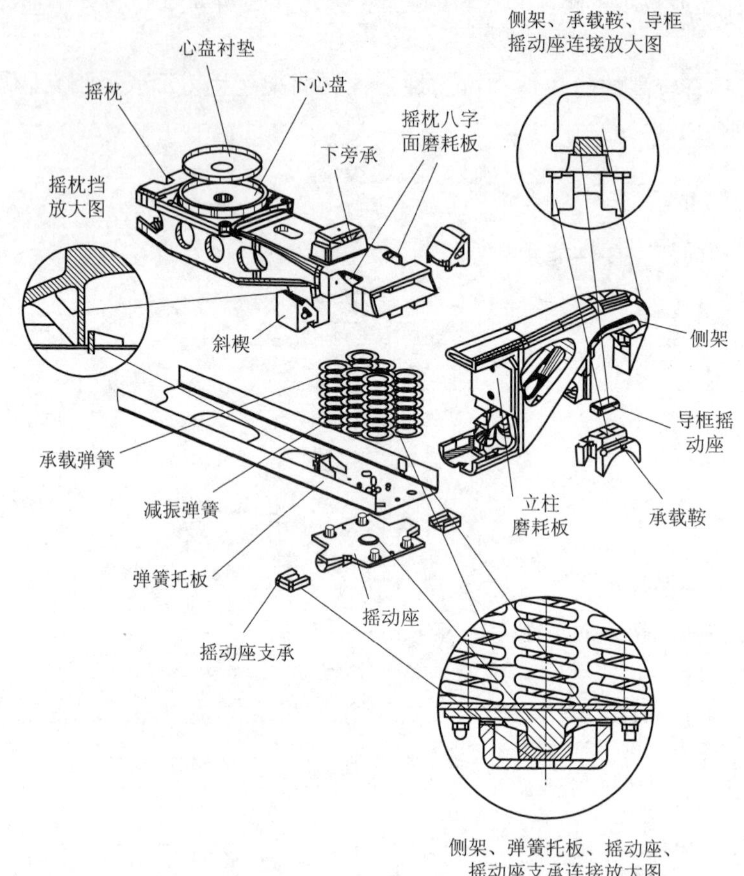

图 4-3-18 摆动式转向架分解

(2)摇枕与心盘

为了便于与国内现有货车上心盘匹配,设计了直径为 355 mm 和 308 mm 两种下心盘,两种下心盘与摇枕上的螺栓孔位置相同,并采用了和转 K2、转 8G 转向架相同尺寸的改性尼龙心盘衬垫。

为减轻自重,摇枕通过计算和结构优化,材质用 AARM201 B 级钢。

摇枕下部铸出两块三角形挡,其与弹簧托板上的挡块配合,限定了摇枕的最大横向位移(摆动加横移共为±32 mm),防止摇枕窜出,起到安全挡的作用。

八字面磨耗板材质为 OCr18Ni9,与摇枕组焊后,用 1 mm 塞尺塞入磨耗板与铸面之间,深度不得超过 12 mm。

(3)摇动座、摇动座支承及弹簧托板

摇动座与弹簧托板用折头螺栓、防松螺母紧固,弹簧悬挂系统坐落在弹簧托板上。摇动座支承坐落在侧架中央方框下弦杆的腔形结构中,摇动座与摇动座支承的接触面为圆弧形结构,两圆弧面形成滚动副,使侧架具有横向摆动的功能,如图 4-3-19 所示。

(4)弹簧悬挂系统及减振装置

每侧弹簧悬挂系统及减振装置由两个斜楔组成、两组减振内圆弹簧、两组减振外圆弹簧、四组承载内圆弹簧、四组承载外圆弹簧组成。

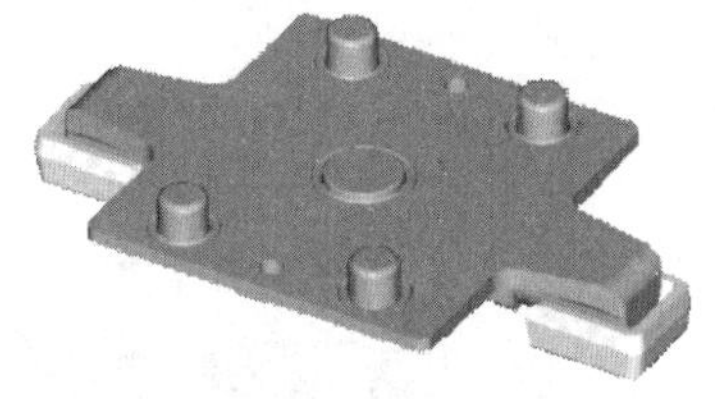

图 4-3-19　摇动座、摇动座支承

减振弹簧和承载弹簧均为两级刚度。减振内簧比减振外簧低，承载内簧比承载外簧低。这样空、重车分别对应不同的空、重两级刚度，使空车和重车都有优良的动力性能。

斜楔由材质为针状铸铁的斜楔体及材质为高分子复合材料的磨耗板组成。部分由美国进口的斜楔，其复合材料磨耗板与斜楔体采用黏接，国产斜楔采用磨耗板嵌入斜楔体的组合结构，卸换方便。

(5)BD 型旁承

BD 型旁承由旁承体组成、调整垫板、纵向锁紧斜铁组成，其中旁承体组成又由旁承体上部、旁承体下部、锥套形橡胶层、改性尼龙板等组成一个整体，如图 4-3-20 所示。

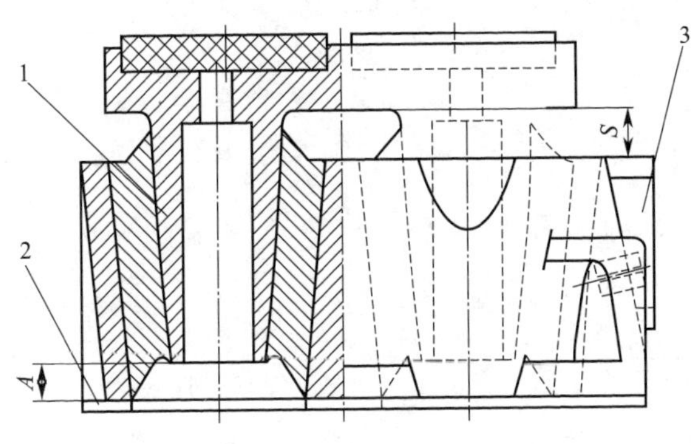

图 4-3-20　BD 型旁承

1—旁承体组成；2—调整垫板；3—纵向锁紧斜铁

(6)基础制动装置

基础制动装置采用由转 K3 型转向架制动梁改进的新型制动梁(L-C 型制动梁)。制动梁端头将滑块连成一体，为整体锻造制成，支柱也为锻钢制成，端头与圆钢弓形杆采用过盈热套装新结构，如图 4-3-21 所示。

制动杠杆中孔和固定杠杆支点座孔装用球型销套，以利于侧架、摇枕的摆动。

(四)转 K5 型转向架

转 K5 型转向架是在转 K4 型转向架的基础上研制开发的 25 t 轴重的转向架。

转 K5 型转向架适用于标准轨距铁路上运用的载重为 70 t 级的各型铁路货车，载重为 76 t 和 80 t 的各型运煤专用敞车及其他总重为 100 t 铁路专用货车。

1. 转 K5 型转向架的主要性能参数和基本尺寸

(1)主要性能参数

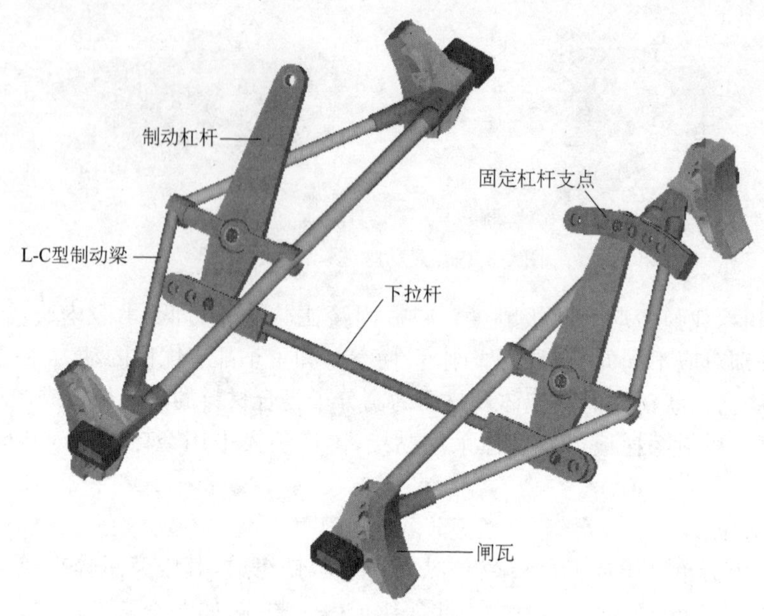

图 4-3-21 基础制动装置各部件组成

轴重(t)	25
自重(t)	≤4.7
商业运行速度(km/h)	120
轨距(mm)	1 435
轮型	HEZB 或 HESA
轮径(mm)	840
基础制动装置制动倍率	4
心盘允许载荷(kN)	443.94
通过最小曲线半径(m)	145

限界符合 GB 146.1—1983《标准轨距铁路机车车辆限界》车限 2 的要求

(2)基本尺寸

固定轴距(mm)	1 800
轴颈中心距(mm)	1 981
旁承中心距(mm)	1 520
下心盘直径(mm)	375
下心盘面(有心盘磨耗盘)距轨面自由高(mm)	703
下心盘面至弹性旁承顶面距离(自由高)(mm)	83
侧架上平面距轨面高(mm)	765
侧架下平面距轨面高(mm)	160

2. 转 K5 型转向架的主要结构

转 K5 型转向架类似于转 K4 型转向架，主要由摇枕、侧架、轮轴、弹簧悬挂系统及减振装置、基础制动装置，BD 型旁承及横跨梁等组成，如图 4-3-22、图 4-3-23 所示，但该型转向架采用了弹簧托板、摇动座等结构，使之具有更好的横向性能及其他优点。

图 4-3-22　转 K5 型转向架三维示意

图 4-3-23　转 K5 型转向架悬挂系统分解

(1)侧架组成

侧架材质为 B＋级钢。侧架立柱磨耗板材质为 45 钢,侧架滑槽磨耗板材质为 47Mn2Si2TiB 或 T10,侧架立柱磨耗板用 2 个 ZT 型平头折头螺栓紧固于侧架立柱面上。导框摇动座为合金钢锻件,用固定块固定于侧架导框处;侧架立柱磨耗板、ZT 型平头折头螺栓及防松螺母均与转 K4 型转向架通用。

(2)承载鞍

承载鞍的结构与转 K4 转向架承载鞍类似,鞍顶面为经硬化处理的弧面,与导框摇动座的组合成为摆动机构的上摆点,使侧架像吊杆一样,具有摆动的功能,提高车辆的横向性能。鞍面尺寸与轴承相匹配,其余按 AAR 标准设计制造,材质为 C 级钢。

(3)摇枕组成

摇枕材质为 B＋级钢,下心盘直径为 375 mm,内有材质为含油尼龙的心盘磨耗盘,心盘螺母采用 10 级 BY-A 或 BY-B 防松螺母,配套螺栓采用 GB/T 31.1—2013 规定的螺栓,螺栓强度为 10.9 级。摇枕斜楔摩擦面采用不锈钢磨耗板,材质为 0Cr18Ni9,与转 K4 转向架磨耗板通用,如图 4-3-24 所示。

摇枕下部铸出 2 块三角形挡,与弹簧托板上的挡块配合,限定了摇枕的最大横向位移(摆动加横移共为±32 mm),防止摇枕窜出,起到安全挡的作用。

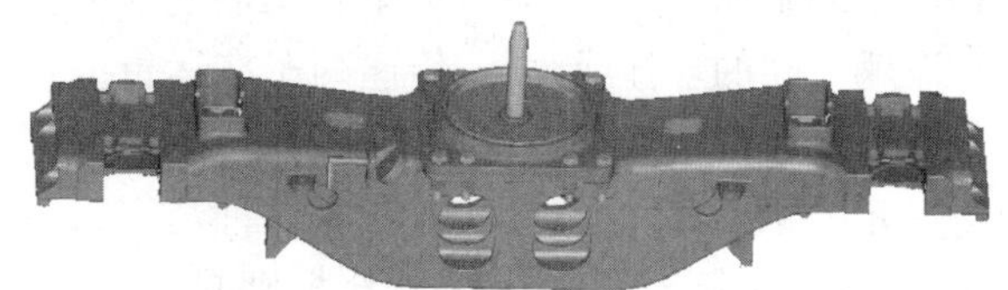

图 4-3-24　转 K5 型转向架摇枕组成三维示意

(4)弹簧托板、摇动座与摇动座支承

摇动座与弹簧托板用折头螺栓、防松螺母紧固,弹簧悬挂系统落在弹簧托板上。摇动座支承落在侧架中央方框下弦杆的腔形结构中,摇动座与摇动座支承的接触面为圆弧形结构,两圆弧面形成滚动副,使侧架具有摆动的功能。

弹簧托板为高强度钢压型件,板厚为 10 mm。

摇动座与摇动座支承均沿用 ABC-NACO 公司标准件,摇动座为 E 级钢铸件,摇动座支承为合金锻件,且摇动座支承、折头螺栓及防松螺母与转 K4 型转向架通用。

(5)弹簧悬挂系统及减振装置

每侧弹簧悬挂系统及减振装置由两个斜楔组成、两组减振弹簧、六组承载弹簧组成。

减振弹簧与承载弹簧均为两级刚度，空车、重车分别对应不同的空、重两级刚度，使空车和重车都能具有良好的动力学性能。

斜楔由材质为奥－贝球墨铸铁的斜楔体及材质为高分子复合材料的摩擦板组成。

减振内圆弹簧和斜楔组成均与转 K4 型转向架通用。

(6)基础制动装置

基础制动装置为中穿拉杆形式，采用高摩合成闸瓦、奥－贝球铁耐磨销套及相应圆销，固定杠杆与固定杠杆支点座之间用链蹄环连接，以利于侧架、摇枕的摆动。采用组合式制动梁。

(7)BD 型旁承

下旁承采用与转 K4 型转向架通用的 BD 型旁承。

(8)横跨梁组成

横跨梁为 50 mm×50 mm×3 mm 方钢管压型件，中间焊有不锈钢磨耗板，两端分别落在横跨梁托上，横跨梁托焊在侧架上。

(9)轮轴

采用 RE_{2B} 型轮轴，353130A、353130B、353130C 紧凑型滚动轴承。车轮为 HESA 型辗钢全加工车轮或 HEZB 型碳素钢铸钢车轮等，车轴为 RE_{2B} 型车轴。

十一、车钩缓冲装置

车钩缓冲装置是指具有使车辆与车辆(或机车)相互连接、牵引及缓冲列车运行中的冲击力等作用性能的装置，是车辆最基本、最重要的部件之一。

车钩缓冲装置主要由车钩、缓冲器、钩尾框、从板、钩尾销等 5 种主要部件组成，如图 4-3-25 所示。它借助钩尾销将车钩和钩尾框连成一体，并在钩尾框内安装有从板、缓冲器，组成车钩缓冲装置。

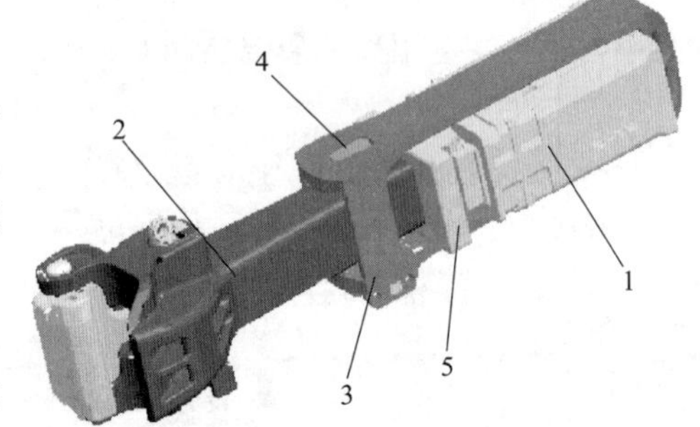

图 4-3-25　13 号车钩缓冲装置

1—缓冲器；2—车钩；3—钩尾框；4—钩尾销；5—从板

车钩缓冲装置是车辆最重要的组成部件之一，车钩用于编组和解体列车时，机车和车辆之间或车辆和车辆之间的连挂或解开，传递列车在运行或调车作业时所产生的牵引力或冲击力，并使车辆之间保持一定的距离；缓冲器缓和或减少这种牵引力或冲击力，防止车辆损坏；从板和钩尾框则起着传递纵向力(牵引力或冲击力)的作用。因此，车钩缓冲装置具有连挂、牵引和缓冲三个基本作用。

车钩缓冲装置一般组成一个整体安置于车底架两端的牵引梁内。其从板及缓冲器卡装在牵引梁的前、后从板座之间，下部靠钩尾框托板及钩体托梁托住，各部相互位置如图 4-3-26(a)所示。

当列车牵引时，作用力的传递过程为：车钩→钩尾销→钩尾框→后从板(无后从板者除外)→缓冲器→前从板→前从板座→牵引梁，如图 4-3-26(b)所示。

当列车压缩时，作用力的传递过程为：车钩→前从板→缓冲器→后从板(无后从板者除外)→后从板座→牵引梁，如图 4-3-26(c)所示。

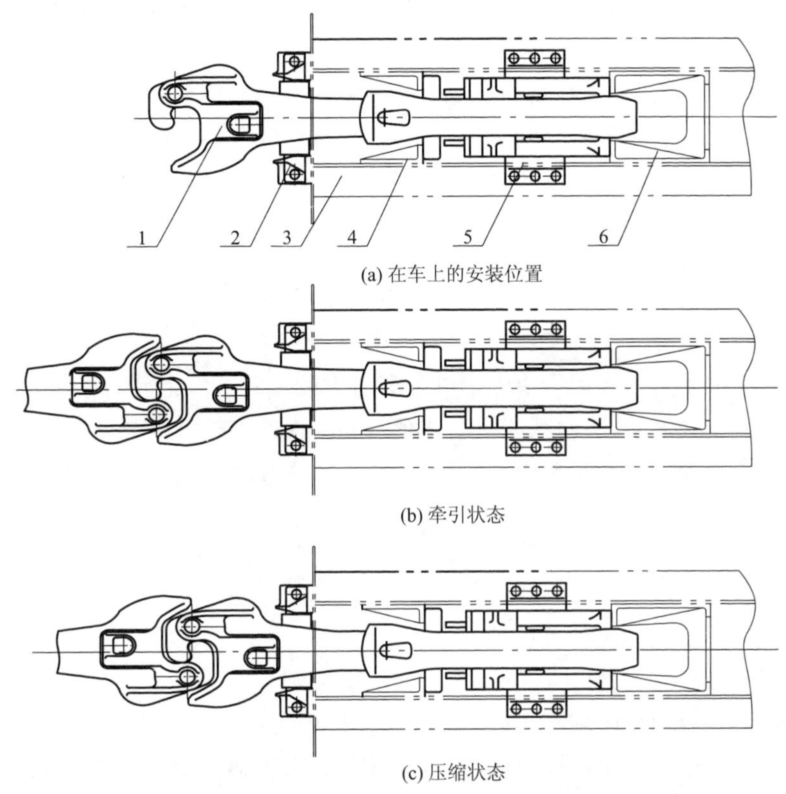

(a) 在车上的安装位置

(b) 牵引状态

(c) 压缩状态

图 4-3-26　车钩缓冲装置在车上的安装位置及受力状态

1—车钩缓冲装置；2—冲击座；3—牵引梁；4—前从板座；5—钩尾框托板；6—后从板座

由此可知，车钩缓冲装置无论是承受牵引力，还是冲击力，都要经过缓冲器将力传递给牵引梁。这样可以使车辆间纵向冲击振动得到缓冲、消减，从而改善了运行条件，保证车辆及货物不受损坏。

我国车钩的零件大都由铸钢制成，尽管它们的结构和尺寸不尽相同，但基本结构组成还是相似的。车钩一般可分为钩体、钩舌、钩舌销及钩体头部内的诸多零件，如钩锁、钩舌推铁、钩锁销等组成。当钩体头部内的零件处于不同位置时，起着不同的作用，从而使车钩具有闭锁、开锁、全开 3 种作用，俗称车钩的三态作用，同时还具有自动连挂的性能，所以又称自动车钩。

目前，我国铁路货车的车钩主要有下列 5 种：13 号、13A 型、13B 型、16 型、17 型车钩。

目前，60 t 级铁路货车已大部分采用高强度的 13B 型车钩。随着列车运行速度提高和牵引吨位的增加，13 号车钩、13A 型车钩已不能满足铁路货车发展的需要，并在铁路货车检修过程中逐渐进行淘汰。

16 型、17 型车钩是为了满足上翻车机卸货的专用列车需要而研制的一端可旋转的车钩(16 型)、一端为不可旋转的车钩(17 型)，不用摘钩就可在翻车机上连续卸货，提高了运输效率。现主要安装在 70 t、80 t 级货车上。

为了保证车钩具有良好的连挂、牵引的作用，车钩应具备下列条件：

(1)具有良好的三态作用；

(2)不因有少量磨耗而失去主要部位的机能，不因冲动而使零部件折损或弯曲；

(3)不因牵引或冲动而使钩舌销直接负担力量,在钩舌销折损时也不影响车钩的闭锁位置;

(4)牵引时,钩锁负担的力量、能均匀地传给钩头内侧壁的接触面;

(5)应具有防止在运用中因振动而自动脱钩的装置,即防跳装置;

(6)不需要强力冲击就能连挂,遇有强振动或冲击时也不妨碍其连挂;

(7)应很轻快地达到闭锁或全开位置;

(8)容易确认完全连挂状态;

(9)使杂物不易进入钩头内部,以免阻碍其作用;

(10)安装在车辆上时,钩身上下左右须有自由活动的适当间隙。

缓冲器是用来减小列车在运行中由于机车牵引力的变化或在起动、制动及调车时车辆相互碰撞而引起的冲击和振动,从而减少对车体结构和货物的破损及提高列车运行的平稳性。

缓冲器的工作原理与减振器相同,一方面借助压缩弹性元件来缓和冲击作用力;另一方面在变形过程中吸收冲击能量。

目前我国铁路货车装用的缓冲器主要有6种:ST型、MT-2型、MT-3型、HM-1型、HM-2型、HN-1型。

缓冲器有下列几项主要性能参数:

(1)行程:缓冲器受力后的最大变形量。

(2)最大阻抗力:缓冲器达到最大行程时的反弹作用力。

(3)容量:缓冲器在全压缩过程中,作用力在其行程上所做的功的总和。它是衡量缓冲器能量大小的主要指标。

(4)能量吸收率:缓冲器在压缩过程中,有一部分能量被阻尼所消耗,所消耗部分的能量与容量之比称为能量吸收率。它表明缓冲器吸收能量的能力,吸收率越大,反冲力越小。

(5)初压力:与车体牵引梁的前、后从板座间缓冲器安装槽长度相关的缓冲器作用力。其值的大小将影响列车起动加速度。

(6)最大冲击速度:缓冲器达到最大阻抗力或行程时的车辆冲击速度。

十二、轮　轴

轮轴是铁路货车上重要的并且是可互换的部件,其技术状态直接影响到车辆的运行安全。轮轴承受着从车体、钢轨两个方面传递来的各种作用力,并以其在钢轨上滚动完成车辆的运行。因此,轮轴必须坚固耐用,各部尺寸必须符合技术规定,以确保车辆的安全运行。

轮轴承担车辆全部重量,且在轨道上高速运行,同时还承受着从车体、钢轨两方面传递来的其他各种静、动载荷,受力很复杂,因此,车辆轮轴应有以下四项基本要求:

1. 应有足够的强度保证在允许的最高速度和最大载荷下安全运行。

2. 应在强度足够和保证一定使用寿命的前提下,使其重量最小,并具有一定的弹性,以减小轮轨之间的相互作用力。

3. 应具备阻力小和耐磨性好的优点,减小牵引力并提高使用寿命。

4. 适应车辆直线及曲线运行,并具备必要的抵抗脱轨的安全性。

轮轴是指已压装轴承的轮对,具有承载和走行的功能。轮轴组成如图4-3-27所示。

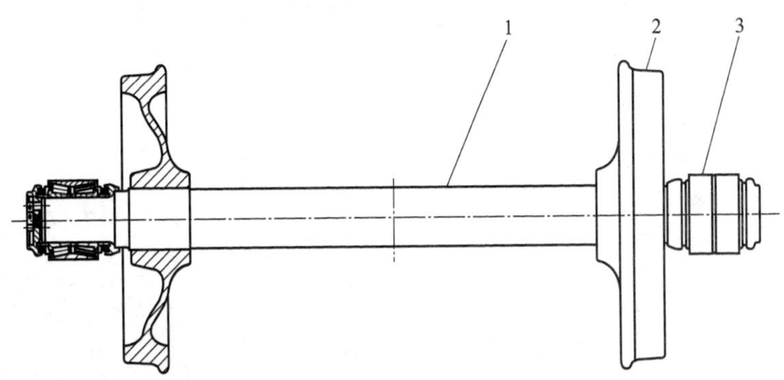

图 4-3-27 轮轴组成

1—车轴;2—车轮;3—轴承

轮对是由一根车轴和两个车轮采取过盈配合,经冷压装组成的整体部件。轮对型号以车轴型号为准。轮对组成如图 4-3-28 所示。轮对型号和基本尺寸见表 4-3-3。

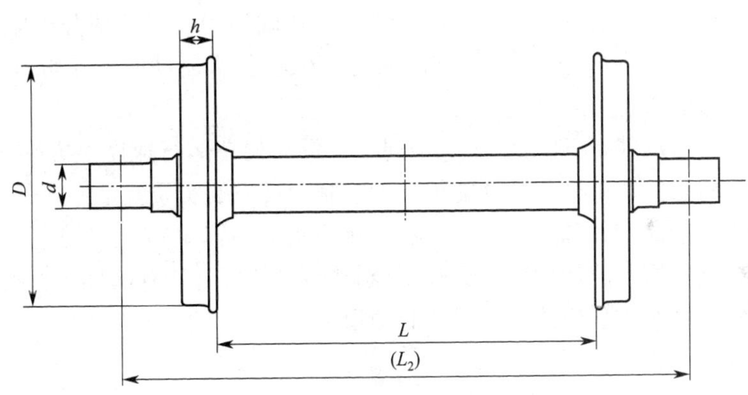

图 4-3-28 轮对组成

表 4-3-3 轮对形式和基本尺寸

轮对型号	轮对基本尺寸 $d\times D\times L_2\times L\times h$ (mm×mm×mm×mm×mm)	车轴型号	车轮型号	轴承型号	适用转向架型号
RD_2	130×840×1 956×1 353×135	RD_2	D、HDS、HDSA、HDZ、HDZA、HDZB、HDZC、HDZD	352226X2-2RZ、SKF 197726	转 K1、转 K2、转 K3、转 K4
RE_{2A}	150×840×1 981×1 353×135	RE_{2A}	HESA、HEZB、HEZD	353130X2-2RZ、F-808997. TAROL150/250-B-TVP	转 K5、转 K6

续上表

轮对型号	轮对基本尺寸 $d\times D\times L_2\times L\times h$ (mm×mm×mm×mm×mm)	车轴型号	车轮型号	轴承型号	适用转向架型号
RE_{2B}	150×840×1 981×1 353×135	RE_{2B}	HESA、HEZB、HEZD	353130B(C353130)、353130A、CTBU150(SKF ITALY V 0R-7030A)	转 K5、转 K6
RF_2	160×915×2 006.6×1 353×135	RF_2	HFS、HFZ	353132A(352132A)、353132B (353132X2-2RS)	DZ1、DZ2、DZ3

十三、制动系统

人为地给运动的物体施加阻力,使之减速或停止运动叫制动。铁道车辆在线路上高速运行,为了使机车、车辆减速或停止运动,须在机车、车辆上安装由一整套零部件组成的装置,称为制动装置。车辆制动装置一般由空气制动装置和基础制动装置两部分组成,直接受司机操纵控制及产生制动原力的部分称为空气制动装置;传递、扩大制动原力并均匀分配给各个闸瓦的一整套杠杆连接装置称为基础制动装置。

运行的列车具有动能,动能的大小等于列车质量与列车运行速度平方乘积的一半。列车运行速度越大,质量越大,则列车的动能就越大。制动过程的实质就是将列车的动能转移出去的过程。随着列车动能转移和减小,列车减速,转移完毕,列车停车。

每个国家根据本国铁路运用管理经验,对制动距离的要求均有所规定。我国《铁路技术管理规程》规定,货物列车在任何线路上紧急制动距离限值见表 4-3-4。

表 4-3-4 列车紧急制动距离限值

列车类型	最高运行速度(km/h)	紧急制动距离限值(m)
旅客列车(动车组列车除外)	120	800
	140	1 100
	160	1 400
特快货物班列	160	1 400
快速货物班列	120	1 100
货物列车(货车轴重<25 t,快速货物班列除外)	90	800
	120	1 400
货物列车(货车轴重≥25 t)	100	1 400

随着牵引动力及其他各项铁路技术的发展,列车重量和列车速度日益提高,对制动技术提出了多方面的要求。特别是列车速度的提高,是对制动技术最为严峻的挑战,因为在一定的制动距离条件下,列车制动功率是列车速度的三次函数。高速、重载的客观需要,促进了制动技

术的发展，很多制动新技术和新装置正在得到推广和应用。

制动方式是指制动时列车动能的转移方式或制动力获取的方式。

（一）列车动能转移方式

列车动能的转移方式可以分为两类：一类是把动能变为热能，然后消散于大气，简称“热逸散”；另一类是把动能转变成可用能。

1. 热逸散

目前，属于热逸散的制动方式有下列几种：

(1)摩擦制动——把列车动能转变为摩擦热能。

①闸瓦制动（踏面制动）

闸瓦制动是目前铁路使用最广泛的一种制动方式。用合成材料制成的闸瓦压紧滚动着的车轮，使轮瓦间发生摩擦，列车动能转变成热能，并转移入车轮与闸瓦，最终逸散于大气。

②盘形制动（摩擦圆盘制动）

用制动夹钳使闸片夹紧装固在车轴或车轮辐板上的制动圆盘，使闸片与制动圆盘产生摩擦，把动能转变为热能，转移入制动圆盘与闸片，最终逸散于大气。

③轨道电磁制动（磁轨制动）

制动时，将电磁铁放下，与钢轨吸住，靠钢轨与电磁铁之间的摩擦转移能量。

④液体摩擦制动（液力制动）

靠液体间和液体与固体（工作液体与耦合器）之间的摩擦，变列车动能为工作液的热能，并使发热的工作液体进行循环冷却，经由散热器逸散于大气。

(2)动力制动——列车动能通过电机、电器变为热能，最终逸散于大气。

①电阻制动

制动时，变牵引电动机为发电机，将所发电能通过电阻器变成热能，逸散于大气。

②旋转涡流制动

车轴上装有金属涡流盘，制动时，涡流盘在电磁铁形成的磁场中旋转，涡流盘表面感应出涡流，使涡流盘发热，热量逸散于大气。

③轨道涡流（线性涡流）制动

制动时，悬挂在转向架上的电磁铁放下到离轨面上方几毫米处，利用它和钢轨的相对运动使钢轨表面感应出涡流，从而产生阻力并使钢轨发热。变列车动能为热能，由钢轨与电磁铁逸散于大气。

2. 列车动能转变成可用能

(1)再生制动

使列车动能转变成电能回收。电力机车或电动车辆可实现再生制动，可将电能反馈至电网。

(2)飞轮储能制动

制动时，把列车动能转移入飞轮储存。起动加速时，使该能量放出，可以节约能源。

（二）制动力形成方式

铁路机车、车辆，就制动力形成方式分类，可分为黏着制动与非黏着制动。

1. 黏着制动

在实际运用中，车轮在钢轨上滚动时，轮轨接触处，既非静止、亦非滑动，在铁路术语中用“黏着”来称呼这种状态。

要依靠黏着滚动的车轮与钢轨黏着点之间的黏着力来实现机车车辆的制动，叫做黏着制动。

黏着制动时，可能实现的最大制动力，不会超过黏着力。

黏着制动是目前主要的一种制动方式。闸瓦制动、盘形制动、液力制动、电阻制动、旋转涡流制动、再生制动以及飞轮储能制动，从制动力形成的方式来看，都属于黏着制动。它们的制动力大都要受到黏着力的限制。

2. 非黏着制动

轨道电磁制动与轨道涡流制动属于非黏着制动（或称非黏制动）。制动时，钢轨给出的制动力并不通过轮轨黏着点作用于车辆，而是由钢轨直接作用于吊挂在转向架上的电磁铁。制动力的大小不受轮轨间黏着力的限制，是超出黏着力以外获取制动力的一种制动方式。所以，也叫黏着外制动。

非黏着制动目前主要用于黏着制动力不够的高速旅客列车上，作为一种辅助的制动方式。

制动机按其用途可分为机车制动机、客车制动机、货车制动机及高速列车制动机。按它们的动力来源及操纵方法可分为人力制动机、真空制动机、空气制动机、电控制动机。

（三）人力制动机

以人力为动力来源，通过人力操纵产生制动作用的装置称为人力制动机。它一般是在调车作业、坡道停留及空气制动机发生故障时使用。

（四）真空制动机

以大气压力为动力来源，用真空度的变化来操纵的制动机，叫作真空制动机。这种制动机，其压力提高只能达到一个大气压，制动力受到限制，且气密性要求高。我国除部分出口车辆安装这种制动机外，国内均不采用这种制动机。

（五）空气制动机

以压力空气为动力来源并用压力空气的压力变化来操纵的制动机，叫空气制动机。空气制动机是目前各国广泛采用的制动机。

空气制动机可分为直通制动机和自动制动机两种：

1. 直通制动机

直通制动机制动时，压力空气由总风缸经制动阀，列车管直接进入制动缸，所以称为“直通”制动机。

直通制动机的构造简单，用制动阀来调节制动缸压力，可实现阶段制动和阶段缓解。但用于较长列车时，因制动时各车辆制动缸内的压力空气都由机车的总风管供给，离机车近的制动缸充气早、增压快，离机车远的制动缸充气晚、增压慢，造成列车前后车辆制动的不一致性。缓解时，整个列车所有制动缸中的压力空气均需机车上的制动阀排气口排出，各制动缸的开始排气时间与排气亦极不一致，即缓解一致性很差。所以在列车制动或缓解时列车纵向冲动大。特别是当列车中发生断钩或列车管破损等故障时，这种制动机不能自动制动，即使故障前已处于制动状态，也会因列车管内压力空气排出而使制动失效。所以这种制动机早已淘汰。但直通制动机的作用原理在某些制动机中仍在被采用。

2. 自动制动机

自动制动机与直通制动机构造上不同的地方是每辆车上在列车管(制动管)与制动缸之间增加了控制阀和副风缸，机车上在总风缸与制动阀之间增加了给气阀。

自动制动机的特点是：列车管减压制动，增压缓解。列车分离时或拉动紧急制动阀(车长阀)时能自动制动停车。

自动制动机制动时，各车辆制动缸内的压力空气就近取自本车辆的副风缸。而制动阀只需要排出列车管少量空气即可发生制动作用。缓解时，各车辆制动缸内的压力空气经本车控制阀的排气口排出。不像直通制动机那样，整列车所有制动机的充气和排气都要统归到制动阀处。因而使用自动制动机时，列车各车辆制动或缓解的一致性都比较好，列车纵向冲动也就比较小。

(六)电控制动机

以压力空气为动力来源，用电来操纵控制的制动机称电控制动机。

电控制动机分为直通和自动式。高速旅客列车、长大货物列车一般都采用直通式电控制动机，我国快速客车采用的是自动式电控制动机。

电控制动机同时性好、制动缸升压速率一致性高，列车纵向冲动小，制动距离短。用于长大货物列车，优点更为显著。

十四、铁路货车技术管理信息系统(HMIS)

近年来，以车号为基础，依托网络信息技术，HMIS 基础信息系统逐步完善，提供了丰富、准确的铁路货车基础信息资源，实现了铁路货车实时运行监控。

(一)铁路货车技术管理信息系统(HMIS)的应用

HMIS 是为铁路货车技术管理提供宏观决策信息和生产组织、质量控制及信息服务的，各种资源设备统一规划的，应用计算机、网络、通信技术并引进科学的管理方法和系统化的开发方法的人—机系统。

1. 系统的主要构成

HMIS 系统总体逻辑结构分为信息应用管理层和基础数据提供层。信息应用管理层由国铁集团、铁路局集团公司及铁路货车造修单位的管理层组成。基础数据提供层由各铁路货车造修单位的车间层组成，预留可扩展到工位的数据接口。

2. 系统的主要功能

(1)铁路货车技术清查信息化：可随时分析、掌握全路铁路货车(包括自备车)保有量及铁路货车车种、车型、制造时间、制造工厂和铁路货车的主要技术参数。实现按车种分布情况、载重别分类、制造年限、转向架型号、车钩、阀型、轴承型号、缓冲器型号等铁路货车技术清查的信息化。

(2)铁路货车技术履历管理信息化：可随时分析、掌握每辆铁路货车当前或历史的技术状态和技术参数，实现每辆铁路货车从新造到报废，包括厂修、段修、辅修、临修、运用、加装改造、主要零部件更换、故障等主要技术履历管理的信息化。

(3)铁路货车技术管理工作信息化：按照铁路货车技术管理的职能，实现全路车辆调度(铁路货车部分)、新造、厂修(段做厂修)、段修、站修、运用、轮轴、制动、安全、自备车、机保车、爱车、报废等技术管理工作信息化。

(4)铁路货车及主要零部件寿命管理实现信息化。

(5)其他功能：如铁路货车定检到期预测及定检过期报警等。

3. HMIS 系统对铁路货车安全管理所起到的现实作用

(1)实现技术管理智能化，使铁路货车安全管理手段多元化。

(2)实现生产组织网络化，使铁路货车安全管理手段主动化。

(3)实现智能计算与预警分析，使铁路货车安全管理手段直观化。

(4)实现信息的共享化，使铁路货车安全管理手段全面化。

(二)铁路车号自动识别设备

1. 主要构成及原理

车号自动识别设备分为车上标签和地面识别设备，即在铁道车辆的车体底部安装电子标签，在分界口、编组站、大货运站、车辆段检修车间及站修车间入口咽喉处安装地面识别设备。当列车经过地面识别设备时，通过微波射频技术，自动识别电子标签信息，同时将采集的列车信息传到国铁集团、铁路局集团公司、铁道车辆检修单位，提供实时、准确的列车车号信息。

2. 主要功能

基本功能是在列车运行过程中，自动采集列车中铁道车辆车号的基本信息，如铁道车辆的属性、车号、车种、车型、换长、制造厂、制造日期等。

3. 对铁路货车安全管理所起到的现实作用

车号系统的应用，使铁路货车车号安全管理实现了由人工管理向信息化管理的转变，由粗放式管理向集约式管理的转变，由静态管理向动态管理的转变，由不可控到即时监控的转变。

(1)实现了铁路局集团公司间分接口自动交接、核对，为铁路运输费用结算提供了客观依据。

(2)实现了铁路货车的全路自动追踪、调度与管理。

(3)显著提高了铁路货车的正点率。

(4)杜绝了铁路货车错号、重号的发生。

(5)车号信息正在成为铁路货车管理、行车安全保障、运行维护管理等运用领域的重要基础性信息。

(6)为解决 5T 设备故障车辆追踪和定位难题创造了条件。通过为 5T 设备配套车号智能跟踪装置，增加车号/车次识别功能，为 5T 设备解决故障车辆跟踪、故障轴承定位和车辆识别提供了全新的手段，提高了故障定位的准确率，使安全管理手段进一步完善。

(7)为其他铁路货车安全管理现代化、智能化手段的普及使用提供了重要的基础信息。

能 力 考 核

一、考核题目

1. 说明铁路货车组成、分类、标记及方位轴距等。
2. 简述铁路限界的定义及轮廓图形。
3. 简述车辆的主要技术参数及定义。
4. 简述铁路货车转向架、轮轴种类。
5. 简述车钩缓冲装置、制动系统的组成及作用。

二、考核内容

1. 掌握铁路货车组成、分类等基本知识。
2. 掌握铁路限界定义、运用及轮廓。
3. 掌握车辆主要技术参数。
4. 掌握铁路货车转向架、车钩缓冲装置、轮轴、制动系统的组成及作用。

三、考核要求

1. 能够全面的阐述铁路货车组成、分类等基本知识。
2. 掌握铁路限界、车辆主要技术参数。
3. 掌握铁路货车各个系统部分的组成及作用。

四、考核时间

1. 正式考核时间:45 min。
2. 在规定时间内全部完成考题内容,超 30 min 停止考核。

五、考核标准

考　核　表

考核项点	配分	考核内容	
铁路货车认知考核	100	[1]说明铁路货车组成、分类、标记及方位轴距 [2]简述铁路限界的定义及轮廓图形 [3]简述车辆的主要技术参数及定义 [4]简述铁路货车转向架、轮轴种类 [5]简述车钩缓冲装置、制动系统的组成及作用	
用　　时		成　　绩	

项目五　车辆专业知识

一、学习目标

通过学习本项目内容，要求掌握车辆运用管理工作、客车日常维修、货车日常维修等基本知识。掌握客车行车常见故障应急预案及处理、货车行车常见故障应急预案及处理。通过学习认识到铁路运输安全的重要性和作用，树立“安全第一、预防为主”思想观念。

二、学习任务

任务列表

客车部分		
序号	任务名称	学时要求
1	客车运用维修	3
2	更换闸片托	2
3	分解检查组装15号车钩钩头	2
4	更换折角塞门	2
5	列车制动试验	2
6	客车空调系统故障排查	2
7	电控气动塞拉门故障排查	2
8	统型客车真空集便装置故障排查	2
9	分解组装KC20型电力连接器	2
10	客车轴温报警器故障排除	2
11	车下电源状态检测	2
12	TVDS动态检查作业	2
13	铁路客车机械部分单车技术检查	2
14	铁路客车车电部分单车技术检查	2
15	客车行车安全应急预案认知与典型故障应急处理	2
货车部分		
16	货车运用维修	3
17	更换120阀	2
18	LLJ-4A型第四种检查器的使用	2
19	更换一车一侧闸瓦	2
20	分解检查组装17号车钩钩头	2
21	货车单车技术检查	4
22	更换或补装铁路货车摇枕(减振)弹簧	2
23	TFDS动态检查作业	2
24	货车行车安全应急预案认知与典型故障应急处理	2
合计学时		52

任务一　客车运用维修

铁路客车是铁路旅客运输的重要运载工具。运用客车的维修质量直接关系到旅客生命财产的安全。铁路客车运用维修工作是铁路运输的重要组成部分，提供良好的客车运输设备，保证行车安全，为旅客服务，是铁路的基本任务。客车整备所、客列检、车辆乘务是运用客车进行检修、维护和保养的重要部门。

任　务　单

<table>
<tr><td>项　　目</td><td colspan="3">车辆专业知识</td></tr>
<tr><td>任　　务</td><td>客车运用与检修</td><td>学　　时</td><td>3</td></tr>
<tr><td colspan="4">任务概述</td></tr>
<tr><td colspan="4">客车运用维修工作包括客车车辆管理、运用维修管理及运用安全管理等工作。学习客车运用维修相关知识及掌握基本检修技能对客车实际运用工作至关重要，也是铁道车辆客车运用相关工种岗位的基本要求</td></tr>
<tr><td colspan="4">任务内容</td></tr>
<tr><td colspan="4">本任务主要学习掌握车辆运用的基本知识。了解客车检修作业过程，掌握客车检修基本技能</td></tr>
<tr><td colspan="4">任务目标</td></tr>
<tr><td>知识目标</td><td>能力目标</td><td colspan="2">素质目标</td></tr>
<tr><td>1. 了解客车运用检修基本原则及客车检修重要性
2. 掌握客车检修作业场所、作业内容、作业过程
3. 掌握运用客车检修标准</td><td>1. 使培训人员掌握检修的基本技能
2. 提升培训人员素养，提高培训人员动手能力
3. 培养培训人员认知能力，为成为未来优秀的铁路员工打下良好的基础</td><td colspan="2">1. 树立安全生产意识
2. 培养严谨认真的工作态度
3. 培养团队合作精神</td></tr>
<tr><td colspan="4">任务要求</td></tr>
<tr><td colspan="4">1. 掌握客车车辆运用检修的场所、检修职责
2. 掌握客车车辆检修基本过程
3. 掌握客车运用检修质量标准
4. 提高培训人员动手能力，掌握基本的检修技能</td></tr>
</table>

理　论　知　识

铁路客车是铁路旅客运输的重要运载工具，运用维修工作是铁路运输的重要组成部分，维修质量直接关系到旅客生命财产安全。提供良好设备，保证行车安全，为旅客运输服务，是铁路客车运用维修工作的基本任务。

铁路客车是指采用机车牵引、可灵活编组,用于运载、服务旅客的铁路车辆(包括编挂在旅客列车中的餐车、行李车、邮政车)以及按客车管理的行包车、发电车、轨道检查车、各种试验车等其他用途车。

客车所属的铁路局集团公司、车辆段是客车运用安全、质量的责任主体。客车运用维修工作应贯彻养修并重、状态监测、预防为主的方针,持续强化运用基础,不断完善管理机制,实现"管理规范、作业标准、队伍专业、装备先进、质量达标、安全高效"的客车运用工作目标。

一、基本要求

客车实行定期检修和运用维修。定期检修实行以走行公里为主、时间周期为辅的计划预防修制度,在客车检修工厂和车辆段实施;运用维修实行以计划预防修和状态预防修并重的检修制度,由库列检、客列检、车辆乘务组等承担。

运用客车在客车技术整备所(以下简称客整所)实施日常检修、专项检修、客车整修、客车辅(A1)修和临客整备、专项检查整治等工作,统称为运用检修,执行相应质量标准和要求。

客车故障轨边图像检测系统(以下简称 TVDS)是解决高站台客列检检查作业盲区,缓解客整所地沟检修能力制约,优化劳动组织的必备手段。铁路局集团公司应按照国铁集团的统一布局方案进行路网监测点建设,并结合本局实际,在充分利用路网监测点资源基础上完善本局监测点布局。

TVDS 轨边设备设置地点距客列检或库列检所在地车站原则上不低于 40 km。路网监测点 TVDS 轨边设备设置地点需满足对所有进路跨局旅客列车及通过联络线绕行跨局旅客列车进行动态检查的要求。

车辆轴温智能探测系统(以下简称 THDS)须对客车轴温进行检测和热轴预报;在客车车辆段设置复示终端,利用车辆运行品质轨边动态监测系统(以下简称 TPDS)、车辆滚动轴承故障轨边声学诊断系统(以下简称 TADS)的报警信息,对客车进行重点检查;货车故障轨边图像检测系统(以下简称 TFDS)不得屏蔽旅客列车探测。

在旅客列车上须设置集中式轴温报警装置,按规定设置旅客列车尾部安全防护装置(以下简称 KLW)、客车运行安全监控系统(以下简称 TCDS)、在线绝缘检测装置,发电车及 25T 客车还须设置烟火报警装置等车载安全监控装置。

客车运用部门要建立健全各项管理制度,规范台账记录,开展职工培训,推行标准化创建活动,促进客车运用工作在基础管理、设备设施和人员素质等方面全面达标。

客运枢纽车站,始发及终到旅客列车较多的车站,地理位置特殊的车站须设置客整所。客整所及跨局客列检的设置及撤销须经国铁集团车辆主管部门批准;新线建设时,原则上在相隔 500～800 km 的车站设置客列检。铁路局集团公司管内客列检的设置,由铁路局集团公司批准并报国铁集团运输局备案。

库列检、客列检、车辆乘务组的劳动组织及人员配备,由铁路局集团公司结合动态检查设备配备情况,按照"以列定组、以辆定人"的原则查定,并按规定配备预备人员。

二、运用检修

(一)日常检修

跨局旅客列车每运行一个往返(含套跑交路)、管内旅客列车每运行 4 000 km 须安排入库实施日常检修。本属列车日常检修的库内技术作业时间应满足甩挂作业、例行检查和专项检修时间，一般情况下，在客整所所在地车站图定到开时间间隔不少于 7 h，不满足时，须加强日常运输组织、采取备用车底替换、加强检修作业组织等措施，确保安全质量。本属客车入库实施日常检修和专项检修后，须符合《运用客车出库质量标准》。

单程运行距离在 2 000 km 及以上的旅客列车，折返铁路局集团公司原则上应安排入库进行折返检修作业，技术作业时间应满足甩挂作业、例行检查和故障处理时间，一般情况下，在折返车站图定到开时间间隔不少于 4 h；如无法安排入库检修或时间不足时，折返局须采用动态检查技术进行补充作业，承担入库折返检修作业的安全质量责任。

运用维修单位应积极采用新技术、新装备，扩大在列车或车列中修理车辆故障的范围，减少摘车临修。摘车临修故障处理时间原则上不得超过 24 h。

（二）专项检修

对日常检修无法全部施修到位，且经检修后在一定时间内不易发生故障的部位、部件，按照故障周期规律，实行定期专项检修。经专项检修的部位或部件须保证一个专项检修周期不发生责任事故。

临客编组整修时，对车列检修项目全部组织实施，对单车检修项目逐项核对检修周期，对超期的项目一并组织实施。

新编挂客车检修作业时，应对超期的单车检修项目及车列检修项目一并实施。

短期停运的列车恢复开行前，对车列检修项目，未超期的可不再组织实施。

专项检修须纳入生产计划管理，要根据检修项目的劳动强度及作业时间合理编制专项检修计划，并落实到日班作业计划，明确车次、车号、作业股道、项目、作业班组等。单车检修项目按辆组织实施，建立专项检修“一车一档”台账，并录入 KMIS；车列检修项目按列或分段组织实施，建立专项检修“一列一档”台账。

（三）客车整修

运用客车每年须进行两次集中整修，春运后实施春季整修，暑运后实施秋季整修。整修时除对上部设施进行集中整治外，还应结合季节性特点，按照《客车整修项目及要求》进行防暑、防寒等有针对性的重点整治；对临时安排的专项普查、专项整治项目在整修中一并组织实施，对已经实施的项目落实情况进行检查、整改。

（四）客车辅（A1）修

客车辅（A1）修系对轮对和制动装置进行的专项检修。对轮对尺寸进行检测，核对 TPDS 轮对冲击当量，按限度规定对车轮踏面进行修形；对 104 分配阀等配件实施换件修；对非密封式制动缸、自动间隙调整器、远心集尘器、锥形塞门等配件进行分解检修；对制动机、电子防滑器等进行单车试验。

（五）临客整备

临时旅客列车开行前须进行技术整备，并按规定实施专项检修，达到《运用客车出库质量标准》。

春运期间开行的临客车底，须按照客车整修中分钩检查要求以及秋季整修中防寒整备要求对春运临客车底进行整修。借出时,由借出局负责整修,并与借用局办理质量交接;春运临客车底转场前,由转出局进行技术整备,并与转入局办理质量交接;归还时,由借用局进行技术整备,并与借出局办理质量交接。经整修、整备的春运临客,达到《运用客车出库质量标准》。

暑运期间开行的临客车底,须按照客车整修中春季整修要求进行整修,经整修后的临客,达到《运用客车出库质量标准》。

三、质量管理

(一)质量标准

客车运用检修各项作业须分别达到以下质量标准和要求:

1. 运用客车出库质量标准;
2. 运用客车专项检修项目、周期及要求;
3. 客车整修项目及要求;
4. 客车辅(A1)修质量标准。

(二)质量监督

车辆段每半年、铁路局集团公司每年应对各客整所开展一次客车辅(A1)修质量对规、专项检修质量对规和标准化发电车对规;春、秋整结束后,国铁集团安排在重点地区对列车整修质量进行检查鉴定,铁路局集团公司应安排逐列车进行检查鉴定;车辆段每月应逐列进行运用客车质量鉴定。对规检查及质量鉴定标准按国铁集团颁布的文件执行。

车辆段应设质量检查机构,配备专职的质量检查人员,由车辆段直接管理。负责运用客车月度质量鉴定和客车辅(A1)修、摘车临修及重要专项检修项目的质量验收工作;负责编组临客、旅游、专特运客车整备质量验收。根据车辆段统一安排参加客车整修质量鉴定和专项检修、客车辅(A1)修、标准化发电车对规工作。负责质量信息的收集、统计、汇总,并做出质量分析与评价报告,提出整改建议。

(三)质量分析

车辆段要建立客车运用检修故障库,库列检、客列检和车辆乘务组检修作业人员实际处理的重点故障均应纳入故障库。故障库登记内容应包括故障填报单位、故障来源、故障现象、故障原因、处理情况及相关信息。

故障来源应涵盖工作者自检发现、车辆乘务组交接、其他单位反馈,及质量鉴定、对规对标、动态监测和上级部门检查发现的各类故障。

铁路局集团公司、车辆段应根据客车运用检修故障库的信息,针对存在的关键性、倾向性问题开展客车质量整治工作,不断完善专项检修项目、检修工艺和岗位作业指导书,并及时逐级上报有关情况。

四、客车运用

(一)列车编组

旅客列车按照列车运行图中公布的列车编组表实行固定编组,满足列车编组表中车种、定员、供风形式、供电制式,以及播音车、无障碍设施车等编挂要求。临时旅客列车的编组按国铁集团、铁路局集团公司调度命令办理,应于列车始发前 48 h 编组完毕,并逐辆实施技术整备。客车最大编组不得超过 20 辆。

旅客列车首尾两端须编挂装有 KLW 装置的客车,首尾客车应配置外端门。集中供电空调旅客列车须编挂装有 TCDS 主机的客车,25T 型客车还须编挂工程师车,达不到上述条件要求时,由铁路局集团公司制定安全措施,跨局运行时须报国铁集团批准。

客车标记速度分为 100 km/h、120 km/h、140 km/h、160 km/h 四个等级,客车编组时须满足运行图规定的列车最高运行速度要求,标记速度不同的客车混编时,应按最低标记速度掌握。

旅客列车编组中车辆供风状态必须一致,密封风挡不得与橡胶风挡或铁风挡连挂,必须连挂时由配属铁路局集团公司批准,并采取有效的防护措施。进京、进沪、进穗集中供电旅客列车须编挂电气化厨房餐车,其他集中供电旅客列车也应编挂电气化厨房餐车。

DC 600 V 机车供电旅客列车,应编有具备供电请求功能的客车,首尾车辆应配备与机车连接的电力连接线、通信连接线。具有互备供电(邻车供电)功能的 DC 600 V 客车,应连续编挂。

编有 DC 600 V 发电车的旅客列车,采用机车供电时,发电车须挂于列车尾部且断开与列车电力干线的连接。

集中供电空调列车供电制式必须一致。全列空调列车额定负载总和不得超过发电车额定输出功率,通过电力连接线的电流量不得大于电力连接线额定容量,电力干线容量不同的客车混编时,应按电力干线容量从发电车起由大到小排列编挂。

非空调旅客列车编组中,硬座车每 3 辆中编挂 1 辆茶炉车,硬卧车每 4 辆中编挂 1 辆茶炉车;子车连续编挂不得超过 2 辆,首尾以 1 辆为限。

客车编组后,车钩钩提杆、车钩下锁销需加装防跳装置,折角塞门把手需加装开口销(以下简称"三捆绑")。

同一辆客车的电气综合控制柜 PLC 显示屏、轴温报警装置、烟火报警装置全列联网使用时,顺位号设定须相同,原则上编号与客运车厢号一致。当发生加挂时,在最大顺位号后逐个增加;发生减编时,可出现空号,不需进行重新调整。

采用密接式车钩的列车,首尾车钩必须是 15 号车钩或托梁式车钩,并须随车备有中间体过渡车钩、托梁式车钩;托梁式车钩未安装车钩托梁不得上线运行。

执行检测、试验任务的国铁路用车,具备本车独立供电条件的,一律自供电;原则上应编挂在列车尾部,供风状态与列车一致,且不影响列车供电的,可编挂在机次。

下列车辆禁止编入旅客列车:

(1)货车;

(2)超过定期检修期限的客车车辆(经车辆部门鉴定的回送客车除外);

(3)曾经发生冲突、脱轨、火灾、爆炸或曾编入发生特别重大、重大、较大事故列车内,以及在自然灾害中损坏,未经检查确认可以运行的。

(二)列车运行

旅客列车不准编挂制动关门车。在运行途中,当制动机发生临时故障,在停车时间内不能修复时，准许关闭1辆，但列车最后一辆不得为关门车。

旅客列车运行中，须开启列车尾部的KLW主机，首端的KLW主机不得开机。开通使用客列尾装置的旅客列车，尾部加挂客车不得超过2辆；因检修、回送需要，尾部加挂客车确需超过2辆时，只能加挂在管内旅客列车上，由铁路局集团公司制定办法。

旅客列车运行途中，因车辆故障需要摘车时，在有条件的情况下，应积极准备替换客车，保持原编组结构。

旅客列车运行途中对客车热轴的处理：

(1)车辆乘务员得到轴温报警装置、TCDS报警及THDS预报强热的信息时，须立即查看报警轴温数据，并迅速赶到报警车厢观察轴温变化。

(2)轴温报警装置显示的轴温达到外温加60 ℃、但未达到90 ℃时，应通知机车乘务员至就近前方站停车；当显示轴温持续上升达到90 ℃时，应通知机车乘务员立即采用常用制动停车。

(3)停车后，车辆乘务员须用便携式测温仪检查全车轴箱温度，当轴箱温度达到90 ℃或超过外温加60 ℃时必须摘车；低于上述温度时，可继续监控运行，但轴温超过外温加45 ℃时，终到后由库列检进行开盖检查，不入库作业的由客列检负责，无客列检的由车辆乘务员负责。

旅客列车运行途中发生客车空气弹簧故障时须限速运行，运行速度不得超过120 km/h。

当120 km/h速度等级及编组小于8辆的140 km/h、160 km/h速度等级旅客列车有制动关门车时，车辆乘务员须计算列车换算闸瓦压力，给司机开具制动效能证明书，按《铁路技术管理规程》规定进行限速。

列车在区间被迫停车不能继续运行时，如遇自动制动机故障，车辆乘务员在接到机车乘务员的防溜通知后，应立即组织列车乘务人员拧紧全列人力制动机，开车前由列车长组织列车乘务人员松开全列人力制动机，并经车辆乘务员下车检查确认，撤除防护号志后方可开车。

双管供风旅客列车应由双管供风机车牵引，运行途中因机车供风系统故障或用单管供风机车救援接续牵引，需改为单管供风时：

(1)双管改单管(以下简称双改单)作业应在站内进行，在区间发生故障需改单管供风时，应限速120 km/h运行至前方站内进行。

(2)铁路局集团公司列车调度员接到双改单或单管供风机车牵引双管供风列车救援申请后，应立即通知机车、车辆调度员，列车调度员在发布的调度命令中应注明双管改单管供风，调度命令由车站值班员分别转交车辆乘务员和列车长。有客列检的车站，车站应同时通知客列检。

(3)客列检人员(无客列检时，由车辆乘务员)根据调度命令将编组客车风管路改为单管供风状态。

(4)跨局运行时，改为单管供风后，由机车乘务员经车站值班员转报列车调度员，列车调度员通知机车、车辆调度员。同时铁路局集团公司列车、机车、车辆调度员应立即上报国铁集团列车、机车、车辆调度员。由国铁集团机车、车辆调度员下发调度命令通知有关单位，列车后续交路按单管供风办理，直至终到站。

(5)双改单列车运行至终到站后，接续开行其他车次时，可维持单管供风至接续列车终到站。终到入库后，由库列检(不入库检修的列车由客列检，无客列检作业的由车辆乘务员)恢复双管供风状态。

装用真空集便装置的旅客列车因故改为单管供风或装用集便装置的客车编挂在单管供风列车中，进行列车制动机试验期间，客运乘务人员应将全列厕所锁闭。运行途中因使用厕所造成临时停车时，车辆乘务员应通知列车长暂时锁闭部分厕所，并通知机车乘务员立即充风，列车缓解后尽快开车。

空调列车因供电故障采用单路供电后，空调机组及电采暖装置须半载运行，当车内温度无法满足需要时，应在就近车站更换机车或故障车辆。

发电车本属出库前应加满燃油，在折返站由所在地铁路局集团公司根据列车担当铁路局集团公司的要求做好补油工作，双方应签订补油协议。各铁路局集团公司应根据国铁集团统一安排设置应急补油点根据需要做好应急补油工作。

列车因故不能正点运行，燃油不能维持运行到终到站时，车辆乘务员会同列车长在列车到达应急补油点前 4 h，拍发请求补油电报，并适当减载。

采用机车供电的旅客列车，若供电请求联锁失效，在确认车列具备受电条件后，由车辆乘务员通知机车乘务员进行强制供电。采用内燃机车供电的旅客列车须在终到后、摘解机车前，对全列客车进行逐辆卸载作业。

旅客列车运行途中，严禁关闭各类安全监控装置。客运乘务人员应按规定使用电器设备，发现轴温报警装置、烟火报警装置等安全监控装置报警时，要立即通知车辆乘务员。

旅客列车运行途中，由客运乘务人员根据实际需要，按规定使用照明装置。

发电车供电旅客列车始发应提前 1 h 供电并开启空调预冷、预热；机车供电旅客列车应在始发前 1 h 连挂机车，始发前 50 min 供电并开启空调预冷、预热。

空调客车的空调温控器应设定为：冬季 18～20 ℃，夏季 24～28 ℃。当环境温度低于 18 ℃时，严禁开启空调设备制冷。当环境温度低于 5 ℃时，须开启电伴热装置。旅客列车运行途中，通风机不得停用；因供电装置故障或长时间停留时，车辆乘务员可酌情减少用电负荷。使用空调机组空气预热器时，停用时须先关闭空气预热器，5 min 后方能关闭通风。

运用发电车在库内及折返站停留期间，作业完毕后，发电车乘务员须停机断电并锁闭门窗后，方可离开；柴油发电机组运行时，发电车乘务员不得离岗，不得使用非三角锁锁闭或反锁与车厢连接端端门。同一发电车各柴油发电机组须均衡使用，运转工时差不得超过 100 h。

（三）车辆摘挂

在库内对车列进行摘挂作业时，车辆的摘挂、软管的摘结及吊挂由调车人员负责，电气连接线及密封风挡的摘结由库列检人员负责，外属列车由车辆乘务员负责。备用车未连接的总风软管，由库列检人员负责吊挂。

旅客列车机车与第一辆客车的连挂、摘解：

(1)车钩的连挂，由机车乘务组负责；单班单司机值乘的由客列检人员负责，无客列检作业时由车辆乘务员负责。

实行单班单司机值乘的机车交路，跨局旅客列车由国铁集团在调图文件中予以公布，管内旅客列车由铁路局集团公司在调图文件中予以公布。

(2)车钩摘解、软管摘结，由客列检人员负责；无客列检作业的列车，车钩、软管摘解由机车乘务员（单班单司机值乘的由车辆乘务员）负责，软管连接由车辆乘务员负责。

(3)电气连接线摘结由客列检人员负责，无客列检作业时由车辆乘务员负责；连接时应确认 39/43 芯通信线插针状态，保证供电请求信号正常发出。由电力机车供电的客车，作业人员在确认电力机车降弓后，才可进行电气连接线摘结。

(4)“三捆绑”、列车尾部软管防尘堵的安装及软管的吊起(以下简称软管吊起)由客列检人员负责，无客列检作业的由车辆乘务员负责。

(5)由机车供电的旅客列车连挂机车时，由客列检人员、机车乘务员、车辆乘务员办理供电钥匙或供电柴油机启动钥匙交接手续，并进行签认；无客列检作业时，由车辆乘务员与机车乘务员办理交接。

(6)由机车供电的旅客列车摘解机车时，由客列检人员、机车乘务员办理供电钥匙或供电柴油机启动钥匙交接手续，并进行签认；无客列检作业时，由车辆乘务员与机车乘务员办理交接。

旅客列车在途中摘挂车辆时，车辆的摘挂、软管摘结及折角塞门的开闭，由调车作业人员负责；密封风挡及电气连接线的摘结由车辆乘务员负责；“三捆绑”等其他作业由客列检人员负责，无客列检作业的由本列车辆乘务员负责，必要时打开车门，以便于调车作业。装有密接式车钩的客车车辆摘挂时，过渡车钩的安装和拆卸由客列检人员负责，无客列检作业时由车辆乘务员负责。

中间体过渡车钩只准许在站内或段内(厂内)调车时使用，不得在区间内使用(因车辆故障、事故等特殊原因确需区间调车时除外)；一次连挂不得超过 4 辆，运行速度不得超过 15 km/h。

客车禁止通过驼峰，调车时禁止溜放。

(四)客车加挂

加挂、换挂客车由请令单位保证符合编组条件和《运用客车出库质量标准》。加挂在外属旅客列车运营时，加挂车应派车辆乘务员。

临时换挂、加挂客车时，铁路局集团公司客运调度员应于列车出发前 6 h 通知车辆调度员，由库列检、客列检按规定检修车辆。中途站加挂客车时，由客列检将调度命令转交车辆乘务员，无客列检作业时由车站值班员转交车辆乘务员。

空调列车加挂外属客车(国铁路用车、图定回转车除外)时，只允许编挂在尾部，原则上不供电。如有特殊需要时，始发站加挂的客车可以由双方签订协议，安排供电；中途加挂的客车一律不许供电。

双管供风客车加挂在单管供风列车中，须改为单管供风状态。单管供风客车加挂在双管供风列车时，只允许编挂在列车尾部，但加挂区段有换向时禁止加挂。

加挂 1 辆非空调客车时，只允许加挂母车；加挂 2 辆及以上时须满足列车子母车编组要求。

加挂车随车车辆乘务员负责对加挂客车的连接状态、折角塞门、“三捆绑”状态进行检查确认，并确认加挂车制动、缓解良好。

(五)客车回送

客车回送一般是指因造修、转属、借用等原因，在造修单位与客整所之间以及客整所与客整所之间进行的空客车取送。客车回送需派车辆押运人员，其他情况是否派人押运由各铁路局集团公司自定。客车回送时，可随车附挂一辆本车供电客车供车辆押运人员使用，所属车辆段要做好押运人员生活保障，相关铁路局集团公司提供必要的煤、水、燃油补给。

客车回送时，应优先考虑成组回送或附挂旅客列车回送。需附挂货物列车回送时，应按照重点放行、最近径路、最短时间的原则安排回送计划。

客车成组回送时，辆数不得超过 20 辆。装用密接式车钩的客车回送时，原则上应附挂旅客列车；附挂货物列车回送时应挂于尾部，但不得超过 10 辆，其后编挂的其他车辆不得超过 1 辆。装用 15 号车钩的客车编挂在货物列车中回送时，应挂于列车中后部，辆数不得超过 20 辆。军用及其他对编挂位置有特殊要求的客车按有关规定办理。装用的 17 号(16 号)车钩的货车不得与客车直接连挂；客车与平车、平集共用车以外的货车连挂时，不得与货车有人力制动机端连挂；客车与平车、平集共用车人力制动机端连挂时，平车、平集共用车的人力制动机不得使用，处于非工作状态。

回送客车受电源等条件限制，轴温报警装置、电子防滑器不能开机使用时，押运人员应加强对车辆的巡视检查。回送客车编入货物列车前，应将客车工作风缸、副风缸的余风排净，装有空气弹簧的客车必须改为单管供风方式，保证空气弹簧供风。编挂货物列车回送时，回送客车的三捆绑工作由押运人员负责；编挂旅客列车回送时，回送客车间的三捆绑由车辆押运人员负责。

凡发生事故或故障后的客车，回送前须经所在地车辆段鉴定，提出回送要求，由所在地铁路局集团公司制定回送方案，并组织实施。报废客车需回送时，比照办理。

(六)客车试运行

由机车供电的新造客车成组上线运行前，须进行通电带载，按标记速度进行试运行，25T 型客车试运行里程不少于 1 000 km，25G 型客车试运行里程不少于 500 km。其他情况需要试运行时，由各铁路局集团公司自定。

试运行前，配属段必须对客车进行全面检查，达到《运用客车出库质量标准》。试运行时，配属段必须安排人员值乘，客车安全监控装置必须开机使用。

(七)客车存放

备用客车、待入厂段修客车及摘车实施运用检修的客车应在客整所内存放，由车辆段负责管理；客整所存车能力不足时，可将不常用客车及待修客车安排在外存放，铁路局集团公司应制定管理制度，落实防火、防盗、防溜职责。

存放的客车须断开蓄电池电源，备用客车挂用前，应安排整备，须符合《运用客车出库质量标准》。

五、库列检、客列检、车辆乘务组

(一)库 列 检

库列检负责本、外属入库旅客列车的日常检修和加油、供电、吸污等工作；对本属旅客列车负责专项检修、临客整备、客车整修及客车辅(A1)修等工作，负责新造及厂、段修客车的接送和技术状态、备品的交接，负责回送、借用客车的整修、交接工作。

库列检对检修后的本属旅客列车，须保证在下次本属入库检修前不发生责任行车设备故障；对外属旅客列车实施折返检修，对经检查的项目承担返程安全责任，对车辆乘务人员交修的故障须积极处理，保证返程不发生责任行车设备故障。

客整所是客车运用维修保养的重要基地，应设置相应的整备线（库）、存车线、临修线（库）、站场照明、列车供电、车辆排污、污水处理、风水电路、配件材料存放、消防设施及运输通道等生产设施。

整备线（库）、存车线及相应的检修地沟、外接（地面）电源、上水、吸污设施等须满足本、外属客车检修整备需要。因客整所能力不足，需将运用车底送外站停留时，停留场所应设置外接（地面）电源，并根据需要设置吸污设施。

客整所须配备起重、运输、换轮、充电、试风、车顶作业等检修设施和作业安全防护设施、通信装备等。检修设备及工装应满足客车检修需要。客车不落轮数控镟床的设置数量和位置须满足运用客车轮对临修及踏面定期修形的需要。

客整所应配备TCDS、KLW、轴温检测、绝缘监测等车载检测数据地面分析系统和TPDS、TADS、TVDS、微控试风等动态检测数据分析系统。

客整所应设置办公室、值班室、待检室、待班室、学习室、材料室、食堂、浴室、洗手间等生活设施，以及必要的客运保洁、客运看车和餐料商品、卧具备品中转等用房。设置的乘务员休息场所，须满足本、外属车辆乘务人员食宿需求。

库列检作业时，应使用微控列车制动机试验器按照《列车制动机试验方法》的要求，对旅客列车制动机进行全部试验、列车总风管漏泄试验及持续一定时间的保压试验。

采用盘型制动装置的旅客列车应按以下规定实施地沟检查作业：

（1）本属跨局旅客列车每次入库；

（2）单程运行距离超过2 000 km的外属旅客列车每次入库；

（3）管内旅客列车每运行不超过4 000 km。

旅客列车整备作业时，原则上应使用外接电源或地面电源供电，车辆用电负载不得超过电源容量，供电时间原则上不超过2 h。

旅客列车在库内无地面电源和外接电源供电时，须采取限电措施，防止蓄电池亏电。DC 600 V供电客车当全列DC 110 V蓄电池电压低于92 V时，须切断所有负载。

地面电源须符合中点接地要求，配备DC 600 V干线绝缘检测装置的列车出库前，库列检须根据检测数据出具绝缘检测记录交车辆乘务员；途中出现供电故障时，车辆乘务员要参考检测报告妥善处理。

对柴油发电机组使用年限超过18年的发电车，车辆段每月要对该发电车所担当的列车进行一次持续30 min的满载供电试验。

（二）客 列 检

客列检是确保旅客列车安全运行的重要部门，承担始发、通过、终到旅客列车技术作业，及对站折、通过旅客列车进行重点技术检查，排除危及行车安全故障等工作。

客列检应设置值班室、待检室、待班室、食堂、浴室、洗手间、工具和材料备品库等生产、生活设施，并配备列车尾部风压记录装置、列车预确报设备终端、便携式轴温检测仪、对讲机、电脑及办公网络、传真机、录音电话、照相机、TCDS服务器及传输设备等。

在设置客列检的车站，按以下原则对通过列车安排客列检作业：

(1)更换机车或更换机车乘务组时；

(2)列车每运行 500～800 km 时(直达特快除外)；

(3)对临时开行的旅客列车站停时间在 8 min 及以上的；

(4)旅客列车发生临时摘、挂时。

每次调图时，跨局旅客列车由担当铁路局集团公司提出客列检作业需求建议，与途经铁路局集团公司协商后确定客列检作业站，同时在调图文件中公布。

各铁路局集团公司应根据生产力布局调整情况、客列检作业量及机车交路的变化情况等，及时提出跨局客列检布局调整建议，报国铁集团批准后实施。

客列检作业按以下原则设置防护号志：

(1)进行机车摘挂作业时，只在机次非站台侧设置红色信号旗(灯)；

(2)技术检查作业时，执行安全防护信号对插对撤制度，红色信号旗(灯)应对角设置，机次一位客车插设在前端非站台侧，尾部最后一位客车插设在后端站台侧；

(3)列车换向时，以列车出发方向为准，设置红色信号旗(灯)。

客列检作业要求：

(1)列车进站时，客列检检车员要提前准备，采用蹲式接车，对车轮踏面是否损伤做出判断，及时发现焦煳、呛鼻等异味车辆，观察车底走行部及悬吊件是否发生配件脱落、车下各箱盖是否开启等情况。

(2)列车出发时，客列检检车员要蹲式送车，观察折角塞门是否关闭，防护号志是否撤除等情况。

(3)列车停靠低站台时，一般采用两侧平行检查方式进行技术检查作业；停靠高站台时，采用非站台侧单侧跨轨检查方式进行技术检查作业。

对始发旅客列车，按照本规程“车辆摘挂”有关规定作业；按规定进行制动机简略试验。

对终到旅客列车按照本规程“车辆摘挂”有关规定作业。

通过旅客列车技术检查作业范围：

(1)在列车尾部与车辆乘务员进行车辆技术状态交接；

(2)执行规程“车辆摘挂”有关规定；

(3)车钩、软管、风挡及各电气连接线的连接状态；

(4)车轮有无缺损、踏面剥离、擦伤及局部凹入超限情况；

(5)摇枕悬吊装置、基础制动装置、车下各箱体等配件有无折损、脱落、变形；

(6)车辆有无车体倾斜超限、弹簧压死、走行部零部件与车体顶抗磨碰；

(7)钢弹簧有无折损，空气弹簧有无破损、漏泄。

(8)处理 TVDS、THDS 和车辆乘务员预报的故障；

(9)按规定进行制动机简略试验。

站折旅客列车技术检查作业范围：

(1)负责处理 TVDS、THDS 和车辆乘务员预报的故障。

(2)按库列检折返检修作业范围进行技术检查，并按规定进行制动机试验，承担库列检折返检修责任。旅客列车停靠高站台时，可不对转向架和悬吊件等被站台遮挡部位进行检查，但须采用 TVDS 动态检查进行补充作业；对确因车辆结构限制(如双层客车)无法实施跨轨作业的，也须采用TVDS动态检查进行补充作业。

通过旅客列车不摘车修范围：

(1)标记速度120km/h及以下客车、装有209HS转向架的客车轴箱弹簧折损时更换，支承圈折损在确认无其他相关故障时，可一次运行到终点站更换。其他客车轴箱弹簧折损可一次运行到终点站更换。

(2)处理基础制动故障。

(3)处理空气制动故障。

(4)更换钩舌，调整钩差。

(5)更换处理牵引拉杆故障(25T型客车除外)。

(6)处理配件丢失、脱落或损坏故障。

属客列检不摘车修范围的故障，未做处理或摘车处理为客列检责任；经客列检处理的故障，属于不摘车修范围的，应保证安全运行到终到站；属于检查范围的保证安全运行到下一个客列检作业站。故障车辆是否摘车由客列检确认并负责，车辆乘务员应服从决定。

(三)车辆乘务组

车辆乘务组是确保旅客列车运行安全的最后防线，是对外展示车辆部门形象的窗口，负责列车运行状态的动态监控、设备故障的应急处置和职责范围内的技术作业。各单位应按照强化值乘的原则，积极推行库乘分离，逐步取消车辆乘务人员的包修范围。

旅客列车车辆乘务工作原则上实行包乘制。车辆包乘组由车辆乘务长和车辆乘务员、发电车乘务员组成，统称为车辆乘务人员，配备标准按相关规定执行。

车辆乘务人员工作中要统一着装且保持整洁，言行举止要文明礼貌，要落实首问首诉负责制，及时准确回答旅客问询，不能准确答复时，应引导至客运乘务人员进行处理。当班车辆乘务人员应在左上臂规范佩戴臂章，自觉遵守劳动纪律、作业纪律以及路风规定。跨局旅客列车在外局要接受当地铁路局集团公司的领导，服从命令、听从指挥。

车辆包乘组作业要求：

1. 出乘前

车辆包乘组在出乘前应到值班室报到，接受酒精测试，听取命令指示，在列车出库前按技术作业过程对列车干线绝缘、DC 110 V母线电压、车下各箱门锁闭情况、发电车油量、水位、机油油位及柴油发电机组运行状态进行检查，对车下油箱管系各阀状态进行确认，对火灾报警器报警功能进行试验，核对并签认车统—181记录(含抄记三乘检查记录相关内容)故障的处理情况。

2. 值乘中

(1)在列车始发前，按照本规程“车辆摘挂”有关规定作业；负责尾部标志灯的设置，建立客列尾连接。按规定参加列车制动机试验。

(2)运行中，车辆乘务员每3 h左右对全列车厢进行一次巡视，巡视重点是列车运行状态、电气系统工作状态及“两炉一灶”，空调列车始发后的第一次巡视、接班后的第一次巡视及终到前最后一次巡视，车辆乘务员须打开控制柜，对电源柜主接线排处，主接触器进出线接线处，主空气开关进出线接线处温升状态等进行检查。

(3)巡视间隔期间，车辆乘务员应在固定地点值乘，值乘位置原则上为首尾车乘务室(不得长时间固定占用),编挂工程师车的须在工程师室值乘。

(4)在无客列检作业站车辆乘务员须下车瞭望,观察车辆有无冒烟、倾斜等异状,对途中巡视时发现的重点故障进行确认、处理;有客列检作业站还需与客列检办理列车车辆技术状态交接。

(5)机车换挂、列车换向时按照本规程“车辆摘挂”有关规定作业,解除、建立客列尾连接。列车换向时负责列车尾部标志灯的摘挂。

(6)列车发生紧急制动停车后,车辆乘务员须联系机车乘务员,了解停车原因,必要时下车对车轮踏面、车钩连接等技术状态进行检查,符合安全运行条件后,通知机车乘务员开车,开车后加强运行状态监控。

(7)客列尾装置发生故障时,确认为机车 CIR 故障的应就近更换机车,确认为 KLW 主机故障需要更换的,应在站停时进行。KLW 故障运行期间,车辆乘务员根据机车乘务员通知按有关规定核对风压。

(8)发电车乘务员应在监控室值乘,非巡视需要离开监控室时,不得超过 10 min。每间隔 30～60 min,进入发电车机房、冷却间进行一次巡视检查,每间隔 1 h 填写一次《发电车运用记录》。

(9)发电车乘务员途中换班原则上应在站停时办理交接,接班乘务员负责对站台侧发电车的电力连接器的连接状态及温升,对柴油机排烟有无异常情况进行重点检查,非高站台车站还须对下油箱剩余油量进行确认。

(10)值乘中遇有紧急情况需要汇报时,车辆乘务长凭臂章发铁路电报。非经主管部门准许,任何人不得撤换、中止车辆乘务员的工作。

3. 终到后

(1)列车终到后,车辆乘务员应解除客列尾连接,按照本规程“车辆摘挂”有关规定作业,摘除列车尾部标志灯。发电车供电旅客列车终到停车 10 min 后,还须进行卸载、断电、停机。

(2)无客列检作业的站折列车,车辆包乘组利用本务机车进行列车制动机全部试验。同时,按照因列车牵引、超员超载、异物击打等可能造成故障的部位必须重点检查的原则,按客列检对通过列车技术检查范围进行作业,对途中出现异常的车辆进行重点检查,处理 TVDS、THDS 预报的故障(含热轴故障)。

(3)对入库折返的旅客列车车辆包乘组随车入库到库列检值班室进行签到,接受酒精测试,办理车统—181 故障交接;车底出库前,车辆包乘组到值班室报到,接受酒精测试,听取传达有关事项。按本属出库作业范围对列车进行技术检查,并核对车统—181 故障处理情况,随车出库。

(4)本属终到后,车辆乘务组随车入库并向值班员汇报列车运行状态,接受酒精测试,交接《旅客列车技术状态交接簿》(车统—181),重点故障须将途中发现及处置情况向库列检工长当面交接。

利用巡检系统对车辆乘务人员作业质量进行监控。在旅客列车重要部位设置巡检标签,车辆乘务人员须配备便携式巡检仪,由巡检仪对车辆乘务人员的巡视情况进行记录。发电车须单独设置巡检系统或安装视频监控系统。

车辆乘务员在摘挂机车、站折作业及进入车辆限界内检查处理车辆故障时须设置防护号志,其他作业原则上不设置防护号志。防护号志白天为红色信号旗,夜间为红色信号灯。

(1)进行机车摘挂作业时,在机次第一辆客车非站台侧设置。

(2)进行站折作业由一人负责时,防护号志设置在后续作业(始发或调车)机车连挂端一位客车前端站台侧;由两人负责时,设置在终到机次一位客车前端非站台侧和尾部最后一位客车后端站台侧。

(3)处理车辆故障时,在故障车辆站台侧设置(区间设置在故障车辆运行方向左侧),并使用列车无线调度通信设备(GSM-R 手持终端)通知车站值班员或机车乘务员。

旅客列车应设置车辆备品室,用于放置行车备品、应急配件及工具、随车材料、技术资料、台账等。

行车备品包括列车无线调度通信设备及响墩、火炬、短路铜线、信号旗(灯)等防护用品,使用 G 网通信时须配备 GSM-R 手持终端。

采用密接式车钩的旅客列车还须放置车钩换装小车及工具。采用 DC 600 V 供电的旅客列车,还须放置 DC 600 V/DC 110 V 便携式电源,并根据情况放置 DC 600 V/AC 380 V 移动式电源。

六、行车设备故障管理

(一)应急处置

铁路局集团公司、车辆段应建立应急指挥中心,制定铁路客车行车设备故障应急处置预案,明确应急处置组织机构、故障信息报告流程、应急处置方案。旅客列车发生行车设备故障及构成铁路交通事故的设备故障时,应启动应急处置预案。

车辆段应结合实际情况,制定完善旅客列车车辆故障应急处理手册,定期组织车辆乘务人员、客列检检车员开展客车故障应急处理培训和实作演练。

旅客列车途中发生行车设备故障时,车辆乘务员应积极处理,接受故障发生地所在铁路局集团公司(简称发生局)的指挥。行车组织在车站由车站值班员、在区间由机车乘务员负责指挥。

对行车设备故障进行处理时,应坚持确保安全、减少对行车秩序影响的原则,根据故障实际采取摘车、限速、现车修复、非功能恢复性处置等方法,尽快恢复列车运行。

客车车辆设备故障现场应急处置和运行条件的确认由客列检负责,无客列检时由车辆乘务员负责。车辆乘务员对车辆设备故障应急处置后,要与前方作业站的客列检人员进行交接;客列检对车辆故障应急处置后,要与车辆乘务员进行交接。

发生客车行车设备故障后,担当铁路局集团公司车辆处要根据情况,做好管内各专业间、跨局车辆处间协调和沟通;担当车辆乘务工作的车辆段要根据情况,确定应急处置方案,并跟踪处置结果。

(二)客车故障调查处理

客车行车设备故障管理由国铁集团车辆主管部门负责。国铁集团车辆主管部门负责制定客车行车设备故障管理办法,铁路局集团公司负责建立健全客车故障管理制度,车辆处负责组织客车故障的调查处理。

客车行车设备故障的调查处理,原则上由担当局车辆处负责,发生局配合;客车故障途中摘车时,由发生局车辆处负责调查处理,担当局配合;客车途经及终到的铁路局集团公司应做好协助调查及处理工作。故障涉及车辆以外部门(单位)时,由发生局安全监察部门组织调查。

客车行车设备故障责任判定基本原则:

(1)未按国铁集团规定制定或自行发布的文电,违反规章制度、技术标准、作业标准,导致客车故障,定发文电部门(单位)责任。

(2)在质量保证期内因制造、检修质量不良造成的客车故障,定制造、检修单位责任;未采用行政许可、强制认证的产品,或采购不合格、不达标的产品,造成客车故障时,定采购、采用单位责任。

(3)未按规定参加客车故障调查、不配合调查、调查中推诿扯皮、隐瞒故障原因或不配合故障抢修、人为延长复救时间的,除按造成故障原因确定责任外,追究相关部门(单位)责任。

(4)租(借)用其他单位的客车发生责任故障的,按本属客车同等对待。

(5)因自然灾害等不可抗力导致的客车故障和经公安部门查明因人为破坏造成的客车故障,列非责任;但应采取防范措施而未采取的,定相关单位责任。

(6)故障调查单位未按照要求通知有关单位参加分析的,不得定其责任。

铁路局集团公司、车辆段应加强客车行车设备故障分析,对倾向性、关键性、前瞻性问题,提出解决方案和建议,落实防范措施,杜绝或减少客车惯性故障发生。

实 作 技 能

一、实训准备

在正式作业前,先准备好如下实训用品:

1. 设备:备用客车 1 辆,备用车带风源的停留线(有地沟线),单元制动缸,单车试验器。
2. 工具:防护号志、棘轮扳手、手锤、劈销器、小撬棍、钢丝钳、管钳、毛刷等。

二、实训流程及标准

按照作业指导书更换客车单元制动缸。

三、实训内容

更换客车单元制动缸。

能 力 考 核

一、考核题目

更换客车单元制动缸。

二、考核内容

更换客车单元制动缸:

1. 插设防护信号。
2. 关门排风。

3. 拆除旧单元制动缸。

4. 将更换下的单元制动缸撤出钢轨外。

5. 安装新单元制动缸。

6. 关闭排风塞门,打开截断塞门通风。

7. 做制动试验,对分解过的管系部分做漏泄检查。

8. 撤除防护信号。

9. 作业完毕。

三、考核要求

1. 各配件安装齐全、正确。

2. 各部螺栓无松动、开口销角度符合规定。

3. 闸片与制动盘的间隙调整符合规定。

4. 分解过的管系部位无漏泄。

5. 达到运用车质量标准。

四、考核时间

1. 准备时间:3 min。

2. 正式操作时间:15 min。

3. 计时从考评员发出指令开始,到培训人员报告作业完毕结束。

4. 在规定时间内全部完成,不加分,也不扣分。每超时 15 s,从总分扣 1 分,不足 15 s 按 15 s 计算。总作业时间超过 18 min 停止作业。

五、考核标准

1. 考评人数:考评员设 2 名及以上。

2. 评分要点:评分标准见考核评分记录表。

3. 评分程序:考评员各自根据培训人员作业过程给予记录评分。

4. 评分规则:取平均值为评定得分。

5. 算分方法:采用百分制,60 分为及格。

6. 未插防护红旗就进行作业为失格。

7. 作业前未关门排风为失格。

考核表

考核项点	配分	考核内容
作业时间	10	每超时 15 s,从总分扣 1 分,不足 15 s 按 15 s 计算
作业过程	30	[1]关门排风顺序不对扣 5 分 [2]更换下的单元制动缸未撤出钢轨外扣 5 分 [3]未做制动试验扣 5 分,做制动试验未确认制动缸工作状态扣 2 分 [4]未做漏泄检查扣 5 分 [5]闸片与制动盘的间隙调整不符合规定扣 2 分,未调整扣 5 分

续上表

考核项点	配　分	考核内容
作业质量	50	[1]未检查配件,每件扣 2 分,损坏、遗漏、丢失配件每件扣 2 分 [2]配件安装位置不正确扣 10 分 [3]开口销角度不符扣 2 分,开口销规格错一件扣 3 分 [4]闸片间隙调整不符合要求扣 2 分 [5]单元制动缸跌落着地扣 5 分 [6]各圆销及活动部位未给油扣 5 分 [7]未做落成检查扣 5 分 [8]螺栓需要装防松铁丝未装扣 5 分,虽装不符要求扣 2 分
安全及其他	10	[1]未按规定穿戴劳动防护用品,每件扣 5 分 [2]作业中破皮流血扣 5 分 [3]工具使用不正确,每次扣 2 分 [4]防护信号未展开、中途脱落或作业完毕未撤除,每项扣 5 分 [5]工具、材料遗留考场每件扣 1 分 [6]作业中用手指探摸圆销孔每次扣 5 分
用　　时		成　　绩：

任务二　更换闸片托

目前,铁路机车车辆采用的制动方式最普遍的是闸瓦制动。用铸铁或其他材料制成的瓦状制动块,在制动时抱紧车轮踏面,通过摩擦使车轮停止转动。在这一过程中,制动装置要将巨大的动能转变为热能消散于大气之中。而这种制动效果的好坏,却主要取决于摩擦热能的消散能力。使用这种制动方式时,闸瓦摩擦面积小,大部分热负荷由车轮来承担。列车速度越高,制动时车轮的热负荷也越大。如用铸铁闸瓦,温度可使闸瓦熔化;即使采用较先进的合成闸瓦,温度也会高达 400～450 ℃。当车轮踏面温度增高到一定程度时,就会使踏面磨耗、裂纹或剥离,既影响使用寿命也影响行车安全,可见传统的踏面闸瓦制动适应不了高速列车的需要,于是一种新型的制动装置——盘形制动应运而生。

任　务　单

<table>
<tr><td>项　　目</td><td colspan="3">车辆专业知识</td></tr>
<tr><td>任　　务</td><td>更换闸片托</td><td>学　　时</td><td>2</td></tr>
<tr><td colspan="4">任 务 概 述</td></tr>
<tr><td colspan="4">更换闸片托是库列检日常工作和快速修演练最常见的项目。特别是快速修演练对更换闸片托的质量和速度提出了更高要求</td></tr>
<tr><td colspan="4">任 务 内 容</td></tr>
<tr><td colspan="4">本任务主要学习更换客车闸片托,要求能够熟练掌握货车更换闸瓦的方式方法、在安全的前提下更快更好的更换闸瓦</td></tr>
</table>

续上表

任务目标		
知识目标	能力目标	素质目标
1. 掌握更换客车闸片托的步骤 2. 掌握更换客车闸片托的要求	1. 掌握更换客车闸片托的操作技能 2. 能够保证车辆正常运行	1. 树立安全生产意识 2. 培养严谨认真的工作态度 3. 培养团队合作精神
任务要求		
1. 在实训过程中,严格遵守实训场所有关规定 2. 树立"安全第一"意识,保证人身及设备安全 3. 做好实训准备工作,准备好相关物品 4. 严格按照操作规范进行 5. 及时口述 6. 发生下列情况之一,应立即终止实训 (1)在实训过程中因违规操作损坏设备或工具 (2)在实训过程中因违规操作发生安全事故		

理 论 知 识

209P 型转向架基础制动装置采用盘形制动单元和踏面清扫单元。每个制动盘有一个盘形制动单元,由单元制动缸、手制动杠杆、内外侧杠杆、杠杆吊座、闸片托、闸片、闸片托吊、闸片吊销等零部件组成,以三点悬挂式悬挂在构架制动吊座上。根据车重不同,将杠杆比分为四个档次。每个车轮有一个踏面清扫单元:由踏面清扫器、闸瓦托吊及其横向连接杆等零部件组成。

(1)制动缸为浮动式吊挂,制动时车轴(制动盘)产生横移也能保证闸片压力的均匀。

每车一位转向架的一位盘形制动单元附近装有手制动用制动缸挡座及转轴,通过拐臂组成,将车上的手制动装置产生的制动力传递到制动盘闸片上,获得所需的制动力。

(2)制动装置各部件采用奥-贝球铁衬套,45 钢表面硬化销。该衬套耐磨性好,抗腐蚀能力强,与 45 钢表面硬化销是一对良好的摩擦副。

(3)单元制动缸和踏面清扫器均带有单向闸片(瓦)间隙自动调整器,制动缸往转向架上安装或更换闸片(瓦)时,需将活塞杆头部的定位销拔出,旋转回程螺母,使活塞杆缩到最短,接着应将定位销固定。当通风抱闸几次后,闸片间隙将被自动调整到 3～5 mm。随着闸片(瓦)的磨耗,制动缸活塞杆自动伸长,保证制动缸的工作行程在规定范围内。

在闸瓦托和闸瓦托吊之间装有闸瓦间隙调整装置,使闸瓦上下间隙均匀。针对 209HS 型转向架闸瓦托吊横向连接装置在运用中出现的连接杆断裂问题,209P 型转向架的闸瓦托吊横向连接杆采用了类似 209T 型转向架制动梁组成的结构形式。

(4)为便于闸片组装,闸片分成对称的两半块制造,闸片分左右,在其后部镶有钢背,钢背上的燕尾凸榫和闸片托的燕尾槽配合,由合成材料制成,闸片原形厚度为 28 mm,允许磨耗到 5 mm,左右闸片需同时更换。

(5)闸片托组成由闸片托和锁铁等零件组成,闸片托为铸钢件,分左右件。每个制动盘用左右闸片托各一件,闸片托装上闸片后被锁铁挡住,即可防止闸片脱落。

(6)为了提高各单元缸供风软管的可靠性,采用了外罩不锈钢丝网的橡胶软管,避免了橡胶软管的磨损。

实 作 技 能

一、实训准备

在正式作业前,先准备好如下实训用品:

1. 设备:209P 型转向架(闸片托吊座开口销形式须为扁开口销),6、7、10、11 位中任意一位,有地沟。

2. 工具:手锤、劈销器、扳手、检点锤。

二、实训流程及标准

1. 设置防护

2. 关门,排除工作风缸余风,排除副风缸余风。

3. 调整闸片间隙。

4. 拆卸分解闸片托。

拆卸闸片止档开销及垫、拆卸闸片托吊中孔开销及垫、拆卸闸片托穿销开销及垫、分解闸片托中孔圆销、调整闸片间隙、分解闸片托穿销、卸下闸片托落地、分解闸片、更换新闸片托。

5. 组装新闸片托。

组装闸片托吊中孔圆销、安装闸片托穿销开销及垫、安装闸片托吊中孔开销及垫、安装闸片止档开销及垫。

6. 调整闸片间隙。调至左右间隙之和为 3～5 mm。

7. 停止排风、开通截断塞门。

8. 撤除防护。

三、实训内容

更换客车闸片托。

能 力 考 核

一、考核题目

更换客车闸片托。

二、考核内容

更换客车闸片托。

三、考核要求

1. 松闸调器 3 圈以上,作业完恢复。

2. 闸瓦卸下后要出轨，落地，离手。
3. 检查质量彻底，口述清晰，准确无漏项。

四、考核时间

1. 准备时间：2 min。
2. 正式作业时间：4 min。计时从工具准备齐全开始至检查、撤除防护号志结束。
3. 规定时间内全部完成，超时停止作业。

五、考核标准

若考生发生下列情况之一，则应及时终止其考试，考生该试题成绩记为 0 分。
1. 在考试过程中因违规操作损坏工具。
2. 在考试过程中因违规操作发生安全事故。

考 核 表

考核项点	配　分	考核内容	
时间	20	标定时间 4 min。每超过 3 s 扣 1 分(不足 3 s 不扣分)超过标定时间 1 min 停止作业，时间分不得分。压缩时间不加分，成绩相同按时间排序	
作业过程	20	一、作业顺序 [1]按规定插设防护号志 [2]关闭截断塞门，打开工作风缸和副风缸排水塞门排出余风 [3]拆单元缸内侧或外侧的闸片托及相关附件，取下闸片托 [4]落地分解，更换闸片托 [5]组装闸片托及相关附件并装车 [6]关闭工作风缸和副风缸排水塞门，开启截断塞门 [7]收集工具归位，撤除防护号志 二、扣分标准 [1]不按顺序作业扣 5 分 [2]关门排风顺序错误扣 5 分，塞门开关不到位扣 2 分 [3]未分解闸片失格 [4]工具使用不当扣 2 分，损坏、摔掷工具和配件每次扣 5 分 [5]工具、配件(不含开口销)未收回每一件扣 1 分	
质量	50	[1]错装、漏装配件每处扣 5 分 [2]开口销角度不正确扣 5 分、窜动超过 5 mm 扣 2 分 [3]闸片反装扣 20 分	
安全其他	10	[1]未插设或未撤除安全号志扣 10 分，错设扣 5 分；中间脱落或未展开各扣 5 分 [2]作业中违章使用工具每次扣 1 分，作业完毕后遗漏工具每件扣 2 分 [3]作业中碰破出血扣 5 分；作业过程中受伤不能工作者全项失格 [4]未按规定穿戴劳保用品扣 2 分	
用　时		成　绩	

任务三　分解检查组装 15 型车钩钩头

客车车钩的种类较多，本节主要练习 15 型车钩钩头的分解组装，它们的主要作用是连接车列，承担牵引列车巨大的撞击扭力和重量。在运用中易发生各类故障，常发生的有磨耗过限、各弯角处裂损、折断及车钩高度互钩差出现问题等故障，如不做妥善处理会引起行车事故发生。

任　务　单

<table>
<tr><td>项　　目</td><td colspan="3">车辆专业知识</td></tr>
<tr><td>任　　务</td><td>分解检查组装 15 型车钩钩头</td><td>学　　时</td><td>2</td></tr>
<tr><td colspan="4">任 务 概 述</td></tr>
<tr><td colspan="4">作为检车员在日常的工作中，应及时发现故障并主动处理，以保证列车正常运行，所以不但要熟悉它的构造作用还必须了解它易发生故障的部位、形式并熟练掌握它的分解与组装。通过实际练习应达到按标准顺序、时间和方法完成分解组装</td></tr>
<tr><td colspan="4">任 务 内 容</td></tr>
<tr><td colspan="4">1. 按规定插设防护号志
2. 卸下钩舌销、钩舌、取出推铁、锁铁、下锁销
3. 对卸下的配件及钩腔进行外观检查，分别进行清扫、检查、给油
4. 测量前开挡、钩锁铁导向角搭接量
5. 安装锁铁、推铁、钩舌及钩舌销，测量钩舌销与钩耳孔间隙
6. 试验车钩三态作用，检查车钩中心线标记准确，测量钩高、车钩闭锁位及全开位尺寸
7. 撤除安全防护号志</td></tr>
<tr><td colspan="4">任 务 目 标</td></tr>
<tr><td colspan="2">知 识 目 标</td><td>能 力 目 标</td><td>素 质 目 标</td></tr>
<tr><td colspan="2">1. 了解客车车钩种类
2. 15 型车钩组成
3. 掌握车钩的三态作用
4. 掌握车钩的常见故障</td><td>1. 会正确分解 15C 型车钩钩头
2. 能对 15C 型车钩钩头进行故障检查、维护
3. 会组装 15 型车钩钩头</td><td>1. 树立安全生产意识
2. 培养严谨认真的工作态度
3. 培养团队合作精神</td></tr>
<tr><td colspan="4">任 务 要 求</td></tr>
<tr><td colspan="4">1. 在实训过程中，严格遵守实训场所有关规定
2. 树立“安全第一”意识，保证人身及设备安全
3. 做好实训准备工作，准备好相关物品
4. 操作仪表、工具时，严格按照操作规范进行
5. 及时记录实训数据与结果，认真撰写实训报告
6. 发生下列情况之一，应立即终止实训
(1)在实训过程中因违规操作损坏设备或工具
(2)在实训过程中因违规操作发生安全事故</td></tr>
</table>

理论知识

一、15 型车钩

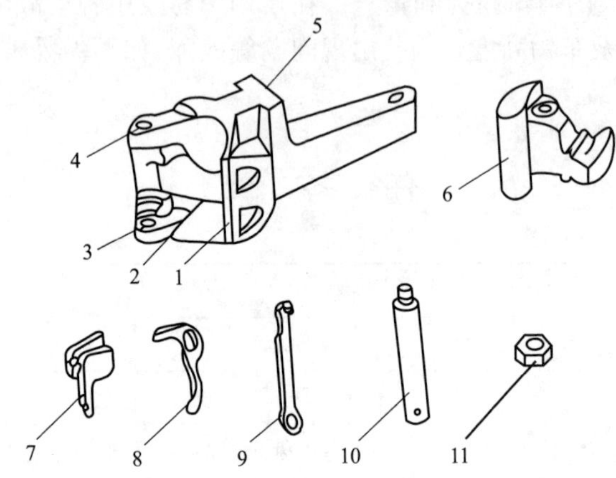

图 5-3-1 15 型车钩及配件

1—钩腕；2—钩锁腔；3—下钩耳及孔；4—上钩耳及孔；5—钩肩；6—钩舌；7—钩锁；8—钩舌推铁；9—下锁销；10—钩舌销；11—钩舌销螺母

（一）车钩的构造及作用

15 型车钩由钩头、钩身、钩尾三部分组成。钩头内部装有钩舌、钩锁铁、钩舌推铁、下锁销等零件，如图 5-3-1 所示。

1. 钩头：主要起车辆摘挂作用的部分。

当车钩进行全开作用时，钩舌推铁的全开作用端受到钩锁铁全开作用面的撞击，钩舌推铁则以背部的全开支点为支点回转，推舌端踢动钩舌尾部侧面，使钩舌张开。

2. 钩身：用来传递牵引力和冲击力，为空心厚壁箱形结构。

3. 钩尾：车钩后端安装钩耳框的部分，钩尾端部呈圆弧面，通过圆形截面的钩尾销与钩尾框相连接，这样车钩的左右摆动对车体的影响要小些，从而提高了运行的平稳性。但由于是圆弧面则不能借助于缓冲器的反力矩来自动复位，因此设有自动复原装置。

（二）三态作用

车钩的自动连挂和自动摘解是通过它的“三态”作用完成的，当车钩内钩舌、钩锁铁、钩舌推铁、锁销等零件处于不同位置时，可使车钩具有开锁、闭锁、全开三种作用，俗称“三态”作用。

1. 闭锁位置

车辆连挂后，两个车钩必须处于闭锁位置才能传递牵引力。

此时，钩舌转入钩锁腔内，钩锁靠自重落下，坐在钩锁腔底部，卡在钩舌尾部侧面和钩锁腔侧壁之间，挡住钩舌的转动，如图 5-3-2 中 a 所示。这时，下锁销沿着钩锁背部的锁销槽下滑，下锁销上防跳台卡在钩锁腔后壁防跳台下；下防跳台卡在下锁销孔的后缘下防跳台处，起防跳作用，形成闭锁位置。

2. 开锁位置

两连挂着的车辆欲要分开时，必须有一个车钩处于开锁位置。

由闭锁位置提起车钩提杆，推动下锁销，锁销轴沿着钩锁背部的锁销槽上移，使下锁销上下防跳台脱离防跳位置。当下锁销继续上移时，则顶动钩锁上移。由于钩锁的偏重上部向前倾转，而腿部向后转动，当放下车钩提杆时，钩锁的开锁坐锁面在下锁销孔后部的锁座上，如图5-3-3中a所示，钩锁不能落下，形成开锁位置，将相互连挂的车辆分开。

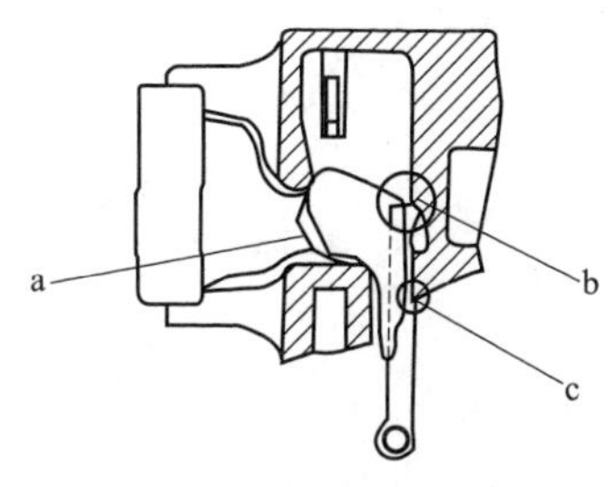

图5-3-2　15型车钩闭锁位置
a—钩锁位置；b—上防跳位置；
c—下防跳位置

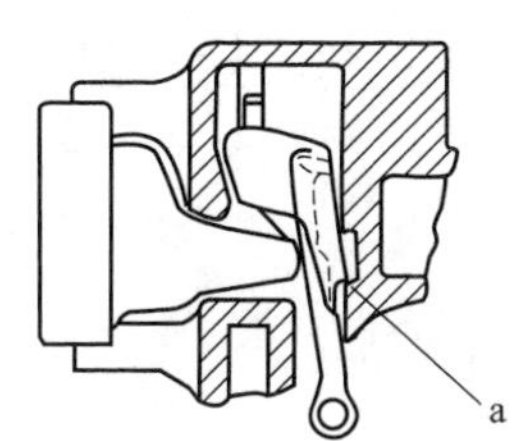

图5-3-3　15型车钩开锁位置
a—钩锁位置

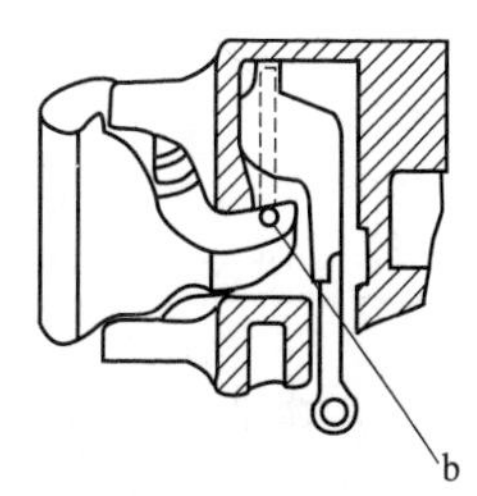

图5-3-4　15型车钩全开位置
a—钩锁位置；b—上防跳位置

3. 全开位置

在车辆彼此连挂之前，必须有一个车钩处于全开位置，才能达到自动连挂的目的。

由闭锁位或开锁位用力提起车钩提杆，使钩锁被充分顶起，钩锁的全开作用面顶动钩舌推铁的全开作用端，钩舌推铁以背部全开支点和钩锁腔内壁接触面为支点回转，如图5-3-4中a所示，其下部推舌端踢动钩舌尾部侧面，如图5-3-4中b所示，使钩舌以钩舌销为轴转动张开，放下车钩提杆后，钩锁靠自重落下，坐在钩舌尾部上，形成全开位置。

(三)受力分析

15型车钩在钩舌和钩锁腔内铸有牵引(冲击)突缘(肩)，在长期使用中牵引突缘产生磨耗后，受牵引时，由钩舌销、牵引突缘和上、下钩耳承受牵引力；受冲击时，由上、下冲击突肩、钩舌销和上、下钩耳共同承受冲击力，如图5-3-5所示。

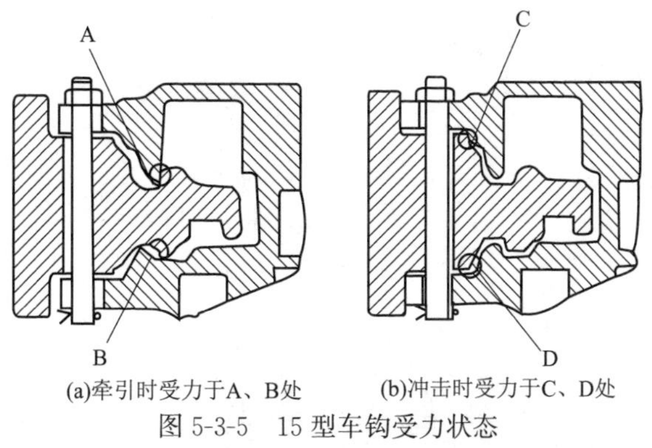

(a)牵引时受力于A、B处　(b)冲击时受力于C、D处
图5-3-5　15型车钩受力状态

(四)改进的新型15型车钩

随着列车的运行速度、牵引总重的提高，作用在车钩上的载荷也随之加大，从而对车钩强

度、运行的平稳性提出了更高的要求，因此，目前新型客车上均采用小间隙15型车钩、15型高强度车钩。15C型车钩在结构方面、作用原理与15型车钩基本相同，不同之处是改变了车钩钩头轮廓图形，缩小了两车钩连挂之间的间隙及车钩尾部和前丛板的间隙；15型高强度车钩采用低合金铸钢，主要有长春客车厂的材质为ZG25MnCrNiMo的15C型车钩和四方机车车辆厂的材质为$ZG15H_1$、$ZG15H_2$的15H型车钩。

该车钩及大容量缓冲器不允许与其他类似配件混装，否则将直接影响其作用特性。

实 作 技 能

一、实训准备

在正式作业前，先准备好如下实训用品：

设备：装用15型车钩的客车，无地沟。

工具：手锤、劈销器、克丝钳、车钩检测样板或检测尺、钢板尺、钩高测量尺，检测数值记录本。

二、实训流程及标准

1. 作业前准备：作业前，穿戴劳保用品，检查工具材料。确认脱轨器插设后，插设防护信号。
2. 拆车钩下锁销防跳装置及钩提杆防开装置。
3. 分解钩头：提起钩提杆，使车钩处于开锁位，依次分解钩舌销、钩舌、钩舌推铁、钩锁铁、下锁销、下锁销连杆。
4. 清扫、除垢。
5. 检查钩头及配件：外观检查；检查车钩防跳装置和钩提杆防开装置配件齐全、作用良好，测量前开挡高度。
6. 组装车钩钩头：均匀涂适量润滑油脂。依次组装钩锁铁、钩锁销、钩舌推铁、钩锁销杆、钩舌、钩圆销，拧紧钩舌销螺母，安装开口销。
7. 测量钩高、全开及闭锁位尺寸。
8. 落成检查：试验车钩三态作用。
9. 填写记录。
10. 完工、撤除防护信号。

三、实训内容

分解、检查、组装15型钩头。

能 力 考 核

一、考核题目

分解检查组装15型车钩钩头。

二、考核内容

分解、清扫、检查、给油、组装15型车钩钩头。

三、考核要求

1. 各配件分解、组装顺序正确，不颠倒、遗漏，口述清楚。
2. 各配件清扫要干净，检查顺序好给油到位，口述清楚无误。
3. 试验三态作用顺序时，各态试验标准规范到位，口述清楚，检查正确。
4. 开口销从根部平均劈开60°～70°。

四、考核时间

1. 准备时间：2 min。
2. 正式作业时间：4 min。计时从插旗开始拔旗结束。
3. 规定时间内全部完成，超时停止作业。

五、考核标准

若考生发生下列情况之一，则应及时终止其考试，考生该试题成绩记为0分。
1. 在考试过程中因违规操作损坏工具。
2. 在考试过程中因违规操作发生安全事故。

考 核 表

考核项点	配　分	考核内容
时间	20	标定时间4 min。每超过3 s扣1分(不足3 s不扣分)超过标定时间1 min停止作业，时间分不得分。压缩时间不加分，成绩相同按时间排序
作业过程	20	一、作业顺序 [1]按规定插设防护号志 [2]卸下钩舌销，并对钩舌销进行外观检查，有无裂损(口述) [3]卸下钩舌，对其进行外观检查，有无裂损，测量钩舌销与钩舌销孔间隙(口述) [4]取出推铁、锁铁、下锁销，并外观检查有无裂损(口述) [5]外观检查钩腔牵引台和冲击台有无裂损，清扫给油(口述) [6]测量前开挡、钩锁铁导向角搭接量 [7]安装锁铁、推铁、钩舌及钩舌销，测量钩舌销与钩耳孔间隙(口述) [8]试验车钩三态作用，检查车钩中心线标记准确、清晰(口述)，测量钩高、车钩闭锁位及全开位尺寸 [9]撤除安全防护号志 二、扣分标准 [1]不按顺序作业扣5分 [2]未进行三态试验，每态扣5分，试验不标准每态扣1分 [3]未按程序检查相关部位及配件每处扣2分，未按规定口述作业内容，每次扣2分 [4]未按程序测量相关部位尺寸每处扣5分，测量方法不标准每处扣2分

续上表

考核项点	配　分	考核内容	
质量	50	[1]开口销未装扣5分,角度不正确扣2分 [2]钩提杆未入槽,扣3分 [3]钩舌销螺纹损伤,每处扣2分 [4]三态作用不良,扣20分 [5]下锁销及其连杆安装反位,扣15分	
安全其他	10	[1]未插设或未撤除安全号志扣10分,错设扣5分;中间脱落或未展开各扣5分 [2]未按规定穿戴劳保用品扣2分 [3]作业中违章使用工具每次扣1分,损坏、摔掷工具和配件每次扣5分,作业完毕后遗漏工具每件扣2分,配件(小三件、钩舌销或钩舌)脱落每件扣5分 [4]作业中碰破出血扣5分;作业过程中受伤不能工作者全项失格	
用　时		成　绩	

任务四　更换折角塞门

折角塞门是空气制动系统中气路控制的重要部件。它控制着制动软管和制动主管空气气路的连通和截断,在实际运用中使用频率较高。如果状态不良或使用不当,会影响空气制动系统的正常工作,甚至会引发严重的事故。因此在对车辆的日常检修维修中,必须及时发现和更换受损的折角塞门,使车辆保持良好状态。

通过实训,掌握折角塞门的构造,理解折角塞门的用途,掌握其安装及使用方法。

任　务　单

<table>
<tr><td>项　目</td><td colspan="4">车辆专业知识</td></tr>
<tr><td>任　务</td><td colspan="2">更换折角塞门</td><td>学　时</td><td>2</td></tr>
<tr><td colspan="5">任务概述</td></tr>
<tr><td colspan="5">更换折角塞门是列检日常工作和快速修演练最常见的项目。特别是快速修演练对更换折角塞门的质量和速度提出了更高要求</td></tr>
<tr><td colspan="5">任务内容</td></tr>
<tr><td colspan="5">本任务主要学习更换折角塞门,能够熟练掌握更换折角塞门的方法、在安全的前提下更快更好的更换折角塞门</td></tr>
<tr><td colspan="5">任务目标</td></tr>
<tr><td colspan="2">知识目标</td><td>能力目标</td><td colspan="2">素质目标</td></tr>
<tr><td colspan="2">1. 掌握折角塞门的构造
2. 理解折角塞门的用途</td><td>1. 掌握更换折角塞门的操作技能
2. 能正确使用折角塞门
3. 会判断和分析折角塞门的故障</td><td colspan="2">1. 树立安全生产意识
2. 培养严谨认真的工作态度
3. 培养团队合作精神</td></tr>
</table>

续上表

任务要求
1. 在实训过程中,严格遵守实训场所有关规定 2. 树立“安全第一”意识,保证人身及设备安全 3. 做好实训准备工作,准备好相关物品 4. 操作工具时,严格按照操作规范进行 5. 及时记录实训数据与结果,认真撰写实训报告 6. 发生下列情况之一,应立即终止实训 (1)在实训过程中因违规操作损坏工具 (2)在实训过程中因违规操作发生安全事故

理论知识

折角塞门安装在制动主管的两端,用以开通或关闭主管与软管之间的通风路,以利车辆的解结、检修等工作。它分为锥芯式、球芯式、半球芯式和往复式等多种形式,现只就目前车辆使用最多的锥芯式和球芯式进行介绍。

一、锥芯式折角塞门

锥芯式折角塞门的构造如图 5-4-1 所示,平直的一端与制动主管连接,弯曲的一端与制动软管相连。手把提起后可旋转 90°。塞门芯为圆锥体,顶部为方形,与手把套口用圆销结合在一起,以防手把脱落,同时手把上有爪,防止自然开关。为使塞门芯与塞门体内铜套严密吻合,在底部安有弹簧和托盖。

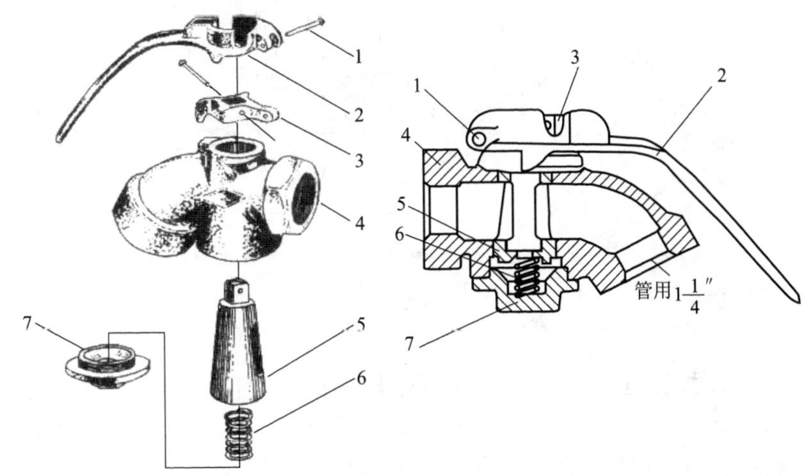

图 5-4-1　锥芯式折角塞门

1—销;2—手把;3—套口;4—塞门体;5—塞门芯;6—弹簧;7—盖

这种折角塞门的常见故障有下列几种:

(1)塞门体内铜套移动

铜套移动主要是由于缺油或塞门芯有伤痕,转动不灵活,经长期开关而逐渐发生移动,也有因嵌入不好,使用不久就移动的,以致影响通风效果。

(2)塞门漏泄

有的在关闭位置漏,有的在移动手把时漏。多由于塞门芯与铜套研磨不好、塞门芯磨耗、弹簧衰弱或折损等原因造成,发现时应及时更换。

(3)手把裂损和反位

在开关不灵时用锤猛敲,以致裂损。开关位置和原标准相反,以致不易辨别,发现时应及时更换塞门。

二、球芯式折角塞门

球芯式折角塞门与普通锥芯式折角塞门作用是相同的,只在构造上有所不同。早期生产的球芯式折角塞门,如图 5-4-2 所示,主要由塞门体、手把、套口、轴、轴套、球芯、密封垫、O 形密封圈等组成。组装时,在密封垫、O 形密封圈和沟槽内都涂一层硅脂。球体是用钢或球墨铸铁精加工而成,表面镀一层硬铬并抛光,上面开一个直径 32.5 mm 的贯通孔,通孔面积为锥芯式的 1.21 倍,且和制动主管同为圆形通径。后来球芯式折角塞门将塞门体后盖改为上盖,在套口附近用螺栓组装,保证了球芯与塞门的同心度,可以克服在组装时发生"球位移"等故障。

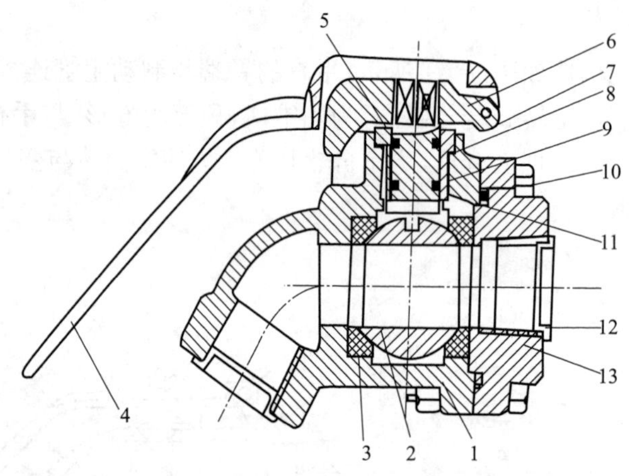

图 5-4-2 球芯折角塞门

1—塞门体;2—球形塞门芯;3—密封垫圈;4—手把;5—O 形密封圈;6—套口;7—O 形密封圈;8—塞门芯轴;9—O 形密封圈;10—O 形密封圈;11—塞门芯轴套;12—防尘堵;13—盖

球芯折角塞门的手把,也有开通与关闭两个作用位置,当手把置于与塞门体成水平位置时,为开通位置,在这位置球芯塞门芯的圆形通孔完全连通制动主管与制动软管,使压缩空气有较好的通过面积。当手把置于与塞门体成垂直方向的位置时,塞门芯的球面正好堵住了制动主管与制动软管的通路,成关闭位置。

段修时,球芯折角塞门须经风压作用试验,不良时,须分解检查 O 形密封圈、橡胶密封垫圈、球形塞门芯等部件。组装时应将各零部件清洗干净,涂抹适量的硅脂,并按规定进行漏泄及作用试验。

实 作 技 能

一、实训准备

在正式作业前，先准备好如下实训用品：折角塞门一把、劳保手套；管钳；生料带等。

二、实训流程及标准

按照更换折角塞门作业流程进行作业。

1. 按规定插设防护号志。
2. 使用止轮器对车辆定位，将车辆另一端的折角塞门关闭。
3. 左手抓住软管，右手打开本车的折角塞门排除管余风(排尽制动主管压力空气)。
4. 卸下制动软管总成。
5. 用管钳卡住辅助管。
6. 扳手卡住折角塞门六方。
7. 卸下折角塞门。
8. 拆卸的配件摆放在指定位置。
9. 更换安装新品折角塞门。
10. 补助管的头部缠绕生料带，组装拧紧合格的折角塞门，接头螺纹必须拧紧三牙以上。
11. 更换新品后做开、闭位试验。
12. 恢复现场检查确认，撤出防护号志。

三、实训内容

更换折角塞门。

能 力 考 核

一、考核题目

更换折角塞门。

二、考核内容

更换折角塞门。

三、考核要求

1. 在规定时间内，完成更换折角塞门。
2. 螺纹连接必须拧紧三牙以上。
3. 制动软管和折角塞门安装角度符合要求。

四、考核时间

1. 准备时间：2 min。
2. 正式作业时间：10 min。计时从工具准备齐全开始至检查、记录完毕结束。

五、考核标准

若考生发生下列情况之一，则应及时终止其考试，考生该试题成绩记为 0 分。

1. 在考试过程中因违规操作损坏工具或部件。
2. 在考试过程中因违规操作发生安全事故。

考 核 表

考核项点	配分	考核内容	
时间	10	标定时间 12 min，每超过 10 s 扣 1 分（不足 10 s 不扣分），超过标定时间 3 min 停止作业，否则判定本单项失格。压缩时间不加分，得分相同时以时间短的排名靠前	
作业过程	40	一、作业程序 准备作业→按规定插设防护号志→使用止轮器对车辆定位，将辆另一端的折角塞门关闭→左手抓住软管，右手打开本车的折角塞门排除管余风（排尽制动主管压力空气）→卸下制动软管总成→用管钳卡住辅助管→扳手卡住折角塞门六方→卸下折角塞门→拆卸的配件摆放在指定位置→补助管的头部缠绕生料带，组装拧紧合格的折角塞门，接头螺纹必须拧紧三牙以上→更换新品后做开、闭位试验→恢复现场检查确认，撤出防护号志 二、扣分标准 [1]未检查更换配件，每件扣 5 分 [2]未绕生料带每处扣 5 分，未拧紧每处扣 3 分 [3]制动软管、折角塞门安装角度不正确，每处扣 10 分（与侧墙夹角 30°与总风管 50°） [4]未做漏泄试验扣 2 分 [5]各接触处未涂肥皂水，每处扣 2 分	
质量	40	[1]检查考核件螺纹是否完好，连接器和手把是否裂纹 [2]补助管的头部绕生料带，组装拧紧合格的折角塞门，接头螺纹必须拧紧三牙以上 [3]制动软管接头绕生料带，组装拧紧合格的软管，接头螺纹必须拧紧三牙以上 [4]制动软管及折角塞门角度符合要求 [5]中间脱落零件扣 5 分	
安全其他	10	[1]未按规定穿戴劳保用品扣 2 分 [2]作业中违章使用工具每次扣 1 分，损坏、摔掷工具和配件每次扣 5 分，作业完毕后遗漏工具每件扣 2 分，配件脱落每件扣 5 分 [3]作业中碰破出血扣 6 分；作业过程中受伤不能工作者全项失格 [4]未清理现场，工具、部件等摆放不整齐扣 5 分	
用时		成绩	

任务五　列车制动试验

了解列车制动试验的试验要求，能够熟练地进行列车制动性能试验。

任　务　单

<table>
<tr><td>项　　目</td><td colspan="4">车辆专业知识</td></tr>
<tr><td>任　　务</td><td colspan="2">列车制动试验</td><td>学　　时</td><td>2</td></tr>
<tr><td colspan="5">任 务 概 述</td></tr>
<tr><td colspan="5">库列检作业时，应使用微控列车制动机试验器按照《列车制动机试验方法》的要求，对旅客列车制动机进行全部试验、列车总风管漏泄试验及持续一定时间的保压试验</td></tr>
<tr><td colspan="5">任 务 内 容</td></tr>
<tr><td colspan="5">本任务主要通过实训，会正确熟练地进行列车制动试验</td></tr>
<tr><td colspan="5">任 务 目 标</td></tr>
<tr><td colspan="2">知 识 目 标</td><td>能 力 目 标</td><td colspan="2">素 质 目 标</td></tr>
<tr><td colspan="2">掌握列车试验的方法及技术要求</td><td>会正确熟练地进行列车制动机性能试验</td><td colspan="2">1. 树立安全生产意识
2. 培养严谨认真的工作态度
3. 培养团队合作精神</td></tr>
<tr><td colspan="5">任 务 要 求</td></tr>
<tr><td colspan="5">1. 在实训过程中，严格遵守实训场所有关规定
2. 树立“安全第一”意识，保证人身及设备安全
3. 做好实训准备工作，准备好相关物品
4. 操作工具时，严格按照操作规范进行
5. 及时记录实训数据与结果，认真撰写实训报告
6. 发生下列情况之一，应立即终止实训
(1)在实训过程中因违规操作损坏工具
(2)在实训过程中因违规操作发生安全事故</td></tr>
</table>

理 论 知 识

一、试验要求

微控列车试验器须记录各项性能试验结果，记录列车首、尾风压曲线及减压速度，数据保存时间不少于 3 个月。

微控列车试验器的执行器与列车制动管间的连接，使用内径 ϕ32 mm 的胶管，长度 15～20 m。与列车总风管间的连接，使用内径 ϕ25 mm 的胶管，长度 15～20 m。

二、试验方法及技术要求

(一)全部试验

1. 试验准备：连接列车制动管和总风管前，必须对系统管路进行排水排尘。在列车制动管尾部达到定压 600 kPa 后，检查列车尾部车辆压力表与尾部测试设备(校对风表)压力差不大于 20 kPa。

2. 客列尾试验(仅在库列检实施)

(1)客列尾试验装置分别与首部、尾部客列尾主机建立连接。

(2)首部、尾部客列尾主机查询压力正常。

(3)客列尾辅助排风试验

列车制动管达到定压后，减压 100 kPa 保压，分别触发首部、尾部客列尾主机排风。排风须能够分别引起首部、尾部车辆发生紧急制动作用。

3. 漏泄试验(仅在库列检实施)

列车制动管达到定压后，保压 1 min 列车制动管漏泄不大于 20 kPa。

4. 制动缓解感度试验

列车制动管达到定压后，制动管减压 50 kPa(试验设备减压速度控制在 10～20 kPa/s)，全列必须发生制动作用，保压 1 min 不得自然缓解。充风缓解，全列在 1 min 内缓解完毕。

5. 制动安定试验

列车制动管达到定压后，制动管减压 170 kPa(试验设备减压速度控制在 25～35 kPa/s)，确认全列车制动机不得发生紧急制动作用。

制动缸活塞行程须符合规定。

在制动保压状态下，保压 1 min 列车制动管漏泄不大于 20 kPa。

(二)总风系统漏泄试验

列车总风管压力达到 550～620 kPa 时，确认列车总风管系贯通良好，全列(静态)保压 1 min，总风管漏泄不大于 20kPa。

(三)简略试验

列车制动管达到定压后，机车制动阀减压 100 kPa。确认最后一辆车制动后，进行缓解并确认制动机缓解作用良好。

(四)持续一定时间的保压试验

列车制动管达到定压后，减压 100 kPa，制动保压状态下，持续 5 min 内任一车辆不得自然缓解，且每分钟内的漏泄量不大于 20 kPa。

(五)由车辆乘务员负责的站折列车制动机试验

对无客列检作业的站折列车，须利用本务机车按照列车制动机全部试验的减压标准(分别减压 50 kPa、170 kPa)进行制动机试验，由车辆乘务员对尾部最后一辆客车的制动、缓解状态进行确认。

减压 50 kPa 时须发生制动作用，保压 1 min 不得自然缓解。充风缓解时，须在 1 min 内缓解完毕。

减压 170 kPa 时全列车制动机不得发生紧急制动作用，保压 1 min 列车制动管漏泄不大于 20 kPa。

（六）持续一定时间的全部试验，包括全部试验和持续一定时间的保压试验。

实作技能

一、实训准备

在正式作业前，先准备好如下实训用品：

单管供风形式客车6辆，首尾车风表均在列车端部，2名检车员采取协同作业方式；携带对讲机、手电筒、检点锤、秒表，车门钥匙、列车试验器、KLW便携式库检仪，故障记录本。

二、实训流程及标准

（一）客列尾试验

1. 上车分别打开首、尾车客列尾主机箱，检查主机状态。

要求：

（1）主机挂接牢固，馈线、风管及电源线连接可靠。

（2）打开球芯截断塞门，闭合主机电源开关，耳听管路及主机无漏泄，检查主机软管无破损、鼓泡。

（3）客列尾主机月检测不过期。

2. 使用便携式库检仪输入尾、首车客列尾主机ID号建立连接并查询风压。

要求：

（1）便携式库检仪查询风压值与所在车辆风表显示值误差不大于10 kPa。

（2）客列尾主机显示便携式库检仪编号正确。

3. 1号检车员操纵列车试验器充值定压后减压100 kPa后保压。

要求：减压至555～565 kPa时客列尾便携式库检仪欠压自动提示。

4. 测试尾部客列尾装置辅助排风功能。1号检车员操纵列车试验器充风至定压稳定后，使用便携式库检仪向尾车客列尾主机发送辅助排风命令。4号检车员确认辅助排风状态，2、3号检车员确认全列发生紧急制动。

要求：

（1）尾车客列尾主机1 s内进行辅助排风。

（2）全列须发生紧急制动。

5. 测试前部客列尾装置辅助排风功能。1号检车员操纵列车试验器充风至定压后，4号检车员使用便携式库检仪向前部客列尾主机发送辅助排风命令。1号检车员确认辅助排风状态，2、3号检车员确认全列发生紧急制动。

要求：

（1）前部客列尾主机1 s内进行辅助排风。

（2）全列须发生紧急制动。

6. 检车员分别解除便携式库检仪与主机连接，确认便携式库检仪播报销号成功提示，关闭首车、尾车客列尾主机电源，锁闭客列尾主机箱。

（二）漏泄试验

由1号检车员操纵列车试验器进行充风，4号检车员确认记录仪风压达到定压后，用对讲机通知1号检车员，1号检车员操纵试验器进行漏泄试验，将试验器置于保压位并关闭第一辆车的折角塞门，并使用对讲机通知4号检车员漏泄试验开始，4号检车员观察记录仪显示压力。

要求：保压1 min内压力下降不得超过10 kPa。

（三）制动缓解感度试验

1. 由1号检车员操纵列车试验器充风，用对讲机通知全组到达车底一侧指定位置。

要求：车底下部技术检查作业的四名检车员参加，由列车试验器向后依次分别为1号检车员、2号检车员、3号检车员、4号检车员。1号检车员负责组织，并负责分配每人检查辆数。检车员负责检查辆数要根据编组辆数平均分配，不能平分时由3号、4号检车员分担。

2. 由4号检车员确认记录仪达到定压后，在车底一侧由后向前依次传递制动信号至1号检车员，使用手电筒白色光源上下摇动（可使用对讲机辅助传递信号）。

3. 由1号检车员操纵试验器减压50 kPa后保压，各检车员按作业示意路线进行检查。

要求：

（1）全列必须发生制动作用。

（2）分钟内不得发生自然缓解。

4. 由4号检车员依次向前传递缓解信号至1号检车员，使用手电筒白色光源左右摇动（可使用对讲机辅助传递信号）。

5. 由1号检车员操纵列车试验器充风缓解，各作业人员按图示作业示意路线进行检查。

要求：

（1）全列车须在1 min内缓解完毕。

（2）制动缓解指示器在制动机进行制动缓解试验时，显示正确。

（四）制动安定试验

1. 由4号检车员确认记录仪达到定压后，在地沟内由后向前依次传递制动信号。使用手电筒白色光源上下摇动（可使用对讲机辅助传递信号）。

2. 由1号检车员操纵列车试验器减压170 kPa。

要求：保压1 min，各检车员确认全列车制动机不得发生紧急制动作用。

3. 各检车员按图示路线进行检查，逐个检查闸片须与制动盘密贴，耳听制动管系、单元制动缸、防滑排风阀无漏泄，4号检车员回到尾部观察记录仪显示压力。

要求：在制动保压状态下，列车制动主管压力每分钟漏泄不得超过10 kPa。

4. 由4号检车员依次向前传递缓解信号至1号检车员，使用白色手电筒光左右摇动（可使用对讲机辅助传递信号）。

5. 由1号检车员操纵列车试验器充风缓解，各作业人员按图示作业示意路线进行检查。

要求：闸片须与制动盘分离。

(五)持续一定时间的保压试验

1. 由 4 号检车员确认记录仪达到定压后，在地沟内由后向前依次传递制动信号至 1 号检车员，使用手电筒白色光源上下摇动(可使用对讲机辅助传递信号)。

2. 由 1 号检车员操纵列车试验器减压 100 kPa 保压 5 min。

要求：

(1)在制动保压状态下，5 min 内不得发生自然缓解。

(2)漏泄量每分钟不超过 10 kPa。

3. 由 4 号检车员依次向前传递缓解信号至 1 号检车员，使用手电筒白色光源左右摇动(可使用对讲机辅助传递信号)。

4. 由 4 号检车员依次向前传递结束信号至 1 号检车员，使用手电筒白色光源作圆形转动(可使用对讲机辅助传递信号)，制动试验结束。

(六)总风管漏泄试验

1. 由 1 号检车员关闭首车列车管折角塞门，打开总风折角塞门进行试验。

2. 由 1 号检车员操纵列车试验器向总风管充风，4 号检车员负责对尾车总风管吹尘并排水，连接尾部记录仪。

3. 由 1 号、4 号检车员确认首、尾车辆总风表达到 550～620 kPa 后，分别与列车试验器、记录仪显示风压进行校对。由 4 号检车员使用对讲机通知 1 号检车员进行总风漏泄试验。

要求：压力差各不得超过 20 kPa。

4. 由 1 号检车员操纵列车试验器保压或关闭首车前端总风折角塞门，4 号检车员观察记录仪显示压力。

要求：1 min 内压力下降不得超过 20 kPa。

三、实训内容

列车制动性能试验

能 力 考 核

一、考核题目

列车制动性能试验。

二、考核内容

1. 列车制动性能试验的方法。
2. 列车制动性能试验的要求。

三、考核要求

在规定时间内，按工艺要求熟练地完成各项试验内容。

四、考核时间

1. 准备时间:3 min。
2. 正式作业时间:30 min。计时从工具准备齐全开始至检查、记录完毕结束。

五、考核标准

若考生发生下列情况之一,则应及时终止其考试,考生该试题成绩记为0分。
1. 在考试过程中因违规操作损坏工具或部件。
2. 在考试过程中因违规操作发生安全事故。

考 核 表

考核项点	配分	考核内容	
时间	10	标定时间33 min,每超过30 s扣1分(不足60 s不扣分),超过标定时间5 min停止作业,否则判定本单项失格。压缩时间不加分,得分相同时以时间短的排名靠前	
作业过程	40	一、作业程序 设防护号志→客列尾试验→漏泄试验→制动缓解感度试验→制动安定试验→持续一定时间的保压试验→总风管漏泄试验→撤除防护标志 二、扣分标准 [1]未检查确认试验器的试验压力每项扣2分,试验器的试验压力不符合要求扣5分 [2]每漏试验一个项目扣5分 [3]操作不当引起的意外制动作用或未按试验标准进行试验,每次扣5分 [4]处理故障后未再做相关试验进行确认扣5分 [5]每次急充风后未在二位停留20 s直接减压的扣2分 [6]连接风管前未吹尘扣5分	
质量	40	[1]全车故障n件,每少发现一件故障扣$50/n$分(以选手上交的故障记录为准);全部故障未发现判定全项失格 [2]填记故障未写明车号、配件名称、故障名称,错、漏一项此故障不得分 [3]应处理的故障未处理,每件扣5分 [4]检查微机采集的尾部风压记录仪数据,发现保压时间不足1 min的每次扣2分;充风未达定压每次扣2分;充风超过定压每次扣2分;减压量不足每次扣2分;尾部风压未达定压提前结束试验扣2分 [5]操作不当引起意外制动,每次扣10分 [6]发现故障在序号下方打"√" ① ② ③ ④ ⑤ ⑥ ⑦ ⑧ ⑨ ⑩	
安全其他	10	[1]未穿戴好劳动防护用品,扣2分 [2]未按规定设置防护号志,中间脱落或未展开,扣2分 [3]作业中碰破出血扣5分;作业过程中受伤不能工作者本项比赛失格 [4]作业中违章使用工具每次扣1分,作业完毕后遗漏工具每件扣2分	
用时		成绩	

任务六　客车空调系统故障排查

铁路客车空气调节装置是控制客车厢内温度、湿度、风速、清洁度及噪声，并使之达到规定标准的空气调节装置。客车内环境控制系统的功能是将一定量的车外新鲜空气和车内再循环空气混合后，经过过滤、冷却或加热、减湿或加湿等处理，以一定的流速送入车内，并将车内一定量的污浊空气排出车外。

任　务　单

<table>
<tr><td>项　　目</td><td colspan="5">车辆专业知识</td></tr>
<tr><td>任　　务</td><td colspan="3">客车空调系统故障排查</td><td>学　　时</td><td>2</td></tr>
<tr><td colspan="6">任务概述</td></tr>
<tr><td colspan="6">客车空调装置把车厢内的温度、湿度、空气洁净度以及空气流速调整和控制在最佳状态，为车内提供舒适的环境。列车在运行过程中，客车空调装置根据室外条件自动对客室空气的状态参数作出调整，达到设定值，以实现乘客的舒适度。而这理想工况效果的实现，除了空调装置本身以外，电气控制系统起着重要的作用。因此，客车空调装置是车辆电工必须要掌握的内容，对于车辆电工来说，此部分内容尤为重要</td></tr>
<tr><td colspan="6">任务内容</td></tr>
<tr><td colspan="6">本任务主要学习客车空调系统的故障排查，能够正确申请供、断电，能够按照作业标准逐项检查、试验空调系统各项功能，包括空调机组、综合控制柜内涉及空调控制电路及主电路部分、送风末端装置、回风装置、废排装置和采暖装置，不要求登顶或分解作业，应急处置后要确保单车空调系统工作正常</td></tr>
<tr><td colspan="6">任务目标</td></tr>
<tr><td colspan="2">知识目标</td><td colspan="2">能力目标</td><td colspan="2">素质目标</td></tr>
<tr><td colspan="2">1. 掌握客车空调系统的组成，各系统安装位置
2. 掌握空调系统工作原理
3. 掌握空调系统的操作方法</td><td colspan="2">1. 熟知空调供、断电操作流程
2. 能够检查空调系统各项功能，并能排查故障及应急处置，确保单车空调系统工作正常</td><td colspan="2">1. 树立安全生产意识
2. 培养严谨认真的工作态度
3. 培养团队合作精神</td></tr>
<tr><td colspan="6">任务要求</td></tr>
<tr><td colspan="6">1. 在实训过程中，严格遵守实训场所有关规定
2. 树立“安全第一”意识，保证人身及设备安全
3. 做好实训准备工作，准备好相关物品
4. 操作仪表、工具时，严格按照操作规范进行
5. 及时记录实训数据与结果，认真撰写实训报告
6. 发生下列情况之一，应立即终止实训
(1)在实训过程中因违规操作损坏仪表或工具
(2)在实训过程中因违规操作发生安全事故</td></tr>
</table>

理 论 知 识

一、客车空调装置的组成及工作原理

(一)客车空调装置的组成。

客车空调装置一般均由通风系统、制冷系统、加热系统、加湿系统以及自动控制系统等五大系统组成。

1. 通风系统

通风系统的作用是将车外新鲜空气吸入并与车内再循环空气混合,在滤清灰尘和杂质后,再压送分配到车内,同时排出车内多余的污浊空气,以保证车内空气的洁净度以及合理的流动速度和气流组织。通风系统通常由通风机组、空气过滤器、新风口、送风道、回风口、回风道以及排废气口等组成,其结构如图 5-6-1 所示。

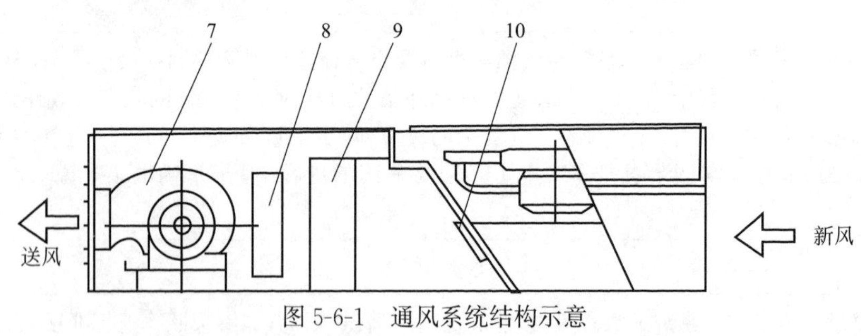

图 5-6-1 通风系统结构示意

7—通风机;8—蒸发器;9—电预热器;10—新风过滤器

2. 制冷系统(也称空气冷却系统)

制冷系统的作用是在夏季对进入车内的空气进行降温、减湿处理,使夏季车内空气的温度与相对湿度维持在规定的范围内。为保证制冷系统安全、有效地工作,制冷系统除压缩机、蒸发器、冷凝器、节流装置四大件外,还配有储液器、干燥过滤器、气液分离器等辅助设备。

KLD29 系列型客车单元空调机组制冷系统如图 5-6-2 所示。

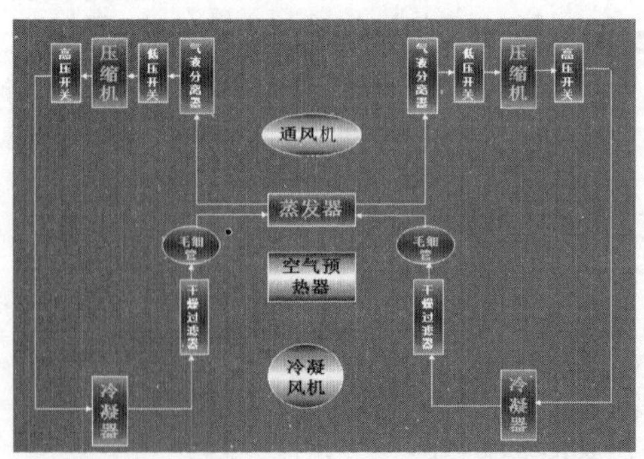

图 5-6-2 KLD29 客车单元空调机组制冷系统

3. 加热系统

加热的作用是在冬季对进入车内的空气进行预热和对车内的空气进行加热,以保证冬季车内空气的温度在规定的范围内。供热系统通常由空气预热器和空气加热器组成。冬季,通风机将吸入的车内外空气经过空气预热器的预热后送入车内,同时,车内加热器对车内空气加热,以补偿车体和门窗的热损失。

4. 加湿系统

空气加湿系统的作用是在冬季车内空气相对湿度较低时对空气加湿,以保证冬季车内空气的相对湿度在规定的范围内。

5. 自动控制系统

自动控制系统的作用是控制各系统按给定的方案协调地工作,以使车内的空气参数控制在规定的范围内,并同时对空调装置起自动保护作用。控制系统一般由各用电设备的控制电器、保护元件以及仪表等组成。电气综合控制柜(DC 600 V综合柜)结构如图5-6-3所示。

图5-6-3　电气综合控制柜

(二)客车空调装置的工作原理

蒸气压缩式制冷机主要由压缩机、冷凝器、节流装置和蒸发器四个部件组成,并用管道连接成一个封闭的循环系统,如图5-6-4所示。其工作过程如下:

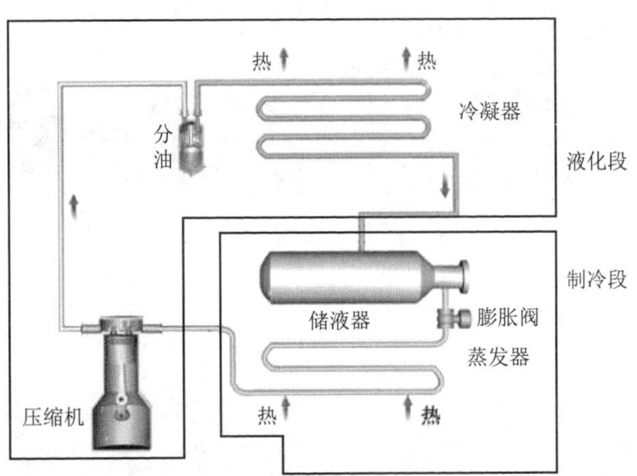

图5-6-4　蒸气压缩式制冷工作原理

低温低压的制冷剂液体在蒸发器中吸收被冷却空间的热量而汽化成低温低压的蒸气被压缩机吸入。压缩机消耗一定的机械功将制冷剂蒸气压缩成压力、温度较高的蒸气并排入冷凝器。高温、高压的制冷剂蒸气在冷凝器内被环境介质(空气或水)冷却,制冷剂蒸气放出热量而被冷凝成液体。高温、高压的制冷剂液体经过节流装置节流降压,同时温度也降低,然后再进入蒸发器。在蒸发器中,低压、低温的制冷剂液体又吸收被冷却空间的热量,蒸发成低压、低温蒸气,再被压缩机吸入,如此周而复始地循环。

这样,制冷剂在封闭的制冷系统中经压缩、冷凝、节流和蒸发等四个热力过程才完成一次循环。在循环中,压缩机要消耗一定的功,才能将低温物体放出的热量转移到高量的环境中去,以达到制冷的目的。

二、客车空调装置的类型

客车空调系统的安装方式主要分为两类:一类为分体式空调系统(又称集中式空调系统),另一类为车顶单元式空调系统(又称独立式空调系统)。两类系统均具有制冷系统、通风系统、供热系统和自动控制系统。

分体式空调系统分成两个部分,一部分为在车内的空气冷、热处理和输送、分配单元,置于客车端部,空气通过送风道和送风口送入车内,一般上送风,下回风,从车端墙新风口引入新风。而另一部分为车下的压缩冷凝部分。

单元式空调系统常将压缩冷凝部分、空气冷却部分等组合在一起,并安装在车端顶部,故称车顶单元式空调系统,这种空调系统适用于铁路长途硬座车、硬卧车、软卧车等。一般每节客车车厢安装两台相同的单元式空调系统。

单元式空调机组的型号目前有:KLD29(YZ)、KLD35(RW)、KLD40(CA)、KLD45(YW)、KLD9(XL)。其结构如图 5-6-5 所示。

图 5-6-5 单元式空调机组

三、单元式空调机组的技术参数

(一)空调机组

型式:车顶单元式

型号:KLD35PQ(广州中车)

电源:主回路 三相交流 380×(1±10%)V 50 Hz

控制回路:DC 110×(1±15%)V

制冷量:35 kW

(空气条件:蒸发器进风干球温度 29 ℃,相对湿度 60%;室外干球温度 35 ℃)

风量:低速:3 000 m^3/h　　新风:750 m^3/h

高速:4 500 m^3/h　　新风:1 000 m^3/h

制冷剂:R22　充注量 4 600 g×2

功率:约 15.5 kW　28.5 A

质量:约 700 kg

外形尺寸(mm):长 2 100×宽 2 280×高 650　圆弧顶　*R*2 360　平底

构架材质:不锈钢(SUS304)

(二)全封闭涡旋式压缩机:2 台

型号:ZR×KC1303

电流:12.5 A

输入功率:约 5.83 kW

输出功率:5.2 kW

转速:2 900 r/min

线圈电阻:约 1.8~2 Ω(20 ℃)

冷冻油:SUNIS03GS

(三)冷凝器:　2 台

冷却方式:风冷

型式:铝肋片套铜管

冷凝风机:轴流式 1 台

型号:KT51No.7AⅡ

转速:1 440 r/min

电机:型号:SL112M-6

线圈电阻(20 ℃):2.44 Ω

(四)蒸发器 1 台(2 个系统)

铝肋片套铜管

离心式风机:1 台(双联、双速)

型号:DF2.8AⅥ

功率:1.8/1.3 kW

转速:1 450/950 r/min

流量:4 500/3 000 m^3/h

电机:型号:YD100L-6-4-R2

线圈电阻(20 ℃):4.66/5.75 Ω(高速/低速)

轴承代号:6206

(五)节流方式　毛细管 ϕ3.2×ϕ1.6 铜管

(六)高压压力开关 2 个

动作值　电路断开(2.9±0.01)MPa
　　　　电路接通(2.4±0.01)MPa

(七)低压压力开关 2 个

动作值　电路断开(0.19±0.05)MPa
　　　　电路接通(0.32±0.05)MPa

(八)气液分离器 2 只

(九)电加热器:1 台

类型:PTC 型发热器
容量:6 kW(3 kW×2)
保护装置　温度继电器:断开(70±5)℃,接通 50 ℃
　　　　　温度熔断器:熔断(139±5)℃

(十)配线用电力联合器插头

20 芯 插头　P48K20TY-G 1 只
26 芯 插头　P48K26TY-G 1 只

四、25T 型客车空调电气控制系统

25T 型客车空调电气控制系统的控制核心采用 PLC 系统,PLC 系统可实现对空调控制、电源转换与控制、照明控制、蓄电池欠压保护功能、本车网络监视和全列网络监控。通过转换开关可实现“自动”“试验冷”“试验暖”“停止”。

系统采用了智能化综合控制技术,供电系统的转换与控制、空调系统的控制与保护、电源装置的启动与监测等,是基于 PLC 为核心的智能化控制。可以在触摸屏上设置车厢号、车辆编号,设置电源和空调机组的保护值,设置制冷、采暖的转换温度,显示逆变器充电器的工作状态、输入输出参数和故障诊断信息;可以记录电源的运行状态和参数、空调机组的工况和运行参数,记录压缩机、电热器的运行时间和电流参数,可以根据温度传感器自动控制空调装置的工况转换;可以记录电气系统内出现的故障;可以通过触摸屏控制其他车辆的电源和空调状态。

(一)控制柜的参数

综合控制柜使用的 PLC 及触摸屏为 OMRON 公司的 CM2A-CPU61 和 NT31,其规格和主要参数为如下:
模拟量输入点 不少于 17 点(DC 0～10 V)
温度输入点 不少于 1 点(Pt100)
DI 点不少于 24 点(DC 24 V)

DO 点不少于 24 点(继电器)

字符、图像类型显示 不少于 20×15 个汉字 LCD 规格

不少于 320×240 点有效显示面积 不小于(122×92)mm^2

AC 380 V/DC 600 V 兼容供电客车,除具备 DC 600 V 供电系统的功能外,还增加了直流、交流电源的自动转换、识别和手动选择,通过电压传感器、频率传感器的采样,区分直流供电和交流供电,并自动进行转换和运行参数的记录等。

(二)空调系统控制功能

空调机组控制功能通过控制柜的转换开关 SA2 分为“自动”“试验冷”“试验暖”“停止”,具体情况见表 5-6-1。

表 5-6-1　转换开关 SA2

项目名称	开关位置	条件	工况	控制
自动位	SA2 置于“自动”位	1. 电源供电开始后,PLC 控制空调机组自动进入“自动”运行,PLC 根据车厢里温度传感器检出值与预先设定的“制冷、制暖”温度值进行比较后,进行空调机组的“自动”运转	有六种工况:“强风”“弱风”“强风半冷”“弱风半暖”“强风全冷”“弱风全暖”	PLC 控制
		2. 根据显示触摸屏上的菜单和提示,强制选择工况	“强风”“弱风”“强风半冷”“弱风半暖”“强风全冷”“弱风全暖”等	手动控制
		3. 强通风机发生故障时	对应冷凝风机、压缩机停止工作	PLC 控制
		4. 冷凝风机发生故障时	对应压缩机停止工作	PLC 控制
		5. 弱通风机发生故障时	对应空气预热器、客室电加热器停止工作	PLC 控制
		6. 在“强风半冷”或“弱风半暖”工况下,压缩机或空气预热器运行时发生故障	有故障的压缩机或空气预热器将停止运行,并自动切换到另一组压缩机或空气预热器启动运行	PLC 控制
		7. 在“强风全冷”或“弱风全暖”工况下,运行发生故障	有故障的压缩机或空气预热器停止运行,保持无故障压缩机或空气预热器继续运行	PLC 控制
		8. 空调机组有故障时,通过按下显示触摸屏上的“停空调”停止空调运行,故障排除后,再按下“启空调”空调机组重新运行	通过检测可以重新启动空调机组	PLC 控制
		9. 空调机组故障排除后,也可以通过转换开关 SA2 由“停止”位转换到“自动”位	空调机组自动转换到“自动”运行状态,通过 PLC 检测后,空调机组恢复运行	PLC 控制

续上表

项目名称	开关位置	条件	工况	控制
试验冷位	SA2 置于“试验冷”位	1. 在制冷工况下，合上开关 Q41，启动压缩机 1，适当延时后再合上 Q42，启动压缩机 2	强风全冷工况	PLC 只能对空调机组监测，不进行保护动作
试验暖位	SA2 置于“试验暖”位	2. 在制暖工况下，合上开关 Q41，启动加热 1，适当延时后再合上 Q42，启动加热 2	弱风全暖工况	PLC 只能对空调机组监测，不进行保护动作
停止位	SA2 置于“停止”位	PLC 空调部分不得电	空调不工作	

(三)空调系统电气原理

可参照 TKDT 综合控制柜，也可以把综合控制柜的空调电气图分为主电路和控制电路两大部分组成：主电路是由直接与压缩机等负载相连的三相电路部分；控制电路主要是以 PLC 为核心的相关电路。

1. 主电路

主电路由通风机、冷凝风机、压缩机和电热器主电路四个部分组成，实现相互连锁，完成通风、制冷和制暖等功能。电器柜在运行时，先闭合空气开关 Q11。具体来分析下主电路各个部分的电气原理。

(1)通风机主电路(表 5-6-2)

通风机主电路由弱风和强风组成，采用两接触器控制双绕组通风机，实现风速控制。

表 5-6-2 通风机主电路

项目名称	原理图	电气通路	说明
弱通风	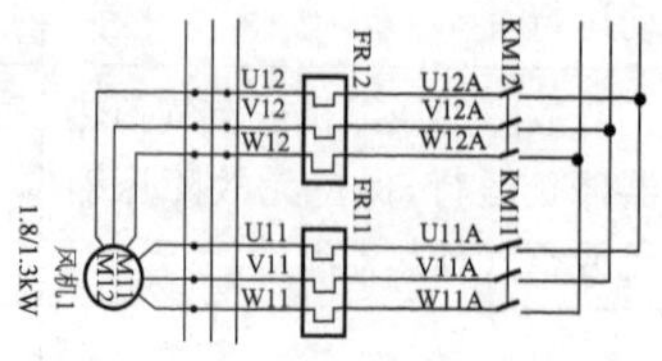	U、V、W→Q11→KM11→FR11→M11	接触器 KM11 得电吸合，KM11 主触点闭合，通风机 M11 低速运行。KM12 动断触点作为反联锁用。 热继电器 FR11 起弱风过载保护作用
强通风		U、V、W→Q11→KM12→FR12→M12	接触器 KM12 得电吸合，KM12 主触点闭合，通风机 M12 高速运行。KM11 动断触点作为反联锁用。热继电器 FR12 起强风过载保护作用

(2)冷凝风机主电路(表 5-6-3)

表 5-6-3　冷凝风机主电路

项目名称	原理图	电气通路	说明
冷凝风机主电路	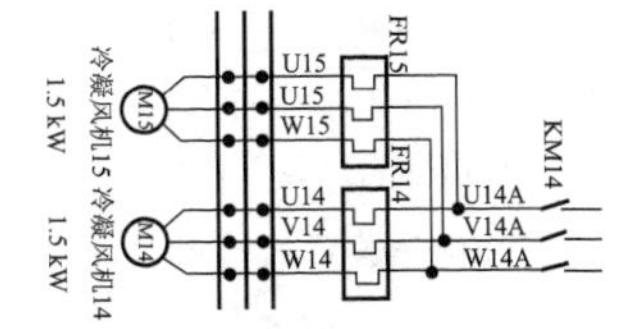 M15 冷凝风机15 1.5 kW U15 U15 W15 FR15 FR14 M14 冷凝风机14 1.5 kW U14 V14 W14 U14A V14A W14A KM14	U、V、W→Q11→KM14→FR14、FR15→M14、M15	

(3)制冷压缩机主电路(表 5-6-4)

表 5-6-4　制冷压缩机主电路

项目名称	原理图	电气通路	说明
制冷压缩机主电路	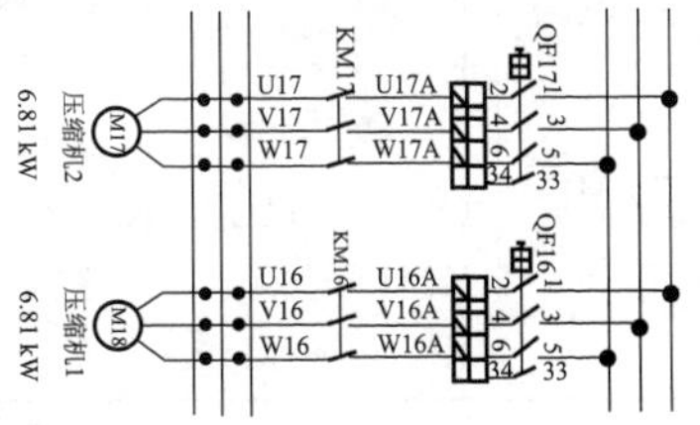 M17 压缩机2 6.81 kW U17 V17 W17 KM17 U17A V17A W17A QF17 1 2 3 4 5 6 34 33 M16 压缩机1 6.81 kW U16 V16 W16 KM16 U16A V16A W16A QF16 1 2 3 4 5 6 34 33	U、V、W→Q11→QF16→KM16→M16 U、V、W→Q11→QF17→KM17→M17	制冷压缩机 M16、M17 可以独立运行，组成半冷或全冷工况

(4)制暖电热器主电路(表 5-6-5)

表 5-6-5　制冷压缩机主电路

项目名称	原理图	电气通路	说明
制暖电热器主电路	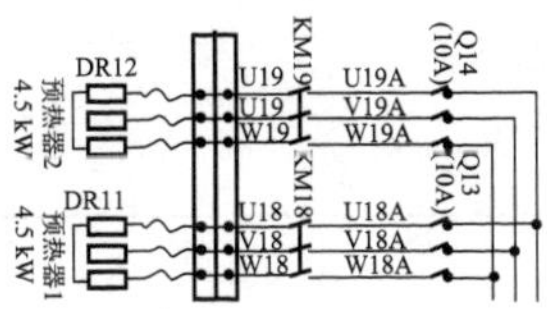 DR12 预热器2 4.5 kW U19 V19 W19 KM19 U19A V19A W19A Q14 (10A) DR11 预热器1 4.5 kW U18 V18 W18 KM18 U18A V18A W18A Q13 (10A)	U、V、W→Q11→Q13→KM18→DR11 U、V、W→Q11→Q14→KM19→DR12	制暖电热器由位于空调机组中的空气预热器和位于客室的辅助电热器组成。此通路是空气预热器通路

2. 控制电路

(1)停止

SA2 置于“停止”位，触头断开，PLC 空调部分不得电，空调不工作。

(2)试验冷：SA2 置于“试验”位，具体情况见表 5-6-6。

表 5-6-6　SA2 置于“试验”位

项目名称	原理图	电气通路	说明
通风	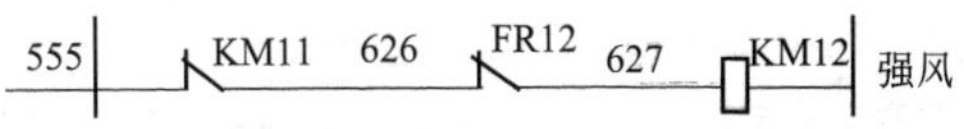 555 KM11 626 FR12 627 KM12 强风	555→KM11→626→FR12→627→KM12→—112 555→KM11→626→FR12→627→线圈 KM12→—112	接触器 KM12 得电吸合，通风机强风运行

续上表

项目名称	原理图	电气通路	说明
冷凝	 556 KM12 600 FR14 601 FR15 603 KM14	556→KM12→600→FR14→601→FR15→603→KM14→−112 556→KM12→600→FR14→601→FR15→603→线圈 KM14→−112	接触器 KM14 得电吸合，冷凝风机 M14 和 M15 得电运行
制冷	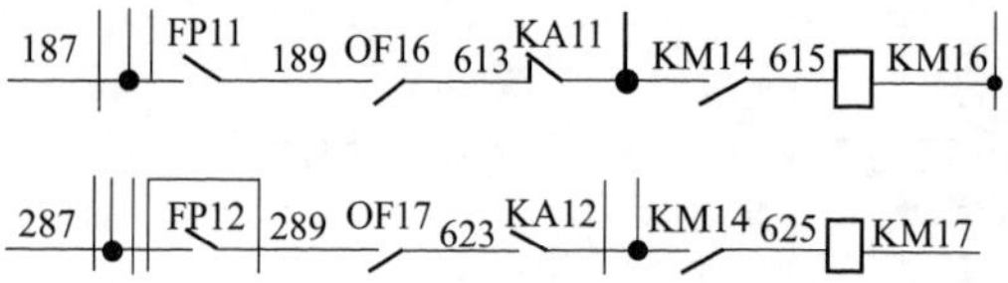 187 FP11 189 OF16 613 KA11 KM14 615 KM16 287 FP12 289 OF17 623 KA12 KM14 625 KM17	187→FP11→189→QF16→613→KA11→KM14→615→线圈 KM16→−112 287→FP12→289→QF17→623→KA12→KM14→625→线圈 KM17→−112	接触器 KM16、KM17 得电吸合，压缩机 M16、M17 得电运行。 全冷工作

(3)自动

SA2 置于“自动”位时，SA2(3-4)、SA2(5-6)接通，使 401 和 520 得电。520 为 PLC 的接口 00 脚送入直流电源，使 PLC 空调部分运行，它将根据传感器输入信号，按照有关设置的程序自动运行，自动进入制冷或制暖工况。而 401 将直流电源送至 PLC 的接口 14 和 20 脚，它是为 PLC 输出时提供直流电源的，这样，它能与-112 号线接成输出回路的直流电源。

(4)试验暖：SA2 置于“试验暖”位，具体情况见表 5-6-7。

表 5-6-7 SA2 置于“试验”位

项目名称	原理图	电气通路	说明
通风	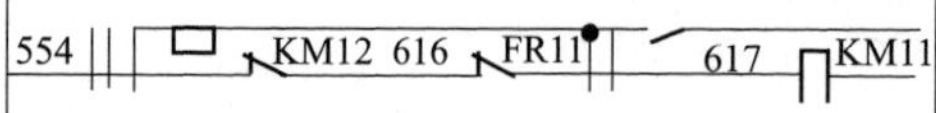 554 KM12 616 FR11 617 KM11	554→KM12→616→FR11→617→KM11→−112 554→KM12→616→FR11→617→线圈 KM11→−112	接触器 KM11 得电吸合，通风机弱风运行
制暖	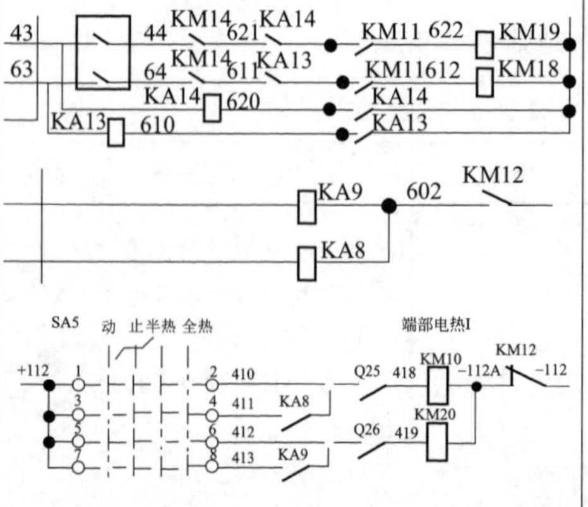 43 44 KM14 621 KA14 KM11 622 KM19 63 64 KM14 611 KA13 KM11 612 KM18 KA14 620 KA14 KA13 610 KA13 KA9 602 KM12 KA8 SA5 动 止 半热 全热 端部电热I +112 1 2 410 Q25 418 KM10 −112A KM12 −112 3 4 411 KA8 5 6 412 Q26 419 KM20 7 8 413 KA9	63→FT13→64→KM14→611→KA13→610→KM11→612→KM18→−112 和 43→FT14→321→FA14→621→FM11→622→LM19→−112 63→FT13→64→KM14→611→KA13→KM11→612→线圈 KM18→−112 43→FT14→44→KM14→621→KA14→KM11→612→线圈 KM19→−112	接触器 KM18、KM19 都得电吸合，预热器 DR11、DR12 工作。客室端部电热Ⅰ、Ⅱ都得电运行，全暖

续上表

项目名称	原理图	电气通路	说明
制暖	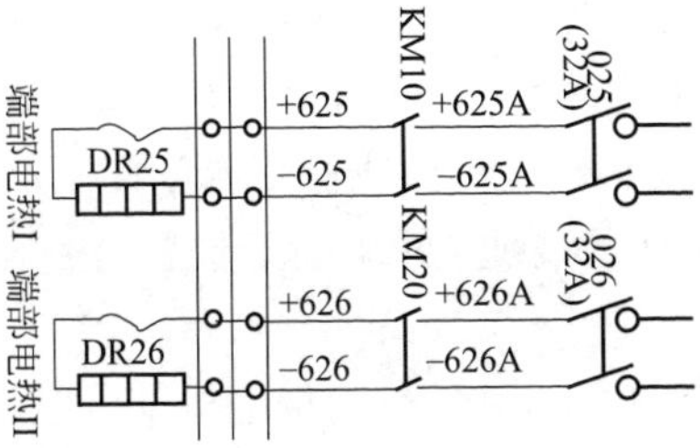	566→线圈 KA8→602→KM12→−112 560→KM12→568→KM8→−112 567→线圈 KA9→602→KM12→−112 +112→SA5→KA8→Q25→线圈 KM10→−112 +112→SA5→KA9→Q26→线圈 KM20→−112 +603→Q3→631→FU1→Q25→KM10→DR25→−603 +603→Q3→631→FU1→Q26→KM20→DR26→−603	

(5)信号采集

①压缩机、预热器负载电流采集

通过 JK5,将压缩机/预热器的三相电流采集,送入 PLC 中。在 PLC 接口端,分别将压缩机/预热器的相电流 U、V、W,从 JK5 的 A9、A10、A11 接到 24、26、28 脚,通过显示触摸屏可以查看其电流。

②温度信息采集温度传感器 Pt100 的 A、B、B 连接到 PLC 接口的 5、6、7 脚,显示触摸屏可以显示温度,并且,为自动工况提供工作依据。

(6)空调运行信息显示

制冷 1、2 分别通过 KM16、KM17 动合触头,将信号送至 PLC 接口的 4、5 脚,显示触摸屏显示相应信息;制暖 1、2 分别通过 KM18、KM19 动合触头,将信号送至 PLC 接口的 2、3 脚,显示触摸屏显示相应信息。

(7)空调故障信息显示

在通风、冷凝、制冷或制暖的控制电路检测到故障信息时,它们将信息通过热继电器、故障继电器的相关动合触头,连接到 PLC 接口上。

当故障发生时,显示触摸屏会显示相关信息,相应负载停机。可以发现,PLC 控制方式,使控制电路更加简洁,功能更强大,并便于检修。

五、客车空调装置的故障判断及处理

(一)通风系统故障分析

1. 空调机组不工作

(1)电源部分

电源无电;电源缺相;电源电压过低;电源电压过高。

(2)电气控制电路部分

控制电路的电源线路断路;接插件接触不良;选择开关内部断路。

2. 只有通风机运转

(1)接线端子接头接触不良:如压缩机接线端子松弛。

(2)冷凝风机和压缩机交流接触器线路断路:检查测量交流接触器线圈和两接线端子,若不导通,更换导线或接触器。

(3)压力继电器损坏:测量其接线端子不导通,进行修复或更换压力继电器。

(4)温度控制器调节不当:整定值高于车内温度,或传感器温度修正值不对,重新调整。

(5)温度控制器损坏:如发现其常开触点不闭合,应更换或修复温度控制器。

(6)过流继电器有故障:如测量进出接线端子不导通,处于断开位置,检查、修复或更换过流继电器。

(7)电机部分:冷凝风机与压缩机电机过热、短路或烧坏,测量电机部分绝缘电阻和线圈电阻值,已损坏的予以更换电机。

3. 出风口无风

如果可以肯定是通风机没有运转,先检查通风机主电源回路是否有电,通风机接触器主触点是否闭合,热继电器是否动作,空气开关是否跳闸断开,再通过输送至通风机的三相电源线,检查通风机电机绕组绝缘情况,以判别电机是否烧损。

如果以上检查没有问题,应检查控制回路。如工况转换开关、通风机接触器线圈回路以及与其有关的电器、接线等(其他各电机电器不动作故障,都可以此类推),一般可以很快找出故障点。

风量小的原因可能是通风机电源相序不对,造成反转,或者是蒸发器滤网堵塞、蒸发器翅片间脏堵造成通风不畅,结霜、结冰堵塞。

(二)制冷系统故障分析

1. 压缩机温度过高的影响及原因:压缩机表面温度超出正常范围,主要是系统的吸气温度过高(高于 15 ℃),过热蒸汽进压缩机后,从而使压缩机的温度上升。过热蒸汽的温度越高,压缩机的温度升得越高,其后果是对油的冷却不利;以致影响运动件的润滑,加速磨损,严重者会引起冷冻油结碳,加速阀板组的磨损,同时也使系统的制冷量下降,也不利于电机的冷却,加速电机绝缘老化。

2. 压缩机温度过低的影响及原因:压缩机表面温度低于正常范围,其原因是吸气温度过低(对空调机组为低于 5 ℃),这对冷冻油和电机绕组的冷却有利,但它会使系统的制冷量下降。吸气温度特别低时,会使 3/4 以上外壳结露,有液击的可能,这是对压缩机的致命打击,应特别注意。同时油内溶解大量的制冷剂,也不利于运动件润滑。

3. 排气管温度变化对系统的影响:夏季正常情况下,压缩机的排气管温度比较高,前面已经提到过,出现不正常的高温,轻者使压缩机制冷量下降,重者使压缩机不能工作。排气温度过低,排气管不烫手,这说明吸气温度特别低,压缩机可能会产生湿冲程运行或系统内工质相当少。压缩机湿冲程会损坏阀结构,制冷剂在不足情况下运行,影响电机绕组的散热,加速绝缘材料的老化。

4. 冷凝器散热管温度变化的影响及原因:正常情况是排气管进入的前半部散热管很热,但其温度是逐步下降的趋势,后半部散热管的热感程度与前半部有较大的降低。这是由于后半部管内制冷剂已逐步液化,已达到冷凝温度和过冷温度。

5. 输液管温度情况:正常情况下,输液管为温热,不正常情况为比较热,其原因是冷凝器散热不好，冷凝器温度高或制冷剂充注量太多。

6. 干燥过滤器温度情况：情况与输液管相同，但它有一个突出的不正常现象是过滤器发凉，其原因是过滤器滤网部分网孔被污物阻塞，使过滤器不畅通，制冷剂流过过滤网时，有节流现象。还有一种不正常情况是过滤器不热，与环境温度相近，其原因是过滤网全部被污物堵塞，制冷剂流不过去。

实 作 技 能

一、实训准备

在正式作业前，先准备好如下作业工具及器材：

25G 统型 DC 600 V 供电硬座客车 1 辆（非首尾车），携带防护号志、手电筒、综合控制柜门及客室顶板钥匙、测电笔、常用电工工具、万用表、1.5 m 高人字梯、故障记录本。

二、实训流程及标准

按照 DC 600 V 客车空调系统故障排查标准检修作业流程进行设备测试。

三、实训内容

1. 申请供、断电。
2. 逐项检查、试验空调系统各项功能（包括空调机组机械部分、综合控制柜内涉及空调控制电路及主电路部分、通风系统及采暖装置）。
3. 应急处置后要确保单车空调系统工作正常。

能 力 考 核

一、考核题目

DC 600 V 客车空调系统故障排查。

二、考核内容

1. 正确申请供、断电。
2. 逐项检查、试验空调系统各项功能（包括空调机组、综合控制柜内涉及空调控制电路及主电路部分、送风末端装置、回风装置、废排装置和采暖装置，检查时不要求登顶或分解作业，仅对可视部位进行外观检查）
3. 应急处置后要确保单车空调系统工作正常。

三、考核要求

1. 严格按照标准作业流程来排查故障。
2. 逐项检查或试验空调系统功能。
3. 作业完毕后，元器件、配线、线槽板、过滤网等配件必须恢复原状，将各开关恢复原位，恢复电气控制柜门关闭状态。

4. 申请供、断电。

四、考核时间

1. 准备时间:2 min。

2. 正式作业时间:30 min。计时从工具准备齐全开始至检查、记录完毕结束。

3. 规定时间内全部完成,每超过 15 s 扣 1 分(不足 15 s 不扣分),超过标定时间 2 min 停止作业,时间分不得分。压缩时间不加分,成绩相同按时间排序。

五、考核标准

若考生发生下列情况之一,则应及时终止其考试,考生该试题成绩记为 0 分。

1. 在考试过程中因违规操作损坏仪表或设备。

2. 在考试过程中因违规操作发生安全事故。

考 核 表

考核项点	配分	考核内容
时间	20	标定时间 30 min。每超过 15 s 扣 1 分(不足 15 s 不扣分),超过标定时间 2 min 停止作业,时间分不得分。压缩时间不加分,成绩相同按时间排序
作业过程	25	一、作业程序 设防护号志→申请供电→一位端一位侧门上车→单车供电→逐项检查、试验空调系统各项功能(包括空调机组、综合控制柜内涉及空调控制电路及主电路部分、送风末端装置、回风装置、废排装置和采暖装置,检查时不要求登顶或分解作业,仅对可视部位进行外观检查)→故障排查(必要时分解检查处理)→应急处置→确认单车空调系统工作正常→卸载断电→申请断电交故障记录本→撤除防护号志 二、扣分标准 [1]作业程序不明晰、混乱,每项扣 2 分 [2]未逐项检查或试验空调系统功能,每项扣 2 分 [3]作业完毕后,元器件、配线、线槽板、过滤网等配件未恢复原状,未将各开关恢复原位,未恢复电气控制柜门关闭状态,每项扣 2 分 [4]未申请供、断电,每次扣 2 分
质量	45	[1]车辆空调系统设故障 3 件,每漏发现 1 件故障扣 15 分(以选手上交的故障记录为准),发现故障未应急处理每件扣 10 分,全部故障未发现本项不得分 [2]发现故障在序号下方打"√" ① ② ③ [3]作业中造成配线混乱影响后续比赛,出现打火、冒烟现象判定本项不得分 [4]在排查故障过程中,产生新的故障、漏装配件、接线错误、配件损坏,每处扣 10 分 [5]配件、接线安装松动每处扣 2 分 [6]填记故障未写明车号、配件名称、故障名称,该故障不得分 [7]只进行故障排查,但错填、漏填故障时,此故障不得分

续上表

考核项点	配　分	考核内容	
安全其他	10	[1]未插设或未撤除安全号志扣10分,错设扣5分;中间脱落或未展开各扣5分 [2]作业中碰破出血、触电各扣5分;受伤不能工作者判定本项比赛失格 [3]违章使用或损坏工具每次扣2分,作业后遗漏工具每件扣1分 [4]带电处理故障每次扣5分 [5]未按规定穿戴防护用品扣2分	
用　时		成　绩	

任务七　电控气动塞拉门故障排查

自动塞拉门与钢制折页门相比,具有密封性能好、不占车内空间、自动化程度高、开闭自如、锁闭机构安全可靠等优点。

自动塞拉门按驱动方式分为电控气动式和电控电动式,目前我国提速客车主要采用的是电控气动式。

任　务　单

<table>
<tr><td>项　目</td><td colspan="3">车辆专业知识</td></tr>
<tr><td>任　务</td><td>电控气动塞拉门故障排查</td><td>学　时</td><td>2</td></tr>
<tr><td colspan="4">任务概述</td></tr>
<tr><td colspan="4">塞拉门由机械部分、气路部分和电路部分组成,是各个部分的综合体,也是车辆电气装置的重要组成部分,是车辆电工必须要掌握的内容。因此对于车辆电工来说,此部分内容尤为重要</td></tr>
<tr><td colspan="4">任务内容</td></tr>
<tr><td colspan="4">本任务主要学习康尼电控气动塞拉门的故障排查,包括在无电时对气路、电路及机械各部件的检查,以及通电后对开门动作、关门动作、应指示灯、蜂鸣器、翻转脚蹬工作状态的检查,内外操作锁功能、紧急解锁功能、防挤压(胶囊)功能、隔离锁、5 km/h 自动关门功能的试验和故障排查</td></tr>
<tr><td colspan="4">任务目标</td></tr>
<tr><td>知识目标</td><td>能力目标</td><td colspan="2">素质目标</td></tr>
<tr><td>1. 掌握电控气动塞拉门的结构组成
2. 掌握塞拉门的工作原理</td><td>1. 掌握塞拉门的正确操作方法
2. 掌握塞拉门的故障排查及处置</td><td colspan="2">1. 树立安全生产意识
2. 培养严谨认真的工作态度
3. 培养团队合作精神</td></tr>
<tr><td colspan="4">任务要求</td></tr>
<tr><td colspan="4">1. 在实训过程中,严格遵守实训场所有关规定
2. 树立“安全第一”意识,保证人身及设备安全
3. 做好实训准备工作,准备好相关物品
4. 操作仪表、工具时,严格按照操作规范进行
5. 及时记录实训数据与结果,认真撰写实训报告
6. 发生下列情况之一,应立即终止实训
(1)在实训过程中因违规操作损坏仪表或工具
(2)在实训过程中因违规操作发生安全事故</td></tr>
</table>

理 论 知 识

一、门系统的主要参数

(一)工作环境

车辆运行速度:160 km/h。

风源压力:450～900kPa(4.5～9 bar)。

供电电源电压:DC 110 V (波动范围－20%～＋10%)。

控制电源电压:DC 24 V (波动范围－5%～＋5%)。

(二)主要性能指标

重量:≤170 kg。

手动开门力:≤150 N。

开门时间:2.5～6 s。

关门时间:3～6 s。

隔声:≥28 dB(A)。

导热系数:≤4.5 W/(m^2 · K)。

能检测的最小障碍物:30 mm(宽)×60 mm(高),障碍物检测力:≤150 N。

门页应能承受 2.5 kPa 的均布载荷,同时能承受一个作用于门中心的 800 N 集中力。

机构应能可靠运行 10 万次循环。

二、塞拉门的结构及工作原理

(一)结　　构

塞拉门系统主要由门扇组件、悬挂驱动机构、锁闭机构、隔离锁、内外操作、紧急解锁装置、防冻装置、翻转脚蹬、气控单元、门电控系统和密封件、紧固件和调整垫等组成。

1. 门扇组件

门扇由门页(含橡胶密封胶条)、锁扣、隔离锁、携门架和下支架组成。具有重量轻、强度高、密封性能好、隔音和隔热性能优良等特点。

2. 基础部件

基础部件包含密封件、导向件和定位缓冲件。

密封件由门框前压条、后压条、上压条、下防护罩和胶条等组成,在车门关闭时实现门页与车体的密封。

导向件由上、下导轨组成,门页导向轮在导轨内实现车门的摆塞运动。

定位缓冲件通过橡胶缓冲头克服车门在开/关终了位置的冲击。

3. 承载驱动机构

承载驱动机构由支架、长导柱、短导柱、直线轴承和驱动气缸等组成。承载机构承受门扇的所有垂直重量,门扇在驱动气缸的作用下通过直线轴承在长、短导柱上的运动实现车门的摆塞运动。

4. 门锁部件

门锁采用气动锁闭/气动解锁装置和手动解锁装置，门锁可在任何情况下解锁，安全可靠。

在有电有气的情况下，开锁气缸动作实现门锁解锁。

在有电有气的情况下，闭锁气缸动作实现门锁二级锁闭。

5. 操纵装置

操纵装置由内操作装置、外操作装置、连动机构和手控开关装置组成。

6. 翻转脚蹬传动机构

翻转脚蹬传动机构由气缸、气缸支架、套、接杆位置检测开关、支架等组成，通过气缸动作实现翻转踏板的收起和落下。

7. 气路系统

气路系统由无杆气缸、气路组件、过滤减压阀组件、球阀（作气源开关用）、快排气阀、节流阀、气管等组成。

8. 电控部件

电控部件包括控制器、接线端子、电磁阀、蜂鸣器、压力开关、带锁电源开关、指示灯等。

9. 防冻装置

防冻装置安装在防护罩底部。防冻装置采用自限式恒温电加热器件，经导热材料将热传导到需防冻部位，再敷以隔热材料整体复合而成，对客车塞拉门采取有针对性的加热措施。

（二）工作原理

塞拉门的工作原理如图 5-7-1 所示。

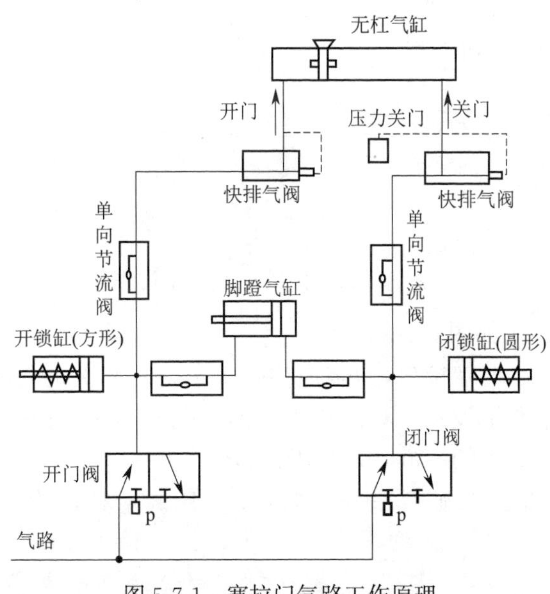

图 5-7-1　塞拉门气路工作原理

开门时，通过输入开门信号，使开门阀打开，关门阀关闭。此时，压力气体经开门阀后分为三路:第一路经开锁缸使闭锁机构动作,将锁打开;第二路经单向节流阀、快排气阀,推动无杆气缸向右移动,使塞拉门打开;第三路经单向节流阀,推动脚蹬气缸活塞向右运动,使脚蹬放下。

关门时,输入关门信号,使关门阀打开,开门阀关闭,由风缸送过来的压力气体一路经关门排气阀推动无杆气缸活塞左移,将门关闭;另一路气体使脚蹬气缸活塞向左运动,将脚蹬收起;门关闭的同时气体推动闭锁缸活塞运动,使闭锁机构动作,将门锁住。

三、塞拉门的电气控制原理

在列车每辆车的一位端和二位端的间壁上各装一套门控单元,每个门控单元控制车辆一端的左右两个塞拉门。

门控单元电气参数如下:

(1)供电电压:DC 110 V;

(2)控制电压:DC 24×(1±5%)V;

(3)系统总功率≤50 W 。

门控单元原理结构如图 5-7-2 所示。

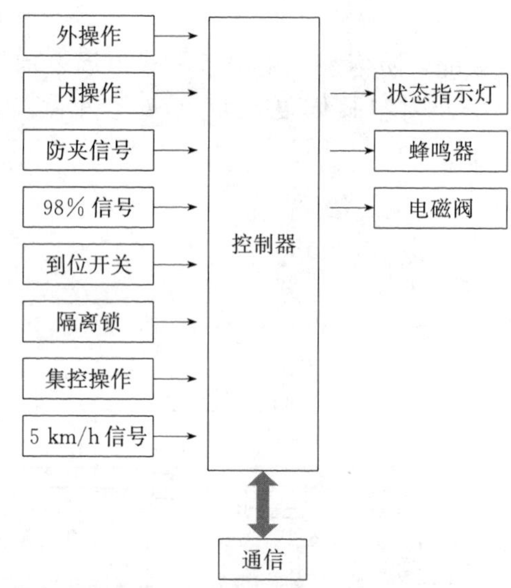

图 5-7-2 门控单元原理结构

电源及外围信号原理图如图 5-7-3 所示。

门控单元设有 RS-232 通信接口,为实现整列车车门开和关的集中控制,并检测车门及翻转脚蹬的故障,整列车通常设一个车门集中控制单元。车辆风缸提供 400~900 kPa 的气压,经过调压阀调整为较平稳的 450~600 kPa 气压,供气路系统使用。车辆 48 V 或 110 V 直流电源变换为 24 V 直流电源后,供控制电路使用。塞拉门电气控制原理如图 5-7-4 所示。

1. 开门或关门控制

车门的开关控制可分为整列车集中控制和单节车厢手动控制两种方式,其中,集中控制单元发出的信号优先于本车开关锁发出的信号。车门集中控制单元通过集控线,向每节车厢的

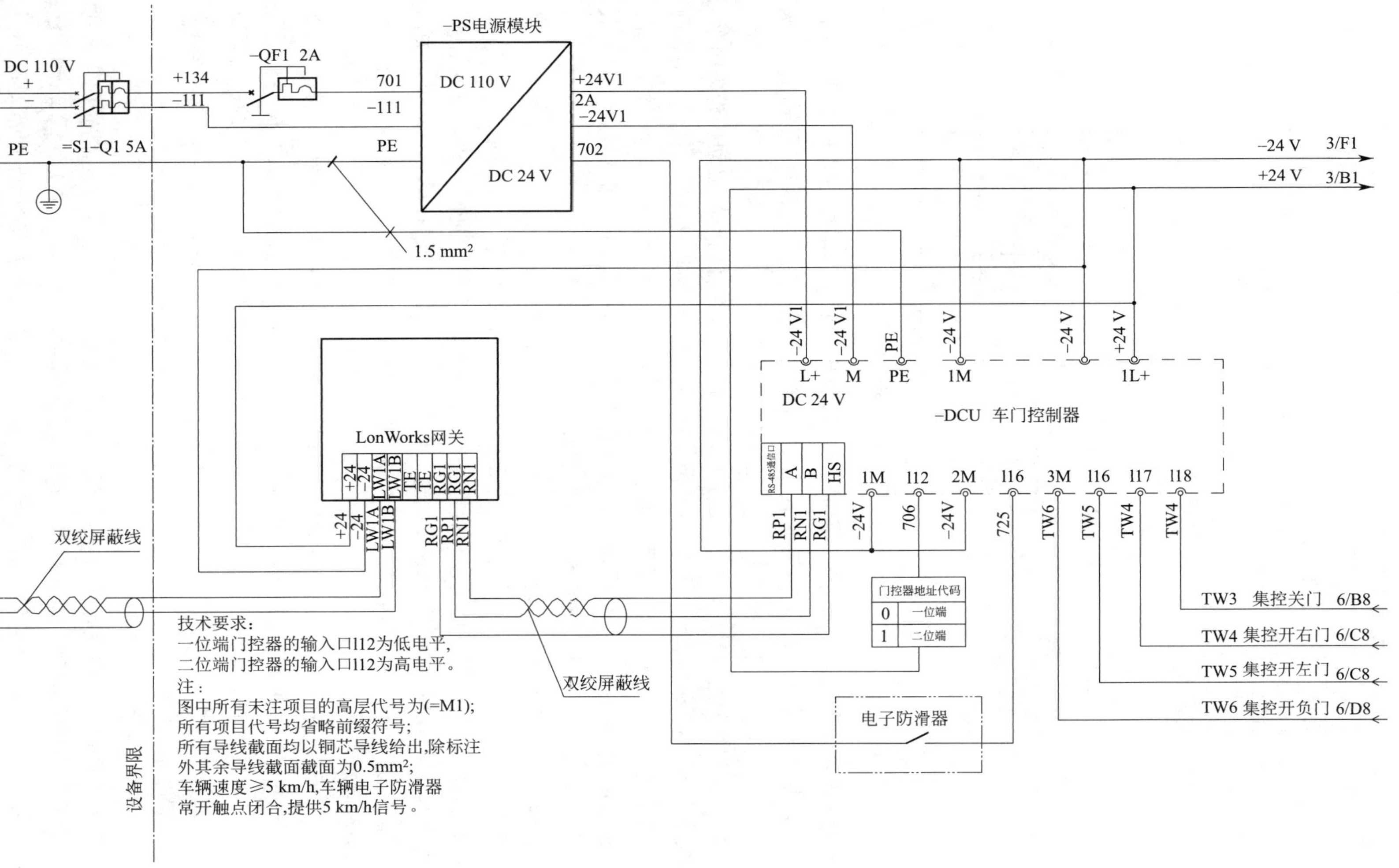

图 5-7-3 电源及外围信号原理

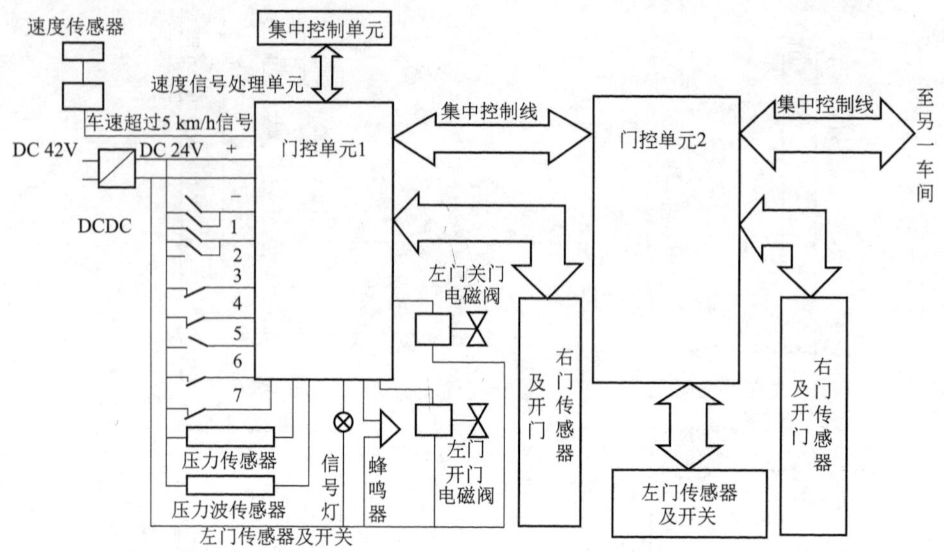

图 5-7-4 塞拉门电气控制原理

门控单元发出开某侧车门或关闭所有车门的信号，可实现整列车的电控气动开关门。每节车厢也可通过车厢内外手动开关门锁，向本车门控单元发出开关门信号，实现对应车门的开或关操作。

当门控单元收到关门信号后，两位三通关门电磁阀动作，通过门气缸驱动机构关闭车门，同时，脚蹬气缸通过机械连杆机构使脚蹬翻转。门关闭到位时，锁闭气缸连同锁闭机构将门锁闭。当门控单元收到开门信号后，锁闭气缸连同锁闭机构将门解锁，两位三通开门电磁阀动作，气缸驱动机构将车门打开。车门开关的单向行程约为 730 mm，运行时间约为 3～6 s，车门开关速度可通过气路系统中的单向节流阀进行调节。

2. 车速超过 5 km/h 时的自动关门

当列车速度超过 5 km/h 时，为保证乘车安全，处于开启状态的车门能自动关门。在车辆的车轴端部设置速度传感器。速度传感器将速度信息传至防滑器，经防滑器进行速度信息

分析处理，向门控单元发出车辆速度超过 5 km/h 的关门信号，门控单元自动执行关门操作。在车速超过 5 km/h 时，除紧急锁信号外，其他电动或手动方式均不能将车门打开。

3. 防挤压功能

在塞拉门密封橡胶条(门板关闭侧)内设有气囊，当电控气动关门遇到障碍物时，胶条受到突变压力，该突变压力使相应开关动作，从而向门控单元发出挤压信号；有的塞拉门利用在关门时门气缸工作压力的变化作为挤压信号，当气缸工作压力超过设定值时，相应的压力感应装置向门控单元发出信号。门控单元收到挤压信号后，将门转换为自动开启状态，然后延时 2～5 s，再将门重新自动关闭。

4. 门关到位及脚蹬翻转检测

塞拉门在锁闭机构上均设有“门关到位”开关，这是为保证列车运行安全，防止门未关到位故障而设置的。该开关的常开、常闭触点分别对应门完全关好信号和门未关好信号，脚蹬翻转到位处也常设行程开关以检测脚蹬是否翻转到位。门未关好或脚蹬翻转未到位，对应车门及集中控制单元具有相应的故障指示。

5. 紧急手动开门

塞拉门设有“紧急锁”。紧急情况时即使车辆运行速度超过 5 km/h,也可旋转此锁触发对应开闭机构解锁,从而实现手动开门。

四、塞拉门的日常操作

电控气动塞拉门的操作装置分为内操作装置、外操作装置和紧急解锁装置。其中,内操作装置和紧急解锁装置位于立罩上,外操作装置位于车外距门 800 mm 处。有三种方式可实现车门的开和关,三种控制方式的适用状态见表 5-7-1。

表 5-7-1　塞拉门开关门方式

序号	控制方式	适用状态
1	手动	无电无风;有电无风;无电有风
2	电控气动	有电有风
3	集控气动	有电有风

1. 手动开关门

无电无风时开关门操作:

(1)开门:用专用三角钥匙按紧急解锁装置(或外操作装置)标记上箭头所指方向(顺时针)转动装置上的三角头转轴约 45°,实现解锁后,用手拉动门扇即可实现开门。

(2)关门:用手拉动门扇直至关闭位,当听到锁的二级闭锁动作发出声响,即认定门已被可靠关闭并锁定,若只听到一级闭锁动作声响则应开门重新关门,直到实现二级锁闭。

2. 电控开关门

(1)内、外操作装置电控开门

车门处于关闭状态,操作内、外操作装置,蜂鸣器提示,车门打开。

(2)内、外操作装置电控关门

车门处于开启状态,操作内、外操作装置,蜂鸣器提示,车门关闭。

(3)防挤压

关门过程中遇障碍物,车门自动开启,5～10 s 后自动关闭。若障碍仍然存在,车门重复上述动作。

(4)车速≥5 km/h 信号

当车速≥5 km/h 时,车门自动关闭。

3. 车门隔离

车门再现故障,锁闭隔离锁,将车门隔离,该车门的状态不影响集控“门未关到位”指示灯的正常指示。

隔离锁锁闭后,集控操作信号,单门操作信号均被屏蔽。

隔离锁锁闭后,门控系统保持关闭状态。

4. 集控

车门的开/关服从“集控优先”原则,开/关门过程中,蜂鸣器会提示。

(1)集控开门

开左侧门:车门处于关闭状态,选择开左侧门,揿下开门按钮,左侧车门打开。

开右侧门:车门处于关闭状态,选择开右侧门,揿下开门按钮,右侧车门打开。

(2)集控关门

车门处于开启状态,揿下关门按钮,整列车门关闭。

五、塞拉门的日常维护

1. 内操作装置功能

内容:能否电控开关门。

要求及方法:(1)用三角钥匙顺时针转动锁芯,锁芯应能轻松转动。(2)转动锁芯后,蜂鸣器鸣叫三声提示,门能自动开、关。

检查周期 :每日。

2. 外操作装置功能

内容:能否正常解锁,能否电控开关门。

要求及方法:(1)关门状态下,切断电源,用三角钥匙顺时针转动锁芯能正常解锁。(2)用手拉动门扇,门能拉开。(3)通电,用三角钥匙顺时针转动锁芯,蜂鸣器鸣叫三声提示,门能自动开、关。

检查周期 :日检。

实 作 技 能

一、实训准备

在正式作业前,先准备好如下作业工具及器材:

康尼电控气动塞拉门(有翻转脚蹬)。携带防护号志(红旗)、万用表、测电笔、常用电工工具、手电筒、活动扳手 2 把、螺丝刀(十字、一字)1 套、尖嘴钳、内六角扳手 1 套、故障记录本。

本车处于供电、供风状态,仅排查一位塞拉门无电、开位状态,侧立罩板关闭,固定螺栓不安装。

二、实训流程及标准

按照塞拉门故障排查及处置标准检修作业流程进行实训。

三、实训内容

康尼电控气动塞拉门故障排查及处置。

能 力 考 核

一、考核题目

康尼电控气动塞拉门故障排查及处置。

二、考核内容

1. 无电时检查气路、电路及机械各部件。

2. 通电后检查自动开、关门动作功能及相应指示灯、蜂鸣器、翻转脚蹬工作状态及各种功能试验。

3. 分析、排除故障。

三、考核要求

1. 检查及试验作业程序明晰。

2. 按电气原理开线槽找线。

3. 功能试验检查全面。

4. 故障排除作业完毕后，配件恢复原状，将各开关恢复原位，恢复门控电源箱关闭状态。

四、考核时间

标定时间 15 min。每超过 9 s 扣 1 分(不足 9 s 不扣分)，超过标定时间 3 min 停止作业，时间分不得分。压缩时间不加分，成绩相同按时间排序。

五、考核标准

若考生发生下列情况之一，则应及时终止其考试，考生该试题成绩记为零分。

1. 在考试过程中因违规操作损坏仪表或设备。

2. 在考试过程中因违规操作发生安全事故。

考核表

考核项点	配分	考核内容
时间	20	标定时间 15 min。每超过 9 s 扣 1 分(不足 9 s 不扣分)，超过标定时间 3 min 停止作业，时间分不得分。压缩时间不加分，成绩相同按时间排序。
作业过程	30	一、作业顺序 插设防护号志→检查外操作锁、翻转脚蹬及转轴箱、下导轨及伴热板→打开顶罩板、侧立罩板检查气路、电路及机械各部件→检查塞拉门门控电源箱→合上塞拉门电源空开给车门供电(伴热板不供电)→检查门控器单元及接线→检查自动开、关门动作功能及相应指示灯、蜂鸣器、翻转脚蹬工作状态；内外操作锁功能、紧急解锁功能、防挤压(胶囊)功能、隔离锁、5 km/h 自动关门功能试验，排查故障并处置→功能试验→关闭塞拉门电源→撤除防护号志 二、扣分标准 [1]检查及试验作业程序不明晰、混乱，扣 2 分 [2]未按电气原理直接开线槽找线，每次扣 5 分 [3]功能试验检查漏项，每项扣 5 分 [4]作业完毕后，配件未恢复原状，未将各开关恢复原位，未恢复门控电源箱关闭状态，每项扣 2 分

续上表

考核项点	配分	考核内容
质量	40	[1]塞拉门故障排查设置故障2件,每漏发现1件故障扣20分,发现故障未按要求处理每件扣10分;全部故障未发现质量部分不得分 [2]发现故障在序号下方打"√" ① ② [3]作业中造成配线混乱,影响后续比赛,判本项比赛失格 [4]在排查故障过程中,产生新的故障、漏装配件、接线错误、配件损坏,每处扣10分 [5]配件、接线安装松动,每处扣2分 [6]填记故障未写明配件名称、故障名称,错、漏填写此故障不得分
安全文明生产	10	[1]未插设或未撤除安全号志扣10分,错设扣5分;中间脱落或未展开各扣5分 [2]作业中碰破出血各扣5分;受伤不能工作者判定本项比赛失格 [3]违章使用或损坏工具每次扣2分,作业后遗漏工具每件扣1分 [4]带电处理故障每次扣5分 [5]未按规定穿戴防护用品扣2分
用时		成绩	

任务八 统型客车真空集便装置故障排查

铁路客车是轨道运输旅客的载体。客车的各种车内设备中,集便器是必备的主要设施之一。传统的装备直排卫生间的旅客列车在进站后,会锁闭卫生间门暂停卫生间的使用,这一点让乘客颇有怨言,并且直排及飞溅的粪便污水对铁路设备造成严重的腐蚀,降低其使用寿命,增大了铁路运输的成本并造成材料和设备的浪费。

随着铁路客车新技术的快速发展,真空集便器已经得到了广泛使用,与传统的直排式便器相比,真空集便器不但方便了旅客如厕,用水量少,节约资源,而且降低了对车辆和外界环境的污染,有利于环保。

任务单

<table>
<tr><td>项目</td><td colspan="3">车辆专业知识</td></tr>
<tr><td>任务</td><td>统型客车真空集便装置故障排查</td><td>学时</td><td>2</td></tr>
<tr><td colspan="4">任务概述</td></tr>
<tr><td colspan="4">真空集便装置由机械部分、气路部分和电路部分组成,是各个内容的综合体,也是车辆电气装置的重要组成部分,是车辆电工必须要掌握的内容。并且,真空集便装置的正常使用与否直接关系到乘客的需要和直观感受,因此对于车辆电工来说,排查故障,保证集便器的正常使用,是重要的工作内容</td></tr>
<tr><td colspan="4">任务内容</td></tr>
<tr><td colspan="4">本任务主要学习统型客车真空集便器的故障排查及处置。包括检查风、水、电供应情况是否满足使用条件,检查集便器控制柜各指示灯显示状态,冲洗按钮指示灯状态,排查故障并处理。按下冲洗按钮,检查各项功能正常及集便器控制柜各指示灯和冲洗按钮灯显示正常,建立真空所用时间满足要求,确认集便器系统循环动作正常</td></tr>
</table>

续上表

任务目标		
知识目标	能力目标	素质目标
1. 掌握统型客车真空集便装置的结构组成 2. 掌握统型客车真空集便装置的工作原理	1. 掌握统型客车真空集便装置的正确操作方法 2. 掌握统型客车真空集便装置的故障排查及处置	1. 树立安全生产意识 2. 培养严谨认真的工作态度 3. 培养团队合作精神
任务要求		
1. 在实训过程中，严格遵守实训场所有关规定 2. 树立“安全第一”意识，保证人身及设备安全 3. 做好实训准备工作，准备好相关物品 4. 操作仪表、工具时，严格按照操作规范进行 5. 及时记录实训数据与结果，认真撰写实训报告 6. 发生下列情况之一，应立即终止实训 (1)在实训过程中因违规操作损坏仪表或工具 (2)在实训过程中因违规操作发生安全事故		

理论知识

一、统型真空式集便装置的构造

统型真空式集便装置由五大主要部件组成，分别是蹲/坐式便器、气水控制盘、电气控制盘、污物收集系统、冲洗按钮。

(一)蹲/坐式便器

1. 蹲式便器

(1)功能

蹲便器用于直接接收人体排出的粪便污物，并能对便盆中的粪便污物进行冲洗；蹲便器下部设有排泄阀，能实现污物箱与蹲便器的隔离，使污物箱内的臭味不至于上返至车内。

(2)构成

蹲式便器安装在列车的地板上，包含一个框架、便斗、冲洗喷嘴、排污阀、连接弯管等，如图5-8-1所示。

便盆排出口的直径比系统其他部分小，并与一个90°弯管直接连接，这样的便盆排出口，能够阻止可能在系统中造成堵塞的物体。

蹲便盆由不锈钢板整体冲压而成，内表面曲面造型合理，表面光滑，污物不易在表面附着，有利于将便盆冲洗干净；便盆踏板上设有防滑踏板。

排泄阀组成连接在便盆出口90°的弯管之后。排泄阀在关闭位置时，将便盆与系统的污物箱部分隔离开，冲洗循环过程中，排泄阀打开，便盆内的粪便污水通过排泄阀进入污物箱，随后排泄阀关闭。

沿蹲便盆的内表面上部一周布置有4个冲洗喷嘴，全部以扇形水流冲洗便盆，冲洗水能覆

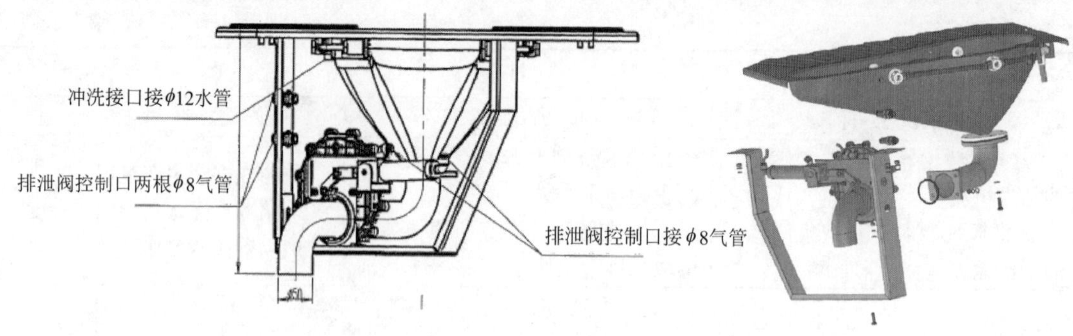

图 5-8-1 蹲式便器组成

盖便盆内表面主要区域，无明显死角。

(3)互换性说明

统型的排泄阀有两种，分别是蝶阀(图 5-8-1)和夹管阀(图 5-8-2)。

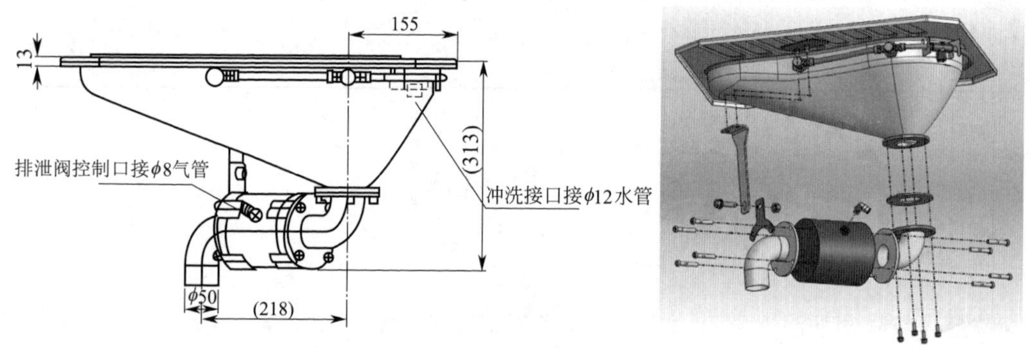

图 5-8-2 采用夹管阀的蹲式便器组成

装有夹管阀的蹲式便器和装有蝶阀的蹲式便器除了排泄阀必须与两端的弯管及排泄阀吊架/框架组合后才可以互换外，其他零部件均可以实现完全互换。

2. 坐式便器

坐式便器是独立的安装件，它包含座便盖、外罩、一个便斗、支架、冲洗环、冲便阀和排放弯头等。其结构如图 5-8-3 和图 5-8-4 所示。

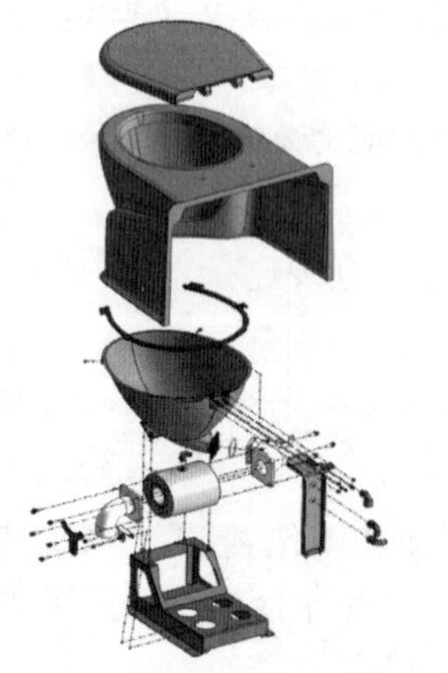

图 5-8-3 采用夹管阀的坐式便器组成

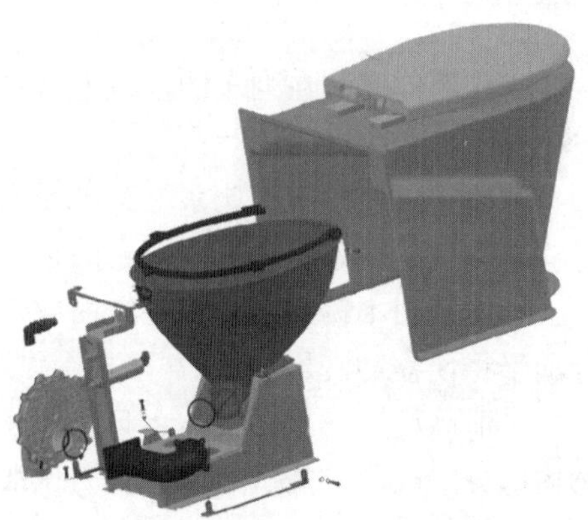

图 5-8-4 采用蝶阀的蹲式便器组成

(二)气水控制盘

1. 功能

一是水增压功能,用于对冲洗水进行增压,并对冲洗循环过程进行控制。二是产生真空,用于对污物箱产生真空并进行真空度控制。三是汇集电气接线,控制盘上的接线盒用来汇集控制盘。

2. 构成

气水控制盘的结构组成如图 5-8-5 所示。

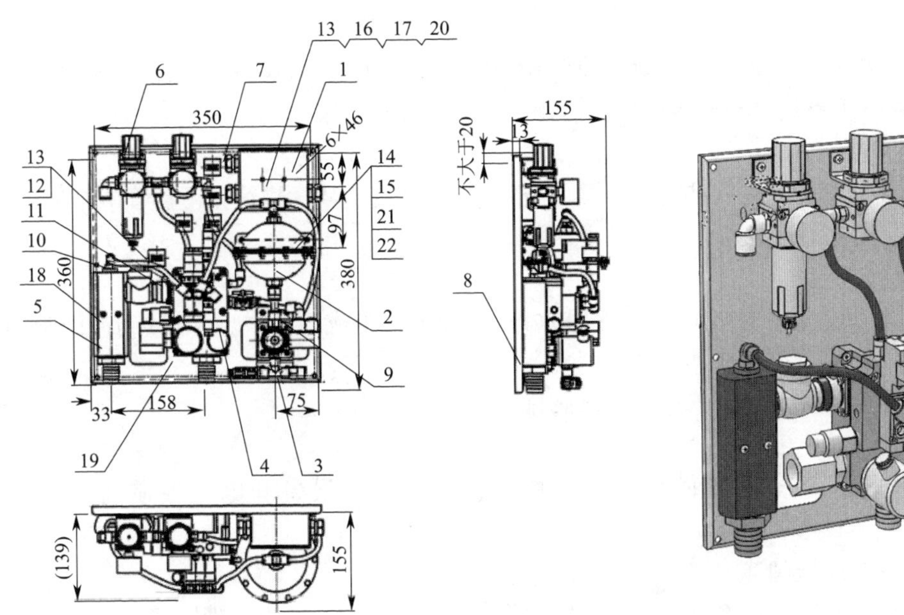

图 5-8-5　气水控制盘组成

1—接线盘组成;2—水增压器组成;3—冲水阀组成;4—集成块组成;5—真空发生器组成;6—过滤减压阀组成;7—安装板;8—真空发生器密封垫;9—软管 $\phi 12$;10—软管 $\phi 8$;11—卡箍;12—扎线固定座;13—铆螺母 BM2 4×6×10;14—铆螺母 BM2 5×7×12;15—十字盘头螺钉 M5×14;16—弹簧垫圈 4;17—平垫圈 4;18—十字盘头螺钉 M5×55;19—十字盘头螺钉 M5×35;20—十字盘头螺钉 M4×12;21—弹簧垫圈 5;22—平垫圈 5

(1)集成块组成

①压力开关

压力开关监控污物系统内的空气压力。

②防反喷止回阀

当污物箱内有正压时,可通过防反喷止回阀泄压,防止压力从便器处往外喷出,造成反喷。

③真空表

真空表用于检测和显示系统真空度。

④真空开关

真空开关用于设置及通过控制喷射器启动维持污物箱中的真空度。

⑤电磁阀(3个)

用于控制气路的开闭。

(2)水增压器组成

在冲便循环中,重力供给的水源压力不足以适当地清洗便斗的各表面。为完成此任务,一种增压装置被用来提高清洁效果并减少所需水量。增压器是一个内有可弯曲膜板的球型容器。由列车来的水充满了增压器。当冲便循环开始时,压缩空气从一边进入,迫使膜板弯曲,以强压把冲洗水从另一边挤出到冲洗喷嘴来清洗便斗。

(3)喷射器

采用流量计(文丘里管)原理从车辆提供的压缩空气中产生真空。污物箱及污物管中所产生的真空度,足够将污物从便器便斗中排到污物箱中。

(4)摆门止回阀

在真空发生器和污物箱之间装有一个摆门止回阀,允许空气从污物箱和污物管中排出,当空气阀关闭时,防止空气反流。

(5)冲水阀组成

冲洗阀是一个3通气体控制阀,有一个进水口(接增压器组成),一个出水口(到冲洗喷嘴或冲便环)和一个转水口(以补充冲洗增压器)。

冲水阀组成也容许冲水增压器经由排水阀排水。

(6)接线盒

连接盒内有一端子排,它提供介于气水控制盘中的电气设备和电气控制盘之间的连接。

(7)过滤减压阀/减压阀

空气过滤减压阀/减压阀,将空气中的固体污染物及水气除去,这些污染物将导致气动零部件过度磨损以及提早损坏。这个组成也可调节由列车送来的压缩空气。

(三)电气控制盘

电气控制盘的结构组成如图5-8-6所示。

(1)逻辑控制单元(LCU)

LCU包括零部件以限制系统循环时间,产生真空,控制高低真空水平,及监控系统的气压。

(2)端子排组装

端子排提供电气连接到污物收集系统的其他零部件。端子板组成采用弹簧夹技术,以达到确定及防振的电气连接。

图5-8-6 电气控制盘组成

(3)线束

线束连接逻辑控制单元及端子板组合。

(4)控制模块安装板

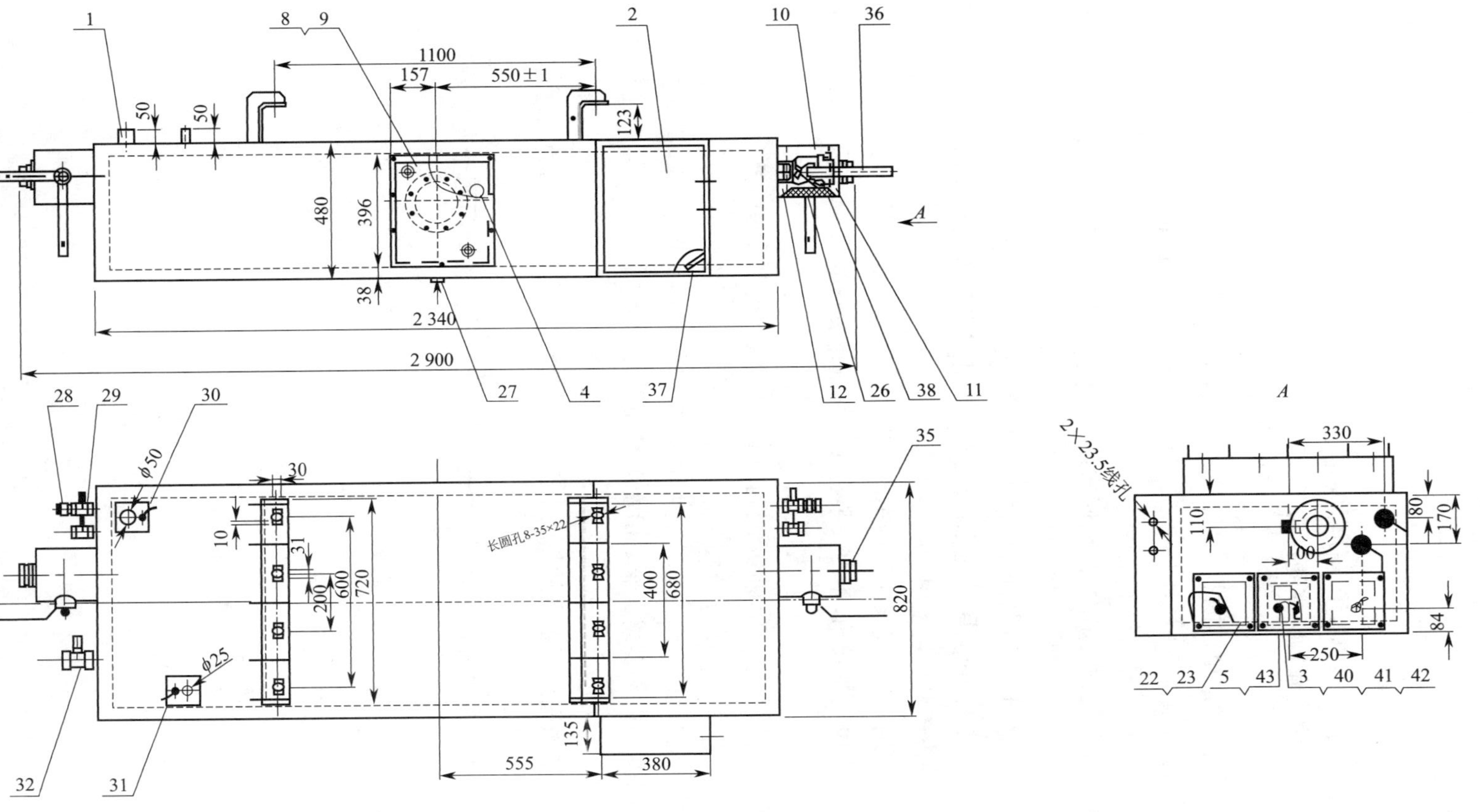

图 5-8-7　污物箱组成

1—钢结构组成；2—电控箱；3—温控器；4—液位开关；5—电加热管；7—前包板；8—观察口盖板；
9—观察口盖板密封垫；10—球阀包板；11—球阀挡板；12—球阀挡板；22—检查口盖板；
23—检查口盖板密封垫；26—保温棉；27—管堵；28—快速接；29—球阀；30—进污管路伴热线；
31—真空管路伴热线；32—球阀；35—快速接头；36—球阀；37—电控箱伴热线；38—球阀伴热线；
40—螺母 M4；41—弹簧垫圈；42—垫圈；43—螺栓 M6×16

上述零部件稳固的安装在控制模块安装板上。

(四)污物收集系统

1. 功能

(1)可在箱体内空间内产生真空,用于便器的排空。

(2)在列车运行期间,收集和暂存粪便污水。

2. 构成

污物箱的主要组成部分为:箱体内胆、保温层、外层包板、清洗阀组件、进气阀、卸污阀组件、接线箱、液位开关、污物箱检查门、加热管检查门、温控器、电加热管。其结构如图 5-8-7 所示。

箱体内胆是直接与粪便污物接触的部分,便器系统冲洗时,从便盆排放过来的粪便污物就暂存在箱体内胆中。

箱体内胆与外层包板之间布置有筋板,以增加污物箱强度并固定外层包板;在筋板所形成的空格内填充有 50 mm(或 40 mm)厚的超细玻璃丝棉保温层为整个污物箱保温;箱体内胆、筋板、外层包板等污物箱主体材料均采用 304 不锈钢。

污物箱卸污时,必须要打开进气阀往污物箱内通气。

污物箱上还设有一个电气接线箱,箱内安装有接线端子排及继电器等部件,用于污物箱上电气部件的接线。

污物箱上设置有三个液位开关,分别检测污物箱内 20%、80%和 100%位,污物量内液位低于 20%时,显示面板上的空箱指示灯亮起,当箱内污物达到 80%液位时,系统“箱满 80%”指示灯亮,集便器系统仍能继续工作;当箱内污物达到 100%液位时,系统“箱满 100%”指示灯亮,集便器系统被锁定,不能再继续工作。污物箱经卸污后,“箱满 80%”“箱满 100%”显示报警自动复位。

温控器用于控制污物箱底部三根电加热管的启闭,其设置为:当箱体内温度低于 3℃时电加热管启动,高于 8℃时停止。

污物箱检查门的作用是必要时打开清理污物箱内部;电加热管检查门用于在必要时打开检查或更换电加热管。

卸污阀组件的 2.5″球阀上、电气接线箱内壁均缠绕有伴热线伴热,所有伴热线的工作均不受温控器的控制。

(五)冲洗按钮

按压冲洗按钮就开始一次冲洗循环。

二、统型真空式集便装置的操作

(一)正常使用操作

(1)按下冲洗按钮;

(2)水增压器开始加压,并对便盆进行冲洗;

(3)大约 2 s 后,冲洗动作将要结束时,排泄阀打开;

(4)排泄阀开启一段时间，污物排空后，排泄阀关闭；

(5)水增压开始重新上水。

若污物箱内的真空度降低到－15 kPa以下，则自动启动喷射器，对污物箱抽真空；抽真空结束后，整个冲洗循环结束，系统为下一次冲洗做好了准备。

(二)防冻排空操作

(1)关闭车上水箱至便器系统的水路上的截止阀；

(2)打开冲洗阀下部的手动球阀，靠重力排空水增压器内及上水管路中的水，然后关闭球阀；

(3)打开集成块组成右侧的手动球阀，用压缩空气将冲洗管路中的水排到便器中，然后关闭球阀；

(4)按下冲洗按钮，排空便盆内的水；

(5)当无电无气时，在关闭水箱连接后，可以执行第二步操作，即打开冲洗阀下部的手动球阀，靠重力排空水增压器内及上水管路中的水，然后关闭球阀。

(三)污物箱排空操作

(1)将抽吸单元吸污接头连接到污物箱排污口上，掰动快换接头手柄，卡紧连接接头；

(2)打开污物箱的卸污球阀、通气球阀；

(3)打开抽吸单元吸污接头上的球阀，开始排污；

(4)排污完毕，关闭抽吸单元吸污接头上的球阀；

(5)关闭污物箱的卸污球阀、通气球阀；

(6)取下抽吸单元吸污接头。

(四)野外停车污物应急排放操作

污物箱加装溢流口球阀用于污物箱满100％时的紧急排放。可手动操作打开污物箱溢流口球阀，排出一部分污物，便器系统就可以继续正常使用。

三、统型真空式集便装置的日常维护保养

(一)注意事项

1. 电路

所有有关电气部件的工作必须由合格的电工进行。

2. 真空管路

如果维修管路，应确保喷射器被断开。拆卸管路的任何部分时，应检查是否会有污物溢出的危险。

必须戴橡胶手套避免污染。

清洗所有接触过污物的地方，并对其消毒。

3. 气动管路

管路中有压力时不得断开任何部分。

4. 便盆清理

推荐使用的清洁物质如下:消毒、杀菌浓缩物(四氨化合物);溶剂(甲苯、二甲苯、石脑油、甲基乙荃酮);非金属坚硬毛刷。

5. 污物箱

打开或移动污物箱前必须将其排空。

6. 清洗剂

不得使用氯基清洗剂(侵蚀不锈钢)或丙酮和乙醚基清洗剂(侵蚀塑料和橡胶),多数情况下,使用干净水或肥皂水。

(二)日常维护保养

1. 车辆运行前

(1)确认污物箱箱满指示灯已熄灭。

(2)确认便器已清洁过并且使用正常。

(3)检查水、空气、真 空是否有泄漏。

2. 车辆运行中

(1)检查便器水、空气的密封性,如果有泄漏,切断受影响卫生间的水源及气源,关闭阀门,锁上卫生间停用。

(2)检查便器真空是否漏气,如果漏气,锁上卫生间停用。

如果设备不能正常使用,抵达时填写一份维修报告,以便维修人员针对故障采取适当的措施。

3. 车辆运行后

(1)按照要求将污物箱里的污物排出。

(2)用软毛刷清洁便斗内表面,必要时,可加柔和的清洗剂(注意不要使用金属工具或腐蚀性清洁剂清洁便斗)。

(3)检查报告中描述的坏损件。

(4)冲洗每一个便器,检查冲水装置以便冲水均匀。

(5)确定的冲便阀关闭后,便器内无滞水。

四、统型真空式集便装置的常见故障处理

常见故障处理请参照表 5-8-1。

表 5-8-1 统型真空式集便装置的常见故障分析及处理

序号	故障现象	原因分析	对应的处理方法
1	不产生真空,空气无法流入真空发生器	气水控制盘未接通电源 控制盘熔断器熔丝断掉 压力开关故障 (卡死在断开常态) 真空开关故障 (卡死在断开常态) 电磁阀故障 LCU 故障	检查气水控制盘电压为 DC 24 V 更换控制盘熔断器熔丝 更换新开关 更换新开关 更换真空发生器电磁阀 更换 LCU

续上表

序号	故障现象	原因分析	对应的处理方法
2	真空度未达到最小值 －15kPa	气压低 污物箱的排放，排气和冲洗阀打开 压力开关故障 真空开关失控 真空开关故障(开得较早) 单向阀是否泄漏	检查气压 关闭所有箱阀 更换压力开关 根据说明调试 更换开关 清洁或更换单向阀
3	便器不冲水，但污物箱内真空度正常	气水控制盘或控制盘未接通电源 气水控制盘或控制盘没有气压或气压太低 冲便按钮有故障	检查气水控制盘或控制盘的电压是否为工作电压 检查气水控制盘气压最小3.5 Pa 检查冲便按钮（正常时打开，瞬间触点）
4	当污物箱已满，箱满指示灯不亮，但灯泡正常	箱满指示灯开关有故障 线路有故障	从污物箱上将箱满指示开关拆下来，当开关在水平位置时，检查是否串联。检查控制板上的电流情况，若断路，请更换液位指示开关(无串联) 检查控制板是否串联，检查灯座与控制器之间的线路是否有故障
5	排放阀出现泄漏	阀未完全关闭	清除阻塞物及碎渣

实作技能

一、实训准备

在正式作业前，先准备好如下作业工具及器材：25型硬座客车，集便卫生系统。携带防护号志、万用表、电工工具，并准备发现故障记录本。

二、实训流程及标准

按照集便器故障排查及处置标准检修作业流程进行实训。

三、实训内容

统型客车真空集便装置故障排查。

能力考核

一、考核题目

统型客车真空集便装置故障排查。

二、考核内容

1. 检查风、水、电供应情况是否满足使用条件。

2. 检查集便器控制柜各指示灯显示状态，检查冲洗按钮指示灯状态，排查故障并处理。

3. 按下冲洗按钮，检查各项功能是否正常及集便器控制柜各指示灯和冲洗按钮灯显示是否正常。系统建立真空的时间应符合规定。确认集便器系统循环动作正常。

三、考核要求

1. 检查及试验作业程序明晰。

2. 判断及排除故障方法正确。

3. 功能试验检查全面。

4. 作业完后，配件恢复原状，将各开关恢复原位，恢复气水控制盘检查门关闭状态。

四、考核时间

标定时间 15 min。每超过 10 s 扣 1 分(不足 10 s 不扣分)，超过标定时间 3 min 20 s 停止作业，时间分不得分。压缩时间不加分，成绩相同按时间排序。

五、考核标准

若考生发生下列情况之一，则应及时终止其考试，考生该试题成绩记为零分。

1. 在考试过程中因违规操作损坏仪表或设备。

2. 在考试过程中因违规操作发生安全事故。

考 核 表

考核项点	配分	考核内容
时间	20	标定时间 15 min。每超过 10 s 扣 1 分(不足 10 s 不扣分)，超过标定时间 3 min 20 s 停止作业，时间分不得分。压缩时间不加分，成绩相同按时间排序。
作业过程	20	操作前准备：检查使用的工具齐全且技术状态良好。 一、作业顺序 按规定插设防护号志→申请供电→集便系统供电→逐项检查风、水、电供应情况及集便器控制柜各指示灯显示状态→检查冲洗按钮指示灯状态→排查故障并处理→按下冲洗按钮，检查各项功能正常及集便器控制柜各指示灯和冲洗按钮灯显示正常→确认集便器系统循环动作正常→关闭气源、水源→申请断电→交故障记录本→撤除防护号志 二、扣分标准 1. 仅排查故障，未通电试验确认扣 10 分 2. 判断故障方法不正确(换件排除故障)，每项扣 5 分 3. 作业程序不明晰、混乱，扣 2 分 4. 作业完毕后，未恢复原状，未恢复气水控制盘检查门关闭状态，未恢复电气控制柜门关闭状态，每项扣 2 分 6. 未申请供断电，扣 2 分

续上表

考核项点	配分	考核内容
质量	50	1. 共设故障3件，每漏发现1件故障扣15分；全部故障未发现判定全项失格 2. 发现故障在序号下方打"√" ①　②　③ 3. 在排查故障过程中产生新的故障，每处扣10分 4. 故障处理后，配件未按规定要求安装到位，漏装漏装配件每件扣5分；安装松动一处扣1分，损坏配件一件扣2分 5. 接线错误每处扣5分，接线松动每处扣2分 6. 出现拆装损毁配件现象失格
安全文明生产	10	1. 未插设或未撤除安全号志扣10分，错设扣5分；中间脱落或未展开各扣5分 2. 碰破出血、触电扣5分 3. 违章使用或损坏工具每次扣2分，作业后遗漏工具每件扣1分 4. 未按规定穿戴防护用品扣2分
用时		成绩

任务九　分解组装KC20型电力连接器

目前，铁路空调客车上传输三相动力电源均使用KC20型电力连接器，由发电车发出的三相交流电经KC20型电力连接器输送到各车厢供各用电设备，包括空调控制柜、照明控制柜、客室电加热器、客车应急电源、电茶炉等。其具有接触电阻小、承载电流大、温升低、寿命长、操作方便省力和防水性能良好等优点。

任务单

项目	车辆专业知识		
任务	分解组装KC20型电力连接器	学时	2
任务概述			
KC20型电力连接器由插头、插座和操作机构(防护盖，摇臂)组成，是车辆电气装置的重要组成部分，是车辆电工必须要掌握的内容			
任务内容			
本任务主要学习KC20型电力连接器的分解与组装，包括电力连接器插头、插座配件齐全完整无缺损，插拔作业良好，开闭良好，密封圈、密封垫完好，防水作用好，插销、插套的结合面清洁、平整，无烧损、腐蚀，无毛刺凸起			
任务目标			
知识目标	能力目标	素质目标	
1. 掌握KC20型电力连接器的结构组成 2. 掌握KC20型电力连接器的操作方法	1. 掌握KC20型电力连接器的分解 2. 掌握KC20型电力连接器的连接	1. 树立安全生产意识 2. 培养严谨认真的工作态度 3. 培养团队合作精神	

续上表

任 务 要 求
1. 在实训过程中，严格遵守实训场所有关规定 2. 树立“安全第一”意识，保证人身及设备安全 3. 做好实训准备工作，准备好相关物品 4. 操作仪表、工具时，严格按照操作规范进行 5. 及时记录实训数据与结果，认真撰写实训报告 6. 发生下列情况之一，应立即终止实训 (1)在实训过程中因违规操作损坏仪表或工具 (2)在实训过程中因违规操作发生安全事故

理 论 知 识

一、KC20 型电力连接器的构造

KC20 型电力连接器的安装尺寸和操作方式与原有铁路客车用 JL2 型连接器完全一致。其有两种型号，KC20A 和 KC20D，分别用于 AC 380 V 和 DC 600 V 的电力连接。

KC20A 型电力连接器的结构如图 5-9-1 所示。主要由插头、插座和操作机构(防护盖，摇臂)组成。插头与插座相应安装有 4 套自锁紧锥形接触对，每个插销都可以自由浮动，每个插套都设置一个圆柱压缩弹簧，因此在插合时，能保证接触对准确、稳定、牢靠地连接。

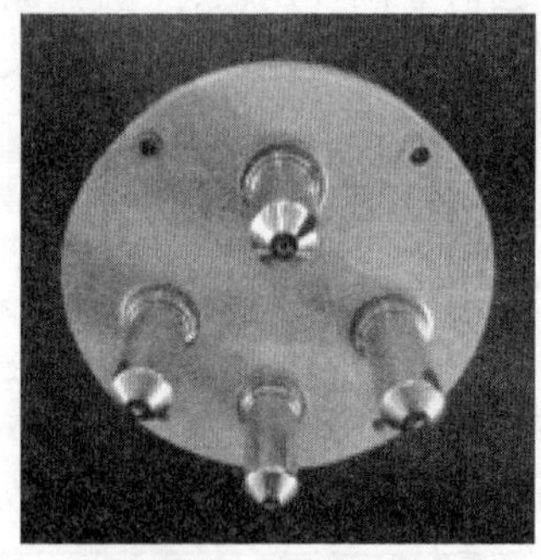
(a)插销、绝缘安装板

(b)电缆线与插头体

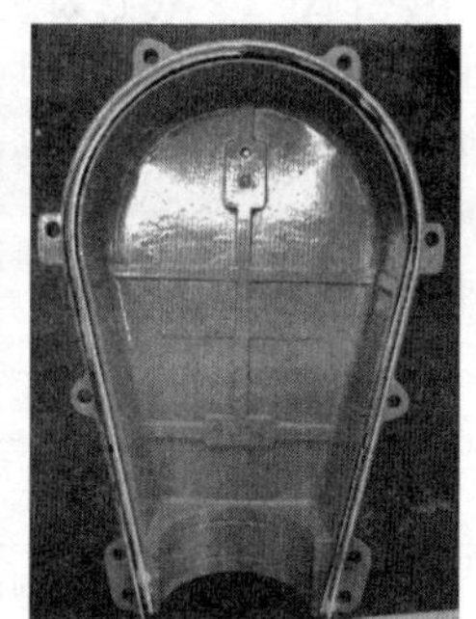
(c)壳体

图 5-9-1　KC20A 型电力连接器

二、主要技术性能及参数

1. KC20A 型电力连接器

额定电压：AC 500 V。

耐压：3 000 V/1 min，50 Hz。

绝缘电阻：正常条件下≥500 MΩ。

湿热试验后：≥2 MΩ。

外形尺寸：443 mm×284 mm×234 mm。

额定电流：425 A。

接触电阻：≤0.000 2 Ω。

温升：<60 K。

寿命：>1 500 次。

重量：12.5 kg。

使用条件：

环境温度：−50～+60 ℃。

相对湿度：+25 ℃时，达 95%。

2. KC20D 型电力连接器

额定电压：DC 750 V/AC 500 V。

耐压：3 000 V/1 min，50 Hz。

绝缘电阻：正常条件下≥800 MΩ。

湿热试验后：≥2 MΩ。

外形尺寸：443 mm×284 mm×234 mm。

额定电流：670 A/425 A。

接触电阻：≤0.000 2 Ω。

温升：<60 K。

寿命：>1 500 次。

重量：12.5 kg。

使用条件：

环境温度：−50～+60 ℃。

相对湿度：+25 ℃时，达 95%。

三、使用方法

1. 插入：掀起插座防护盖将摇臂上推至极限位置，把插头放入两侧拉钩上，压下摇臂至下极限位置，各接触对可同时获得可靠稳定的接触状态，保险钩可自动钩住摇臂。

2. 拔出：掀起并扣住插座防护盖，脱开保险钩，将摇臂向上推的同时稍加冲击至上极限位置，解除接触对自锁状态，插头、插座即可轻易分离。

四、注意事项

1. 严禁带电操作。

2. 电缆与插头或插座连接之前，应检查电缆接头端子的贴接平面是否平整，若有碰伤等造成的凸起或毛刺，应修平后再连接。

3. 严禁在插头插座处于结合状态下，紧固或松开插销或插套连接电缆的螺母。

4. 压紧电缆端子的铜螺母，应使用专用扳手，控制扭矩在 50 N·m 左右。

5. 必须分别按插头、插座胶木安装板上所示接线标记，正确连接电缆。三相电极标记分别为 R1、S2、T3(对应原有标记 U、V、W)，中性极标记为 N。

6. 严格防止碰伤插销、插套的结合面，结合面上不允许有砂尘、油污等杂物。接触对结合前，必须用干净棉纱等软织物仔细清洁销、孔表面。

7. 连接好电缆套管的橡胶防护套，并用喉箍锁紧。

五、《铁路客车电气装置检修规则》对动力连接器及动力连接器座的要求

车端电气连接器 DC 48 V 动力连接器、SC20 型播音连接器现车检修，其余插头(对)下车检修，其中动力连接器插头(原称电力连接器)分解检修；连接器座(含通信、广播、尾灯等)现车检修，其中动力连接器插座与车体分离进行现车检查。

1. 清除连接器表面污垢。插头表面无裂纹、破损、缺角，无明显变形；两插头间连接线橡胶保护套、波纹软管状态良好，连接紧固、严密。

2. 插针(孔)无缩针(缩孔)、变形、锈蚀、变色、灼痕、烧损；插针导电接触面光洁，可轻微磨损但不得露出铜质底色，不得有触感明显的磕碰伤痕。

3. 绝缘板无碰伤、缺角、过热烧蚀、裂损、老化，不良时应更新。

4. 分解动力连接器插头壳体的组成：

(1) 电缆压接处无变色，绝缘层无脱皮、老化、烧损，端子压接无松脱，相序标示无缺损。

(2) 密封胶圈更新，密封良好。

(3) 两端插针与设计相序(极性)一致。

(4) 分解后的弹簧垫片更新。检修后组装零部件齐全、安装牢固，外壳密封良好。

(5) 接线端子防松标记缺失、错位时重新按照要求紧固，涂打防松标记。

5. 按照规定测试插针间(线间)及针对外壳绝缘电阻符合规定。

6. 标牌标记齐全、正确。检修后涂刷原色油漆。

实 作 技 能

一、实训准备

在正式作业前，先准备好如下作业工具及器材：10 英寸、18 英寸、24 英寸活动扳各一把、螺丝刀一把、500 V 兆欧表一块。

二、实训流程及标准

按照车辆电工分解组装 KC20 型电力连接器标准作业流程进行实训。

三、实训内容

分解组装 KC20 型电力连接器。

能 力 考 核

一、考核题目

分解组装 KC20 型电力连接器。

二、考核内容

1. 无电时分解 KC20 型电力连接器。

2. 组装 KC20 型电力连接器。
3. 测量电力线、相线、相间绝缘值。

三、考核要求

1. 检查及试验作业程序明晰。
2. 压紧电缆端子铜螺母，应使用专用扳手，控制扭矩在 50 N·m 左右。
3. 必须分别按插头插座胶木安装板上所连接线标记，正确连接电缆。
4. 严格防止碰伤插销，插套的结合面。
5. 连接好电缆套管的橡胶防护套并用喉砸扎紧。

四、考核时间

标定时间 10 min。每超过 9 s 扣 1 分(不足 9 s 不扣分)，超过标定时间 3 min 停止作业，时间分不得分。压缩时间不加分，成绩相同按时间排序。

五、考核标准

若考生发生下列情况之一，则应及时终止其考试，考生该试题成绩记为零分。
1. 在考试过程中因违规操作损坏仪表或设备。
2. 在考试过程中因违规操作发生安全事故。

考　核　表

考核项点	配　　分	考核内容
时间	20	标定时间 10 min。每超过 9 s 扣 1 分(不足 9 s 不扣分)，超过标定时间 3 min 停止作业，时间分不得分。压缩时间不加分，成绩相同按时间排序。
作业过程	30	一、作业顺序 按规定插设防护信号，确认 220 V/380 V 电源未接入→卸下电力连接器防护盖螺栓胶垫及弹簧垫→分解 U 相螺栓胶垫及弹簧垫→分解 V 相螺栓胶垫及弹簧垫→分解 W 相螺栓胶垫及弹簧垫→分解中性线 N 螺栓胶垫及弹簧垫→松开卡子→卸下连接线套橡胶防护套→检查橡胶套无破损且作用良好，分别组装 U、V、W 及 N 相连接线紧固铜螺母→测量电力线、相线、相间绝缘(相对外壳:U 对外壳，V 对外壳 ，W 对外壳，N 对外壳；相线测量：U 对 U、V 对 V、W 对 W 、N 对 N；相间：UN、VN、WN、UV、UW、VW；分别组装电力连接器防护盖螺栓胶垫及弹簧垫)→作业完毕撤除防护信号，清理现场 二、扣分标准 [1]检查及试验作业程序不明晰、混乱，扣 2 分 [2]功能试验检查漏项，每项扣 5 分 [3]作业完毕后，配件未恢复原状扣 2 分
质量	40	[1]严禁带电操作 [2]压紧电缆端子铜螺母，应使用专用扳手，控制扭矩在 50 N·m 左右 [3]必须分别按插头插座胶木安装板上所连接线标记，正确连接电缆 [4]严格防止碰伤插销，插套的结合面 [5]连接好电缆套管的橡胶防护套并用喉砸扎紧

续上表

考核项点	配分	考核内容
安全文明生产	10	[1]未插设或未撤除安全号志扣10分,错设扣5分;中间脱落或未展开各扣5分 [2]作业中碰破出血各扣5分;受伤不能工作者判定本项比赛失格 [3]违章使用或损坏工具每次扣2分,作业后遗漏工具每件扣1分 [4]未按规定穿戴防护用品扣2分
用时		成绩

任务十　客车轴温报警器故障排除

列车在运行过程中,机车车辆与钢轨的冲击、动力效应和振动,将导致车辆走行部分各轴承的发热。当轴承磨损和产生缺陷时,不正常发热增大,轻则热轴、固死造成机损,影响车辆的正常运行;重则造成疲劳破坏和热切轴,车毁人亡,严重影响铁路运输安全,造成巨大的生命和财产损失,所以开发研制性能优良、可靠的列车车辆轴温监测报警系统,对保证行车安全具有重大意义。

任务单

<table>
<tr><td>项　目</td><td colspan="4">车辆专业知识</td></tr>
<tr><td>任　务</td><td colspan="2">客车轴温报警器故障排除</td><td>学　时</td><td>2</td></tr>
<tr><td colspan="5">任务概述</td></tr>
<tr><td colspan="5">KZS/M-Ⅰ型集中式轴报器是按国铁集团要求设计的新型集中轴报器。自铁路列车提速以来,该集报器在列车轴温监测中,其测温、报警、数据通信及储存等功能的可靠性越来越高。该仪器集中了报警器的所有技术优点,并在数模兼容、数字滤波、抗干扰和可靠性等方面均有新的突破</td></tr>
<tr><td colspan="5">任务内容</td></tr>
<tr><td colspan="5">本任务主要学习KZS/M-Ⅰ型轴温报警装置的故障排除,包括处理轴温报警器连接线与传感器断路、短路故障,以及处理轴温报警器温度传感器、轴报仪故障</td></tr>
<tr><td colspan="5">任务目标</td></tr>
<tr><td colspan="2">知识目标</td><td colspan="2">能力目标</td><td>素质目标</td></tr>
<tr><td colspan="2">1. 掌握KZS/M-Ⅰ型集中式轴报器的结构组成
2. 掌握KZS/M-Ⅰ型集中式轴报器的工作原理
3. 掌握KZS/M-Ⅰ型集中式轴报器的使用</td><td colspan="2">1. 掌握KZS/M-Ⅰ型集中式轴报器连接线及传感器断路、短路故障
2. 处理轴温报警器温度传感器、轴报仪故障</td><td>1. 树立安全生产意识
2. 培养严谨认真的工作态度
3. 培养团队合作精神</td></tr>
</table>

续上表

任 务 要 求
1. 在实训过程中，严格遵守实训场所有关规定 2. 树立“安全第一”意识，保证人身及设备安全 3. 做好实训准备工作，准备好相关物品 4. 操作仪表、工具时，严格按照操作规范进行 5. 及时记录实训数据与结果，认真撰写实训报告 6. 发生下列情况之一，应立即终止实训 (1)在实训过程中因违规操作损坏仪表或工具 (2)在实训过程中因违规操作发生安全事故

理 论 知 识

轴温报警装置是一种车载自动巡回检测轴承温度变化，超限预警的装置，分为集中式报警装置和非集中式报警装置两类。其中，TKZW-1T 为非集中式报警装置(图 5-10-1)，ZB1(图 5-10-2)、ZB2S(KT01A)(图 5-10-3)、KZS/M-Ⅰ(图 5-10-4)、KZS/M-Ⅱ为集中式报警装置。随着列车运行速度的提升，对客车轴温报警装置的可靠性、准确性要求越来越高，因此目前提速客车上普遍使用集中式轴温报警装置。本篇主要介绍 KZS/M-Ⅰ型集中式轴温报警装置的作用、构成、工作原理、使用方法及故障排除。

图 5-10-1　TKZW-1TA

图 5-10-2　ZB1

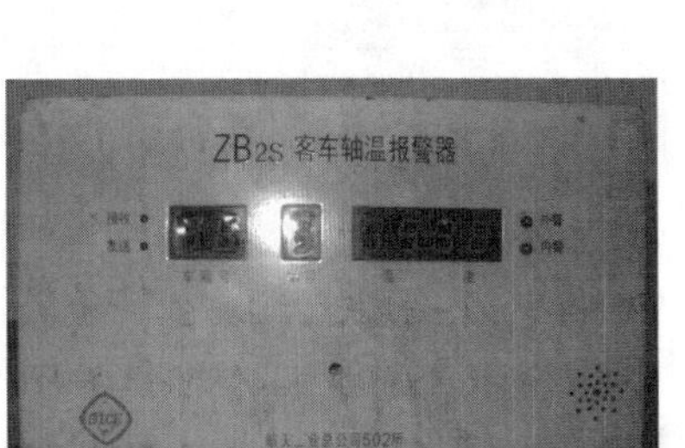

图 5-10-3　ZB2S

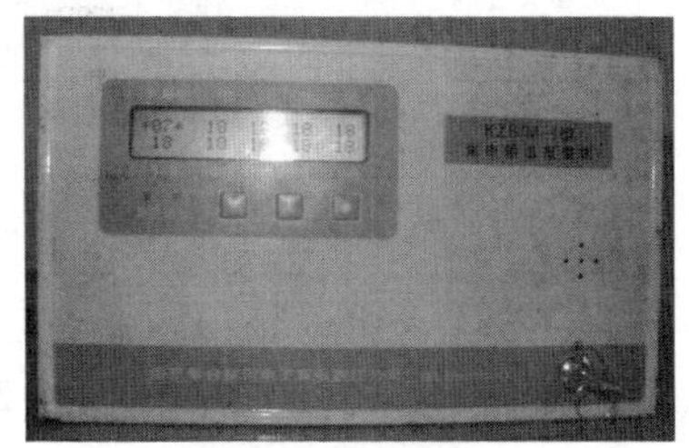

图 5-10-4　KZS/M-Ⅰ

一、KZS/M-Ⅰ型轴温报警装置的作用

客车轴温报警装置的作用在于即时监测客车轴温，并能即时准确的报警，最大限度防止燃轴事故的发生。KZS/M-Ⅰ型轴温报警装置的显示仪对在客车各轴箱上传感器的输出信号进

行自动巡回检测,监视车轴在运行中的温度变化。当车辆的某一轴温超过规定的 90℃,或高出环境温度 43 ℃时,显示仪报警,蜂鸣器发声,红灯闪烁,并显示出超温轴位,提醒乘务人员采取相应的措施,消除事故隐患。

二、KZS/M-Ⅰ型轴温报警装置的结构组成

KZS/M-Ⅰ型轴温报警装置是一个整机系统,包括 KZS/M-Ⅰ型轴温报警仪(即控制显示器)、温度传感器和 KZS/M-Ⅰ型轴温数据监测记录仪三个部分,其中,轴温报警仪安装在每节车厢的乘务员室内;温度传感器为螺栓结构,固定在每条轮对的轴箱上部;传输线将每个轴端的传感器用电缆和乘务员室内的显示仪连接。

KZS/M-Ⅰ型轴温报警装置摒弃了过去集中报警装置所采用的主从机结构,每一台控制显示器既是主机也是从机,通过顺序发送的方式来完成信息交换。当某一台仪器发送信息时,其他机器都处于接收状态,发送完成后就转变成接收状态。这种方式的优点是所有的信息全部共享,速度快,即使有一台仪器发生故障也不会使网络瘫痪。

三、技术参数

测量温度范围:−45～+125 ℃。

测量精度:±1 ℃(20～90 ℃)。

温度测定路数:8 路轴温,1 路环温。

定点延时:(30±2)s。

传感器:数、模全自动兼容。

报警温度:定点报警(90±2)℃。

四、KZS/M-Ⅰ型轴温报警器的工作原理

KZS/M-Ⅰ型轴温报警器的工作原理框图如图 5-10-5 所示。

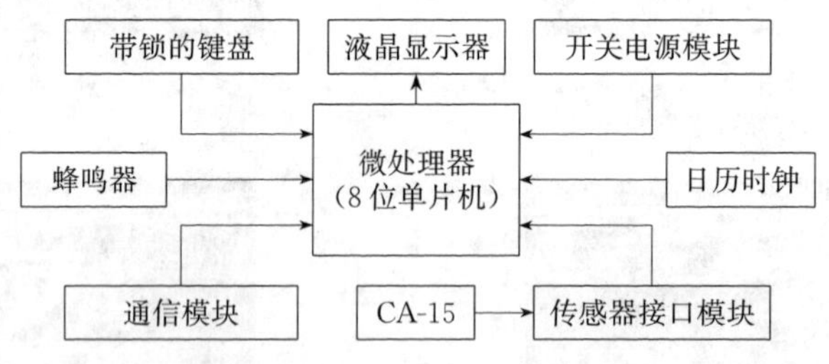

图 5-10-5 原理框架

该仪器的核心是一片 8 位微处理器(89C52 单片机),内含 8 K 的程序存储器和 4 个 8 位的输入输出端口;外围电路由传感器接口模块、通信模块、开关电源模块和液晶显示器等几部分组成。仪器的工作流程为:传感器接口模块首先识别传感器类型,然后分别对各路传感器逐个进行数据采集,对这些数据进行处理和判断(包括是否开路、短路,是否达到报警值,是否误报等),然后决定是否报警,是否重读一次温度,或者是选通下一个轴位重复上述流程。数据读取完毕后将采集的 9 路轴温数据送主 CPU 处理储存,主 CPU 在主程序中实时将测得的轴温数据送显示仪,如有超温报警数据,置报警标志,并输出报警状态(置报警声、报警灯、轴位闪烁

等),在通信时将报警信息发布出去。集中报警器的通信采用移频键控(FSK)的串行通信方式,20 台分机和 1 台记录仪构成一个分布式的通信网络。

五、KZS/M-I 型轴温报警器的使用

注意:操作仪器前,必须先用钥匙打开键盘锁,操作完后,重新上锁,并将钥匙拔出。

1. 监测状态

(1)正常显示:控制显示器平时处于本车监测状态。控制显示器在显示本车车辆顺位号时加"*"号,显示外车时加"( )"号加以区别。当某一轴位传感器开路时,相应轴位显示"---",当某一轴位传感器短路时,相应轴位显示"+++"。当有重车辆顺位号时,后开的控制显示器的车辆顺位号闪烁显示。

(2)报警显示:当某一车厢的某一轴位报警时,本车厢的控制显示器立即闪烁显示报警轴位的温度、发出报警声、报警指示灯闪烁,外置报警指示灯也闪烁,其他车厢的控制显示器也响报警声,报警指示灯闪烁(外置报警指示灯不闪烁),并显示报警车的车厢顺位号,闪烁显示报警轴位的温度。其他车厢控制显示器报警声只鸣叫 10 s,但报警指示灯仍闪烁并显示报警车的数据。只有在超温车厢的控制显示器上按"●"键才能消音,但报警灯仍闪烁。当报警车的报警声消除后,其余车厢的控制显示器恢复监测本车状态。当有多个车厢的轴位报警时,除报警车外的其余控制显示器都循环显示报警车的数据(每车显示 5 s)。

2. 功能设置状态

可以通过按键"●""▲""▼"来设置车厢顺位号、车种车号、日历时钟和显示传感器类型。

(1)车辆顺位号的显示和设置:在监测状态按下"●"键时,立即显示本车的车辆顺位号,此时按"▲""▼"键可改变其值。按一下"●"键,立即退出本设置,进入下一设置。

(2)车种车号的显示和设置:此时按"▼"键移动光标,按"▲"键改变闪烁位的内容;此时按下"●"键,立即退出本设置,进入时间的显示和设置状态。

(3)年、月、日、时、分的显示和设置:此时按"▼"键移动光标,按"▲"键改变闪烁位的内容;此时按一下"●"键,立即退出本设置,进入显示传感器类型状态。

(4)自动显示传感器类型:第一行显示的"RETURN"意为退出功能设置状态,回到监测状态;第二行从左至右显示 1～9 轴位的传感器类型;"s"表示此传感器是数字的传感器;"m"表示此传感器是模拟的传感器;此时按"●"键,立即退出设置,回到监测状态。注意,在设置状态时,如果在(10±1)s 内没有操作任何键,控制显示器就自动回到监测状态。

3. 调阅外车

控制显示器处于本车监测状态时,在任意一台控制显示器上按下"▲"键,控制显示器立即显示网络中下一个车厢的数据;当按下"▼"键时,控制显示器显示网络中上一个车厢的数据。如果网络中没有其他车厢时,则显示不切换。当操作"▲"或"▼"键后,控制显示器进入定点显示其他车厢的轴温状态。此时,如不操作任何按键,控制显示器在(30±2)s 内返回本车监测状态。

4. 测试 300 μA 恒流源

同时按下"▼"和"●"键,立即进入模拟传感器的恒流源测试状态;此时按"▲"键选择传感器轴位,按"●"键立即返回到监测状态;如果 30±1 s 内没有操作任何键,控制显示器自动回到监测状态。

5. 调阅报警数据

同时按下“▲”和“●”键，若本车曾经有过报警，则立即显示最新一次的报警数据；按“▲”键查看上一次的报警记录，按“▼”键查看下一次的报警记录；最多可记录 1 000 次报警数据，数据记满后自动刷新，先进先出，始终保持最新数据，不能人为擦除。报警期间每分钟自动记录一次报警数据。报警数据显示的格式为：第一行是报警记录的时间；第二行依次显示：序号、报警的轴位、温度、外温。无报警记录仅显示“No data”。按“●”键立即返回到监测状态；如果 10±1 s 内没有操作任何键，控制显示器自动回到监测状态。

6. 显示电子身份证号

同时按下“▼”和“▲”键，显示控制显示器的电子身份证号(即出厂编号)，该编号不可更改，按“●”键立即退出或(10±1)s 内自动回到监测状态。

六、控制显示器与传感器、通信线、电源、车体及外报警器(选购件)的连接

1. 1～8 号线分别与 8 个测轴温的传感器引出线的“＋”端连接。
2. 9 号线与测环境温度传感器引出线的“＋”端连接。
3. 10 号线是公共线，与上述传感器 引出线的“－”端连接。
4. 11、15 号线分别接 2 根专用线或播音线。
5. 12、13 号线分别接直流 48 V 电源的“＋”端和“-”端。
6. 14 号线接车体。
7. 若选购了外报警器，将三芯插头的 D、V＋、F 三根线分别与外报警器的 D、V＋、F 相连。
8. 上述各线连接应可靠。

实 作 技 能

一、实训准备

在正式作业前，先准备好如下作业工具及器材：KZS/M-Ⅰ型轴温报警装置、万用表、十字螺丝刀、一字螺丝刀、电工刀、电笔、活动扳手、钢丝钳、尖嘴钳、防护红旗、工具篮、剥线钳、克丝钳、压线钳、紫铜垫、平垫、弹簧垫、接线端子、螺钉。

二、实训流程及标准

按照车辆电工客车轴温报警装置故障排除标准作业流程进行实训。

三、实训内容

KZS/M-Ⅰ型轴温报警装置故障排除。

能 力 考 核

一、考核题目

KZS/M-Ⅰ型轴温报警装置故障排除。

二、考核内容

1. 处理轴温报警器连接线及传感器断路、短路故障。
2. 处理轴温报警器温度传感器、轴报仪故障。

三、考核要求

1. 根据故障现象，正确分析、判断故障原因和范围。
2. 测寻故障点准确、迅速。
3. 排除故障方法、步骤正确，操作熟练。
4. 通电调试方法正确，装置达到设计要求。

四、考核时间

标定时间 20 min。每超过 9 s 扣 1 分(不足 9 s 不扣分)，超过标定时间 3 min 停止作业，时间分不得分。压缩时间不加分，成绩相同按时间排序。

五、考核标准

若考生发生下列情况之一，则应及时终止其考试，考生该试题成绩记为零分。
1. 在考试过程中因违规操作损坏仪表或设备。
2. 在考试过程中因违规操作发生安全事故。

考 核 表

考核项点	配分	考核内容
时间	20	标定时间 20 min。每超过 9 s 扣 1 分(不足 9 s 不扣分)，超过标定时间 3 min 停止作业，时间分不得分。压缩时间不加分，成绩相同按时间排序
作业过程	30	一、作业顺序 在来车方向左侧插信号旗→按客车出库质量标准处理轴温报警装置连接线及传感器断路、短路故障→凡拆卸过或新接上的线端须配件齐全，无松动、折损；接线盒安装牢固；传感器安装无松动，紫铜垫须密贴→上车开启轴报器电源开关(应无烧保险)，观察轴报器→检查 1～8 位轴报器显示情况，检查外侧显示情况→处理某轴位显“—”，首先将 15 芯线该轴位接线端子与公共线短路，若显示“＋”，说明配线或传感器断路，则将短路点断开后下车逐段检查；若显示“…”，则表明仪器故障，根据显示情况和故障现象确定故障位置，处理其故障→处理某轴位显“＋”，将 15 芯线该轴位接线端子断开，若仍显示“＋”，表明仪器故障，根据显示情况和故障现象确定故障位置，处理其故障；若显示“—”，说明配线或传感器短路，则将接线端子接好后下车逐段检查→故障处理完毕后，上车确认轴报器显示正常，关闭轴报器电源开关，下车。作业完毕撤除防护信号，清理现场 二、扣分标准 [1]检查及试验作业程序不明晰、混乱，扣 2 分 [2]功能试验检查漏项，每项扣 5 分 [3]作业完毕后，配件未恢复原状扣 2 分

续上表

考核项点	配分	考核内容
质量	40	[1]温度传感器 ①温度传感器、铜垫安装紧固,引线无老化,破损 ②传感器引线与车体无摩擦,安装角度符合规定 [2]轴报仪 ①轴报仪安装牢固,外壳清洁,电锁及功能按钮作用良好 ②显示屏无裂损黑屏,显示清晰齐全,轴位显示正确,同侧温差不大于5℃ ③序号、车号、日期时间设置正确,声光报警良好,通信联网良好,定检标记齐全、清晰 ④轴报记录仪全列信号贯通,储存转存功能良好 [3]管线 ①配线管无锈蚀,管卡配件齐全紧固,接线盒无裂损,安装紧固 ②接线端子配件齐全,配线无老化、破损绝缘符合规定线号清晰正确,无混线、断路、短路 ③接插件完好,无烧损,连接可靠
安全文明生产	10	[1]未插设或未撤除安全号志扣10分,错设扣5分;中间脱落或未展开各扣5分 [2]作业中碰破出血各扣5分;受伤不能工作者判定本项比赛失格 [3]违章使用或损坏工具每次扣2分,作业后遗漏工具每件扣1分 [4]未按规定穿戴防护用品扣2分
用时		成绩	

任务十一　车下电源状态检测

DC 600 V车下电源装置是DC 600 V供电系统的重要组成部分,负责将机车提供的DC 600 V转化成不同制式的电压从而为负载供电。DC 600 V车下电源装置由客车空调逆变电源、充电器和单相逆变器三部分组成。

任务单

项目	车辆专业知识		
任务	车下电源应急故障处理	学时	2
任务概述			
DC 600 V车下电源装置是DC 600 V供电系统的重要组成部分,负责将机车提供的DC 600 V转化成不同制式的电压为负载供电。掌握客车空调逆变电源、充电器和单相逆变器的工作原理,能够排除车下电源应急故障,是车辆电工必须具备的能力			
任务内容			
本任务主要学习DC 600 V车下电源装置的三个组成部分即客车空调逆变电源、充电器和单相逆变器的工作原理,以及车下电源应急故障处理			

续上表

任务目标		
知识目标	能力目标	素质目标
1. 掌握客车空调逆变电源的工作原理 2. 掌握充电器的工作原理 3. 掌握单相逆变器的工作原理	1. 能够进行车下电源应急故障处理 2. 能够排除综合控制柜故障	1. 树立安全生产意识 2. 培养严谨认真的工作态度 3. 培养团队合作精神
任务要求		
1. 在实训过程中,严格遵守实训场所有关规定 2. 树立"安全第一"意识,保证人身及设备安全 3. 做好实训准备工作,准备好相关物品 4. 操作仪表、工具时,严格按照操作规范进行 5. 及时记录实训数据与结果,认真撰写实训报告 6. 发生下列情况之一,应立即终止实训 (1)在实训过程中因违规操作损坏仪表或工具 (2)在实训过程中因违规操作发生安全事故		

理论知识

一、TGF23 系列逆变器

(一)结构组成

TGF23 系列 25T 型客车逆变器箱适用于具有 DC 600 V 供电电压的动车组、车辆或其他具有相应供电制式及功率等级的设备。该逆变器箱包括 2 台 35 kV·A 的逆变电源装置和 1 台不小于 10 kV·A 的变压器。逆变电源为空调电加热器以及其他车载交流 380 V 用电设备供电,变压器为 AC220 V 用电设备供电。

TGF23 系列包括 TGF23 型 TGF23D 型、TGF23A 型、TGF23B 型、TGF23C 型。TGF23D 型逆变器箱与其余 4 种的主要区别在于其三相变压器容量为 15 kV·A。其余 4 种之间的主要区别体现在柜体吊装和出线规划方面的差异。

TGF23、TGF23A、TGF23B 及 TGF23C 4 种型号对应用户的型号为 25T-2×35 kV·A+12 kV·A。TGF23D 型对应用户的型号为 25T-2×35 kV·A+15 kV·A。

TGF23 系列 5 种型号客车逆变器箱电气原理完全相同,均采用 DC-AC 变换技术,有两路 35 kV·A 逆变器及一路 12 kV·A /15 kV·A 三相四线变压器构成,两路逆变器之间可以相互转换,互为冗余。

(二)25T-2×35 kV·A +12 kV·A 逆变器工作原理

1. 逆变器主电路

25T 客车采用 2×35 kV·A 逆变器供电方式,两个逆变器的工作原理是相同的。以 25T 型客车逆变器箱主电路为三相桥式电压型电路,采用 IGBT 作为开关器件,具有开关频率高、驱动简单、损耗低的特点。其控制采用 SPWM 调制技术,依据 $U/f=C$(常数)实现软启动。

输出端配有正弦波滤波器及 EMC 滤波器，以保证输出电压谐波含量小于 10%及减小电磁干扰，并具有输入输出隔离接触器及转换接触器，当出现故障时，可以自动实现电气上的完全隔离和故障转换。过无电区时，逆变器失电停止工作，过无电区 30 s 后能自动软启动。控制装置采用单片机控制技术，对外部指令识别、系统状态判定、故障诊断及显示实行全面的管理、控制，通过 RS-485 接口与 LonWorks 网关相连，实现与列车网络系统的互联，可方便地进行网络集中控制和信息查询，与外部进行信息交换。该逆变器采用模块化设计，整体散热、全密封结构，可用于环境较恶劣的场合。

逆变器主电路如图 5-11-1 所示。逆变器主电路包括：输入输出隔离电路、中间支撑电路、缓冲电路、桥式三相逆变电路、交流滤波电路。

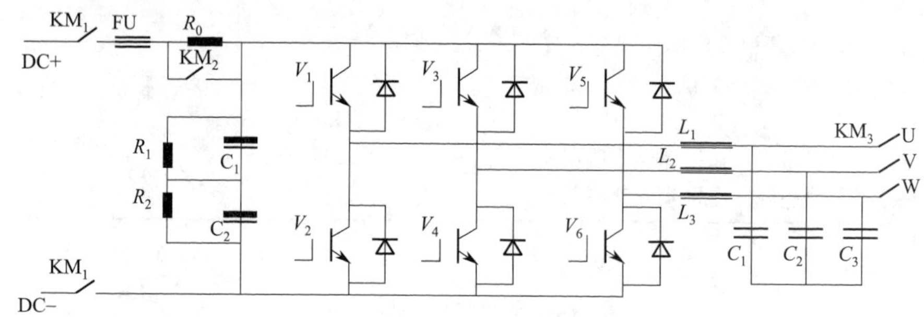

图 5-11-1 逆变器主电路

2. 逆变器主电路工作原理

由 $V_1 \sim V_6$ 组成的桥式三相逆变主电路是逆变器的核心电路，如图 5-11-2 所示。输入端为 A、B，输出为 U、V、W，右上角为 $V_1 \sim V_6$ 的导通顺序，阴影部分为各个 IGBT 的导通时间，每一格的时间为 π/3，则根据各 IGBT 的导通顺序，可以绘出 U、V、W 的线电压波形。

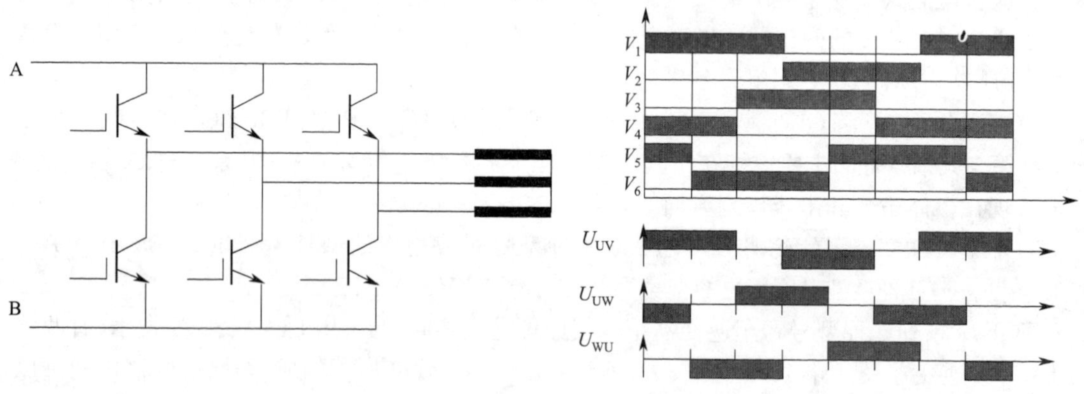

图 5-11-2 桥式三相逆变主电路

二、充 电 器

(一)概　　况

25T 型客车充电器整个系统由 TCP4-008/600(L)型 DC 110 V 充电机和 TKB2-0035D/110(L)型单相逆变器组成。TCP4-008/600(L)型 DC 110 V 充电机的作用是将 DC 600 V

(AC 380 V)的输入变换成 DC 110 V,供给客车照明、110 V 蓄电池充电及其他 110 V 负载。TKB2-0035D/110(L) 型单相逆变器的作用是将 DC 110 V 的输入变换成单相 AC 220 V/50 Hz 输出,供给单相负载使用。

25T 型客车充电器包括 TDK1H-CB 型、TDK1H-CBL 型、TDK1J-CB 型、TDK1J-CBL 型、TDK1K-CB 型、TDK1K-CBL 型、TDK1L-CB 型、TDK1L-CBL 型 8 种型号。TDK1H-CB 型、TDK1J-CB 型、TDK1K-CB 型、TDKIL CB 型充电机及单相逆变器箱的工作环境温度为:25～45 ℃。TDK1HCBL 型、TDKI1J-CBL 型、TDK1K CBL 型、TDK1L-CBL 型充电机及电相逆变器箱的工作环境温度为:－40～45 ℃。

(二)充 电 器

25T 型客车无论兼容供电还是 DC 600 V 供电,都需要通过充电器将 DC 600 V 或 AC 380 V 变换成 DC 110 V 供给蓄电池和照明等负载。从系统的安全性和可靠性来考虑,充电器是供电系统中最重要的设备之一,一旦充电器发生故障,蓄电池无法充电,电压会放到很低,有可能使挂在蓄电池上的所有设备都无法启动和工作。基于 DC 600 V 的输入电压和大于 8 kW 的功率等级,客车用大功率 DC/DC 变换的主电路一般采用适应高压变换的半桥或全桥结构。

高频桥式逆变主电路:

VT1～VT4 构成 DC/DC 变换的主电路,VT1～VT4 的控制逻辑和变压器原、副边电压波形如图 5-11-3 所示。

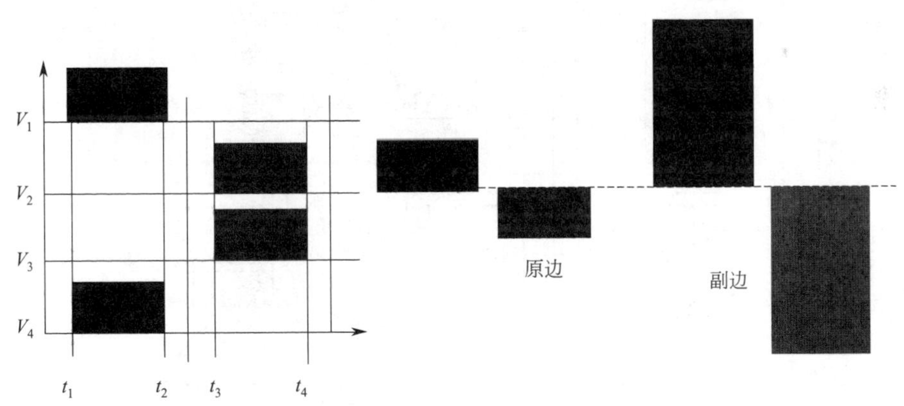

图 5-11-3　VT1～VT4 的控制逻辑和变压器原、副边电压波形

VT1～VT2 区间内,VD1 和 VD4 导通,变压器原边电压为正相电压;VT3～VT4 区间内,VD2 和 VD3 导通,变压器原边电压为反相电压。

VT2～VT3 区间内任何 IGBT 都不导通这段时间称为“死区”,防止上下桥臂的两只 IGBT 同时导通造成桥臂的“贯通”短路。

充电器用的 IGBT 一般采用双单元,即一个模块上集成了上下桥臂的两个 IGBT,但因为 IGBT 工作在 20 kHz 左右,因此其开关损耗大,散热困难。为解决损耗问题,采用移相技术实现 IGBT 的准软开关控制。

除上下两管导通的死区外,电路中总有两个开关管同时导出,共有 4 种导通组合,即 VTI-

VT4，VT4-VT2，VT2-VT3，VT3-VT1。其中VTI-VT4、VT2-VT3组合导通（即对角线导通）时，全桥电路输出能量VT3-VTI，VT4-VT2组合导通（即上桥臂两管或下桥臂两管同时导通）时，全桥电路处于续流状态不输出能量。调节这两种组合的时间比例，即移相角，变压器得到一个交变的PWM电压，以此实现对输出电压、电流的调整。

三、TKB2-0035D/DCIO(L)单相逆变器

TKB2-0035D/DC110型和TKB2-0035D/110L型单相逆变器（以下简称"逆变器"）将DC 110 V的输入变换成单相AC 220 V/50 Hz输出，供给单相负载使用。TKB2-0035D/110型和TKB2-0035D/110L型单相逆变器除了工作环境温度范围不同外，其他方面都是相同的。

逆变器的结构原理

逆变器的结构原理如图5-11-4所示。

原理框图主要包括输入滤波部分、升压斩波部分（DC/DC）、逆变部分（DC/AC）、输出滤波部分和控制单元部分。

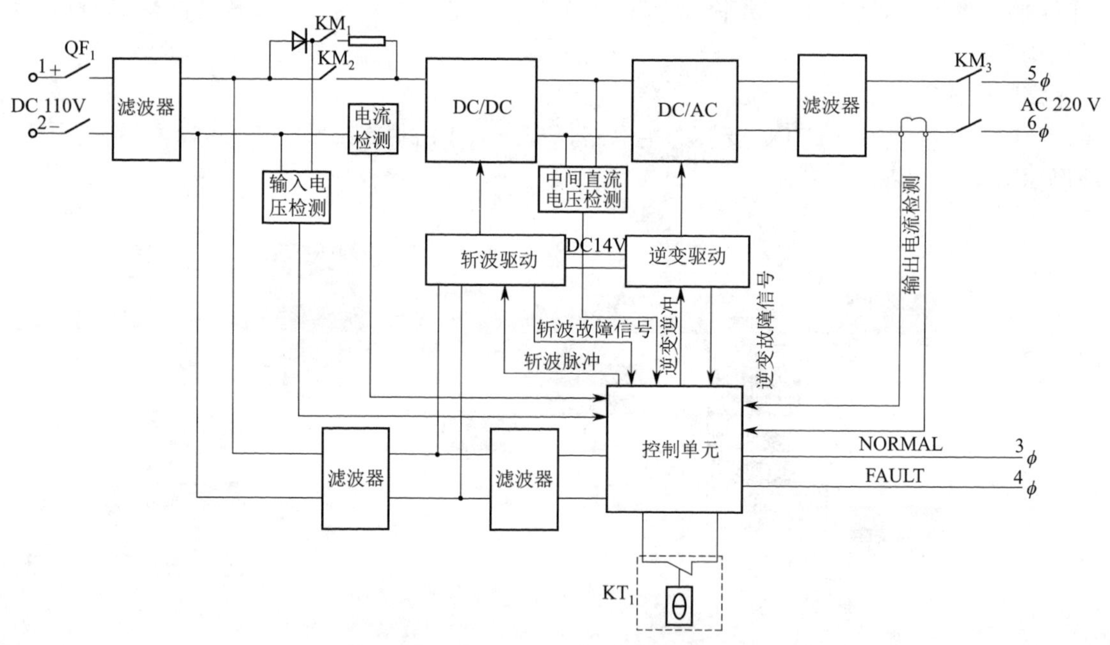

图5-11-4　逆变器的结构原理

逆变器的控制采用16位微机控制技术，斩波驱动采用PWM波驱动方式，升压斩波环节保证了有适当的中间直流环节电压。中间直流环节电压信号UDG通过电压传感器反馈给控制单元，控制单元根据反馈值来调节斩波脉冲的占空比，从而使中间直流电压维持稳定。逆变驱动采用SPWM波驱动方式，逆变环节把中间直流环节电压逆变成稳定的单相交流220 V电压。控制单元部分对斩波故障信号FOC、逆变故障信号FO、输入电压信号UING、输入电流信号ICG、输出电流信号IOUTG进行检测，并根据所检测到的信号进行短路保护、过欠压保护、过流保护等，从而保证系统可靠、安全运行。当散热器温度过高时，常闭触点跳开，给出过热保护信号OHTIN，逆变器停止输出。

实作技能

一、实训工况

运行中一台逆变器故障，另一台正常，联络开关 KM4 不闭合，且重新给电复位无效。

二、实训准备

在正式作业前，先准备好如下实训用品：平口起、十字起、尖嘴钳、万用表、手电筒、剥线钳、绝缘胶布、钢丝钳、应急供电电缆等。

三、实训流程及标准

1. 断开 DC 600 V 电源（Q1、Q2、Q3），并等待放电完毕（逆变器内有大电容），断开 AC 380 V 所有负载电源开关。并确认断开，禁止带电作业。
2. 在四合一控制柜接线排 XS1 处将故障逆变器所带负载线（接线排下端）全部卸下，按线号 U、V、W 并联接入正常逆变器所带负载线（接线排下端）并确认拧紧。
3. 再一次确认接线正确无误，无短路、漏电，接线牢固。
4. 合 DC 600 V 电源。
5. 合空调负载（只许试验位手动控制半冷或半暖）。
6. 如空调负载有反相现象，重复 2 的工作，将三相线的任意两根进行调换，保证相序正确，再重复 4、5、6 的工作。
7. 合电茶炉等负载开关。
8. 注意保证工作电流不大于 30 A，当逆变器出现过载保护时，减载保证空调正常运行。
9. 在控制柜挂上“线路更改勿动”标志。
10. 加强监控，有异常随时拉闸。

四、实训内容

1. 拆卸四合一综合控制柜中故障负载的接线。
2. 空调负载连接反相调试工作。
3. 测试上电负载的内容。

能力考核

一、考核题目

车下电源应急故障处理。

二、考核内容

1. 使用万用表测试色灯信号机点灯装置输入电压和输出电压。
2. 测试锁闭继电器的 1～4 线圈电压。

3. 测试JWXC-1700前后线圈的电阻值并完成应急故障处理。

三、考核要求

1. 两名列检人员必须全部到位,一名操作,一名监督和检查。
2. 重新给电间隔时间至少30 s。
3. 严禁带电作业。
4. 必须确认接线正确无误无短路、漏电。
5. 严禁全载运行,工作电流不能大于30 A。
6. 必须对故障车辆加强监控,以防不测。

四、考核时间

1. 准备时间:2 min。
2. 正式作业时间:20 min。计时从工具准备齐全开始至检查、记录完毕结束。
3. 规定时间内全部完成,超时停止作业。

五、考核标准

若考生发生下列情况之一,则应及时终止其考试,考生该试题成绩记为零分。
1. 在考试过程中因违规操作损坏仪表或设备。
2. 在考试过程中因违规操作发生安全事故。

考 核 表

考核项点	配分	考核内容	
车下电源应急故障处理	70	[1]明确故障处理方法 [2]按要求进行相应操作 [3]正确连线 [4]测试上电后负载工况是否符合要求	
安全文明生产	15	严格按照要求操作,禁止违章	
清理现场	15	清理现场,工具仪表摆放整齐	
用时		成绩	

任务十二　TVDS动态检查作业

随着客车装备的不断发展,各路局集团公司管内客运量加大,客车编组站减少,交路延长,使列检保证区段随之延长,责任范围变大。同时,车站站台高度的提升,新型客车隐蔽部件增多,列车开行密度加大,列车检查难度不断提升,使得铁路客车运用安全监控面临极大困难。传统的以人工手检为主的列检方式容易造成漏检,检车作业质量和效率难以得到保证。为解决上述问题,中国国家铁路集团有限公司提出了在旅客列车进站前的运行线路上使用高速摄像机,将与车辆运行安全有直接关系的车钩连接装置、转向架、制动装置、车底悬吊装置等部件拍摄下来,利用计算机图像处理功能将各部件拼接成一幅完整的图像,提供给动态作业人员浏览。从而通过查看图像信息及时发现列车故障，这个系统就是客车故障轨边图像检测系统（Train Coach Machine Vision Detection System，TVDS）。

任　务　单

<table>
<tr><td>项　　目</td><td colspan="4">车辆专业知识</td></tr>
<tr><td>任　　务</td><td colspan="2">TVDS 动态检查作业</td><td>学　　时</td><td>2</td></tr>
<tr><td colspan="5">任 务 概 述</td></tr>
<tr><td colspan="5">客车故障轨边图像检测系统（以下简称 TVDS）是解决高站台客列检检查作业盲区，缓解客整所地沟检修能力制约，优化劳动组织的必备手段</td></tr>
<tr><td colspan="5">任 务 内 容</td></tr>
<tr><td colspan="5">本任务主要学习 TVDS 设备的组成以及作业要求</td></tr>
<tr><td colspan="5">任 务 目 标</td></tr>
<tr><td colspan="2">知 识 目 标</td><td>能 力 目 标</td><td colspan="2">素 质 目 标</td></tr>
<tr><td colspan="2">1. 掌握 TVDS 设备的组成
2. 掌握 TVDS 的功能和技术要求</td><td>掌握 TVDS 设备的作业组织及要求</td><td colspan="2">1. 树立安全生产意识
2. 培养严谨认真的工作态度
3. 培养团队合作精神</td></tr>
<tr><td colspan="5">任 务 要 求</td></tr>
<tr><td colspan="5">1. 在实训过程中，严格遵守实训场所有关规定
2. 树立“安全第一”意识，保证人身及设备安全
3. 做好实训准备工作，准备好相关物品
4. 操作仪表、工具时，严格按照操作规范进行
5. 及时记录实训数据与结果，认真撰写实训报告
6. 发生下列情况之一，应立即终止实训
（1）在实训过程中因违规操作损坏仪表或工具
（2）在实训过程中因违规操作发生安全事故</td></tr>
</table>

理　论　知　识

TVDS 系统组成包括探测站设备、车辆段动态检车中心设备、铁路局监控中心设备、中国国家铁路集团有限公司查询中心设备及网络传输设备等。

一、设备组成及技术要求

探测站设备，包括轨旁设备和机房设备，如图 5-12-1 所示。

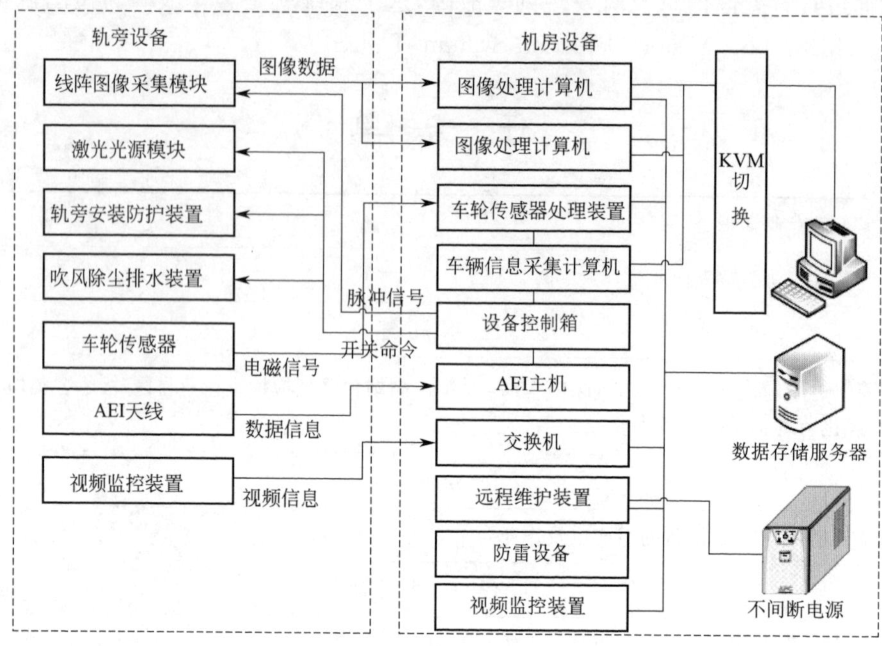

图 5-12-1 探测站组成

(一)轨旁设备

主要部件包括:线阵相机、补偿光源、车轮传感器、轨旁沉箱、轨旁侧箱、分线箱、AEI 室外设备、监控设备、除尘清洁装置等。各设备应按标准模块化设计,可通用互换。

1. 线阵相机:系统安装了 5 台线阵相机,用于拍摄运行车辆底部、两侧图像。根据拍摄的需要布置在线路的中间和两侧,线阵相机布局如图 5-12-2 所示,其中线路中间底部采用 3 个广角相机拍摄整个列车底部,左右两侧各采用 1 个相机拍摄列车侧面下部,线阵相机安装位置如图 5-12-3 所示。线阵相机安装于保护盒内,保护盒采用模块化设计,插拔式安装,易于维护,相机盒表面安装有风机除尘装置,防止沙尘雨雪等影响图片拍摄质量,线阵相机及镜头参数见表 5-12-1,使用寿命(累计工作时间)≥2 500 h。

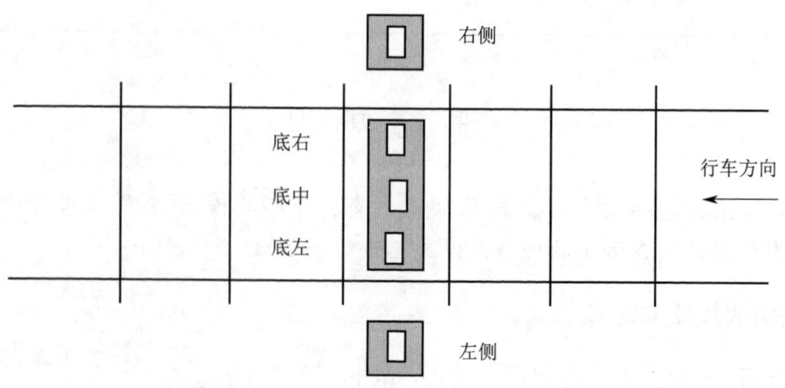

图 5-12-2 铁路客车故障轨旁图像检测系统(TVDS)相机布局

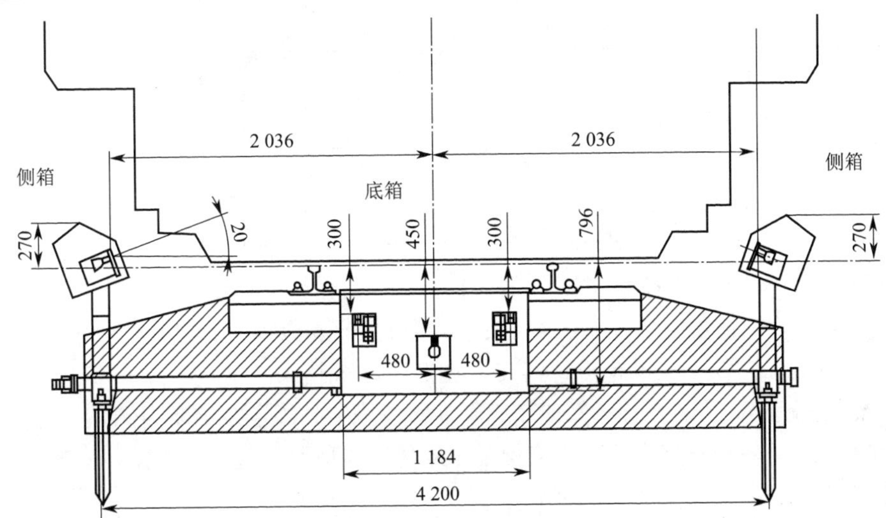

图 5-12-3 铁路客车故障轨旁图像检测系统(TVDS)相机安装位置(单位:mm)

表 5-12-1 线阵相机及镜头参数

相机位置	最小分辨率 像素/线	最小帧率 kHz	镜头焦距 mm	拍摄视角 (°)
左侧	2 048	48	12	62
右侧	2 048	48	12	62
底左	1 024	48	12	62
底右	1 024	48	12	62
底中	2 048	48	6	105

2. 补偿光源:系统安装了 6 套红外线性激光光源,给线阵相机提供光源补偿。底中相机配有两台激光光源,其余相机各有一台激光光源。所发激光为线性光,与线阵相机的线扫描区域完全重合,能量集中,发光光谱为红外波段,能保证图像拍摄不受外界光线变化的影响,具体技术参数如下:

光源类型:光纤耦合式红外线性激光光源;

光纤类型:SMA905 铠装光纤跳线;

发光波长:808 nm;

开启/关断时间:≤1 s;

供电电压:DC 15 V;

工作电流:≤6 A;

使用寿命(累计工作时间):≥2 500 h。

各相机配套补偿光源出光发散角见表 5-12-2。

表 5-12-2 相机补偿光源出光发散角度表

补偿光源	发散角(°)
左侧相机光源	≥75
右侧相机光源	≥75

续上表

补偿光源	发散角(°)
底中相机光源	≥110
底左相机光源	≥75
底右相机光源	≥75

3. 车轮传感器:车轮传感器安装标准如下:

1 号、2 号车轮传感器安装在距沉箱(来车方向)120 m 以外处,1 号、2 号车轮传感器之间距离(270±2)mm;3 号、4 号车轮传感器安装在探测站沉箱来车方向一侧的钢轨上,3 号、4 号车轮传感器之间距离(270±2)mm;车轮传感器安装需用卡具固定在钢轨内侧,根据钢轨的型号,使用相应的卡具,车轮传感器安装尺寸应保证车轮传感器顶面与轨面距离:50 kg 轨(35±2)mm;60 kg 轨(37±2)mm;75 kg 轨(45±2)mm。

4. 轨旁沉箱:轨旁沉箱主要用于底部线阵相机的安装及防护,轨旁沉箱应能够保证在沙尘雨雪及冬季环境下正常工作,设排水口,外形尺寸:340 mm×1 184 mm×620 mm(长×宽×高)。

5. 轨旁侧箱:轨旁侧箱主要用于侧部阵相相机的安装及防护,轨旁沉箱应能够保证在沙尘雨雪及冬季环境下正常工作,外形尺寸:480 mm×380 mm×432 mm(长×宽×高)。

6. 轨旁分线箱:轨旁分线箱主要用于红外线性光源驱动电源的安装及防护,分线箱内应带有加热和散热装置,保持箱内温度相对稳定,外形尺寸:840 mm×600 mm×500 mm(长×宽×高)。

7. AEI 室外天线:AEI 室外天线用于发射微波载频信号,同时接受标签反射回来的已调制信号。

8. 监控设备:主要用来监控探测站轨旁设备的运行状态和过车情况,监控设备采用红外一体摄像头,应满足以下要求:探测距离可达 30 m;图像分辨率 720 P;数据传输模式为网络通道;存储时间不少于 48 h。

9. 除尘清洁装置:每个相机保护盒均安装除尘清洁装置,主要有除尘风机用于相机盒镜头清洁,可在列车通过时自动开启风机除尘,也可通过软件远程控制风机装置进行镜头表面清洁。

10. 电缆、光纤:轨旁电缆型号及防护要求如下:相机图像信号传输线采用千兆网传输,网线采用 6 类标准安普网线;车轮传感器信号传输线采用 4 芯铠装电缆;相机触发线采用 4 芯防油防冻双绞屏蔽线;电源线采用 2 芯防油防冻双绞屏蔽线;光纤均采用铠装光纤,外套防护管。

其中铠装电缆可直接埋入地沟,露出地面部分采用高压胶管防护,其余全部电缆均采用高压胶管防护。

(二)探测站机房设备

机房整体布局如图 5-12-4 所示。

机房设备明细及配置如下:

1. 车辆信息采集计算机:采用工业计算机,车辆信息采集计算机是车辆信息采集系统的核心,计算机内安装有信号控制板卡及车辆信息采集程序,主要完成防护箱体及补偿光源的开

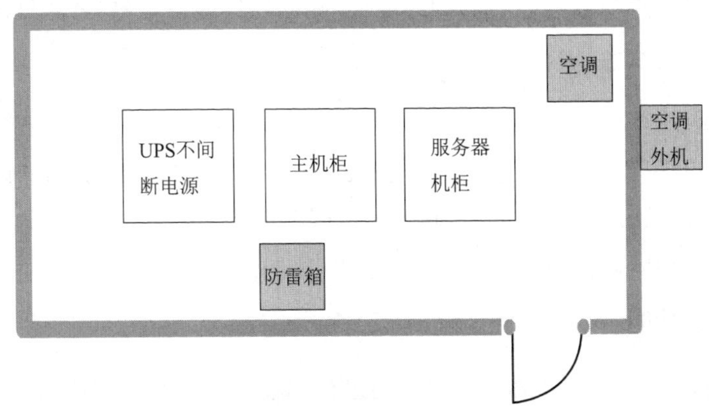

图 5-12-4　机房整体布局

关控制、车辆信息的采集、列车测速、计轴计辆、读取标签信息、关键部件定位并产生线阵机触发脉冲等功能。负责将采集的列车信息发送至数据存储服务器。车辆信息采集计算机最低配置标准如下：

CPU：2 核 2.4 GHz；

内存：2 G；

硬盘：160 G；

具有防尘功能；

加装控制卡，控制卡能满足至少四路车轮传感器信号的采集、三路信号定时计数功能。

2. 图像处理计算机：采用工业计算机，TVDS 型系统共有 3 台图像采集计算机，每个采集计算机配备了 3 个千兆网口，一个网口用来连接交换机组网，另外两个千兆网口每个连接 1 台线阵相机，计算机内安装有图像采集软件和相机驱动程序，用来接收高速相机采集的图像信息，对图像信息进行处理和传输。图像处理计算机最低配置标准如下：

CPU：2 核 2.4 GHz；

内存：4 G；

硬盘：500 G；

具有防尘功能。

3. AEI 主机：AEI 主机主要用来获取车辆的车号信息。

4. 设备控制箱：主要用来控制轨旁设备的各种动作，配合采集设备完成图像和车号信息的采集。外形尺寸不大于 4U。

5. 数据存储服务器(含磁盘阵列)：采用双机备份服务器，确保服务器的高容错性和高可用性，同时为了便于系统能够快速、安全的联网进行信息的上传和复示。数据存储服务器最低配置：

CPU：4 核 2.2 GHz；

内存：8 G；

磁盘阵列硬盘容量：2 T。

6. KVM：用于设备调试和检修时使用，KVM 至少应有 8 个通道，可用于采集设备和控制设备的计算机显示器屏幕的切换。

7. 车轮传感器处理装置:至少能同时处理 8 路车轮传感器信号,并且适应车速范围为 5~160 km/h。

8. 不间断电源设备:机房每套 TVDS 设备配备不间断电源(UPS)一套,容量不低于 10 kV·A,供电时间不小于 2 h。

9. 信号防雷设备和电源防雷设备:机房设备需配备信号防雷设备和电源防雷设备。

10. 远程维护装置:远程维护装置可通过网络实现探测站机房设备的远程维护。

11. 空调:机房需配备空调,保持机房温度在 10~30 ℃。

二、TVDS 设备功能

标准配置设备需能满足实际需求,对双向过往车辆进行检测数据采集。功能扩展设备,须具备车顶拍摄功能。

(一)车辆信息采集功能

能够采集 AEI 主机车号信息,并通过采集车轮传感器信号,实现自动计轴计辆、测速,形成完整的客车运行信息。

(二)线阵图像采集功能

标准配置设备能够对客车底部及侧下部可视部件进行线阵图像采集,并按规则命名存储。采集范围主要包括:车底(相机位于两钢轨中间,由下向上拍摄)、车体两侧(相机位于轨外侧,由外向内拍摄车体侧下部)可视部位的外观图像,主要包含列车钩缓装置、制动装置、车体底架、车端连接部位、转向架、车体侧下部。

(三)车号识别功能

能够自动识别客车车号、车次,实现车辆部件图像与车号及位置的匹配关系。

(四)外部数据交互功能

能够根据需要与其他信息系统进行信息交互。

(五)自检及远程维护功能

能够定时对轨旁设备和专用通道进行自检,记录自检信息并及时进行故障报警。维护人员可远程监控探测站设备状态,并可通过远程控制方式维护探测站中的服务器、计算机等设备。

(六)抗雾雨雪、沙尘及阳光干扰功能

在雾雨雪、沙尘及强烈阳光条件下,系统能正常进行图像及数据采集。

三、TVDS 系统技术要求

(一)使用环境

在表 5-12-3 所列使用环境条件下,TVDS 设备应能正常工作。

表 5-12-3　TVDS 探测设备使用环境表

序号	项目	机房设备	轨旁设备
1	温度/℃	0～50	－45～＋70
2	湿度/%	≤95	≤95

(二)主要技术参数

1. 适应速度:适应客车速度 5～160 km/h。

2. 图像传输速度:列车通过后 2 min 内完成图像传输。

3. 服务器及存储容量:探测站原始采集信息及图像保存不少于 30 d。

4. 计轴计辆误差:能自动计轴、计辆,计轴误差小于 3×10^{-6},计辆误差小于 3×10^{-5}。

5. 测速误差:能自动测量车速,正常行驶过程中测量速度误差不超过 5×10^{-2}。

6. 车号识别率:车号识别率大于 99.9%。

7. 车辆方位识别:能自动识别客车 1、2 位端,1、2 位侧以及运行方向的左、右侧,识别率不低于 99.9%。

四、TVDS 系统安装条件

1. 为充分发挥检测设备的作用,安装位置避开曲线、长大坡道,此段距离内没有道岔。

2. 探测站设备选在道床坚实、线路质量好的地段,避开钢轨端头、短钢轨。

3. 探测站所有设备的安装尺寸应严格遵守《直线建筑接近限界》(区间及站内正线)的规定,必要处应做相应的防护。

4. 探测站轨旁设备采用一体化沉箱、侧箱结构,安装时视现场情况对轨枕间距可作调整。

5. 探测站轨旁机房,距离检测设备不大于 100 m 处,其单套设备使用面积不小于 15 m^2,并设有探测站标记。

6. 探测站机房的供电容量不小于 20 kV·A/台,具备双路电源。

7. 探测站应根据测点实际情况,采用综合防雷措施,包括等电位连接、综合布线及屏蔽、共用接地系统及配套的防雷性能自动检测设施。防雷接地电阻小于 4 Ω。

8. 开机车轮传感器铠装电缆铺设深度大于 0.8 m。

9. 探测站到动态检车中心之间采用光纤网络通信,网络传输速率不低于 8 Mbit/s;光缆铺设深度大于 0.8 m,细沙铺垫,立水泥标志桩。

10. 探测站机房需配备空调设施,保证室内温度 10～30 ℃,相对湿度＜95%。

五、作业要求

1. 利用 TVDS 拍摄的图像,对客车底技术状态实施的检查作业,称为 TVDS 动态检查作业。作业范围包括:普速旅客列车客车底、特快货物班列客车底、回送图定客车底、无火回送普速客车底、因故折返旅客列车客车底。

2. TVDS 动态检查作业类别分为:对客列检无技检作业和技术作业的客车底(包括在客列检所在站不停车或绕行的客车底)实施动态直通作业,对符合客列检技检作业和技术作业范围的客车底实施动态技检作业,对符合客列检站折作业范围的客车底实施动态站折作业,对外属入库客车底实施动态折返作业，对本属入库客车底实施动态本属作业。

3. 动态检查图像

(1)动态直通作业对两侧侧部相机拍摄的图像进行检查。

(2)动态技检作业对两侧侧部相机拍摄的图像和底部中间相机拍摄的车钩及转向架图像(不含两转向架之间的中间部)进行检查。

(3)动态站折作业和动态折返作业对侧部和底部左、中、右相机拍摄的图像进行检查。

4. 根据作业分工，动态检车员、现场检车员及所属局(段)分别承担《铁路客车运用维修规程》规定的安全质量责任。

(1)对实施动态直通作业的客车底，仅由动态检车员实施动态检查作业。

(2)对实施动态技检作业的客车底，动态检车员实施动态检查作业，现场检车员实施技术作业。

(3)对实施动态站折作业和动态折返作业的客车底，按照“人机分工”作业的原则，现场检车员对动态检车员无法检查的部分进行补充作业。由集团公司对“人机分工”作业范围作出规定。

5. 对实施动态本属作业的客车底，须结合现场人工检查和 TVDS 动态检查，由现场检车员和动态检车员共同完成对本属客车底实施的日常检修和深度检查；实施动态检查时，动态检车员须对检查的图像实行强制放大。

六、故障预报及处置

1. 客车底故障分为拦停类故障、确认类故障和预报类故障。动态检车员须通过对规定图像的检查，及时发现图像可视范围内的客车底故障。

暂按以下范围，对客车底故障进行归类：

(1)拦停类故障：客列检所在地 TVDS 动态检车工长确认的有人扒车、车下箱门开放、车下悬吊件离开母体且有脱落风险、带有危及行车安全的异物、危及行车安全的其他客车故障。

(2)确认类故障：客列检所在地 TVDS 动态检车工长确认的车钩、软管、风挡及各电气连接线的连接状态存在的故障；摇枕悬吊装置、基础制动装置、车下各箱体等配件有无折损故障及折损后无脱落风险故障；弹簧压死、走行部零部件与车体顶抗磨碰故障；钢弹簧有无折损、空气弹簧有无破损漏泄故障；需要现场检车员确认的其他客车故障。

单元制动缸护套破损、枕簧组装螺母丢失故障不列入确认类故障。集团公司可根据 TVDS 运用经验，在保证列车安全运行的前提下，对不列入确认类故障的范围自行进行调整。

(3)预报类故障：客列检或客整所所在地 TVDS 动态检车工长确认的所有本地标注故障；本属列车一次往返交路、外属列车一次单程交路中，由 TVDS 全路联网系统对途径 TVDS 提交的客车底故障进行同类合并后的联网标注故障。

2. 动态检车员发现客车底故障时，须在作业平台上予以标注，并将标注故障发送给动态检车工长进行复核，动态检车工长确认动态检车员误标时须标注为“误标”，并通知动态检车员，确认没有误标时：

(1)将动态直通作业、动态技检作业、动态站折作业和动态折返作业标注的拦停类故障进行直通报告。

(2)将动态技检作业标注的确认类故障推送至 TVDS 所在地客列检值班室的故障推送

终端。

(3)将动态站折作业和动态折返作业标注的预报类故障分别推送至相应的 TVDS 所在地客列检值班室、库列检值班室的故障推送终端。预报类故障须经 TVDS 全路联网系统对本地标注故障和联网标注故障进行自动整合。

(4)对动态本属作业标注的深度检查故障,推送至库列检值班室的故障推送终端。

推送的故障信息包括:列车车次、机后位置、故障车号、故障部位、故障名称、故障图片、动态检车室名称、TVDS 探测站名称及探测时间等。联网标注故障中的机后位置因列车途中换向而发生不一致时,以通过本地 TVDS 时的编挂位置为准。

3. 实施直通报告时,须执行以下规定:

(1)动态检车工长使用直通电话,以标准用语通知车辆运行安全监测站(以下简称辆安站)值班员:×××车辆段×××动态检车室于××日××点××分发现××次列车机后××位客车,车号为××××××,存在××故障,本列须立即停车。

(2)接到动态检车工长的报告后,辆安站值班员要立即将标准用语转报列车调度员,列车调度员立即将标准用语以口头命令方式通知机车司机,机车司机立即使用常用制动停车,并将标准用语转告车辆乘务员。

(3)列车停于区间或非客列检作业站时由车辆乘务员、停于客列检作业站时由客列检对拦停类故障进行确认处理,车辆乘务员直接向机车司机报告处理情况,客列检经车站值班员转报机车司机。

(4)拦停类故障经车辆乘务员确认处理的,由车辆乘务员将确认处理信息(故障是否属实、属实故障的处理措施)经本属车间值班员、车辆段调度以及实施直通报告的动态检车室所属车辆段调度,转告动态检车室;经客列检确认处理的,由客列检检车员经所属客列检值班员转告动态检车室。

4. 确认类故障和预报类故障推送后,须执行以下规定:

(1)客列检、库列检值班员在故障推送终端查询到动态检车工长推送的故障信息后,须通知现场检车员进行确认处理。

(2)现场检车员须对确认类故障进行现车确认,并按规定进行处理;除对预报类故障除进行确认、处理外,还须对已实施应急处置的故障须进行确认、处理。

(3)对采取非功能恢复性处置措施的故障,库列检现场检车员须进行彻底处理;站折客列检现场检车员确定既有处置措施能够保证列车安全运行到本属入库的,可不进行彻底处理。

(4)现场检车员须将确认处理信息向对其预报的值班员进行反馈,值班员须在故障推送终端收到故障信息后的 6 h 内,将确认处理信息录入故障推送终端。

5. 值班员在故障推送终端录入的故障确认处理信息,由 TVDS 全路联网系统自动回传至向其推送故障的动态检车室。动态检车工长电话获悉(拦停类故障通过电话接听,确认类故障及预报类故障通过系统查询)确认处理信息后,对属实的故障进行属实故障提交,对不属实故障进行不属实故障提交。

动态检车工长还须将实施动态技检作业时,不属于拦停类故障和确认类故障的其他标注故障进行标注故障提交。

经提交的故障,由 TVDS 全路联网系统在路局集团公司和国铁集团实现数据落地,按三类进行分别存储,存储时间不少 12 个月。

6. 外属库列检须将动态折返作业和动态站折作业推送的预报类故障纳入车统—181 中的“库列检发现”栏；站折客列检在“库列检发现”栏的“附注”项，须注明客列检名称，并由客列检工长在“库列检工长签字”栏进行签字。

七、作业组织和作业条件

(一)作业组织

1. TVDS 动态检查作业在动态检车室实施，按四班配齐动态检车工长和动态检车组。每班配备 1 名动态检车工长和多个动态检车组。每个动态检车组配备 2～3 名动态检车员，其中 1 名动态检车员兼任组长。

动态检车组是实施动态检查作业的独立单元，兼职动态检车组长除负责本组作业命令下达、作业完毕报告外，还须与本组其他动态检车员共同实施包车作业。每个动态检车员须对其分工的整车图像进行逐辆检查。

动态检车工长除负责本班生产组织和日常管理外，还负责对动态检车员标注的客车底故障进行复核、推送和提交，对动态检车员作业情况进行同步抽查，对客车底故障进行统计分析，对 TVDS 设备或作业平台故障进行报修等工作。

2. 动态检车组的设置数量及每个动态检车组配备的人数，按以下原则进行测定，遇有密集作业时，应增设高峰作业组。

每班动态检车组设置数量测定：按作业列数每达到 60 列左右须设置一个动态检车组为测定单元，根据动态检车室每班(12 h)实际作业列数确定设置组数。

每组动态检车员设置数量测定：动态直通作业时，每辆客车作业时间不超过 30 s，整列客车的作业时间不超过 5 min；动态技检作业和动态站折作业时，每辆客车的作业时间不超过 1 min，整列客车的作业时间不超过 6 min，并满足客车底在客列检所在站停车前完成故障推送的需求；动态折返作业时，须满足客车底在外属客整所入库前完成故障推送的需求。

3. 中专(高中)以上学历、掌握计算机基本操作、1 年及以上客车工作经历的人员，可列为动态检车员选拔范围；动态检车工长须具备 2 年及以上现场检车员工作经验，并达到中级职业技能等级。符合选拔范围的人员经集团公司组织的岗前资格性培训合格后，具备 TVDS 动态检查上岗资格。岗前资格性培训内容包括客车车辆基本构造、TVDS 作业平台操作及相关管理制度等。

(二)作业条件

1. 动态检车室须设置 1 个动态检车工长工位，并根据每班动态检车组数量及每组配备的人数，设置动态检车员工位。按每班工位数量确定动态检车室面积，平均每个工位使用面积不少于 5 m^2。动态检查工位终端使用的液晶显示屏分辨率不低于 1 920×1 080 像素，动态检车员须配备护目眼镜。

2. 动态检车室应铺设防静电地板，配备复示大屏、空调、传真机、激光彩色打印机及具备录音功能的铁路直拨电话以及与辆安站值班员联系的直通电话，同时配套功能性设施，包括学习室、资料室、更衣室、间休室等。

3. 在客列检值班室、库列检值班室设置故障推送终端，在集团公司车辆处、车辆段相关管理岗位设置远程抽查终端。

实 作 技 能

一、实训准备

在正式作业前，先准备好如下实训用品：TVDS 拍摄的图像。

二、实训流程及标准

1. 阐述 TVDS 拍摄图片中的故障信息。

故障信息包括：列车车次、机后位置、故障车号、故障部位、故障名称、故障图片、动态检车室名称、TVDS 探测站名称及探测时间等。

2. 能够区分拦停类、确认类、预报类故障。

客车底故障分为拦停类故障、确认类故障和预报类故障。

3. 对故障正确标注。

动态检车员发现客车底故障时，须在作业平台上予以标注，并将标注故障发送给动态检车工长进行复核。

三、实训内容

1. 阐述 TVDS 拍摄图片中的故障部位、故障名称。
2. 能够区分拦停类、确认类、预报类故障。
3. 对故障正确标注。

能 力 考 核

一、考核题目

TVDS 拍摄图片的识读。

二、考核内容

1. 阐述 TVDS 拍摄图片中的故障部位、故障名称。
2. 能够区分拦停类、确认类、预报类故障。
3. 对故障正确标注。

三、考核要求

1. 读图过程中注意对图样的保护。
2. 正确读图。

四、考核时间

1. 准备时间：5 min。

2. 正式作业时间:25 min。计时从打开图样开始至阐述分析完毕结束。
3. 规定时间内全部完成,超时停止作业。

五、考核标准

若考生发生下列情况之一,则应及时终止其考试,考生该试题成绩记为零分。
1. 在考试过程中因违规操作损坏零件图样。
2. 在考试过程中因违规操作发生安全事故。

考 核 表

<table>
<tr><td>考核项点</td><td>配　分</td><td colspan="2">考核内容</td></tr>
<tr><td>零件图的识读</td><td>80</td><td colspan="2">[1]阐述 TVDS 拍摄图片中的故障部位、故障名称
[2]能够区分拦停类、确认类、预报类故障
[3]对故障正确标注</td></tr>
<tr><td>安全文明生产</td><td>10</td><td colspan="2">严格按照要求操作</td></tr>
<tr><td>清理现场</td><td>10</td><td colspan="2">清理现场,图样、零配件、绘图工具摆放整齐</td></tr>
<tr><td>用　时</td><td></td><td>成　绩</td><td></td></tr>
</table>

任务十三　铁路客车机械部分单车技术检查

单车检车是对日常运行列车中的车辆技检,主要目的是发现不良处以及故障进行维修,确保行车安全(发现故障后及时修理或扣修)。

任 务 单

<table>
<tr><td>项　目</td><td colspan="4">车辆专业知识</td></tr>
<tr><td>任　务</td><td colspan="2">铁路客车机械部分单车技术检查</td><td>学　时</td><td>2</td></tr>
<tr><td colspan="5">任务概述</td></tr>
<tr><td colspan="5">单车检车是客列检人员对日常运行列车中的车辆技术检查,主要目的是发现不良处以及故障进行维修,确保行车安全(发现故障后应及时修理或扣修)</td></tr>
<tr><td colspan="5">任务内容</td></tr>
<tr><td colspan="5">本任务主要学习普速客车单车检查,根据对车钩缓冲装置、转向架、制动装置、车体的学习,发现被测对象的故障,使用客车检车法对客车整体状况进行检查并判断出故障</td></tr>
<tr><td colspan="5">任务目标</td></tr>
<tr><td colspan="2">知识目标</td><td>能力目标</td><td colspan="2">素质目标</td></tr>
<tr><td colspan="2">熟练掌握客车出库质量标准的各项要求</td><td>能够在规定的时间内检查出故障</td><td colspan="2">1. 树立安全生产意识
2. 培养严谨认真的工作态度
3. 培养团队合作精神</td></tr>
</table>

续上表

任务要求
1. 在实训过程中，严格遵守实训场所有关规定 2. 树立"安全第一"意识，保证人身及设备安全 3. 做好实训准备工作，准备好相关物品 4. 操作仪表、工具时，严格按照操作规范进行 5. 及时记录实训数据与结果，认真撰写实训报告 6. 发生下列情况之一，应立即终止实训 (1)在实训过程中因违规操作损坏设备或工具 (2)在实训过程中因违规操作发生安全事故

理论知识

库列检通过施行日常检修和专项检修，须保证上线客车达到《运用客车出库质量标准》。客车出库质量标准中的裂纹、裂损、折损均指在正常检查方式下，肉眼可视裂纹、裂损、折损；客车出库质量标准中未明确的设备设施应保证配件齐全，技术状态良好。

一、轮　对

1. 轮轴各部不得有裂纹，轮毂无松动现象，各部尺寸符合规定限度。

2. 制动盘盘毂、盘座、半盘连接部无裂纹，散热筋(片)无贯穿裂纹，制动盘摩擦面无明显偏磨，制动盘磨耗及摩擦面热裂纹不超限，制动盘、螺栓、销套无松动，螺栓开口销无折损、丢失。

二、转向架

1. 构架、摇枕、弹簧托梁及各安装座(含车体上与转向架配件相连的安装座)无裂纹、变形，摇枕吊及吊轴、横向控制杆、抗侧滚扭杆、牵引拉杆(横向拉杆)、牵引销、上下心盘、轴箱导柱、定位转臂及夹紧箍、各安全吊无裂纹，摇枕弹簧及轴箱弹簧无裂损。

2. 导柱弹性定位套无脱落、窜出；轴箱定位节点、牵引拉杆橡胶节点、横向挡等橡胶件无破损和脱胶；橡胶堆定位器不开胶，无裂纹，缺口方向符合规定；抗侧滚扭杆关节轴承及橡胶保护套无脱出、裂损。

3. 摇枕挡、旁承、横向挡间隙不超限；转向架各部安装螺栓无松动，防松铁丝捆绑良好；心盘垫板无破损窜出，摇枕挡磨耗板无脱落。

4. 空气弹簧高度测量块无缺失，橡胶囊与金属板的粘接面无脱离，橡胶囊及橡胶堆表面裂纹不超限、胶囊帘线不外露。

5. 高度调整阀及调整杆安装牢固、无裂损、变形，调整杆护套完好；差压阀安装牢固、无裂损；防过充安全钢丝绳、圆销、开口销无折损；AM96 型转向架空气弹簧排风装置排风良好，钢索、操纵杠杆、弹簧、开口销等无折损。

6. 各油压减振器配件无缺失、安装牢固，无漏油、折损。

三、基础制动装置

1. 盘形制动单元的杠杆和悬吊装置无裂纹，各杠杆转动灵活；各圆销、开口销无丢失、折损或磨耗到限，各圆销与套配合间隙不过限，销套不窜出。闸片厚度不超限，缓解时闸片离开制动盘或闸片无压力。

2. 踏面（含踏面清扫器）制动梁及吊、闸瓦托吊、各拉杆及杠杆无裂纹；杆件与托不抗劲，各托架安装牢固、无裂纹；缓解簧安装牢固、无裂损；闸瓦及托磨耗不过限；各圆销、开口销无丢失、折损，各圆销与套配合间隙不过限，销套不窜出、无裂损；闸瓦托防翻装置、闸瓦托吊销防脱挡齐全良好。

3. 制动缸活塞行程符合规定，自动间隙调整器、ST1-600 型闸调器作用良好，缓解时闸瓦不紧靠车轮，闸瓦不偏磨；各垂下品距轨面符合规定。

4. 手制动机作用良好，链条处于松弛状态；各磨耗部（含转向架、钩缓等各部）磨耗板齐全，润滑良好。

四、空气制动装置及总风装置

1. 列车制动机试验符合规定。制动、缓解作用良好，制动管系泄漏不超限，单元制动缸、制动缓解显示器及防滑排风阀无漏泄；总风管系贯通良好，漏泄不超限。

2. 管系各管卡无松动、丢失；各阀、塞门、风缸配件无缺失、安装牢固、位置正确、作用良好；软管无鼓泡，安装无松动，连接状态良好，防尘堵悬挂牢固、防尘堵链垂下后不超过垂下品距轨面限度规定；折角塞门手把开口销无折损、丢失；制动缓解指示器清洁，显示正确，无裂损；风表不过期；紧急制动阀铅封齐全。

3. 单元制动缸及座无裂损，定位销轴定位良好，防尘套无破损，金属软管无松动、抗磨、破损。

4. 集成电空制动机箱、气路控制箱箱体及安装座无破损、松动，箱门关闭良好。

5. 客列尾例行检查试验良好，主机安装牢固，管路无漏泄，胶管无龟裂、老化，专用 DC48 V 电源插座无松动、破损，工作正常。

五、车钩缓冲装置

1. 15 号车钩缓冲装置车钩、尾框、托板、摆块及摆块吊、冲击座、从板及从板座无裂纹，缓冲器无裂损；托板螺栓、钩尾销横穿螺栓无松动，防松铁线安装良好；钩舌销无折断，螺母安装良好，开口销无折损；缓冲器无上翘，钩提杆落槽、不冲击下锁销连杆；下锁销及钩提杆按规定捆绑；车列首尾车钩三态作用良好，车钩高度符合规定；相连车钩钩差不过限。

2. 密接式车钩缓冲装置安装座、缓冲器壳体、钩体无裂纹和永久变形；各部螺栓无松动、丢失；两车钩连接间隙及缓冲器的内半筒相对外壳后端面的伸出量不超限；解钩手柄定位良好、无变形。

六、车体及车顶设备

1. 车辆定检不过期；车端登车扶梯及防攀盒安装牢固，盒门锁闭良好；车体倾斜不超限；车底架各梁无裂纹，墙、顶板无破损。

2. 风挡弹簧、阻尼装置安装牢固、无折损；折棚式风挡拉杆组成松紧适度、连接牢固，篷布无裂损，车内折棚挂绳(簧)齐全，渡板无翘起；铁风挡折棚无弯曲、裂损和开焊；橡胶风挡胶囊裂损不超过 100 mm。

3. 脚蹬安装牢固，无腐蚀破损；手把杆无破损、丢失、松动；各裙板锁闭紧固。

4. 车底架各悬吊装置(含电器设备箱体悬吊)配件齐全、安装牢固、无裂纹、防松螺母无松动；车下各箱体(含电器设备箱体)外观无破损、箱门锁闭良好；油箱、水箱、污物箱无漏泄。

5. 各注水管、排水管及导管、排便桶安装牢固，无缺失；排水管朝向正确，避开轴箱、台车、轮对及基础制动装置；各类排水管、制动管、缓解阀拉杆等部件与车体间孔路封堵可靠，防寒材不外露。

6. 车顶不漏雨；车顶设备安装牢固，车顶天线、车顶活盖、通风器、废排风帽、消音器帽等无缺失，固定螺栓无脱落、松动现象。

实 作 技 能

一、实训准备

在正式作业前，先准备好如下实训用品：

设备：普速客车，制动机处于缓解状态；车下检查作业，有地沟。

工具：防护号志、手电筒、检点锤，故障记录本。

二、实训流程及标准

按规定插设防护号志。

1. 车辆端部外侧检查

离车 2 m 检查车体倾斜，检查定检标记，检查风挡装置上部。

跨步扳动钩提杆不冲击下锁销，提杆与座间隙符合规定，然后进行车钩三态检查。摇动钩提杆不碰下连杆，钩提杆座螺栓不松动，杆与座凹槽间隙不大于 3 mm，钩舌与钩腕内侧面距离闭锁位不大于 135 mm，全开位不大于 250 mm，钩舌钩腕无裂纹，钩舌销与钩耳孔、钩舌销与钩舌销孔间隙不大于 7 mm，车钩中心最高 890 mm、最低 830 mm，三态良好，下锁销不反装。钩提杆、吊环、开口销不折不失。

下蹲检查软管、折角塞门、下锁销及防跳、车钩垫板、摆块、摆块吊。

侧身检查风挡装置下部、钩提杆吊环、钩提杆座及防跳。

跨步行进检查手把杆及组装螺栓、色票框、升降台及组装螺栓、翻板装置。

行进检查车身标记、注水口、便器等；下蹲检查车上支管管路及活节。

2. 转向架外侧检查

下蹲敲击检查车轮外侧、弹簧支柱螺栓、轴箱弹簧、轴箱组装螺栓(定检标记)。

跨步探身敲击检查车轮上部、俯视轴箱后部；下蹲检查弹簧支柱、轴箱弹簧。

下蹲跨步敲击检查车轮外侧、摇枕安全吊及组装螺栓、吊轴及吊轴螺栓、摇枕吊。

起身检查摇枕吊座及销、纵向拉杆、敲击旁承并呼报旁承间隙。

跨步下蹲检查摇枕弹簧、油压减振器、吊轴及吊轴螺栓。

起身检查纵向拉杆、旁承螺栓、摇枕吊座及销；下蹲检查摇枕安全吊。检查轮对轴箱弹簧装置，检查方法与前一轮对轴箱弹簧装置相同。

3. 车辆中部外侧检查

以车体中心线为界行进检查各箱体悬吊装置、各悬吊装置、各管路、卡子及活节、制动缓解显示器及组装螺栓、截断塞门、远心集尘器、各管路活节、中间体、104 分配阀、缓解阀、(气路控制箱)、各管路及活节(手触方式检查)、各风缸悬吊及排水塞门装置、各悬吊装置。

另一转向架与前一转向架相同，只是增加了手制动机装置的检查。另一车辆端部外侧检查增加了灯插、禁攀盒、攀登梯、空调排水导管、手制动装置的检查。另一侧车体检查与前面相同。

4. 车辆端部地沟检查

以车体中心线为界在地沟内检查风挡杆后尾销、手制动机装置及链环、升降台翻版拉簧；敲击检查钩身托板螺栓、钩尾扁销及螺栓、缓冲器托板及螺栓。

5. 转向架地沟检查

以车体中心线为界，检查车轮内侧面、车轴、内侧闸片托及悬吊装置、闸片、闸盘内侧。

检查外侧闸盘、闸盘组装螺栓、外侧闸片托及悬吊装置、闸片。

检查制动夹钳悬吊装置、单元制动缸连接金属软管。

用手晃动检查单元制动缸连接风管是否连接松动，检查制动缸连接风管卡子，敲击检查心盘螺栓，检查心盘销。

行进通过摇枕，反身检查，与前步检查相同。

最后检查制动缸连接金属软管、电子标签、电子防滑器、各管路及活节。

6. 车辆中部地沟检查

沿车体底架管路行进至车辆中部，依次检查各管路及活节卡子、各风缸及排水节门、各支管管路及活节、各箱体下部。另一个转向架的检查方法与前一个转向架的检查方法相同。另一侧与前一侧相同。

撤除安全号志，完成单车检查作业。

三、实训内容

普速客车单车检查(机械部分)。

能 力 考 核

一、考核题目

客车机械部分单车技术检查。

二、考核内容

客车机械部分单车技术检查。

三、考核要求

1. 顺序明、步法清、姿式好，敲位准，能发现故障，不超规定时间。

2. 发现故障需口述。
3. 确认定检日期及旁承游间。

四、考核时间

1. 准备时间:2 min。
2. 正式作业时间:一辆车检查标准时间 20 min。计时从插设防护号志到摘除防护号志结束。
3. 规定时间内全部完成,超时停止作业。

五、考核标准

若考生发生下列情况之一,则应及时终止其考试,考生该试题成绩记为零分。
1. 在考试过程中因违规操作损坏工具或设备。
2. 在考试过程中因违规操作发生安全事故。

考 核 表

考核项点	配分	考核内容
时间	20	标定时间 20 min。每超过 12 s 扣 1 分(不足 12 s 不扣分),超过标定时间 4 min 停止作业,时间分不得分。压缩时间不加分,成绩相同按时间排序
作业过程	20	一、作业程序 先外侧检查一周,再实施地沟内侧(两侧)检查 [1]外侧检查:按规定插设防护号志→一位端二位侧客车端部→二位车底架端部→一位车钩进行三态试验检查→二位车门扶手脚踏架部→一位转向架二位侧外部→二位侧车体部分(部分空气制动机装置)→二位转向架四位侧→二位端四位侧客车端部(车体、车钩头部分等配件)→二位车钩进行三态试验检查→一位侧地面检查(同二位侧,含手制动机检查) [2]地沟检查:一位端一位侧地沟(端梁下部钩缓装置等配件)→一位转向架内部→一位侧车下→二位转向架内部→二位端一位侧地沟(端梁下部的制动管路、钩缓装置等配件)→二位侧地沟检查(同一位侧)→撤除防护号志 二、扣分标准 [1]车端定检标记、车体倾斜、制动软管检修标记,未口述(标记不过期和车体倾斜不到限)每次扣 2 分 [2]未检查车钩三态作用每态扣 2 分,试验方法不正确每态扣 1 分,钩提杆不入槽扣 2 分 [3]钩托板、钩尾扁销、钩尾框托板、心盘、旁承等螺母每漏敲一处扣 1 分,补助管卡子、轮对每漏敲一处扣 1 分 [4]各阀体、集尘器体、油压减振器体、单元制动缸体、牵引拉杆螺纹、制动盘摩擦面、制动管系,每敲打一次扣 1 分 [5]简化作业程序,漏检轮对、转向架、钩缓、制动及悬吊装置等大部件,每处扣 3 分;重复作业一次扣 2 分
质量	50	[1]全车故障 10 件,每漏发现 1 件故障扣 5 分(以上交的故障记录为准) [2]填记故障未写明位数、配件名称、故障名称,错、漏一项此故障不得分 [3]检查后须保持故障原状,改变原状者每处扣 1 分 [4]发现故障在序号下方打“√” ① ② ③ ④ ⑤ ⑥ ⑦ ⑧ ⑨ ⑩

续上表

考核项点	配　分	考核内容
安全其他	10	[1]未插设或未撤除安全号志扣 10 分，错设扣 5 分；中间脱落或未展开各扣 5 分 [2]作业中违章使用工具每次扣 1 分，作业完毕后遗漏工具每件扣 2 分 [3]作业中碰破出血扣 5 分；作业过程中受伤不能工作者全项失格 [4]未按规定穿戴劳保用品扣 2 分
用　时		成　绩

任务十四　铁路客车车电部分单车技术检查

普通客车单车技术检查是对客车系统进行了一次全面、综合的检测，为适应快速发展的车辆装备检修需求，必须提高全员的标准化作业水平，因此，掌握普通客车单车技术检查作业标准是至关重要的。

任　务　单

<table>
<tr><td>项　目</td><td colspan="4">车辆专业知识</td></tr>
<tr><td>任　务</td><td colspan="2">铁路客车车电部分单车技术检查</td><td>学　时</td><td>2</td></tr>
<tr><td colspan="5">任务概述</td></tr>
<tr><td colspan="5">铁路客车车电部分单车技术检查是个整体项目，是对所有电气设备性能检测的综合，是对车辆电工综合能力的考核。普通客车单车技术检查涉及车下、车上很多设备，因此除了熟知各种客车设备的正常运行条件以外，掌握标准作业流程是车辆电工必须掌握的操作技能</td></tr>
<tr><td colspan="5">任务内容</td></tr>
<tr><td colspan="5">本任务主要学习普通客车单车技术检查作业标准，包括车下静态检查，绝缘测试和车上动态检查</td></tr>
<tr><td colspan="5">任务目标</td></tr>
<tr><td colspan="2">知识目标</td><td>能力目标</td><td colspan="2">素质目标</td></tr>
<tr><td colspan="2">熟练掌握客车出库质量标准的各项要求</td><td>掌握普通客车单车技术检查标准作业流程，并能判断和检查出故障</td><td colspan="2">1. 树立安全生产意识
2. 培养严谨认真的工作态度
3. 培养团队合作精神</td></tr>
<tr><td colspan="5">任务要求</td></tr>
<tr><td colspan="5">1. 在实训过程中，严格遵守实训场所有关规定
2. 树立“安全第一”意识，保证人身及设备安全
3. 做好实训准备工作，准备好相关物品
4. 操作仪表、工具时，严格按照操作规范进行
5. 及时记录实训数据与结果，认真撰写实训报告
6. 发生下列情况之一，应立即终止实训
(1)在实训过程中因违规操作损坏仪表或工具
(2)在实训过程中因违规操作发生安全事故</td></tr>
</table>

理论知识

库列检通过施行日常检修和专项检修，须保证上线客车达到《运用客车出库质量标准》。

一、车下电气装置

1. 测试列车干线绝缘符合规定；车端电气连接器各插头、插座外观无变形、破损，标记清晰、正确；连接线护套无损伤，密封垫无破损；各连接器连接牢固；首尾安装尾部标志灯的车辆 DC 48 V 侧灯插座导通良好。

2. 各分线盒、配线槽、配线管安装牢固；各传感器（包括制动供风系统压力传感器、车体及转向架加速度传感器、防滑器速度传感器、轴温传感器、蓄电池温度检测传感器）、排风阀安装牢固，配线无破损，各引线套管连接良好、无抗磨；轴端接地装置、车体接地线安装牢固，螺栓无松动、丢失。

3. 轴端发电机各部配件齐全，作用良好；大小皮带轮安装无松动、裂纹，螺栓无折损，悬吊装置配件齐全，无裂纹，吊销与销孔间隙符合规定、润滑状态良好；皮带安装松紧适度，不磨底槽；整流元件表面无烧痕，导线无脱焊。

4. 蓄电池无松动、漏液，电解液面符合规定；接续线牢固，无硫化，导电良好；电解液比重及电压符合规定，熔断器容量符合规定，定检标记清晰；排水、排气通畅；单块电池电压符合规定，DC 110 V 蓄电池组放电电压不低于 92 V。

二、车上电气装置

1. 电气综合控制柜、电源柜、空调控制柜、照明配电柜（盘）、厨房电器控制柜等电气控制柜门锁状态良好、关闭严密；触摸屏及指示灯正常，各开关、按钮操作灵活、接触良好；各传感器、热继电器、PLC、触摸屏、在线绝缘检测装置的设定值符合规定、作用可靠；各电气开关、接触器、继电器等电气元件安装牢固、作用良好；接线端子无松动、脱焊、烧损，测温胶贴齐全、无变色；各配线无外露、绝缘良好；各熔断器容量符合规定。

2. 充电机、逆变器输出电压、频率正常；充电机、逆变器与电气综合控制柜通信正常，触摸屏上显示正常信息代码；电气综合控制柜的车下电源箱指示灯显示为绿色。

3. 通电后控制柜电源转换及空调控制电气动作及指示正常，各项功能符合要求；各功能单元工作电流正常；DC 600 V 单车漏电电流不超过 100 mA，AC 380 V 单车漏电电流不超过 150 mA；首尾车 DC 600 V 干线在线绝缘监测装置 CF 卡完好，触摸屏无故障或错误显示，任一路干线对地电压不得低于 130 V。

4. 空调装置各部配件齐全、作用良好、安装牢固；蒸发器网、回风网清洁；机组空气预热器安装牢固，无烧损；根据外温通电试验检查相应功能，系统功能作用须良好，各电机运转正常无异声。

5. 电加热器安装牢固、作用良好，防护罩与墙板间无异物，与加热板（管）不密贴；温水箱、伴热装置工作正常；电开水器出水阀无松动、漏水，加热及保护功能正常。

6. 照明灯具配件齐全，形式统一，照明正常。旅客信息显示系统车厢显示屏显示正确；48 V 应急电源整流、充电、应急输出功能正常。顺位号调节器作用良好。厕显开关配件齐全，安装牢固，作用良好。隔离变压器、电铃、排气扇、电动水泵、插座、播音呼唤公共系统等装置作用良好。

7. 电气化厨房电蒸饭箱排水阀和排气阀开闭正常(自动排气阀开启压力不大于 0.05 MPa)，管件连接处无渗漏；通电后，设备工作正常。电炸锅、排油烟机通电后，控制面板按键控制作用良好，设备工作正常。电磁灶控制旋钮档位控制灵活，工作正常，进、出风口通畅，通风管道清洁，空气通过冷却盘无阻碍，风扇、冷却盘安装牢固。保鲜加热柜箱门开关灵活，通电工作正常。电冰箱配件齐全、无泄漏，箱体及门无破损、密封良好，换热器及滤网清洁；配套逆变装置电源输出可靠，通电后冰箱工作正常。

8. 影视系统电视画面清晰、频道正常、安装可靠；影视控制器功能正常，表面清洁。播音系统电源开关处于工作位，音量开关工作正常。

9. 电子防滑器主机与电气综合控制柜的 PLC、行车安全监测装置的车厢级主机通信正确、可靠；电气综合控制柜触摸屏上防滑器的信息显示应为正常信息代码；与塞拉门联锁信号(<5 km/h)作用良好。

10. 轴温报警器、记录仪轴位显示准确，轴温及外温显示功能正常，声光报警可靠；同侧静态轴温温差<5 ℃；报警器车厢顺位号、记录仪时钟、记录时间间隔设置正确；记录仪通信功能正常；报警器与电气综合控制柜中的 PLC 通信正常，在电气综合控制柜触摸屏上无“故障”信息显示。

11. 烟火报警器主机声光报警功能良好，电源开关处于工作位，与电气综合控制柜中的 PLC 通信正常，在电气综合控制柜触摸屏上无“故障”信息显示。

12. 行车安全监测装置：车厢级电气设备监控网络网关、代理节点各指示灯显示正常；电气综合控制柜触摸屏显示本车电气设备信息正常，车厢顺位号与实际编组相符；列车级电气设备监控网络主控站触摸屏显示正常，无离线车辆及故障信息。列车级主机显示的列车编组数，车厢顺位号应与实际编组相符，防滑器、制动、转向架的“报警/故障”报告内容不得出现黄色标志。

三、绝缘要求

列车干线绝缘测试值见表 5-14-1。

表 5-14-1 列车干线绝缘测试值 MΩ

线别	DC 600 V及 DC 600 V/AC 380 V兼容供电				AC 380 V供电			
类别	运用列车		运用单车		运用列车		运用单车	
湿度	线间	线地间	线间	线地间	线间	线地间	线间	线地间
≤60%	≥2.00	≥1.00	4.00	2.00	2.00	1.00	4.00	2.00
61%	1.95	0.98	3.88	1.94	1.94	0.97	3.88	1.94
62%	1.90	0.95	3.76	1.88	1.88	0.94	3.76	1.88
63%	1.84	0.92	3.64	1.82	1.81	0.91	3.64	1.82
64%	1.78	0.89	3.52	1.76	1.75	0.88	3.52	1.76

续上表

线别	DC 600 V及 DC 600 V/AC 380 V兼容供电				AC 380 V供电			
类别	运用列车		运用单车		运用列车		运用单车	
湿度	线间	线地间	线间	线地间	线间	线地间	线间	线地间
65%	1.72	0.86	3.40	1.70	1.68	0.85	3.40	1.70
66%	1.67	0.84	3.28	1.64	1.62	0.82	3.28	1.64
67%	1.61	0.81	3.16	1.58	1.55	0.79	3.16	1.58
68%	1.56	0.78	3.04	1.52	1.49	0.76	3.04	1.52
69%	1.5	0.75	2.92	1.46	1.42	0.72	2.92	1.46
70%	1.44	0.72	2.80	1.40	1.36	0.69	2.80	1.40
71%	1.39	0.70	2.68	1.34	1.29	0.66	2.68	1.34
72%	1.33	0.67	2.56	1.28	1.23	0.63	2.56	1.28
73%	1.28	0.64	2.44	1.22	1.16	0.60	2.44	1.22
74%	1.22	0.61	2.32	1.16	1.10	0.57	2.32	1.16
75%	1.16	0.58	2.20	1.10	1.03	0.54	2.20	1.10
76%	1.11	0.56	2.08	1.04	0.97	0.51	2.08	1.04
77%	1.05	0.53	1.96	0.98	0.90	0.47	1.96	0.98
78%	1.00	0.50	1.84	0.92	0.84	0.44	1.84	0.92
79%	0.94	0.47	1.72	0.86	0.77	0.41	1.72	0.86
80%	0.88	0.44	1.60	0.80	0.71	0.38	1.60	0.80
81%	0.83	0.42	1.48	0.74	0.64	0.35	1.48	0.74
82%	0.77	0.39	1.36	0.68	0.58	0.32	1.36	0.68
83%	0.72	0.36	1.24	0.62	0.51	0.29	1.24	0.62
84%	0.66	0.33	1.12	0.56	0.45	0.26	1.12	0.56
≥85%	0.60	0.30	1.00	0.50	0.38	0.22	1.00	0.50
兆欧表等级	1 000 V				500 V			

注:运用客车DC 110 V、DC 48 V绝缘检测按下列要求执行:

1. 安装DC 110 V车列漏电检测装置的运用客车,车列绝缘以漏电检测装置无报警为合格。

2. 安装DC 48 V漏电检测装置的运用客车,车列绝缘以无单车漏电检测装置报警为合格。

3. 未安装DC 48 V漏电检测装置的运用客车,需进行DC 48 V绝缘测试时,使用搭灯法进行检测:用48 V 8 W的灯泡测试时正负极对地以灯泡钨丝不红为准(漏电流应不大于30 mA)雨天和寒冷地区冬季入整备库房时,以灯泡不亮为准(漏电流应不大于60 mA)。

实 作 技 能

一、实训准备

在正式作业前，先准备好如下作业工具及器材：25 G 型 DC 600 V 硬座车（双管、电子防滑器），制动机处于缓解状态；先检查下部，后检查上部电气动态，有地沟；携带防护号志、手电筒、检点锤、车辆乘务员常用工具、兆欧表、试电笔、DC 48 V 试灯，并准备发现故障记录本。

二、实训流程及标准

按照车辆电工铁路客车单车技术检查标准作业流程进行实训。

三、实训内容

车辆电工客车车电部分单车技术检查。

能 力 考 核

一、考核题目

客车车电部分单车技术检查。

二、考核内容

1. 车下静态检查：先外侧检查，再实施地沟内检查。
2. 绝缘测试。
3. 车上动态检查。

三、考核要求

1. 要按照单车检查作业流程标准来检查，不能丢项。
2. 测寻故障点准确、迅速。
3. 排除故障方法、步骤正确，操作熟练。

四、考核时间

标定时间 35 min。每超过 15 s 扣 1 分（不足 15 s 不扣分），超过标定时间 3 min 停止作业，时间分不得分。压缩时间不加分，成绩相同按时间排序。

五、考核标准

若考生发生下列情况之一，则应及时终止其考试，考生该试题成绩记为零分。

1. 在考试过程中因违规操作损坏仪表或设备。
2. 在考试过程中因违规操作发生安全事故。

考　核　表

考核项点	配　　分	考核内容
时间	20	标定时间 35 min。每超过 15 s 扣 1 分(不足 15 s 不扣分),超过标定时间 3 min 停止作业,时间分不得分。压缩时间不加分,成绩相同按时间排序
作业过程	20	一、作业程序 (一)车下静态检查:先外侧检查,再实施地沟内检查 [1]外侧检查:按规定插设防护号志→一位端二位侧客车端部(含:各电气连接座、空调机组排水管;下同)→一位车底架端部→一位车钩进行三态试验检查→二位车门扶手脚踏架部→一位转向架二位侧外部(含集便装置悬挂部分、轴报车下部分、防滑器速度传感器、接地线等,下同)→ 二位侧车体部分(含部分空气制动机装置、充电箱、逆变箱、蓄电池箱,只做外观检查;下同)→二位转向架四位侧→三位车门扶手脚踏架部→二位端四位侧客车端部(车体、车钩头部分等配件)→二位车钩进行三态试验检查→一位侧地面检查(同二位侧,含手制动机检查) [2]地沟检查:一位端一位侧(端梁下部钩缓装置等配件)→一位转向架内部→一位侧车下→二位转向架内部→二位端一位侧地沟(端梁下部的制动管路、钩缓装置等配件)→二位侧地沟检查(同一位侧) (二)绝缘测试:一位端测试Ⅰ、Ⅱ路 DC 600 V 正、负对地及正负线间绝缘(由裁判摇表,选手接线操作、确认绝缘值),依据绝缘检测值报清绝缘状况 (三)车上动态检查:由裁判员供电→供电后上车→电气综合控制柜→空调等电气装置试验→乘务室照明控制柜→Ⅰ位端通过台、走廊、厕所→客室一位侧→Ⅱ位端洗面间、走廊、通过台、厕所→客室二位侧→Ⅰ位端电茶炉→撤除外接电源线→撤除防护号志 [1]电气综合控制柜:静态检查(DC 600 V 主接线及主空开已带电,不检查)完毕后开启电源,观看触摸屏显示及各指示灯正常,供电正常;开启所有电气负载,观察应无异常、不跳闸,在线绝缘检测装置不报警、不动作。检查触摸屏的各项设定值是否正确(不需重新设定);检查轴温报警器(参数设置)、电子防滑器(静态诊断试验),插座验电试验 [2]检查空调机组各工况手动试验:弱通风、强通风,半冷、全冷或半暖、全暖;观察各接触器、各继电器动作状况,且联锁控制应正常;观察压缩机的工作电流,判断通风机、冷凝风机、空调机组运转状况 [3]Ⅰ位端通过台:侧灯插座导通试验、连接器后盖、灯 [4]Ⅰ位端走廊:灯、回风口及过滤网(要试通风机正反转) [5]Ⅰ位厕所:灯、电加热器、有无人锁及显示装置 [6]乘务室:配电箱、插座、顶灯、电加热器、送风口 [7]客室:顶灯、一位侧电加热器、送风口 [8]洗面间:灯、电加热器、废气排气扇 [9]Ⅱ位端走廊:灯、回风口及过滤网 [10]Ⅱ位端通过台:灯、连接器后盖、侧灯插座导通试验 [11]Ⅱ位厕所:灯、电加热器、有无人锁及显示装置 [12]客室:二位侧电加热器、电茶炉 [13]关闭所有电气负载,停电、撤外接电源线;撤除防护号志 二、扣分标准 [1]车端定检标记、车体倾斜、总风及制动软管检修标记,未口述(标记不

续上表

考核项点	配分	考核内容
作业过程	20	过期和车体倾斜不到限)每次扣2分 [2]未检查车钩三态作用每态扣2分,试验方法不正确每态扣1分,钩提杆未入槽扣2分(三态试验时每态均须落槽) [3]钩托板、钩尾扁销、钩尾框托板、轴箱盖、心盘、旁承等螺栓,每漏敲一处扣1分,辅助管卡子、轮对每漏敲一处扣1分 [4]各阀体、集尘器体、油压减振器体、单元制动缸体、牵引拉杆螺纹、制动盘摩擦面、制动管系,每敲打一次扣1分 [5]简化作业程序,漏检轮对、转向架、钩缓、制动及悬吊装置等大部件,每处扣3分;重复作业一次扣2分 [6]绝缘测试:漏测一项扣3分,漏报一项扣1分;未校验绝缘表扣5分 [7]车上动态:每漏检一个项目(部位)扣3分;每漏试一项扣1分,插座未验电扣1分;侧灯插座未做导通试验每件扣2分
质量	50	[1]全车故障10件(车下6件、车上4件),每漏发现1件故障扣5分(以选手上交的故障记录为准) [2]填记故障未写明位数、配件及故障名称,错、漏一项此故障不得分 [3]检查后须保持故障原状,改变原状者每处扣1分 [4]发现故障在序号下方打“√” ① ② ③ ④ ⑤ ⑥ ⑦ ⑧ ⑨ ⑩
安全文明生产	10	[1]未穿戴好工作服、佩戴臂章的扣2分 [2]未插设或未撤除安全号志扣10分,错设扣5分;中间脱落或未展开各扣5分 [3]作业中违章使用工具每次扣1分,作业完毕后遗漏工具每件扣2分。丢失、损坏工具、仪表,每件扣2分,使用未经校验合格的仪表扣5分 [4]发生触电和碰伤出血每处每次扣5分;违反电工安全操作规程,扣5分;作业过程中受伤不能工作者本项比赛失格
用时		成绩	

任务十五 客车行车安全应急预案认知与典型故障应急处理

为了提高突发事件的应急处置能力,确保旅客列车运行安全有序,规范客车行车应急管理和应急响应程序,迅速、有效地防范和控制安全风险,提高对突发行车安全问题时应急处理的能力,最大程度地降低发生问题后对运输秩序的影响。

任务单

项目	车辆专业知识		
任务	客车行车安全应急预案认知与典型故障应急处理	学时	2

续上表

任务概述		
客车行车安全应急预案是保障旅客列车安全正点和有序运营的重要措施，学习客车行车安全应急预案相关知识并掌握典型故障应急处理是铁道车辆客车运用工作的重要一环，对提升相关岗位技能具有重要意义		
任务内容		
客车发生非正常行车、客车故障和健康列车非正常行车的应急处置。提高突发事件的应急处置能力，确保旅客列车运行安全有序		
任务目标		
知识目标	能力目标	素质目标
1. 了解客车行车安全应急预案处理原则及重要性 2. 掌握工作人员安全防护预案 3. 掌握列车运行中发生车钩分离、行车监控设施热轴报警、THDS预报踏面制动客车疑似抱闸的应急处置方案	1. 使培训人员掌握处理列车运行中发生车钩分离、行车监控设施热轴报警、THDS预报踏面制动客车疑似抱闸的应急处理的基本技能 2. 提升培训人员素养，提高培训人员动手能力 3. 培养培训人员认知能力，为成为未来优秀的铁路员工打下良好的基础	1. 树立安全生产意识 2. 培养严谨认真的工作态度 3. 培养团队合作精神
任务要求		
1. 掌握客车行车安全应急预案处理原则及重要性 2. 掌握工作人员安全防护预案 3. 提高培训人员动手能力，掌握处理列车运行中发生车钩分离、行车监控设施热轴报警、THDS预报踏面制动客车疑似抱闸的应急处理的基本技能		

理论知识

客车在运营中，做到规范应急管理和应急响应程序，迅速、有效地防范和控制安全风险，提高对突发行车安全问题的应急处理能力，最大程度地降低发生问题后对运输秩序的影响，保证列车安全运行，确保旅客安全旅行。

一、旅客列车行车应急预案

客车行车安全应急预案及处理，要坚持“以人为本、安全第一、预防为主，统一指挥、专业管理、分级负责，快速反应、分工协作、科学处置”的原则，按照“工作程序规范、信息传递及时、应急处置迅速、指挥高效”的指导细想，组织突发行车安全问题应急处置，实施对突发问题的应急处置工作和指挥。应急处置处理必须遵循故障导向安全的原则，严格按国铁集团、各集团公司下发的应急故障处理办法操作，避免因错误操作造成次生故障的发生。客车应急故障处置、技术支持及救援组织实施专业负责、逐级负责制，乘务员、站检检车员等有关人员在处理故障时要注意和其他单位加强联劳协作，牢固树立大局意识，将对运输秩序产生的影响降到最低程度。

二、预防预警

(一)预　　警

1. 各单位、各段相关车间、科室日常加强对安全隐患问题的信息收集、分析、研判工作,确定各类风险源,强化人防、物防、技防三要素衔接,加强预警防范,科学、有效防止发生责任事故和设备故障。

2. 安全科及相关科室应加强对车间和部门的行车安全工作的监督检查,对于惯性行车问题多发、分析定责不到位、整治措施不落实的车间和部门,安全科要在安全分析、日分析预警报告中进行重点预警,并组织进行重点帮促,消除客车安全隐患。

(二)预　　防

1. 对于典型和惯性多发行车安全问题,有关科室要组织调查深度分析,以事实为依据,以规章规程、技术标准、检修标准为准绳,从管理、人员、设备等方面,对规对标查找作业层和管理层存在的问题,深入剖析管理不规范、责任不落实、考核不到位的根本原因,认真研究制定针对性措施,抓好追踪整改。对典型、惯性多发行车安全问题要实行包保,开展攻关,限期整治解决,有效预防典型、惯性多发行车安全问题的重复发生。

2. 各单位要建立健全行车安全预防预警机制,加强行车安全检查、宣传和教育。采取多种形式深入班组、岗点开展宣传教育,并积极配合上级或相关部门,做好对行车安全的检查和宣传工作。

3. 要结合自身实际,研究制定相关应急预案或工作机制,形成自上而下互为辅助的预防网络,有效预防和应对行车安全问题。

三、工作人员安全防护预案

旅客列车运行途中发生车辆故障,车辆乘务员必须到邻近正线侧作业时,执行《铁路车辆安全管理规则》、当地局《行规》及相关规定,并按以下要求办理:

1. 下车前,车辆乘务员利用无线调度通信设备或公网手机通知本务机车司机,转报前方站车站值班员(CTC 区段通知列车调度员),请求通知邻线通过列车司机在下车作业处所加强瞭望和鸣笛。

当车辆乘务员向司机确认已联控完毕后,方准下车作业。下车作业时必须安排两名及以上车辆乘务员作业,下车前由车辆乘务长明确一名乘务员为现场安全专职防护人员,负责邻线来车监护。下车人员作业前须设置防护号志,并穿着带有反光标志的防护服,现场安全专职防护员须加强瞭望,遇有来车时,及时通知作业人员停止作业,全体避车。

当车辆乘务组仅有一名车辆乘务员时,下车前须利用无线调度通信设备或公网手机通知本务机车司机,请求司机协助负责邻线来车监护,遇有来车时立即利用无线调度通信设备或鸣笛通知。车辆乘务员作业前须设置防护号志,并穿着带有反光标志的防护服,作业中强化自身防范意识,发现来车或接到通知后,立即停止作业避车。

作业完毕后,车辆乘务员及时撤除防护号志并通过司机向车站值班员(列车调度员)汇报作业结束。

2. 对于普速旅客列车客车底在车站或区间停放，车辆乘务员或押运人员必须在邻近正线侧进行技检作业或处理故障时，须双人作业，并明确一人作为现场安全专职防护人员。作业人员须按规定设置防护号志并穿着带有反光标志的防护服，发现来车时，立即停止作业，全体避车。

四、列车运行中发生车钩分离的应急处置方案

运行中的列车发生车钩分离时，车辆乘务员立即到达现场进行调查处理。并把简要情况立即汇报段安全生产调度指挥中心。按以下方式调查处理。

（一）分离调查

1. 发生时间、地点、晚点时分、处理完了时间、开车时间。

2. 列车车次、编组辆数、车型、车号、位数、定检、机车号、配属、司机、车站值班员、列车长及有关人员姓名、职名等。

3. 车钩配件是否折断，折断件新旧痕的百分比。是紧急停车后起动时，还是正常运行中分离。

4. 车钩分离时的相关状况，路基、线路情况，有无障碍物撞击痕迹。停站时有无闲杂人员钻车。

5. 车钩三态作用、车钩高度、两钩相差及各部磨耗程度，防跳装置是否良好，钩提杆与座间隙。两车钩是闭锁位置还是开锁位置，必要时绘制简图。

6. 确认车钩配件是否齐全、配件是否破损、钩缓装置配件是否变形等，将造成事故相关配件或物品进行收集和索取并妥善保管，取得证明，查明情况。

7. 如机车与车辆分离时，还要会同司机、车站值班员共同检查确认机车、车辆车钩状态。

（二）处理办法

列车发生分离时，要立即处理。主要采取以下方法。

1. 相邻客车均在锁闭位发生分离时，车辆乘务员采取防溜措施后，进行车钩三态检查，确认良好的，通知司机重新连挂并进行“三捆绑”。

2. 客车因钩舌断裂发生列车分离时，在区间由车辆乘务员、在有客列检作业的车站由客列检采取防溜措施后更换钩舌、检查车钩三态、重新连挂。列车未配备钩舌时，可用机车前部或列车尾部的车钩配件替用；密接式车钩更换为 15 号过渡车钩与机车连接时，运行速度不得超过 140 km/h。

3. 制动软管及软管连接器如损坏时应使用备用件更换，无备用件时可借用列车尾部或机车前部的制动软管。

4. 处理完后对连接状态进行检查，并对列车制动机进行简略试验，通知司机等有关人员开车。

5. 预报前方列检所，要求彻底处理并恢复借用机车和车辆的配件。

6. 及时将车钩分离及处理情况向段安全生产调度指挥中心汇报，必要时向有关部门发电报说明情况及做好记录。

五、列车运行中发生行车监控设施热轴报警的应急处置方案

1. 旅客列车运行途中，当车辆乘务员得到轴温报警装置、TCDS 报警及 THDS 预报强热的信息时，须立即查看报警轴温数据，并迅速赶到报警车厢观察轴温变化。

2. 当轴温报警装置显示的轴温首次达到外温加 60 ℃、但未达到 90 ℃(绝对温度)时，车辆乘务员确认非误报后，通知机车司机列车限速 60 km/h 运行至就近前方站停车。

停车后，车辆乘务员须用便携式测温仪检查热轴车辆全车轴箱温度，当轴箱温度达到 90 ℃(绝对温度)或超过外温加 60 ℃时，进行甩车处理；未达到上述温度时，列车可按正常速度继续监控运行。

3. 当轴温报警装置显示的轴温首次达到 90 ℃(绝对温度)时，经车辆乘务员确认非误报后，或 THDS 首次预报激热时，应通知机车司机立即采用常用制动停车。

停车后，车辆乘务员须用便携式测温仪检查热轴车辆全车轴箱温度，当轴箱温度达到 90 ℃(绝对温度)或超过外温加 60 ℃时，对列车采取自然凉轴措施，待全车轴箱温度低于外温加 45 ℃后，通知机车司机列车限速 30 km/h 运行至就近前方站停车，进行甩车处理；未达到上述温度时，列车可按正常速度继续监控运行。

4. 列车监控运行期间，当热轴车辆轴温报警装置显示的轴温达到外温加 60 ℃，但未达到 90 ℃(绝对温度)时，通知机车司机列车限速 60 km/h 运行至就近前方站停车，进行甩车处理；当达到 90 ℃(绝对温度)或 THDS 预报激热时，车辆乘务员通知机车司机立即采用常用制动停车，停车后采取自然凉轴措施，待全车轴箱温度低于外温加 45 ℃后，通知机车司机列车限速 30 km/h 运行至就近前方站停车，进行甩车处理。

5. 列车因热轴须限速运行或立即停车时，由车辆乘务员负责通知机车司机(THDS 预报激热时，由列车调度员通知司机)。车辆乘务员、机车司机须使用以下规范用语继续呼唤应答：

(1)限速运行时

车辆乘务员(呼叫)：××××次司机，我是本列车辆乘务员，机后××车辆发生热轴，请按时速 60 km(时速 30 km)运行至前方站停车。

机车司机(应答)：××××次车辆乘务员，我是本务司机，机后××车辆发生热轴，列车按时速 60 km(时速 30 km)运行至前方站停车，司机明白。

(2)立即停车时

车辆乘务员(呼叫)：××××次司机，我是本列车辆乘务员，机后××车辆发生热轴，请立即常用制动停车。

机车司机(应答)：××××次车辆乘务员，我是本务司机，机后××车辆发生热轴，立即常用制动停车，司机明白。

6. 机车司机接到限速运行和立即常用制动停车的通知后，应立即采取减速或停车措施，并报告车站值班员或列车调度员，车站值班员要立即报告列车调度员。

7. 当轴温报警装置显示的轴温超过外温加 45 ℃时，经确认非误报后，车辆乘务员须进行监控运行，终到后由库列检进行开盖检查，不入库作业的由客列检负责，无客列检的由车辆乘务员负责。在开盖检查中发现轴承零件破损、油脂变质、混砂、混水、混有金属粉末等异状，不能保证行车安全时必须做甩车处理。

8. 当客车发生轴温报警时，乘务员应详细记录报警时间、列车运行区间、报警车号、轴位、外温、轴温变化及全车轴温等情况，并及时通报前方列检所及本车间值班室值班员。

六、THDS 预报踏面制动客车疑似抱闸应急处置方法

1. 列车运行途中，车辆乘务员应加强对电台的监听，司机及其他行车人员在呼叫车辆乘

务员时，车辆乘务员必须应答。

2. 车辆乘务员接到司机及其他行车人员通知 THDS 预报疑似抱闸，在列车停车后，车辆乘务员须穿戴好反光背心，并按规定插撤防护号志(站停时)，与司机确认可以下车后，在非会车侧下车(列车运行方向左侧)，作业期间要注意避让邻线过往车辆。

3. 车辆乘务员须对预报车辆的闸瓦或踏面清扫器及车轮状态进行检查，对本辆所有轴箱均进行点温检查(在车统—15 上做好记录)，并通过列车制动机简略试验确认本辆客车的制动、缓解状态，按规定进行处理后，将处理情况经机车乘务员报列车调度员(车站值班员)，车站值班员及时报列车调度员。

4. 预报车辆经车辆乘务员下车检查确认无抱闸现象后，再发生 THDS“客车疑似抱闸”报警时，车辆乘务员需对报警车辆实施重点盯控。

实 作 技 能

一、实训准备

在正式作业前，先准备好如下实训用品：

1. 设备：预置故障客车一辆。

2. 工具：万用表、十字螺丝刀、一字螺丝刀、电工刀、电笔、活动扳手、尖嘴钳、防护红旗、工具篮、剥线钳、压线钳、紫铜垫、平垫、弹簧垫、接线端子、螺钉、防护号志、手锤、开劈器、克丝钳、检查器、钢板尺、小油桶、油刷、开口销、校对压力表、秒表、肥皂水、毛刷子、钢丝钳、钢丝刷、木锤。

二、实训流程及标准

按照客车行车安全应急预案处理原则及流程进行技能操作。

三、实训内容

1. 运用客车车钩分离检查及应急故障处理。
2. 运用客车行车监控设施热轴报警检查及应急故障处理。
3. 运用客车 THDS 预报踏面制动疑似抱闸故障检查及应急处理。

能 力 考 核

一、考核题目

客车运行中三种典型故障应急处理。

二、考核内容

1. 客车车钩分离检查及应急故障处理。
2. 客车行车监控设施热轴报警检查及应急故障处理。
3. THDS 预报踏面制动客车疑似抱闸检查及应急故障处理。

三、考核要求

1. 熟悉发生车钩分离、行车监控设施热轴报警、THDS预报踏面制动客车疑似抱闸的应急处置方案。

2. 按技术作业过程检查车钩分离装置故障，监控设施热轴报警装置故障及THDS预报疑似抱闸装置故障并做相应的应急处理。

四、考核时间

1. 准备时间：5 min。
2. 正式操作时间：30 min。
3. 计时从发出指令开始，到考生报告作业完毕结束。

五、考核标准

1. 考评人数：考评员2名及以上。
2. 评分要点：评分标准见考核评分记录表。
3. 评分程序：考评员各自根据培训人员作业过程给予记录评分。
4. 评分规则：取平均值为评定得分。
5. 算分方法：采用百分制，60分为及格。

考 核 表

<table>
<tr><td>考核项点</td><td>配分</td><td colspan="3">考核内容</td></tr>
<tr><td>客车运行中
三种典型
故障应急处理</td><td>100</td><td colspan="3">[1]客车车钩分离检查及应急故障处理
[2]客车行车监控设施热轴报警检查及应急故障处理
[3]THDS预报踏面制动客车疑似抱闸检查及应急故障处理</td></tr>
<tr><td>用时</td><td colspan="2">30 min</td><td>成绩</td><td></td></tr>
</table>

任务十六　货车运用维修

铁路货车是铁路运输的重要装备。铁路货车运用维修工作是确保铁路运输安全和畅通的重要环节，是铁路运输的重要组成部分。

任 务 单

<table>
<tr><td>项目</td><td colspan="3">车辆专业知识</td></tr>
<tr><td>任务</td><td>货车运用维修</td><td>学时</td><td>3</td></tr>
<tr><td colspan="4">任务概述</td></tr>
<tr><td colspan="4">货车运用与维修工作是铁路运输的重要组成部分，负有保证运输安全和畅通的重要责任，主要工作内容有货车列车的技术检查和维修，爱车宣传、检查和监督，货车事故的调查与处理等工作。学习货车运用维修相关知识对货车实际运用工作至关重要，也是铁道车辆货车运用相关工种岗位的基本要求</td></tr>
</table>

续上表

任务内容		
本任务主要学习掌握货车车辆运用与维修的基本知识，了解货车运用维修作业过程，掌握货车运用维修基本技能		
任务目标		
知识目标	能力目标	素质目标
1. 了解货车运用检修的重要性及基本原则 2. 掌握货车运用的主要工作 3. 理解掌握货车运用作业场的分类、设置及作业 4. 掌握货车运用限度、作业防护、作业时间、人工检查标准等	1. 使培训人员掌握货车运用与维修的基本作业过程 2. 使培训人员了解掌握货车运用基本标准 3. 提升培训人员专业知识素养	1. 树立安全生产意识 2. 培养严谨认真的工作态度 3. 培养团队合作精神
任务要求		
1. 了解货车运用工作主要任务，掌握货车车辆运用检修的场所、检修职责 2. 掌握铁路货车运用限度要求 3. 掌握货车运用与维修作业防护与技术作业时间 4. 掌握列检“一班、一列、一辆”工作标准		

理论知识

一、货车运用维修工作的目的和指导方针

铁路货车原则上实行无固定配属管理，全国运行。货车运用工作由中国国家铁路集团有限公司(以下简称国铁集团)统一领导，统一技术标准要求，并执行国家有关技术规范和技术政策。在造修源头质量保证基础上，货车运用安全实行区段负责制，并实施质量追溯。国铁集团所属企业必须树立全局观念，严格落实有关技术标准和要求。

货车运用工作坚持“安全第一、预防为主、综合治理”的方针，应用先进的检查、检测、修理技术，及时发现和处理铁路货车故障；应适应运输组织需要，不断优化列检布局，推进作业方式变革，采用科学管理手段，加强安全基础建设，提高作业人员素质，实现布局合理、防范有力、技术先进、管理规范、素质过硬、安全稳定的货车运用工作目标。

货车运用工作应充分发挥铁路货车运行安全监控系统作用，科学合理界定作业范围。优化到达作业，为始发作业打好列车技术质量基础；强化始发作业，确保始发列车达到货物列车运用质量标准；加强中转作业，保证列车安全和运输畅通。

货车运用工作实行国铁集团、铁路局集团公司、车辆段三级管理。按照领导负责、分工负责、专业负责、岗位负责的要求，实施严格的管理和考核机制，不断提升货车运用管理水平。

既有、新建、改建的线路，须按运输组织和铁路货车运行安全的需要，设置货车运用作业场和铁路货车运行安全监控系统，货车运用作业场须配齐生产生活设施和作业人员，满足作业和人身安全的要求。

二、货车运用的主要工作

1. 负责货物列车的技术检查、货物列车自动制动机性能试验(以下简称列车制动机试验)、铁路货车故障处置和修理(以下简称铁路货车故障处理)等。

2. 负责定检到(过)期车、技术状态不良车(含沿途发生故障的铁路货车)及事故车的扣修和回送工作。

3. 负责铁路货车运行安全监控系统的运用管理。

4. 负责翻车机翻前卸后、散装货物解冻库(以下简称解冻库)解冻后的铁路货车的技术交接检查和故障处理。

5. 负责进出厂矿、港口、地方铁路、合资铁路、专用铁路、企业专用线和工程临管线等单位的铁路货车的技术交接检查和故障处理。

6. 负责国际联运货物列车的技术交接。

7. 负责往返循环开行的快速货物班列、局管内固定编组开行的货物快运列车等整备作业。

8. 负责铁路货车运用技术质量的分析、评价和管理,组织开展货物列车技术质量监控;负责铁路货车设计、新造、检修和主要配件的质量监督与反馈。

9. 负责爱护铁路货车(以下简称爱车)工作,组织爱车宣传并指导、监督和检查铁路货车的使用,制止损坏铁路货车的行为,负责损坏铁路货车的索赔和管理。

10. 按规定负责重点物资运输及超限货物列车和机械冷藏车的技术作业及车辆乘务等工作。

11. 按规定协助进行铁路货车新车型、新技术、新型配件运用考核的相关工作。

12. 参加相关铁路交通事故的调查和事故救援,协助铁路货车交通事故的处理和管理,负责铁路货车行车设备故障的调查、处理和管理。

13. 国铁集团规定的其他有关工作。

三、货车运用作业场

(一)货车运用作业场分类、设置

1. 货车运用作业场包括:列检作业场、动态检查作业场、技术交接作业场、国境站技术交接作业场、整备作业场等。货车运用工作由货车运用作业场和站修作业场承担,站修作业场的技术管理按《铁路货车站修规程》执行。

2. 列检作业场以人工检查或人机分工检查方式为主,列检作业场的布局须满足铁路运输安全和畅通的需要,在编组站的车场及相应的车站,根据列车运行图中编制的到达解体列车(以下简称到达列车)、编组始发列车(以下简称始发列车)、中转列车的数量,同时按照运输组织、机车交路、运行工况、列检作业安全保证距离等合理设置。列检作业场等级分为特级、一级,特级列检作业场设置在日均解体作业 3 000 辆及以上的编组站的车场。一级列检作业场设置在列车编组作业量较大或大量装卸货物的其他编组站、区段站的车场,以及停车技术作业中转列车较多的区段站、中间站。

(二)货物列车的作业性质分类

1. 到达作业:指对列检作业场所在车站到达列车进行的作业,实行人机分工检查方式,对铁路货车执行“人机分工 TFDS 动态检查范围和质量标准”和“到达列车人机分工人工检查范围和质量标准”；列检作业场接入列车进路无 TFDS 的，实行人工检查方式，对铁路货车按“人机分工 TFDS 动态检查范围和质量标准”和“到达列车人机分工人工检查范围和质量标准”范围执行。

2. 始发作业：指对列检作业场所在车站始发列车进行的作业，实行人工检查方式，对铁路货车执行“始发列车检查范围和质量标准”。

3. 中转作业：指对列检作业场所在车站且处在列检作业安全保证距离位置上的中转列车进行的作业，实行人机分工检查方式，对铁路货车执行“人机分工 TFDS 动态检查范围和质量标准”和“中转列车人机分工人工检查范围和质量标准”；列检作业场接入列车进路无 TFDS 的，实行人工检查方式，对铁路货车执行“始发列车检查范围和质量标准”；对加挂的铁路货车，实行人工检查方式，执行“始发列车检查范围和质量标准”。

4. 通过作业：指对上述情况以外的货物列车，利用 TFDS 进行的作业，实行动态检查方式，对铁路货车执行“通过作业 TFDS 动态检查范围和质量标准”。

四、铁路货车运用限度

1. 铁路货车车体部分的运用限度须符合表 5-16-1 规定。

表 5-16-1　车体运用限度　mm

序号	名称		限度	备注
1	侧梁下垂	空车	≤40	在两枕梁之间测量
		重车	≤80	
2	敞车车体外胀	空车	≤80	
		重车	≤150	
3	车体倾斜		≤75	
4	端墙板、侧墙板、地板、门板、浴盆板破损或腐蚀穿孔		≤50×50	
5	棚车、平车非金属地板破损		≤100×100	

2. 铁路货车转向架部分的运用限度须符合表 5-16-2 规定。

表 5-16-2　转向架运用限度　mm

序号	名称		限度	备注
1	间隙旁承同一转向架左右旁承间隙之和		2～20	铁路货车任何一侧旁承间隙须大于0，载重 280 t 及以上铁路长大货物车须大于 2 mm
	双作用弹性上下旁承间隙		0	
2	双作用弹性旁承滚子或旁承尼龙支承板与上旁承间隙		＞0	
3	各垂下品与轨面水平线垂直距离	钢轨内侧	≥60	钢轨上部垂下品不得小于 25mm
		钢轨外侧	≥80	

3. 铁路货车轮轴部分的运用限度须符合表 5-16-3 规定。

表 5-16-3 轮轴运用限度

mm

序号	名称		限度	备注
1	车轮轮辋厚度	无辐板孔	≥23	
		有辐板孔	≥24	
2	车轮轮缘厚度	棚车、集装箱平车、平车-集装箱共用车、小汽车运输专用车及 120 km/h 货物列车中的铁路货车	≥25	
		其他	≥23	3 轴及多轴转向架的中间轮对轮缘厚度列检可不掌握
3	车轮轮缘垂直磨耗(接触位置)高度		≤15	
4	车轮轮缘内侧缺损	长度	≤30	
		宽度	≤10	
5	车轮踏面圆周磨耗深度		≤8	
6	车轮踏面擦伤及局部凹下深度		≤1	
7	车轮踏面剥离长度	一处	≤50	1. 沿圆周方向测量 2. 测量时规定如下: (1)两端宽度不足 10 mm 的,不计算在内 (2)长条状剥离其最宽处不足 20 mm 的,不计算在内 (3)两块剥离边缘相距小于 75 mm 时,每处长不得超过 35 mm;多处小于 35 mm 的剥离,其连续剥离总长度不得超过 350 mm (4)剥离前期未脱落部分,可不计算在内
		二处(每一处均)	≤40	
8	车轮踏面缺损	相对轮缘外侧至缺损部位边缘之距离	≥1 508	从缺损部内侧边缘起测量
		缺损部位之长度	≤150	沿车轮踏面圆周方向测量
9	车轮辐板孔边缘周向裂纹		≤30	
10	滚动轴承温升(℃)		≤55	

4. 铁路货车制动部分的运用限度须符合表 5-16-4 规定。

表 5-16-4　制动运用限度

mm

<table>
<tr><th>序号</th><th colspan="4">名称</th><th>限度</th><th colspan="2">备注</th></tr>
<tr><td rowspan="13">1</td><td rowspan="13">制动缸活塞行程</td><td rowspan="8">装有闸调器的单式闸瓦</td><td rowspan="2">356×254 制动缸</td><td>空车位</td><td>115～135</td><td rowspan="2">未装闸调器</td><td>85～135</td></tr>
<tr><td>重车位</td><td>125～160</td><td>110～160</td></tr>
<tr><td rowspan="2">305×254 制动缸</td><td>空车位</td><td>145～165</td><td colspan="2"></td></tr>
<tr><td>重车位</td><td>145～195</td><td colspan="2"></td></tr>
<tr><td rowspan="2">254×254 制动缸</td><td>空车位</td><td>145～165</td><td colspan="2"></td></tr>
<tr><td>重车位</td><td>145～195</td><td colspan="2"></td></tr>
<tr><td rowspan="2">203×254 制动缸</td><td>空车位</td><td>115～145</td><td colspan="2"></td></tr>
<tr><td>重车位</td><td>125～160</td><td colspan="2"></td></tr>
<tr><td rowspan="3">装有闸调器的复式闸瓦</td><td rowspan="2">B_{21}、B_{22-1} 型车</td><td>空车位</td><td>120～130</td><td colspan="2"></td></tr>
<tr><td>重车位</td><td>150～160</td><td colspan="2"></td></tr>
<tr><td colspan="2">B_{19}、B_{22-2}、B_{23} 型车</td><td>130～150</td><td colspan="2"></td></tr>
<tr><td rowspan="2">集成制动装置</td><td colspan="2">BAB 系列</td><td>行程指示器在制动标志孔内</td><td colspan="2"></td></tr>
<tr><td colspan="2">DAB 系列</td><td>行程指示器在行程标志环带内</td><td colspan="2"></td></tr>
<tr><td>2</td><td colspan="4">高、低摩合成闸瓦磨耗剩余厚度</td><td>≥20</td><td colspan="2" rowspan="2"></td></tr>
<tr><td>3</td><td colspan="4">C_{100} 型敞车二、三位转向架闸瓦磨耗剩余厚度</td><td>≥25</td></tr>
<tr><td>4</td><td colspan="4">同一制动梁两端闸瓦厚度差</td><td>≤20</td><td colspan="2" rowspan="2">更换闸瓦后确认</td></tr>
<tr><td>5</td><td colspan="4">C_{100} 型敞车二、三位转向架同一制动梁两端闸瓦厚度差</td><td>≤10</td></tr>
</table>

5. 铁路货车车钩部分的运用限度须符合表 5-16-5 规定。

表 5-16-5　车钩运用限度

mm

<table>
<tr><th>序号</th><th colspan="2">名称</th><th>限度</th><th>备注</th></tr>
<tr><td rowspan="2">1</td><td rowspan="2">13 型钩舌与钩腕内侧距离</td><td>闭锁位置</td><td>≤135</td><td rowspan="2"></td></tr>
<tr><td>全开位置</td><td>≤250</td></tr>
<tr><td rowspan="2">2</td><td rowspan="2">13A、13B 型钩舌与钩腕内侧距离</td><td>闭锁位置</td><td>≤132</td><td rowspan="2"></td></tr>
<tr><td>全开位置</td><td>≤247</td></tr>
<tr><td rowspan="2">3</td><td rowspan="2">16、17 型钩舌与钩腕内侧距离</td><td>闭锁位置</td><td>≤100</td><td rowspan="2"></td></tr>
<tr><td>全开位置</td><td>≥219</td></tr>
<tr><td>4</td><td colspan="2">钩提杆链松余量</td><td>40～55</td><td></td></tr>
<tr><td>5</td><td colspan="2">两连接车钩中心水平线高度之差</td><td>≤75</td><td></td></tr>
</table>

续上表

序号	名称			限度	备注
6	车钩中心高度	最高		≤890	
		最低	空车	≥835	
			重车	≥815	

五、作业防护

1. 列检作业手信号须依次逐段显示传递，昼间能见度能满足要求的须使用检查锤，夜间或昼间能见度不能满足要求的须使用白色灯光检车灯。禁止使用红旗（红灯）代替检查锤（检车灯）显示传递。遇恶劣天气、曲线线路及显示距离不可视等特殊情况时，信号传递可采用无线对讲机等辅助手段，具体辅助手段及传递方法由铁路局集团公司组织车辆段制定。

2. 传递安全防护插设信号时，由车列（列车）首部检车员依次逐段传递至尾部检车员，尾部检车员接到信号后，依次逐段向首部检车员传递确认信号；传递安全防护撤除信号时，由车列（列车）尾部检车员依次逐段传递至首部检车员，首部检车员接到信号后，依次逐段向尾部检车员传递确认信号。具体安全防护信号显示方式，由铁路局集团公司组织制定。

3. 在作业线路上检查、修理、整备作业时，应在列车两端来车方向的左侧钢轨上，设置带有脱轨器的固定或移动信号牌（灯）进行安全防护，前后两端的安全防护距离均应不小于20 m，插设固定脱轨器安全防护距离不足 20 m 或固定脱轨器不能正常使用时，应使用移动脱轨器进行安全防护；防护距离不足时，应使用连接语音记录功能的通信设备通知车站将道岔锁闭在不能通往该线的位置，现场应在车列首尾车辆端部来车方向的左侧车体上设置停车信号（昼间红旗，夜间频闪红灯）进行安全防护，车列中部不得设置停车信号。在旅客列车到发线上进行列检作业时，其安全防护办法和前后两端防护距离不足 20 m 时，是否锁闭道岔及道岔锁闭办法由铁路局集团公司制定。

4. 列检作业摘解机车或连挂机车进行制动机试验时，应使用停车信号进行安全防护，停车信号应按以下规定设置：

（1）到达、中转列车摘解机车时，应在机后一位车辆前端列车运行方向左侧车体上插设停车信号，关闭机后一位车辆前端和机车的折角塞门，摘解制动软管后撤除停车信号，方可摘解机车。

（2）连挂机车进行制动机试验时，待机车与车列连挂后，在机后一位车辆前端和列车尾部最后一辆车后端列车发出方向左侧车体上插设停车信号，制动机试验结束后，及时撤除停车信号。

5. 插撤脱轨器时，应确认股道正确，列车（车列）、机车停留位置符合规定，同对检车员之间、检车员与列检值班员之间要做好联系和互控；移动脱轨器应按规定存放和使用。要做到脱轨器插撤有监督、反馈有记录。禁止无安全防护作业。铁路局集团公司须组织制定脱轨器的使用、管理办法。

6. 在沿线调查、处理故障和事故时，要在车站登记，通知车站将道岔锁闭在不能通往调查处置线路的位置，并在车列首尾端部来车方向的左侧车体上设置停车信号进行安全防护后，进行检查处理。作业结束并撤除防护信号后，通知车站。

六、列车技术作业时间

1. 列检作业场人机分工检查和人工检查的列车技术作业时间(以下简称技检时间),以列车技术作业脱轨器装置上轨时分为开始时分,下轨时分为结束时分,采取锁闭道岔方式防护的列车以插设停车信号时间为开始时间,以撤除停车信号时间为结束时间,计算技检时间不包括摘、挂机车时间。规定如下:

(1)到达作业与始发作业技检时间原则上合计为 60 min,始发作业为 25 min,到达作业为 35 min。

(2)无调中转作业技检时间为 35 min,有调中转作业技检时间为 40 min。

(3)经整备作业的快速货物班列无调中转作业技检时间为 25 min,有调中转作业技检时间为 35 min。其他快速货物班列无调中转作业技检时间为 35 min,有调中转作业技检时间为 40 min。

(4)关口列检作业场对进入高原铁路的列车始发作业,技检时间为 60 min;高原铁路列检作业场(如拉萨西列检作业场)的到达作业、始发作业,技检时间均为 60 min。

(5)寒冷、长大下坡道区段及重载、计长超过 88.0、编组 60 辆及以上的列车,由铁路局集团公司根据运输组织实际,相应增加技检时间。

2. 其他技检时间规定如下

(1)TFDS 动态检查时间原则上按 10 min(50 辆/列)的标准掌握。

(2)关口列检作业场对进入高原铁路的列车进行整备时,整备作业时间不少于 2 h;其他整备作业时间不少于 4 h。

(3)技术交接的技检时间由铁路局集团公司根据实际制定,但人工检查作业的原则上不低于 40 min。

(4)国境站技术交接作业场的技检时间由铁路局集团公司按国际联运有关规定组织制定。

七、列检作业场"一班、一列、一辆"人工检查标准

(一)一班工作标准

班前准备—接班会—班前点名—接班—列车作业—交班—完工分析—交班总结。

(二)一列作业标准(中转作业顺序可根据实际情况进行调整)

1. 到达作业

通知作业—作业准备—整队出发—接车—摘解机车—插设防护信号—技术检查—故障处理—撤除防护信号—列队归所。

2. 无调中转作业

通知作业—作业准备—整队出发—接车—摘解机车—插设防护信号—技术检查—故障处理—制动机试验—撤除防护信号—连挂机车—简略试验—送车—列队归所。

3. 有调中转作业

通知作业—作业准备—整队出发—接车—摘解机车—插设防护信号—技术检查—故障处理—撤除防护信号—列队归所—(调车作业);通知作业—作业准备—整队出发—插设防护信

号—对加挂车辆技术检查—故障处理—制动机试验—撤除防护信号—连挂机车—简略试验—送车—列队归所。

4. 始发作业

通知作业—作业准备—整队出发—插设防护信号—技术检查—故障处理—制动机试验—撤除防护信号—连挂机车—简略试验—送车—列队归所。

（三）一辆作业过程

以 C70 型敞车为例进行编制，其他铁路货车参照制定。以铁路货车纵向中心线为界，实行分面检查作业分工。

1. 中转作业人机分工，人工检查采取“一跨、一俯、三探”分面检查方法。

一跨：制动软管所在侧端转向架外端跨轨检查。

一俯：底架中部车下悬挂配件俯身顺车检查。

三探：制动软管所在侧端转向架内端及另一转向架内、外端探身检查。

2. 检查方法如图 5-16-1 所示。

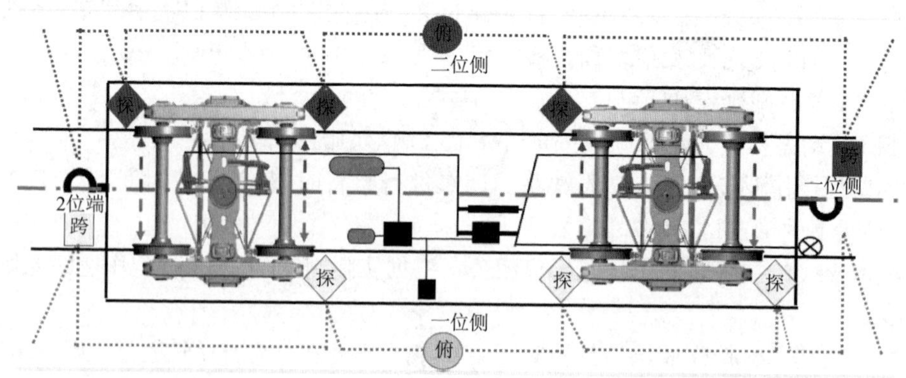

图 5-16-1 “一跨、一俯、三探”分面检查

3. 易混淆部位界限划分

（1）车钩连接状态、首尾车钩三态作用、钩提杆及链、车钩防跳插销及吊链、下锁销组成，均由钩提杆所在侧检车员负责；车钩高度、两连接车钩高度差，由两侧检车员负责；车钩上部、冲击座纵向中心线处破损，由非提钩杆所在侧检车员负责。

（2）钩体底面（下锁销孔）、钩锁锁腿、车钩托梁、车钩支撑座、车钩支撑座含油尼龙磨耗板、钩尾销及安全吊架螺栓、制动软管吊链，均由跨轨检查的检车员负责。

（3）转向架旁承、心盘、摇枕、内侧枕簧（不含减振弹簧）、制动梁体及支柱夹扣螺栓、交叉杆、横跨梁及安全链（索）、空重车调整阀，均由跨轨检查的检车员负责。

（4）转向架内外侧以轮缘顶点划分。

（5）制动缸连通管漏泄由负责制动机试验的检车员负责。

（6）转向架内、外端固定及游动杠杆、上拉杆、固定杠杆支点及座、固定杠杆支点链蹄环及圆销、开口销（拉铆销套），均由所在侧检车员负责。

4. 始发、到达作业人工检查采取“两跨、一俯、两探”分面包转向架检查方法。

两跨：制动软管所在侧端的转向架外、内端跨轨检查。

一俯:底架中部车下悬挂配件俯身顺车检查。

两探:另一转向架内、外端探身检查。

5. 检查方法如图 5-16-2 所示。

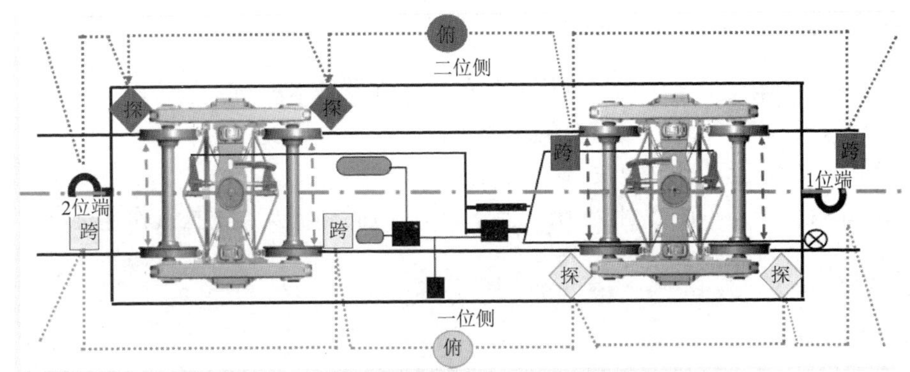

图 5-16-2 “两跨、一俯、两探”分面包转向架检查方法

6. 检查界限容易混淆处所界限划分规定

(1)车钩连接状态、首尾车钩三态作用、钩提杆及链、车钩防跳插销及吊链、下锁销组成,均由钩提杆所在侧检车员负责;车钩高度、两连接车钩高度差,由两侧检车员负责;车钩上部、冲击座纵向中心线处破损,由非提钩杆所在侧检车员负责。

(2)钩体底面(下锁销孔)、钩锁锁腿、车钩托梁、车钩支撑座、车钩支撑座含油尼龙磨耗板、钩尾销及安全吊架螺栓、制动软管吊链,均由跨轨检查的检车员负责。

(3)转向架旁承、心盘、摇枕、内侧枕簧(不含减振弹簧)、制动梁体及支柱夹扣螺栓、交叉杆、横跨梁及安全链(索)、空重车调整阀,均由跨轨检查的检车员负责。

(4)转向架内外侧以轮缘顶点划分。

(5)制动缸连通管漏泄由负责制动机试验的检车员负责。

(6)转向架内、外端固定及游动杠杆、上拉杆、固定杠杆支点及座、固定杠杆支点链蹄环及圆销、开口销(拉铆销套),均由所在侧检车员负责。

能 力 考 核

一、考核题目

1. 简述铁路货车运用与维修工作的重要性及基本原则。
2. 简述铁路货车运用与维修的主要工作。
3. 简述货车运用作业场的分类与设置。
4. 简述货车运用限度、作业防护要求及作业时间标准。
5. 简述货车运用与维修工作的人工检查作业标准。

二、考核内容

1. 货车运用与维修工作的重要性及基本原则。

2. 铁路货车运用与维修的主要工作。
3. 货车运用作业场的分类与设置。
4. 货车运用限度、作业防护要求、作业时间标准及人工检查作业标准。

三、考核要求

1. 能够全面的阐述货车运用与维修工作的重要性及基本原则。
2. 能够掌握铁路货车运用与维修的主要工作。
3. 能够掌握货车运用作业场的分类与设置。
4. 能够掌握货车运用限度、作业防护要求、作业时间标准及人工检查作业标准。

四、考核时间

1. 正式考核时间:45 min。
2. 在规定时间内全部完成考题内容,超 30 min 停止考核。

五、考核标准

考 核 表

考核项点	配分	考核内容	
铁路货车运用与检修专业考核	100	[1]简述铁路货车运用与维修工作的重要性及基本原则 [2]简述铁路货车运用与维修的主要工作 [3]简述货车运用作业场的分类与设置 [4]简述货车运用限度、作业防护要求及作业时间标准 [5]简述货车运用与维修工作的人工检查作业标准	
用时		成绩	

任务十七 更换 120 阀

120 阀是当今铁路货车主型制动阀,铁路货车在日常运用中,当 120 阀发生故障时,列检作业场会对故障 120 阀进行更换,以保证铁路货车正常使用和铁路货车安全。

任 务 单

项目	车辆专业知识		
任务	更换 120 阀	学时	3
任务概述			
更换 120 阀是铁路货车运用人员在日常工作中经常遇到的一项工作,120 阀更换质量的好坏直接关系到铁路列车运行安全。学习更换 120 阀相关知识技能对铁路货车实际运用工作至关重要,也是铁道车辆货车运用相关工种岗位的基本要求			

续上表

<table>
<tr><td colspan="3">任 务 内 容</td></tr>
<tr><td colspan="3">本任务主要学习掌握 120 阀的基本知识。了解更换 120 阀作业过程，掌握 120 阀更换基本技能</td></tr>
<tr><td colspan="3">任 务 目 标</td></tr>
<tr><td>知 识 目 标</td><td>能 力 目 标</td><td>素 质 目 标</td></tr>
<tr><td>1. 了解 120 阀结构及工作原理
2. 掌握更换 120 阀作业内容、作业过程
3. 掌握运用客车检修标准</td><td>1. 使培训人员了解 120 阀技术原理
2. 掌握更换 120 阀的基本技能
3. 提升培训人员素养，提高培训人员动手能力</td><td>1. 树立安全生产意识
2. 培养严谨认真的工作态度
3. 提高专业技术知识</td></tr>
<tr><td colspan="3">任 务 要 求</td></tr>
<tr><td colspan="3">1. 掌握 120 阀结构及工作原理
2. 掌握更换 120 阀作业内容、作业过程
3. 提高培训人员动手能力，掌握基本的检修技能</td></tr>
</table>

理 论 知 识

120 型空气制动装置由编织制动软管总成、球芯折角（直角）塞门、加速缓解风缸、组合式集尘器、120 型货车空气控制阀、制动管、副风缸、制动缸、空重车自动调整装置（包括传感阀、限压阀、和降压气室）等零部件组成，如图 5-17-1 所示。

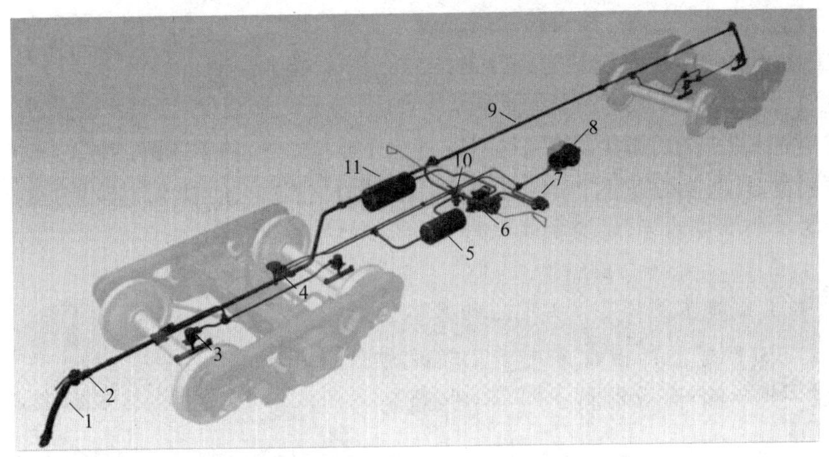

图 5-17-1　120 型制动装置

1—制动软管总成；2—折角塞门；3—脱轨制动阀；4—空重车传感器；5—双室风缸；6—120 型货车空气控制阀；7—空重车调整阀；8—制动缸；9—制动主管；10—组合式集尘器；11—副风缸

120 型货车空气控制阀（以下简称 120 阀）根据制动管中空气压力的变化，来操纵本车制动装置的制动和缓解作用，它是制动机的主要控制机构。

组合式集尘器是集截断塞门与远心集尘器于一体的组合装置，装设在制动管至 120 阀的制动支管上，截断塞门的作用是当需要时将塞门关闭，则截断塞门关闭的车辆无空气制动作用；远心集尘器的作用是利用空气通过时发生的沿其圆周内壁的旋转，使制动管压力空气中的尘埃、水分、锈垢和砂土等杂物沿圆周内壁落下，对压力空气进行澄清以保证 120 阀正常工作。

副风缸用于储存压力空气，在制动工况时作为风源将压力空气经120阀充入制动缸，使制动机产生作用。此外，副风缸空气压力还作为120阀主控机构的一个控制压力来控制120阀的动作。

加速缓解风缸也用于储存压力空气，在制动后的缓解工况时作为风源将压力空气经120阀充入制动管，使制动管产生局部增压作用，以提高缓解波速。

空重车自动调整装置是根据车辆载重的变化自动调整制动缸压力，以减小车辆制动率的差别，改善车辆的制动性能。

球芯折角（直角）塞门位于制动软管与制动管之间，以控制列车制动管的连通与截断，当制动管截断时，制动软管端的压力空气可以经该塞门排出。

一、120阀的结构特点

120阀的设计，结合103阀一些好的特点，吸取了ABDW阀及DB-60阀的一些优点，综合考虑了阀的结构和性能，其主要特点归纳如下：

1. 120阀采用二压力机构。由于我国现用的货车制动阀均属于二压力系统，同时在坡道行驶时，制动力衰减问题已基本妥善解决，所以仍采用二压力机构。

2. 120阀采用了直接作用方式，缩短了初充气时间。

3. 120阀的结构仍采用103阀的橡胶膜板和金属滑阀结构，并较多地采用了橡胶件，如膜板、夹心阀、O形密封圈等成熟的结构。

4. 120阀设置了加速缓解阀和与之对应的加速缓解风缸，以提高列车缓解波速。

5. 120阀可适应压力保持操纵。120阀设计中，考虑到长大列车在下坡道上实现一把闸的操纵，适应机车的补气功能，在主阀作用部设了在制动保压时，沟通制动管与副风缸的呼吸小孔，平衡主活塞两侧压力差以适应机车的压力保持操纵的需要。

6. 设置了半自动缓解阀。为了方便调车作业、节省人力和减少耗风量，120阀增设了半自动缓解阀。它是靠人工拉动手柄后，使制动缸压力空气排入大气，达到缓解目的。因其内部设有空气压力自锁装置，只需拉动手柄3～5 s左右，听到制动缸排气声，即可大胆松开手柄，不需要等候将其他风缸的风全部排放光，可避免拉杆处夹石头块来排放风缸压力空气等不合理做法。

7. 在紧急放风阀下部设了先导阀，提高了紧急制动波速。120阀紧急部设计采用了二级控制方式，即增设了先导阀，有效提高了列车的紧急制动波速。

8. 120阀设计中，较多地考虑到了新、旧阀零部件的通用互换，结构简单易造，维修方便，且与制动新技术配套使用。

图5-17-2　120阀组成

1—紧急阀；2—中间体；3—主阀；4—半自动缓解阀

二、120阀的构造

120阀由中间体、主阀、半自动缓解阀（以下简称缓解阀）和紧急阀四部分组成，如图5-17-2所示。120阀通过中间体上部4个突耳上的$\phi 22$孔，用螺栓和螺母直接吊装在车辆底架上。

主阀和紧急阀分别用螺栓和螺母安装在中间体的两个相邻垂直面上，在与中间体相贴合的安装面之间有橡胶制成的主阀垫和紧急阀垫。缓解阀用螺栓和螺母安装在主阀体的侧安装座上，它们相贴合的安装面之间也设有缓解阀橡胶垫。

（一）中间体

中间体用铸铁铸成，外部4个垂直面分别作为主阀、紧急阀安装座和制动管、加速缓解风缸管、副风缸管和制动缸管的安装座。内部设有两个独立的空腔经通道与主阀安装座或紧急阀安装座相关孔连通。120阀中间体结构如图5-17-3所示。

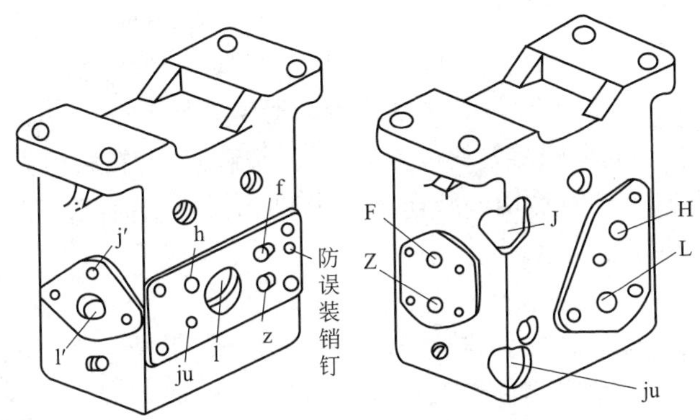

图5-17-3　中间体结构

L—制动主管孔；H—加速缓解风缸孔；F—副风缸管孔；Z—制动缸管孔；J—紧急室；ju—局减室

（二）主　阀

主阀控制着充气、缓解、制动、保压等作用，是控制阀组成中最主要的部分。它由作用部、减速部、局减阀、加速缓解阀、紧急二段阀五部分组成。120阀结构如图5-17-4所示。

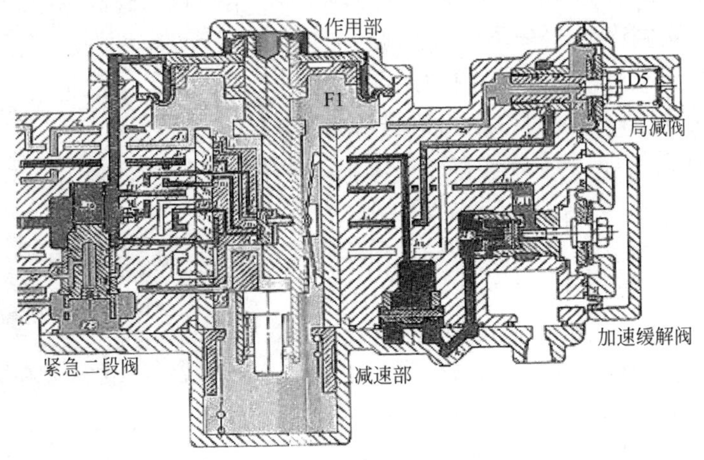

图5-17-4　120阀结构示意

1. 作用部

120阀主阀作用部由主阀上活塞、S形橡胶膜板（也叫主阀膜板）、O形密封圈、主阀下活塞、滑阀弹簧、节制阀弹簧、节制阀、滑阀、滑阀座（即滑阀套）、稳定杆、稳定弹簧、稳定弹簧座、挡圈等零件组成。其功用是当主活塞由于两侧压力差向下或向上移动时，它带着节制阀相对于滑阀以及带着滑阀相对于滑阀座移动，分别使滑阀座以及节制阀与滑阀背面的有关通路连通或切断，从而产生充气、缓解、局减、制动和保压作用。作用部如图 5-17-5 所示。

图 5-17-5 120 阀作用部

2. 减速部

减速部设在作用部下面，位于主阀下盖内，由减速弹簧、减速弹簧座组成。其功用是制动管充气增压时，长大列车前部车辆先充入压力空气，迅速增压，使主活塞上、下两侧形成较大的压力差，主活塞带动滑阀向下移动，滑阀下端面接触减速弹簧座后，继续下移，压缩减速弹簧而移到更下面的位置，即为减速充气位。而列车后部，因制动管增压较慢，主活塞两侧形成的压力差较小，主活塞带动滑阀移至滑阀下端面接触减速弹簧座的位置即停止，这时，主活塞连同滑阀所处的位置为充气(缓解)位。在减速充气时，由于滑阀随同主活塞的进一步下移，所以滑阀底面的减速充气孔参加作用，从而使列车前部车辆副风缸的充气减慢。减速部如图 5-17-6 所示。

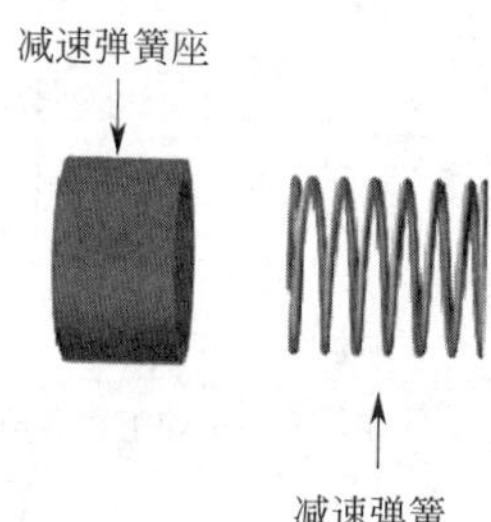

图 5-17-6 120 阀减速部

3. 局减阀

局减阀由局减阀套、局减阀杆、局减膜板、局减上活塞、局减下活塞、局减阀弹簧、毛毡、压垫等零件组成。螺母将局减下活塞、膜板和上活塞紧固在局减阀杆螺纹端，形成一个局减活塞，局减膜板的周边嵌装在主阀体和主阀前盖的结合槽中，主阀前盖内设有压紧的毛毡，用以防止尘土侵入局减阀内。局减膜板的右侧(外侧)经阀盖上直径 3 mm 的小孔通大气，其左侧经局减阀杆轴向圆凹槽及 2 个直径 3 mm 的径向孔与轴向中心孔通制动缸。局减阀套中部沿圆周均布 8 个直径 1 mm 的径向孔，这些小孔的外围空腔经主阀体内暗道通滑阀座 L8 孔。

在平时，局减活塞受到其右侧局减阀弹簧弹力的作用，所以它连同局减阀杆处于左侧的位置，这时，局减阀杆右侧边缘正好开放局减阀套上的小孔。因而制动时制动管压力空气经 L8 孔及主阀体内暗道引至局减阀套，然后再通过这些小孔以及局减阀杆的径向孔、轴向中心孔到制动缸。由于局减通路是开通的，这个位置称为局减阀开放位。因而制动一开始，当滑阀向上移动使制动管压力空气流入 L8 孔时，制动管压力空气便经此局减通路流入制动缸，这就是第二阶段局减作用。当制动缸压力升到 50～70 kPa 时，由于局减活塞左侧的压力增大，它便克服局减弹簧的压力而右移，直到局减阀杆遮住了局减阀套上的 8 个小孔，局减阀处于关闭位，切断了制动管至制动缸的局减通路，于是第二阶段局减作用结束。第二阶段局减作用可使制动缸获得必需的初始压力，并提高全列车的制动波速。而局减阀的作用是控制制动时第二阶段局部减压的量。这样，在制动管少量减压时，尾部车辆的制动缸至少也能有 50～70 kPa 的压力。局减阀结构如图 5-17-7 所示。

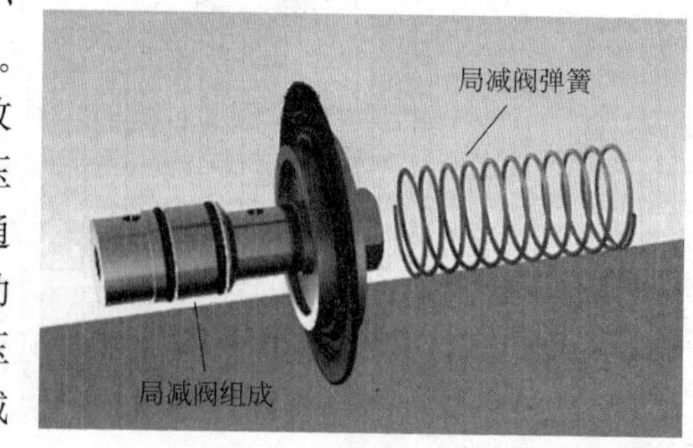

图 5-17-7 120 阀局减阀

4. 加速缓解阀

加速缓解阀由加速缓解阀套、加速缓解弹簧、夹心阀、加速缓解簧座、挡圈、加速缓解膜板、加速上活塞、加速下活塞、活塞紧固螺钉、顶杆等零部件组成。

加速缓解阀是控制阀新增加的一部分，它以加速缓解风缸排入大气的制动缸压力空气作为压力信号先引到加速缓解阀，使加速缓解阀产生动作，让本车加速缓解风缸中的压力空气(在制动过程中压力保持定压)充入制动管，使制动管除了有来自机车供风系统的压力空气充入以外，还有来自本车加速缓解风缸的压力空气充入，这就是制动管的局部增压作用。这样一来，由于列车中前后列车制动管的压力梯度增大，使制动管增压作用沿列车由前向后的传播速度加快，这就大大提高了缓解波速，有利于减小列车低速缓解时的纵向冲动。加速缓解阀结构如图 5-17-8 所示。

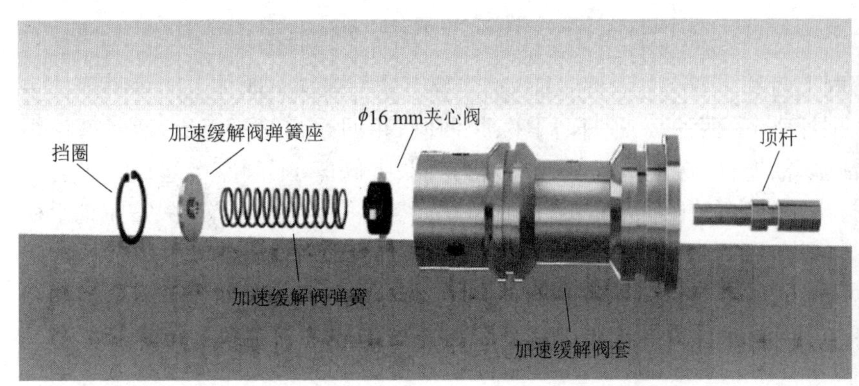

图 5-17-8　120 阀加速缓解阀

5. 紧急二段阀

紧急二段阀是为了减轻长大货物列车在紧急制动时的纵向冲动而设置的，由紧急二段阀杆、紧急二段阀弹簧、紧急二段阀套等零件组成。紧急二段阀杆的上腔通制动管，紧急二段阀套分为上套和下套，两套中间留有一定空隙，与主阀铸造槽相通，并经主阀体和中间体内的通路与制动缸相通，紧急二段阀杆的下部外围空腔经主阀体及缓解阀体内的通路通向半自动缓解阀。紧急二段阀杆有轴向中心孔，此中心孔的上方通 1 个径向孔，下方通 2 个径向孔，中心孔的下部有内螺纹，配用直径 254 mm 制动缸时，120 主阀须拧上缩孔堵。

在平时，紧急二段阀弹簧及弹簧室内的列车制动管压力使紧急二段阀杆处于下部开放位置。因而滑阀座上的 Z2 孔经半自动缓解阀中的畅开通路与紧急二段阀杆下部周向紧急空腔、二段阀杆中部三棱柱截面、紧急二段阀上、下套间空隙及阀内制动通道与制动缸相通。

当紧急制动时，制动管压力空气迅速排入大气，通过作用部动作，制动缸充气，当制动缸压力上升到 120～160 kPa(600 kPa 列车制动管定压时的跃升压力标准)时，便能克服紧急二段阀弹簧的弹力和制动管剩余压力，使紧急二段阀杆上移至关闭位。所谓关闭位是指紧急二段阀杆中部三棱柱截面处的畅通通路被切断。于是来自副风缸的压力空气只能经由紧急二段阀下部轴向中心孔(配用于 254 mm 制动缸的 120 紧急二段阀杆还要在轴向中心孔的下端拧上一个缩孔堵)、上部径向孔等流向制动缸，制动缸压力缓慢上升。因此，制动缸压力分成两个阶段，呈先快后慢地上升，故称为紧急二段阀。紧急二段阀结构如图 5-17-9 所示。

三、半自动缓解阀

半自动缓解阀由手柄部和活塞部两部分组成，它们分别设在半自动缓解阀体的两个并列

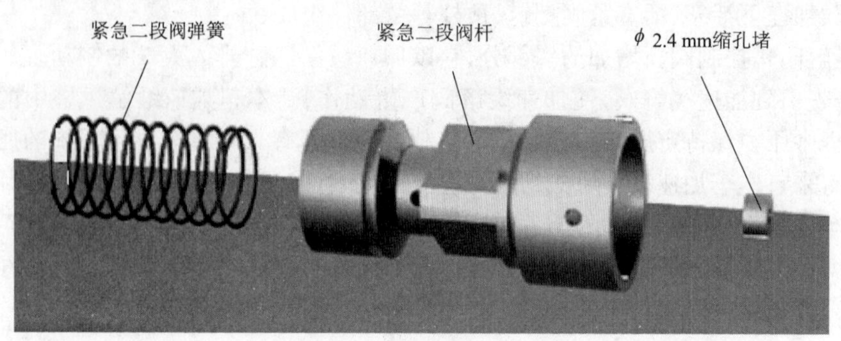

图 5-17-9　120 阀紧急二段阀

的空腔内，半自动缓解阀上盖和下盖各用 4 个 M10×25 螺钉紧固在缓解阀体上。手柄部由手柄、手柄座、手柄座套、顶杆座、手柄弹簧、顶杆、阀座、止回阀、止回阀弹簧等组成，活塞部由缓解阀膜板、上活塞、下活塞、活塞杆、缓解阀弹簧、O 形密封圈、上阀座、下阀座等组成。半自动缓解阀的功用是手动排出制动缸的压力空气，因其内部设有空气压力自锁装置，只需拉动手柄 3 s 左右，听到制动缸排气声，即可大胆松开手柄，不需要将其他风缸的风全部排放光，使制动机缓解，所以称半自动缓解阀。半自动缓解阀也可以使副风缸、加速缓解风缸等的压力空气全部排出。半自动缓解阀结构如图 5-17-10 所示。

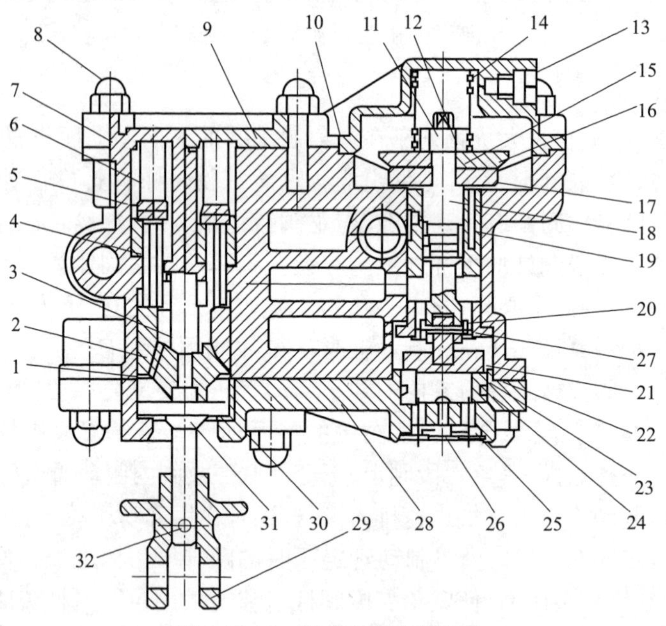

图 5-17-10　半自动缓解阀结构

1—缓解阀体组成；2—缓解阀顶杆座；3—缓解阀手柄弹簧；4—缓解阀顶杆；5—止回阀 16；6—止回阀弹簧；7—O 形橡胶密封圈 D22×2.25；8—盖形螺母 M10；9—缓解阀上盖；10—缓解阀膜板；11—螺母 M10；12—垫圈 10；13—滤尘缩堵 2.0；14—缓解阀弹簧；15—O 形橡胶密封圈 D14×2.25；16—缓解阀上活塞；17—缓解阀下活塞；18—缓解阀活塞杆；19—O 形橡胶密封圈 D16×2.4；20—销轴 1.6×8；21—均衡阀组成；22—O 形橡胶密封圈 D45×3.1；23—缓解放风阀座；24—O 形橡胶密封圈 D35×3.1；25—排风罩垫；26—缓解排风口销；27—销轴；28—缓解阀下盖；29—缓解阀手柄；30—缓解阀手柄座套；31—缓解阀手柄座；32—开口销 4×50

四、紧急阀

紧急阀由紧急活塞组成、安定弹簧、放风阀组成、先导阀组成以及阀体、阀盖等零部件组成。紧急阀的作用是在紧急制动时加快制动管的排气(紧急局减作用)，使紧急制动的作用可靠，提高紧急制动灵敏度和紧急制动波速。紧急阀结构如图 5-17-11 所示。

(1)紧急活塞组成主要由橡胶密封圈、紧急活塞杆、O 形密封圈、紧急上活塞、紧急下活塞、紧急膜板、螺母及滤尘网等零件组成。

(2)放风阀组成主要由放风阀座(压装在紧急阀体上)、放风阀(橡胶夹心阀)、放风阀导向杆、O 形密封圈、放风阀盖及放风阀套等零件组成。

(3)先导阀组成位于放风导向杆内，由顶杆、先导夹心阀、先导阀弹簧、先导阀弹簧座组成。

(4)紧急阀体用铸铁制成，在阀体安装面内制动管通路上装有 1 个滤尘网用以清除进入紧急阀的压力空气中的尘埃及不洁物，在排气口上用排气口销装了 1 个罩垫，以防止外界灰尘进入阀内。

紧急阀安装面上有两个孔，上面的小圆孔通紧急室，下面的大圆孔通制动管。

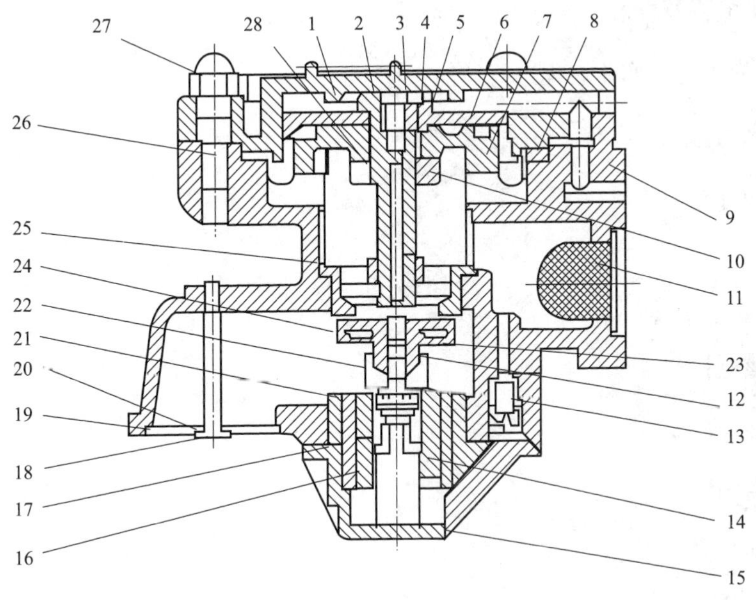

图 5-17-11　紧急阀结构

1—紧急阀盖；2—橡胶密封圈 16；3—滤尘套；4—紧急活塞杆；5—O 形橡胶密封圈 D20×2.4；6—紧急上活塞；7—紧急下活塞；8—紧急活塞膜板；9—紧急阀体组成；10—螺母 M16×1.5；11—滤尘网；12—顶杆；13—滤尘缩堵 1.0；14—弹簧座；15—放风阀盖组成；16—放风阀弹簧；17—先导阀弹簧；18—O 形橡胶密封圈 D28×31；19—紧急排风口销；20—排风口罩垫；21—夹心阀 16；22—紧急放风阀导向杆；23—紧急放风阀组成；24—O 形橡胶密封圈 D6×1.45；25—安定弹簧；26—双头螺柱 AM10×22；27—盖形螺母 M10；28—防松垫圈

紧急阀的作用性能主要由缩孔的大小来控制，其主要作用为：

(1)缩孔Ⅲ：缩孔Ⅲ也叫安定孔，是用于控制紧急室压力空气向制动管逆流的速度，以保证紧急制动时在紧急活塞两侧形成足够的压力差来推动紧急活塞下移；同时要保证在常用制动时由于紧急室压力空气向列车制动管逆流，而在紧急活塞两侧形成不了足以使紧急活塞下移、压开先导阀及放风阀的压力差。因此，缩孔Ⅲ的直径应设计得适当，过大会降低紧急制动灵敏度，过小则会影响常用制动的安定性。

(2)缩孔Ⅳ:缩孔Ⅳ也叫充气限孔,设在紧急活塞杆上部,用来控制制动管向紧急室的充气速度,以保持紧急室的充气与副风缸的充气协调一致,避免紧急室充气过快而引起意外紧急制动。

(3)缩孔Ⅴ:缩孔Ⅴ也叫排气限孔,用来在紧急制动后,控制紧急室压力空气排向大气的速度。

(4)缩孔Ⅵ:缩孔Ⅵ是设在制动管向放风阀下部的补风限孔。在紧急制动时,先导阀将放风阀下部的压力空气排向大气,消除放风阀背压。此孔的作用是限制放风阀下部又很快产生背压。

实 作 技 能

一、实训准备

在正式作业前,先准备好如下实训用品:

1. 设备:铁路货车1辆。
2. 工具:防护红旗、手锤、劈销器、扳手等。

二、实训流程及标准

按照更换120阀作业流程进行技能操作。

三、实训内容

更换120阀。

能 力 考 核

一、考核题目

更换120阀。

二、考核内容

更换120阀:

1. 设置防护。
2. 关门排风。
3. 撤除排风卡具。
4. 分解半自动缓解阀拉杆开口销。
5. 拆卸主阀。
6. 拆卸紧急阀。
7. 检查配件。
8. 安装主阀、紧急阀。
9. 复位开门。
10. 工具配件回收。
11. 撤除防护。

三、考核要求

1. 各配件安装齐全、正确。
2. 各部螺栓无松动、开口销角度符合规定。
3. 分解过的部位无漏泄。
4. 达到运用车质量标准。

四、考核时间

1. 准备时间:3 min。
2. 正式操作时间:5 min。
3. 计时从考评员发出指令开始,到培训人员报告作业完毕结束。
4. 在规定时间内全部完成,不加分,也不扣分。每超时 15 s,从总分扣 1 分,不足 15 s 按 15 s 计算。

五、考核标准

1. 考评人数:考评员设 2 名及以上。
2. 评分要点:评分标准见考核评分记录表。
3. 评分程序:考评员各自根据培训人员作业过程给予记录评分。
4. 评分规则:取平均值为评定得分。
5. 算分方法:采用百分制,60 分为及格。
6. 未插防护红旗就进行作业为失格。
7. 作业前未关门排风为失格。

考　核　表

考核项点	配　分	考核内容
时间	10	设置安全防护红旗开始,撤除安全防护红旗结束,在标准时间范围内(5 min)完成作业。超时时间≤15 s 时,扣 1 分;15 s<超时时间≤30 s 时,扣 2 分,以此类推
更换 120 阀	60	[1]设置安全防护红旗 [2]关闭截断塞门后,截断塞门手把与车辆制动支管角度为 90° [3]拉(推)动半自动缓解阀拉杆:设置排风卡具或手动拉半自动缓解阀拉杆排风 5 s 以上,副风缸内压缩空气排净,未做到每项扣 1 分 [4]撤除排风卡具,分解半自动缓解阀拉杆开口销,使半自动缓解阀拉杆与缓解阀分离,开口销须拿出钢轨外侧,不得遗落在作业线内 [5]卸下主阀、紧急阀安装座螺母,取下阀体轻放于橡胶垫,主阀、紧急阀安装座面不得与地面接触 [6]卸下主阀、紧急阀安装座座垫及中间体滤尘网放至橡胶垫上,不得与合格品混放 [7]检查并口述安装座座垫、滤尘网是否良好。选配与制动缸匹配主阀及橡胶垫,检查并口述检修标记清晰、不过期。选配紧急阀及橡胶垫,检查并口述检修标记清晰、不过期 [8]检查并口述安装座良好,主阀、紧急阀安装座座垫、滤尘网安装正位。将主阀、紧急阀安装在中间体的安装座上,对角紧固主阀安装座螺母。安装半自动缓解阀拉杆及开口销。开口销从左至右穿入 [9]半自动缓解阀复位。开启截断塞门(截断塞门手把与列车支管平行) [10]将使用工具和卸下配件回收齐全,整齐摆放到工具区和配件区内。工具和配件分开存放。回收更换下来的废旧配件,与合格配件分开存放 [11]撤除安全防护红旗,摆放到工具区内

续上表

考核项点	配分	考核内容	
作业质量	20	[1]安装座螺栓丝扣、螺母无破损 [2]主阀、紧急阀安装座螺母无松弛 [3]半自动缓解阀拉杆开口销由左至右穿入，双向劈开角度不小于 60° [4]撤除红旗后进行漏泄试验，保压 1 min，压力下降不得超过 5 kPa	
安全文明生产	10	[1]安全防护红旗全部展开 [2]安全防护红旗未落地 [3]作业中未发生破皮见血问题	
用时		成绩	

任务十八　LLJ-4A 型第四种检查器的使用

LLJ-4A 型铁道车辆车轮第四种检查器是国内测量车轮轮辋、踏面及相关缺陷尺寸的一种新型测量工具，它具有 12 个测量功能。主要特点是从根本上改变了我国铁路原来以车轮轮缘为基点来测量轮缘厚度的方法，该种检查器以车轮踏面滚动圆(即距车轮内侧面 70 mm 处的基线)为基点测量轮缘厚度，车辆轮对的轮缘厚度测量点始终距车轮滚动圆保持恒定距离(12 mm)，不会因踏面磨耗而改变。

任务单

<table>
<tr><td>项　目</td><td colspan="4">车辆专业知识</td></tr>
<tr><td>任　务</td><td colspan="2">LLJ-4A 型第四种检查器的使用</td><td>学　时</td><td>2</td></tr>
<tr><td colspan="5">任务概述</td></tr>
<tr><td colspan="5">LLJ-4A 型铁道车辆车轮第四种检查器，是测量车辆轮缘、踏面等相关尺寸及缺陷的一种专用检测量具。适用于客、货车检车员针对车轮、车钩上的 12 种故障进行测量的工具。符合国铁集团的有关规定及国际上通用的测量方法</td></tr>
<tr><td colspan="5">任务内容</td></tr>
<tr><td colspan="5">本任务主要学习 LLJ-4A 型第四种检查器的使用，能够根据被测对象得不同故障类型，选择合适测尺位置进行测量，并准确读数</td></tr>
<tr><td colspan="5">任务目标</td></tr>
<tr><td>知识目标</td><td colspan="2">能力目标</td><td colspan="2">素质目标</td></tr>
<tr><td>1. 掌握车轮部位各种故障类型
2. LLJ-4A 型第四种检查器的构造及适用范围
3. 掌握 LLJ-4A 型第四种检查器的使用方法</td><td colspan="2">1. 根据不同的被测对象，能够选择合适的测尺位置，正确使用 LLJ-4A 型第四种检查器进行测量
2. 能够正确读数</td><td colspan="2">1. 树立安全生产意识
2. 培养严谨认真的工作态度</td></tr>
<tr><td colspan="5">任务要求</td></tr>
<tr><td colspan="5">1. 在实训过程中，严格遵守实训场所有关规定
2. 树立“安全第一”意识，保证人身及设备安全
3. 做好实训准备工作，准备好相关物品
4. 操作量具、工具时，严格按照操作规范进行
5. 及时记录实训数据与结果，认真撰写实训报告
6. 发生下列情况之一，应立即终止实训
(1)在实训过程中因违规操作损坏设备或工具
(2)在实训过程中因违规操作发生安全事故</td></tr>
</table>

理 论 知 识

一、车轮故障

车轮的故障主要是轮缘及踏面磨耗，其次是踏面剥离和擦伤，整体辗钢轮发生裂纹的情况比较少。

（一）轮缘故障

1. 轮缘厚度磨耗

轮缘厚度磨耗是由于轮缘与钢轨正常摩擦或由于转向架车轴之间不平行，使转向架出现梯形，承重中心将偏向车轴之间距离较小一侧，使其轮缘与钢轨贴近，加剧磨耗，如图 5-18-1 所示。

轮缘厚度磨耗的限度（剩余厚度不小于）分别是：厂修 30 mm，段修 26 mm，辅修 24 mm，运用 23 mm。

轮缘厚度磨耗超限会使轮对横向窜动量加大，给车体带来摆动，在曲线上运行则会减少安全搭载量，并易使轮缘根部产生裂纹。

2. 轮缘垂直磨耗

轮缘垂直磨耗是在轮缘外侧垂直方向磨耗，使踏面不保持原弧线形状。其产生原因与轮缘厚度磨耗的原因基本相同，但其横向力更大。

轮缘垂直磨耗的限度是由根部向轮缘顶点方向垂直磨耗 15 mm 为到限，如图 5-18-2(a) 所示。

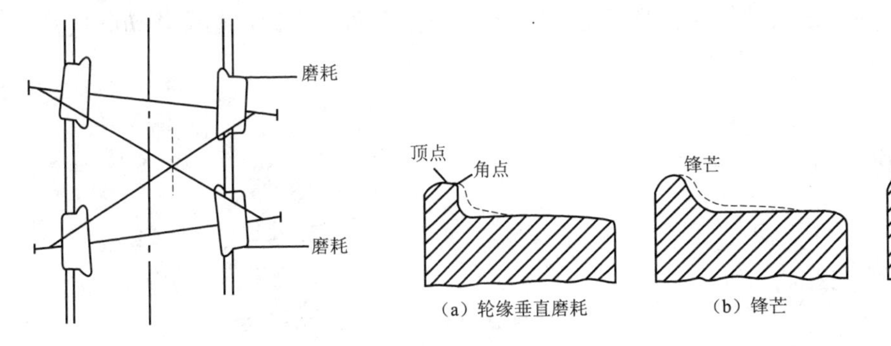

图 5-18-1　转向架车轴不平行加剧轮缘磨耗

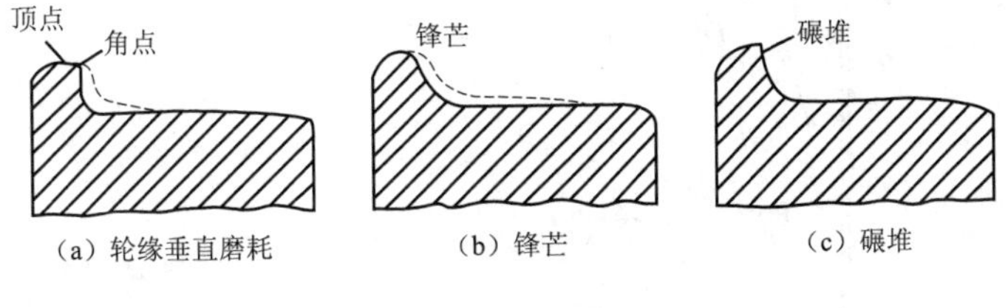

图 5-18-2　轮缘故障

3. 轮缘顶部锋芒

轮缘外侧磨耗使角点与轮缘顶点重合，在轮缘顶点处形成的尖端叫作锋芒。当通过道岔时，轮缘锋芒可能豁开道岔的尖轨而造成脱轨。如图 5-18-2(b)所示。

4. 轮缘碾堆

车轮材质过软时，在轮缘磨耗的过程中，轮缘受钢轨的挤压作用，在轮缘外侧靠近轮缘顶部形成的突起叫作碾堆，如图 5-18-2(c)所示。轮缘产生碾堆后，其危害与垂直磨耗的情况相似，在通过道岔时，容易脱轨，发现碾堆即须更换轮对旋修处理。

轮缘垂直磨耗超限后，当车轮通过道岔时，轮缘可能爬上尖轨，造成挤岔或脱轨，如图 5-18-3 所示，而且根部易产生裂纹。

5. 轮缘内侧缺损

轮缘内侧缺损主要原因是意外冲击或事故脱线造成。其缺损沿圆周方向长度不得超过 30 mm，宽度不得超过 10 mm，如图 5-18-4 所示。轮缘内侧缺损超限会降低该处轮缘强度，造成该处轮缘破裂。

为减少车轮旋削量，对轮缘故障应先进行堆焊，然后进行旋修。

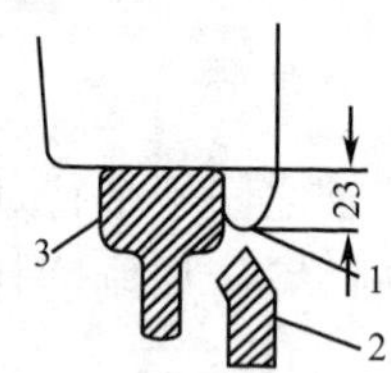

图 5-18-3 轮缘垂直磨耗超限危害

1—间隙；2—走轨；3—基本轨

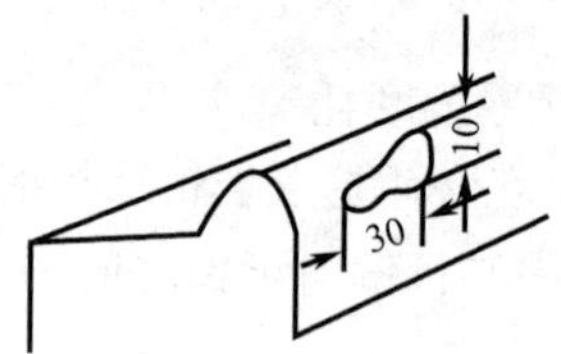

图 5-18-4 轮缘内侧缺损

(二)踏面故障

1. 踏面圆周磨耗

踏面圆周磨耗是由于长期运行与钢轨摩擦造成的。其限度是(磨耗深度不大于)：厂修 3 mm，段修 5 mm，辅修 7 mm，运用 8 mm。

踏面圆周磨耗过大，车轮将是圆柱形，因此，失去了踏面的作用。当车辆通过道岔，车轮由基本轨向尖轨过渡时，车轮产生上下跳动，易砸坏尖轨，并易对基本轨产生瞬间横向力，使轨距扩大，如图 5-18-5 所示。还会使轮缘相对高度增加，易与线路上鱼尾板螺母相碰或切断螺栓，如图 5-18-6 所示。

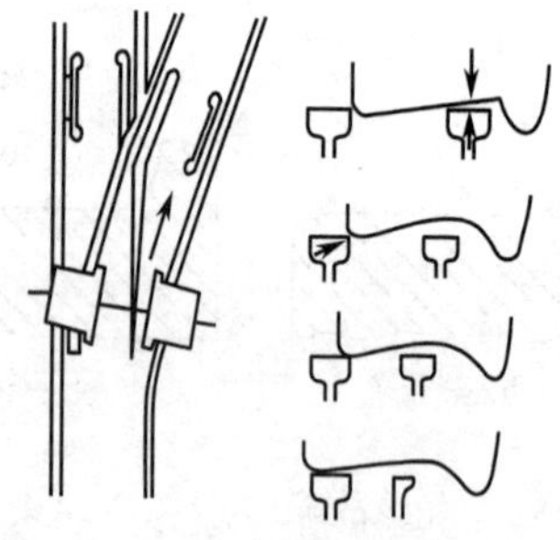
图 5-18-5 车轮踏面圆周磨耗后通过道岔时的情况

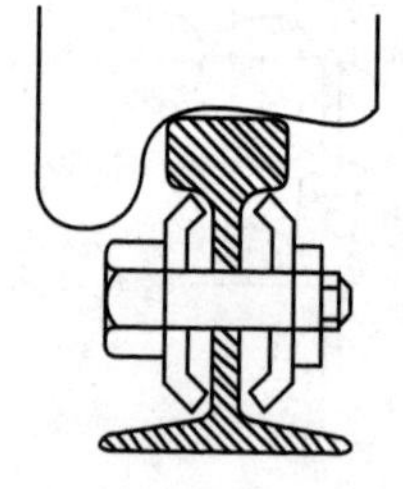
图 5-18-6 轮缘易与螺栓相碰

2. 踏面擦伤及局部凹下

擦伤的主要原因是制动力过强，车轮抱闸滑行或缓解不良造成。局部凹下主要是由于材质不良，有局部缩孔、软点，硬度不足，经滚动磨耗后造成。

货车车轮踏面擦伤及局部凹下测量其深度(不得超过)：厂修不容许存在擦伤，段修 0.5 mm，辅修 1mm，运用 1mm。

踏面擦伤及局部凹下超限会使车轮加剧振动、冲击，造成车辆配件、货物及钢轨损坏并导致燃轴。

3. 踏面剥离

踏面剥离产生原因主要为材质不良，有夹渣，在运行中经反复碾压，材质疲劳而出现鳞片状剥落，称为疲劳型剥离；另外由于制动抱闸产生高温，在冬天又急剧冷却，经常反复热胀冷缩而在表面出现细小裂纹，经碾压，使金属剥落称为热剥离。踏面剥离测量其长度限度见表 5-18-1 所示。

表 5-18-1　踏面剥离限度　　mm

轴承类型	限度	段修	辅修	运用
货车滚动轴承	1 处	20	40	50
	2 处(每 1 均处不大于)	10	30	40

踏面剥离超限的危害与踏面擦伤的危害相同。踏面剥离长度应沿圆周方向测量。以列检测量为例，说明具体测量与计算方法，如图 5-18-7 所示。

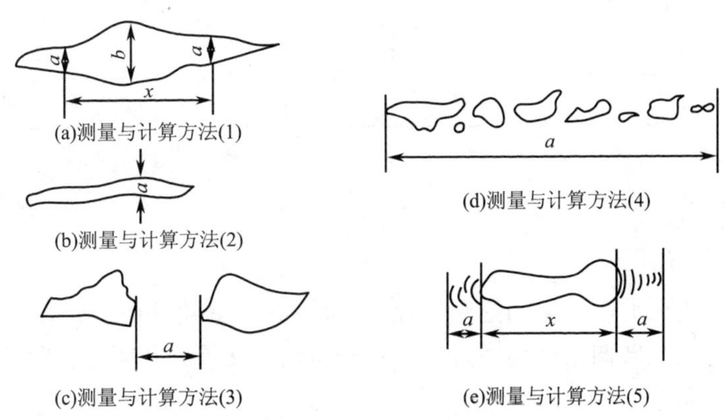

(a)测量与计算方法(1)

(b)测量与计算方法(2)

(c)测量与计算方法(3)

(d)测量与计算方法(4)

(e)测量与计算方法(5)

图 5-18-7　踏面剥离的计算

(1)当 $b>20$ mm，以 $a<10$ mm 时，只计算 x 部分长度，如图 5-18-7(a)所示。

(2)长条剥离宽 $a<20$ mm 不计，如图 5-18-7(b)所示。

(3)两处剥离边缘相距 $a<75$ mm 时，任何一处长度不得超过 35mm；$a>75$ mm 时，按 2 处计算，如图 5-18-7(c)所示。

(4)连续剥离长度 a 不得超过 350 mm，如图 5-18-7(d)所示。

(5)剥离前期尚未脱落的部分 a 可不计，如图 5-18-7(e)所示。

4. 踏面缺损

踏面缺损是由于材质不良，外侧碾堆，意外打击及机械化调车作业碰撞等原因造成。其限度为自相对轮缘外侧至缺损处之间的距离：运用不得小于 1 508 mm，辅修不得小于 1 508 mm；缺损部分长度不得超过 150 mm，如图 5-18-8 所示。踏面缺损超限会减少安全搭载量。

(三)轮辋厚度减少

轮辋厚度由于踏面圆周磨耗及多次旋修而逐渐减少，当其厚度过薄时，会降低其强度，引起裂纹。因此对轮辋剩余厚度规定其限度见表 5-18-2。

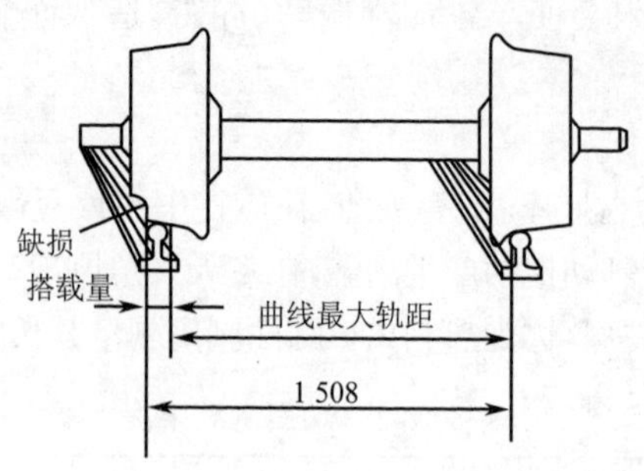

图 5-18-8 踏面缺损(单位:mm)

表 5-18-2 轮辋厚度限度(参照轮规)

车轮型号	轮辋厚度(mm)			
	原形	段修	辅修	运用
D、HDS、HDZ、HDZA、E 型	65	28	24	23
HDSA、HDZB 型	50	28	24	23
其他	65	26	23	22

(四)车轮裂纹

1. 裂纹部位及原因

车轮踏面裂纹主要原因为制动抱闸后,激热激冷和部分轮辋厚度过薄。轮缘根部裂纹主要原因为轮缘过薄以及转向架横向力过大。轮辋与辐板交界处及辐板孔附近裂纹的主要原因为材质不良和应力集中。

2. 裂纹的危害与检查

车轮裂纹会导致车轮破碎,造成重大事故。对车轮裂纹应认真细致检查,借助锤敲声音及外观象征进行判断。声音清脆为良好,闷哑可能为裂纹;表面有透油黑线、透锈道痕、铁粉附着等都为裂纹外观象征。

(五)轮毂松弛

轮毂松弛主要原因是压装时过盈量过小以及振动力过大等,其外观象征有透锈等现象,轮毂松弛易造成轮背内侧距离改变而发生脱轨的危险。

二、LLJ-4A 型轮对检查器

该种车轮检查器测量数据准确,对保证行车安全,检查脱轨的安全性,延长车轮使用寿命及减少人、财、物的浪费起到重要作用。

1. 用途

可用于测量以下 11 个车轮参数:车轮踏面圆周磨耗、轮缘厚度、轮缘高度、轮辋宽度、轮辋厚度、车轮外侧碾宽、踏面擦伤深度、踏面擦伤长度、踏面剥离深度、踏面剥离长度、车轮轮缘垂直磨耗。

2. 构造

LJT-4 型轮对检查机器主要由以下部分组成，如图 5-18-9 所示。

主尺 1 为直角形，其垂直尺身（又称轮辋厚度测尺 8）正面刻有长度双刻度线，水平尺身的背面刻有车轮滚动圆中心定位刻线 12。踏面圆周磨耗测尺 3 和轮缘厚度测尺 9，通过踏面圆周磨耗测尺框 2 和轮缘厚度测尺框 10 组合在一起，从而形成整体的联动结构形式。

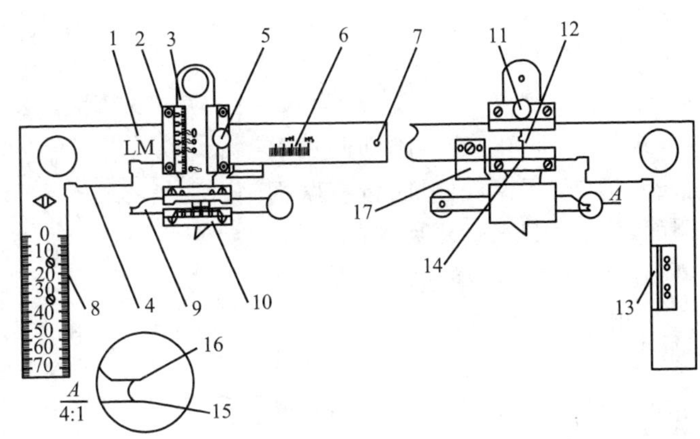

图 5-18-9　LLJ-4A 型轮对检查器

1—主尺；2—踏面圆周磨耗测尺框；3—踏面圆周磨耗测尺；4—轮缘高度测量定位面；5—尺框紧固螺钉；6—轮辋宽度测尺；7—止钉；8—轮辋厚度测尺；9—轮缘厚度测尺；10—轮缘厚度测尺尺框；11—踏面磨耗尺紧固螺钉；12—滚动圆中心定位刻线；13—定位角铁；14—踏面磨耗测尺框车轮滚动圆刻线；15—轮辋厚度测头；16—垂直磨耗测头；17—定位挡块

为保证车轮检查器测量操作的稳定和数据准确可靠，在轮辋厚度测尺 8 的背面装有定位角铁。

3. 测量方法（测量 LM 型轮）

测量车轮踏面圆周磨耗、轮辋厚度、轮缘高度时，首先将踏面圆周磨耗测尺框车轮滚动圆刻线 14 与主尺背面上的车轮滚动中心定位刻线 12 对齐，（或用定位挡块 17 定位，方法是先把尺框 2 推向最左侧，再把踏面磨耗测尺 3 推向最上方后，将尺框 2 向右拉，拉不动为止），拧紧踏面圆周磨耗尺框紧固螺钉 5，将踏面圆周磨耗测尺 3 推向最上方，再将轮缘厚度测尺 9 推向最右侧。然后将车轮检查器立放在车轮踏面上，主尺的轮辋厚度测尺 8 贴靠在轮辋内侧面上，其尾端指向车轴中心线（即主尺平面通过轮心），使车轮检查器的踏面磨耗测量定位面 4 与车轮轮缘顶部接触，按下述步骤测量各部位尺寸。

（1）踏面圆周磨耗

推动踏面圆周磨耗测尺 3，使其测头接触车轮踏面，读取踏面圆周磨耗测尺 3 上面刻线与踏面圆周磨耗尺框 2 刻线相重合的数值，即为踏面圆周磨耗数值（整数加游标值）。

（2）轮缘厚度

向左推动轮缘厚度测尺 9，使其测头 15 接触轮缘，读取轮缘厚度测尺 9 上面刻线与轮缘厚度尺框 10 刻线相重合的数值，即为轮缘厚度数值（整数加游标值）。

（3）轮缘高度

用标准轮缘高度 27 mm 加上踏面圆周磨耗正、负数值，即为实际轮缘高度数值。

(4)轮辋厚度

读取轮辋内侧边缘与轮辋厚度测尺 8 内侧刻度线对应数值，再减去踏面圆周磨耗数值，即为轮辋厚度。

(5)轮缘垂直磨耗

测量轮缘厚度的同时，如果垂直磨耗测头 16 接触轮缘，说明车轮轮缘垂直磨耗到限。

以上 5 种数值的测量方法如图 5-18-10 所示。

(6)轮辋宽度

将踏面圆周磨耗尺框 2 推向右侧，使踏面圆周磨耗测尺 3 的测头贴靠(或指向)车轮外侧面，读取踏面圆周磨耗尺框 2 左侧面对应轮辋宽度测尺 6 的数值，即为轮辋宽度。如果踏面有碾宽，应减去踏面碾宽数值，即为轮辋实际宽度，如图 5-18-11 所示。

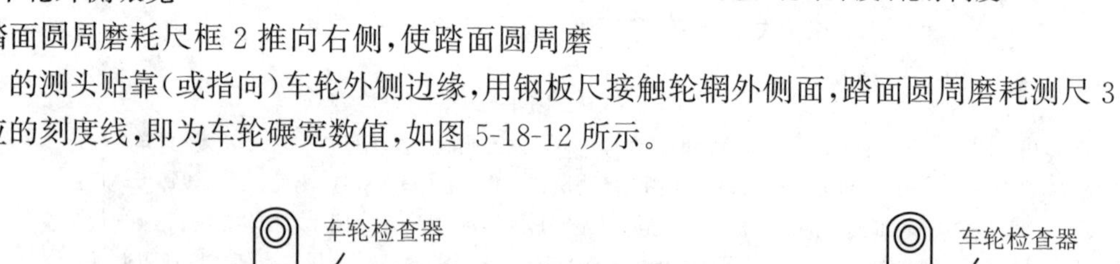

图 5-18-10 测量踏面圆周磨耗、轮辋厚度、轮缘厚度、轮缘高度

(7)车轮外侧碾宽

将踏面圆周磨耗尺框 2 推向右侧，使踏面圆周磨耗测尺 3 的测头贴靠(或指向)车轮外侧边缘，用钢板尺接触轮辋外侧面，踏面圆周磨耗测尺 3 测头对应的刻度线，即为车轮碾宽数值，如图 5-18-12 所示。

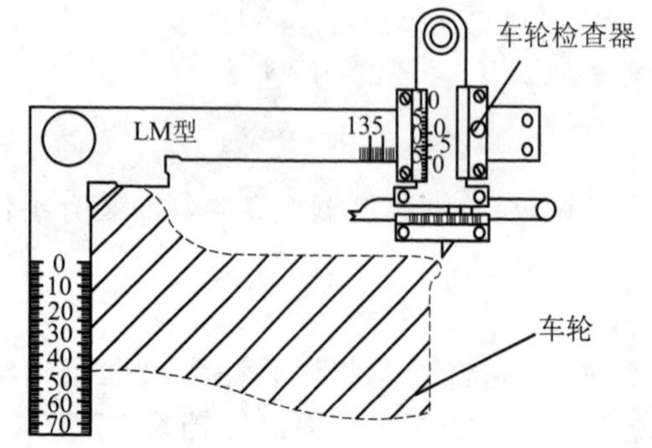

图 5-18-11 测量轮辋宽度

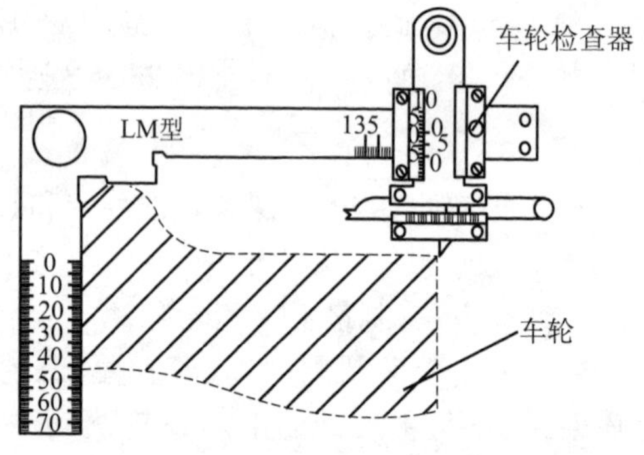

图 5-18-12 测量车轮碾宽

(8)踏面擦伤深度

移动踏面圆周磨耗测尺框 2 和踏面圆周磨耗测尺 3，使踏面圆周磨耗测尺 3 的测头对准踏面擦伤部位最深处，并紧固踏面圆周磨耗尺框紧固螺钉 5，读取踏面圆周磨耗测尺 3 上面刻线与踏面圆周磨耗尺框 2 刻线相重合的数值(整数加游标值)，做好记录，然后沿车轮圆周方向移动主尺 1，测量同一圆周未擦伤部位的踏面圆周磨耗深度(整数加游标值)，两个量值的差值，即为踏面擦伤深度。

(9)踏面擦伤长度

用车轮检查器的轮辋厚度测尺 8 的外刻线，沿车轮圆周方向测量擦伤的长度，即为踏面擦伤长度。

(10)踏面剥离深度

测量方法与踏面擦伤深度的测量方法相同。

(11)踏面剥离长度

测量方法与踏面擦伤长度的测量方法相同。

(12)车钩闭锁位钩舌与钩腕内侧距离测量

用检查器垂直尺身8外形尺寸135 mm的长度,水平插向钩舌与钩腕内侧之间,上、中、下位置测量3点,其中有一处能通过时即为不合格。

实 作 技 能

一、实训准备

在正式作业前,先准备好如下实训用品:

1. 设备:带有故障车轮。
2. 工具:LLJ-4A型第四种检查器、检测数据记录本。

二、实训流程及标准

1. 检查校核第四种检查器定检是否过期。
2. 检查故障车轮并判断故障。
3. 按照标准测量方法测量车轮各部尺寸。
4. 分析测量数据,确认车轮故障。

三、实训内容

使用LLJ-4A型第四种检查器测量车轮踏面圆周磨耗;轮缘厚度、高度、垂直磨耗;轮辋宽度、厚度;车轮外侧碾宽;踏面擦伤深度、长度;踏面剥离深度、长度。

能 力 考 核

一、考核题目

LLJ-4A型第四种检查器的使用。

二、考核内容

考生自己判断故障类型并使用LLJ-4A型第四种检查器测量。主要故障类型有:车轮踏面圆周磨耗;轮缘厚度、高度、垂直磨耗;轮辋宽度、厚度;车轮外侧碾宽;踏面擦伤深度、长度;踏面剥离深度、长度。

三、考核要求

1. 严格按照第四种检查器的使用规则进行各项测量。
2. 测量过程中,注意选择合适的测量位置。

3. 正确读数。

四、考核时间

1. 准备时间:2 min。
2. 正式作业时间:3 min。计时从工具准备齐全开始至检查、记录完毕结束。
3. 规定时间内全部完成,超时停止作业。

五、考核标准

若考生发生下列情况之一,则应及时终止其考试,考生该试题成绩记为零分。
1. 在考试过程中因违规操作损坏检查器或设备。
2. 在考试过程中因违规操作发生安全事故。

考 核 表

考核内容	配分	各项内容评分标准(配分)	
时间	20	标定时间 3 min。每超过 3 s 扣 1 分(不足 3s 不扣分),超过标定时间 1 min 停止作业,时间分不得分。压缩时间不加分,成绩相同按时间排序	
作业过程	20	操作前准备:检查使用的工具齐全且技术状态良好。未检查确认工具状态扣 2 分 [1]正确使用第四种检查器。测量方法不正确每次扣 1 分 [2]按规定的操作程序要求及方法对故障部位进行正确测量,将数据清晰、工整填写在记录单上 [3]测量圆周磨耗或轮辋厚度未对基线扣 5 分	
质量	50	[1]测量轮缘厚度时,误差每超过±0.1 mm 扣 1 分 [2]测量踏面圆周磨耗时,误差每超过±0.1 mm 扣 1 分 [3]测量轮辋厚度,误差每超过±0.5 mm 扣 1 分 [4]测量踏面擦伤深度,每超过±0.1 mm 扣 2 分 [5]测量踏面剥离长度,每超过±1 mm 扣 2 分	
安全其他	10	[1]作业中违章使用工具每次扣 1 分,作业完毕后遗漏工具每件扣 2 分 [2]作业中碰破出血扣 5 分;作业过程中受伤不能工作者全项失格 [3]磕碰量具一次扣 2 分 [4]损坏量具,造成量具不能使用全项失格	
用时		成绩	

任务十九　更换一车一侧闸瓦

列车的减速和停止是靠制动来完成的。目前我国的列车制动主要由闸瓦摩擦踏面车轮完成的,所以会造成闸瓦不断地磨耗和断裂等现象发生,也会造成其他配件的损坏影响和制动力下降。从而威胁行车安全。因此在对车辆的日常检修维修中,必须及时发现和更换,使车辆保持良好状态。

任　务　单

<table>
<tr><td>项　　目</td><td colspan="3">车辆专业知识</td></tr>
<tr><td>任　　务</td><td>更换一车一侧闸瓦</td><td>学　　时</td><td>2</td></tr>
<tr><td colspan="4">任 务 概 述</td></tr>
<tr><td colspan="4">更换一车一侧闸瓦是列检日常工作和快速修演练最常见的项目。特别是快速修演练对更换一车一侧闸瓦的质量和速度提出了更高要求</td></tr>
<tr><td colspan="4">任 务 内 容</td></tr>
<tr><td colspan="4">本任务主要学习更换货车一车一侧闸瓦,能够熟练掌握货车更换闸瓦的方式方法,在安全的前提下更快更好地更换闸瓦</td></tr>
<tr><td colspan="4">任 务 目 标</td></tr>
<tr><td>知 识 目 标</td><td>能 力 目 标</td><td colspan="2">素 质 目 标</td></tr>
<tr><td>1. 掌握货车基础制动装置
2. 掌握更换货车一车一侧闸瓦的步骤
3. 掌握更换货车一车一侧闸瓦的要求</td><td>1. 掌握更换货车一车一侧闸瓦的操作技能
2. 能够保证车辆正常运行</td><td colspan="2">1. 树立安全生产意识
2. 培养严谨认真的工作态度</td></tr>
<tr><td colspan="4">任 务 要 求</td></tr>
<tr><td colspan="4">1. 在实训过程中,严格遵守实训场所有关规定
2. 树立“安全第一”意识,保证人身及设备安全
3. 做好实训准备工作,准备好相关物品
4. 严格按照操作规范进行
5. 及时口述
6. 发生下列情况之一,应立即终止实训
(1)在实训过程中因违规操作损坏设备或工具
(2)在实训过程中因违规操作发生安全事故</td></tr>
</table>

理 论 知 识

一、基础制动装置

基础制动装置如图 5-19-1 所示,由左、右组合式制动梁,中拉杆组成(分 1 位和 2 位),固定杠杆,固定杠杆支点,移动杠杆,高摩合成闸瓦,各种规格的耐磨销套组成。

图 5-19-1　基础制动装置

中拉杆采用整体锻造结构，夹板每端设三孔，配合固定杠杆支点调整闸调器 L 值。

衬套材质为奥-贝球铁耐磨衬套，圆销为45号钢淬火圆销。

基础制动装置的作用是将制动缸的作用力放大后传给轮对。当列车制动时，制动缸的作用力通过车体下的制动杠杆、中拉杆以及转向架上的制动杠杆，将制动梁连同闸瓦贴靠车轮，使闸瓦抱住车轮踏面，阻止车轮转动。车轮与闸瓦之间的摩擦，使列车运行的动能转化为热能散逸在大气中。

闸瓦与车轮踏面接触产生摩擦，将列车动能转换为热能散入大气，达到列车减速或停止运行的部件。闸瓦按材质可分为铸铁闸瓦和合成闸瓦两类。

铸铁闸瓦，已有100多年使用历史，早期是灰铸铁闸瓦，含磷量约0.2%左右，摩擦系数随速度的提高而迅速下降，耐磨性也很差。改用中磷闸瓦（含磷量0.7%～1.0%）可以改善性能，但在制动时容易产生火花引起火灾。高磷闸瓦（含磷量2.5%以上）产生的火花少，比较安全，但质脆容易断裂，浇铸时须添装钢制瓦背。高磷铸铁闸瓦的使用，日益普遍。

合成闸瓦，又称非金属闸瓦，是用石棉及其他填料以树脂或橡胶作为黏合剂混合后热压而成。合成闸瓦也要用钢背加强。如果闸瓦压制成片状用于盘形制动则称闸片。合成闸瓦于1907年首先在伦敦地铁车辆上使用。20世纪50年代以来，应用日益普遍。合成闸瓦重量轻，耐磨，制动时基本上无火花。它与钢轮间的摩擦系数随速度提高的变化小，与轮轨间的制动黏着系数的变化基本一致，从而可以较好地利用黏着作用，改善制动性能和缩短停车制动距离。合成闸瓦有高摩擦系数和低摩擦系数之分。高摩擦系数合成闸瓦的摩擦系数约为铸铁闸瓦的两倍，可使用较小直径的制动缸和副风缸，从而减轻基础制动装置的重量，又能节省压缩空气，优点较多。低摩擦系数合成闸瓦可以直接取代铸铁闸瓦，适合于改造旧车之用。合成闸瓦的缺点是导热性能较差，摩擦所产生的热量使车轮踏面温度升高，甚至使踏面出现局部高温而导致热裂。近年来，为避免对环境的污染，无石棉、无铅等有害物质的合成闸瓦被越来越多采用。

实 作 技 能

一、实训准备

在正式作业前，先准备好如下实训用品：

(1)设备：通用敞车一辆。

(2)工具：防护号志、木楔、小撬棍、手锤及原形闸瓦（若干块）。

二、实训流程及标准

(1)插设防护红旗，关门（截断塞门）排风（副风缸风压）。

(2)松开闸调器间隙3～5圈。

(3)取下第一块闸瓦钎吊环，拔下闸瓦钎（用夹锤勾下来）。

(4)用撬棍插入闸瓦拖下部缺口内（没缺口的插入闸瓦与轮之间），撬开间隙取下闸瓦，出轨落地。

(5)检查新闸瓦质量。口述：闸瓦无折裂。剩余厚度不小于20 mm。同一制动梁两侧闸瓦差不大于20 mm。口述同时安装。

(6)检查闸瓦钎质量。口述：闸瓦钎无折断。外穿，磨耗部位磨损不超过原形1/4，底部钎环距轨面不小于 25 mm。口述同时安装。

(7)按此顺序更换第 2～4 块闸瓦。口述内容不再重复,只说换新闸瓦。

(8)恢复闸调器 3～5 圈。

(9)停止排风,开门。

(10)整理工具,撤除防护。

安全注意事项:

(1)安全防护插撤正确,红旗中途不落地。

(2)在现场作业中,因列车漏泄,车站调车钱放风或列检处理制动故障,都有可能引起紧急制动,造成手被压伤,所以必须关闭截断塞门,排出副风缸风后,方可开始作业。

(3)禁止两人同时同一车分别处理制动故障。

(4)卸下闸瓦时不能单手拿闸瓦下部,只允许用撬棍撬下或双手取出。如用手摘下闸瓦动作要快,以防手部随闸瓦下落垫在钢轨上砸伤。

(5)手不能放在闸瓦与闸瓦托,闸瓦与踏面(禁手)之间,以防压挤手。关门排风准确到位,顺序不颠倒。

(6)松紧闸调器时,注意车下部配件以及脚下障碍物,以免挂、摔、抖造成伤害。

三、实训内容

更换货车一车一侧闸瓦。

能力考核

一、考核题目

更换货车一车一侧闸瓦。

二、考核内容

更换货车一车一侧闸瓦。

三、考核要求

1. 松闸调器 3 圈以上,作业完恢复。
2. 闸瓦卸下后要出轨,落地,离手。
3. 检查质量彻底,口述清晰,准确无漏项。

四、考核时间

1. 准备时间:2 min。
2. 正式作业时间:4 min。计时从工具准备齐全开始至检查、撤除防护号志结束。
3. 规定时间内全部完成,超时停止作业。

五、考核标准

若考生发生下列情况之一,则应及时终止其考试,考生该试题成绩记为零分。

1. 在考试过程中因违规操作损坏工具。

2. 在考试过程中因违规操作发生安全事故。

考 核 表

考核项点	配 分	考核内容	
时间	20	标定时间 4 min。每超过 3 s 扣 1 分(不足 3 s 不扣分)超过标定时间 1 min 停止作业,时间分不得分。压缩时间不加分,成绩相同按时间排序	
作业过程	20	一、作业顺序 [1]插设防护红旗,关门(截断塞门)排风(副风缸风压) [2]松开闸调器间隙 3～5 圈 [3]取下第一块闸瓦钎吊环,拔下闸瓦钎(用夹锤勾下来) [4]用撬棍插入闸瓦拖下部缺口内(没缺口的插入闸瓦与轮之间)撬开间隙取下闸瓦,出轨落地 [5]检查新闸瓦质量。口述:闸瓦无折裂。剩余厚度不小于 20 mm。同一制动梁两侧闸瓦差不大于 20 mm,口述同时安装 [6]检查闸瓦钎质量。口述:闸瓦钎无折断。外穿,磨耗部位磨损不超过原形 1/4,底部钎环距轨面不小于 25 mm。口述同时安装 [7]按此顺序更换第 2～4 块闸瓦。口述内容不再重复,只说换新闸瓦 [8]恢复闸调器 3～5 圈 [9]停止排风,开门 [10]整理工具,撤除防护 二、扣分标准 [1]不按顺序作业扣 5 分 [2]关门排风顺序错误扣 5 分,塞门开关不到位扣 2 分 [3]闸瓦卸下后未出轨,未落地,未离手。各扣 10 分 [4]工具使用不当扣 2 分,损坏、摔掷工具和配件每次扣 5 分 [5]工具、配件(不含开口销)未收回每一件扣 1 分	
质量	50	[1]错装、漏装配件每处扣 5 分 [2]开口销角度不正确扣 5 分、窜动超过 5 mm 扣 2 分 [3]闸瓦钎未到位扣 20 分	
安全其他	10	[1]未插设或未撤除安全号志扣 10 分,错设扣 5 分;中间脱落或未展开各扣 5 分 [2]作业中违章使用工具每次扣 1 分,作业完毕后遗漏工具每件扣 2 分 [3]作业中碰破出血扣 5 分;作业过程中受伤不能工作者全项失格 [4]未按规定穿戴劳保用品扣 2 分	
用 时		成 绩	

任务二十 分解检查组装 17 型车钩钩头

货车车钩的种类较多,目前以 17 型钩头的分解组装为主,钩头的主要作用是连接车列,承担牵引列车巨大的撞击扭力和重量。在运用中易发生各类故障。常发生的有磨耗过限、各弯角处裂损、折断及车钩高度互钩差出现问题,如不做妥善处理会引起行车事故发生。

任 务 单

<table>
<tr><td>项　　目</td><td colspan="3">车辆专业知识</td></tr>
<tr><td>任　　务</td><td>分解检查组装 17 型车钩钩头</td><td>学　　时</td><td>2</td></tr>
<tr><td colspan="4">任 务 概 述</td></tr>
<tr><td colspan="4">作为检车员在日常的工作中，应及时发现故障并主动处理，以保证列车正常运行，所以不但要熟悉它的构造作用，还必须了解它易发生故障的部位、形式，并熟练掌握其分解与组装。通过实际练习应达到按标准顺序、时间和方法完成分解组装</td></tr>
<tr><td colspan="4">任 务 内 容</td></tr>
<tr><td colspan="4">1. 插设安全防护
2. 拆卸钩舌开口销、钩舌销、钩舌。分别取出锁铁、推铁、并拔出上锁销
3. 对卸下的配件及钩腔、上锁销分别进行清扫、检查、给油
4. 按顺序组装各配件，并检查钩提链松余量、实验车钩三态、检查车钩高度及互钩差
5. 安装钩舌销开口销，整理工具，撤除防护</td></tr>
<tr><td colspan="4">任 务 目 标</td></tr>
<tr><td>知 识 目 标</td><td>能 力 目 标</td><td colspan="2">素 质 目 标</td></tr>
<tr><td>1. 了解货车车钩种类
2. 17 型车钩组成
3. 掌握车钩的三态作用
4. 掌握车钩的常见故障</td><td>1. 会正确分解 17 型车钩钩头
2. 能对 17 型车钩钩头进行故障检查、维护
3. 会组装 17 型车钩钩头</td><td colspan="2">1. 树立安全生产意识
2. 培养严谨认真的工作态度</td></tr>
<tr><td colspan="4">任 务 要 求</td></tr>
<tr><td colspan="4">1. 在实训过程中，严格遵守实训场所有关规定
2. 树立“安全第一”意识，保证人身及设备安全
3. 做好实训准备工作，准备好相关物品
4. 操作仪表、工具时，严格按照操作规范进行
5. 及时记录实训数据与结果，认真撰写实训报告
6. 发生下列情况之一，应立即终止实训
(1)在实训过程中因违规操作损坏设备或工具
(2)在实训过程中因违规操作发生安全事故</td></tr>
</table>

理 论 知 识

一、车钩缓冲装置概述

(一)车钩缓冲装置的作用

车钩缓冲装置是车辆最重要的部件之一，通过它使机车和车辆或车辆和车辆之间实现连挂，并且传递和缓和列车在运行或在调车作业时所产生的牵引力和冲击力。

(二)车钩缓冲装置的组成

车钩缓冲装置由车钩、缓冲器、钩尾框、从板等零部件组成。在钩尾框内依次装有前从板、缓冲器和后从板(有时不需后从板),借助钩尾销把车钩和钩尾框连成一个整体,从而使车辆具有连挂、牵引和缓冲三种功能。

(三)车钩缓冲装置的安装及作用力的传递

车钩缓冲装置一般组成一个整体安装于车底架两端的牵引梁内,其前、后从板及缓冲器卡装在牵引梁的前、后从板座之间,下部靠钩尾框托板及钩体托梁托住,各部相互位置如图 5-20-1(a)所示。

当车辆受牵引时,作用力的传递过程为:车钩→钩尾销→钩尾框→后从板→缓冲器→前从板→前从板座→牵引梁,如图 5-20-1(b)所示。当车辆受冲击时,作用力的传递过程为:车钩→前从板→缓冲器→后从板→后从板座→牵引梁,如图 5-20-1(c)所示。由此可见,车钩缓冲装置无论是承受牵引力,还是冲击力,都要经过缓冲器将力传递给牵引梁,这样就有可能使车辆间的纵向冲击振动得到缓和和消减,从而改善了运行条件,保护车辆及货物不受损坏。

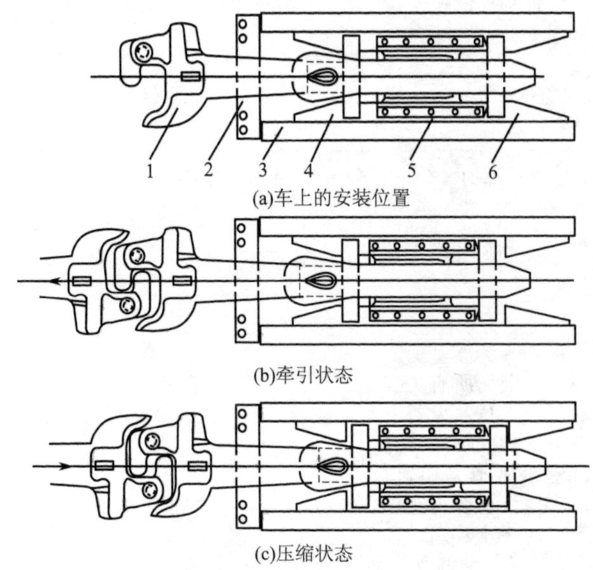

图 5-20-1 车钩缓冲装置在车上的安装位置及受力状态

1—车钩缓冲装置;2—冲击座或复原装置;3—中梁(牵引梁);4—前从板座;5—钩尾框托板;6—后从板座

二、16 型、17 型车钩缓冲装置

(一)概　　述

1. 简介

16 型、17 型车钩是参照北美铁路协会 AAR 标准 S-117-67《F 型联锁车钩轮廓》设计的,可与按我国国家标准 TB/T 456.2—2019《机车车辆自动车钩缓冲装置　第 2 部分:自动车钩及附件》设计生产的车钩连接。

车钩主要零件(钩体、钩舌、钩锁铁)及钩尾框、转动套、尾销托、从板等零件均采用与 AAR M-201-1984 中 E 级钢的性能相当的 25MnCrNiMo 高强度低合金铸钢制造。

16型、17型车钩是为了大秦线运煤专列实现不摘钩直接进行翻车机卸货而开发设计的产品，具有连挂间隙小、结构强度高、联锁性能好及垂向防脱性能高等优点，其中16型车钩为转动车钩，17型车钩为固定车钩。配套装用16型、17型车钩的单元列车按预定计划在卸货台位之间运行，不用分解列车，实现不摘解车钩和摘解空气制动软管在转动翻车机上翻卸货物的目的，保证了车辆连续运转，可提高卸货效率25%以上。17型车钩也装用在通用货车如70 t级的货车上。

2. 车钩主要性能参数

基本尺寸：16型车钩组成如图5-20-2、5-20-3所示。17型车钩组成(单转子)如图5-20-2、5-20-4所示。

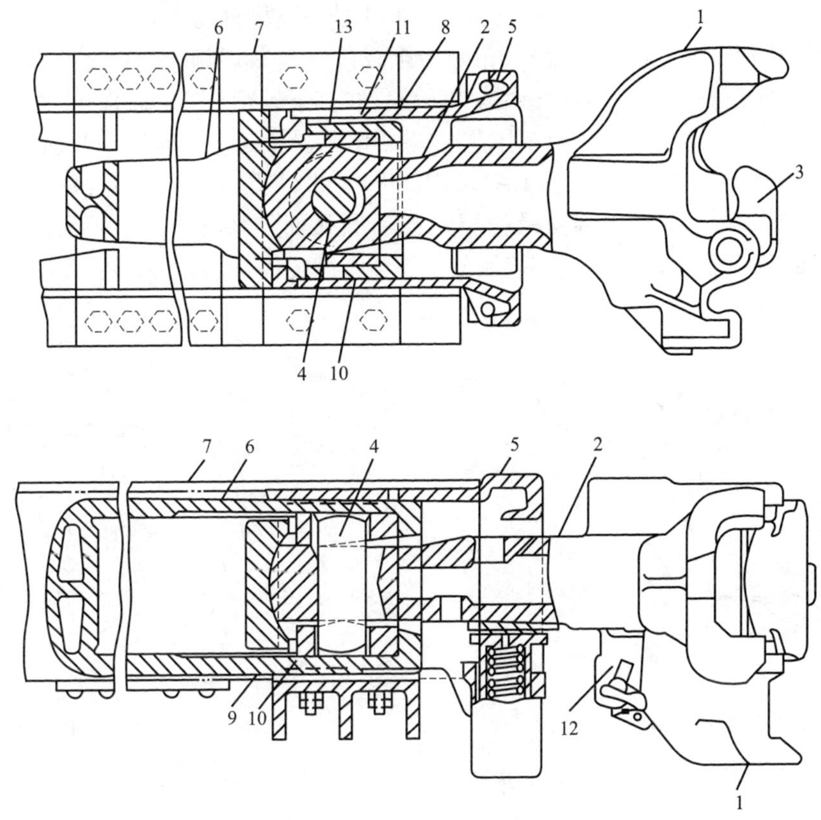

图5-20-2　16型、17型车钩

1—钩头；2—钩身；3—钩舌；4—钩尾销；5—冲击座；6—钩尾框；7—底架牵引梁；8—尾框侧边；9—尾框下底边；10—旋转机构；11—通口；12—闭锁机构；13—止挡板

车钩连接轮廓：符合AAR S117-67或TB/T 456.2—2019联锁车钩连接轮廓。

车钩联接轮廓纵向移动间隙：9.5mm。

在水平面内最大相对转角：3°45′。

在垂直面内最大相对转角：2°0′。

两车钩连接时允许的车钩中心线高度差：75 mm。

钩体静拉破坏载荷：≥4 005 kN。

钩舌静拉破坏载荷：≥3 430 kN。

3.16 型、17 型车钩的主要特点

(1)车钩的连挂间隙小。16 型、17 型车钩的连挂间隙为 9.5 mm,比 13 型车钩减少了 52%,从而可降低列车的纵向冲动,改善列车的动力学性能,提高铁路货运的安全可靠性,延长车辆使用寿命。

(2)车钩具有联锁和防脱功能。16 型、17 型车钩的钩体头部均设有联锁装置,车钩连挂后可自动实现联锁,在车钩钩头下面设有防脱装置,列车发生事故时仍能保持车钩的连挂性能,防止列车颠覆。

(3)结构强度高。16 型、17 型车钩的结构合理,主要零部件均采用了 TB/T 2942 中 E 级钢(与 AARM201 中 E 级钢相当)铸钢制造,钩舌的最小破坏载荷可达到 3 430 kN,钩体的最小破坏载荷可达到 4 005 kN,钩尾框的最小极限载荷为 4 005 kN。

(4)良好的防跳性能。分别是下锁销的防跳保护和下锁销杆的防跳保护,此外锁铁上部设有防跳止动块。该止动块可防止翻车作业时锁铁窜动,从而避免车钩自动开锁。

(5)耐磨性能好。16 型、17 型车钩采用高强度的材质,钩体、钩舌和钩尾框的硬度为 HBS241-HBS311,车钩的钩尾端面及钩尾销孔后圆弧面经特殊热处理,硬度可达 HBS375-HBS476。钩身下平面与车钩支撑座接触部位焊装有磨耗板,提高了钩身的耐磨性能。

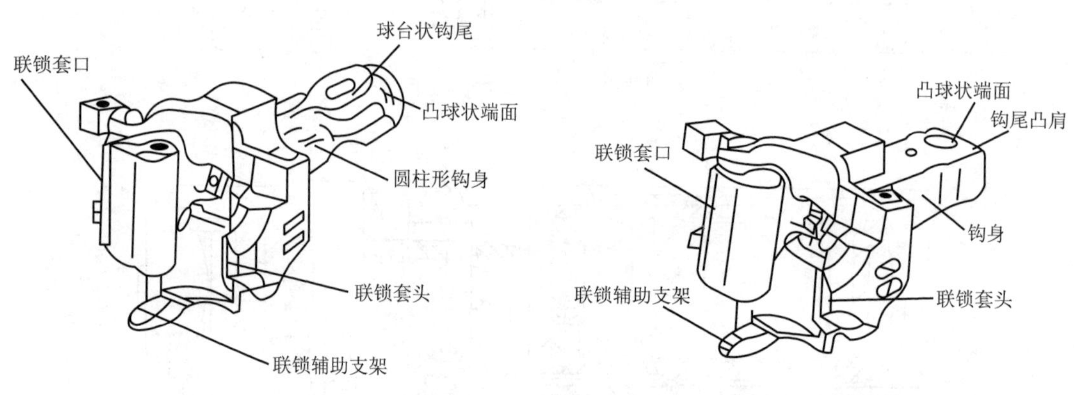

图 5-20-3 16 型旋转车钩

图 5-20-4 17 型固定车钩

(6)16 型车钩的转动性能。16 型车钩钩尾部分通过钩尾销与转动套连接后,可在钩尾框内转动,实现了车钩的转动功能。16 型车钩的钩身近似圆柱体,减少了钩身与车钩支撑座之间的转动阻力。

(7)17 型车钩的自动对中功能。17 型车钩尾部设有自动对中凸肩,可以使车钩在运行中经常保持正位。

(二)17 型车钩系统的组成

1.17 型车钩组成

17 型车钩如图 5-20-5 所示,由 17 型车钩钩体、钩舌、钩舌推铁、钩舌销、锁铁组装、下锁销转轴和 17 型车钩下锁销组装等零部件组成(图 5-20-6)。除下锁销转轴和下锁销组装,其钩舌、钩舌推铁、钩舌销和锁铁组装与 16 型车钩组成完全通用。

17 型车钩钩体的钩头部分也有联锁套口、套头及防脱装置,17 型车钩钩身的形状与其他车钩相似,为箱形截面。钩尾端面(与从板接触的部位)为半径 133.5 mm 的球面,并在球型端面两侧有自动对中的凸肩。

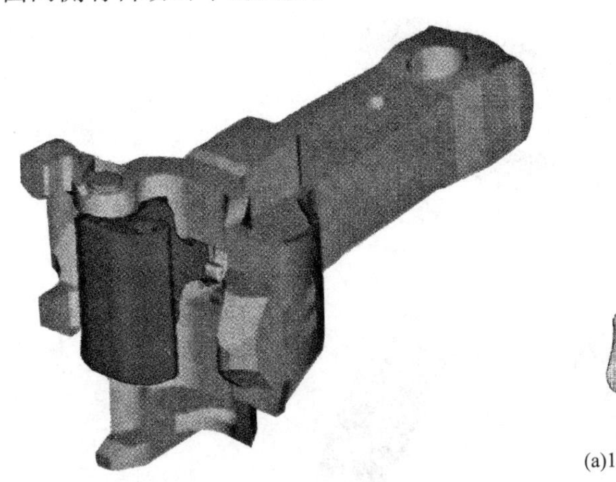

图 5-20-5 17 型车钩

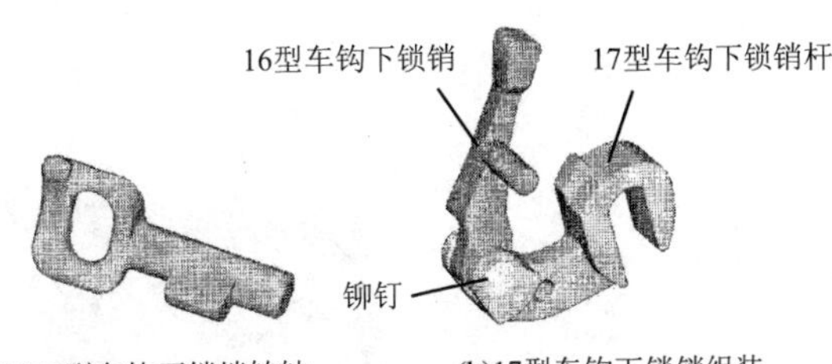

图 5-20-6 17 型车钩零件

2. 17 型车钩系统

17 型车钩系统包括 17 型车钩组成、17 型钩尾框、17 型钩尾销和 17 型车钩从板等零部件。17 型车钩系统组成如图 5-20-7 所示。17 型钩尾框、17 型车钩从板和钩尾销如图 5-20-8 所示。

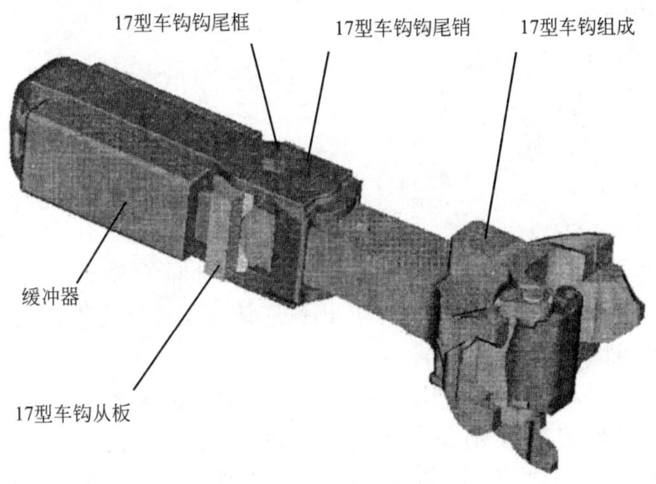

图 5-20-7 17 型车钩系统组成

(三)日常检查维护与处理

在对车钩、钩尾框及其零部件做日常检查和维护前，应尽可能地清除车钩上的所有污物，彻底检查钩体、钩舌等零件。日常检查和维护的主要内容是外观检查、三态作用性能检查及轮廓检查等。

1. 外观检查

有下列情形之一者，需更换相应的零件。

(1)钩身磨耗板磨耗深度大于板厚的一半(3 mm)或丢失者。

(a)17型钩尾框

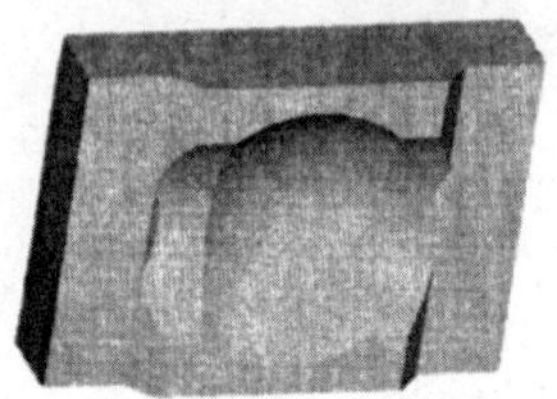

(b)17型车钩从板

(c)17型车钩钩尾销

图 5-20-8 17 型钩尾框、17 型车钩从板和钩尾销

(2)具有过渡锈蚀、磨耗影响车钩作用性能者。

(3)焊补修理不当者。

(4)目视可见的扭曲或弯曲者。

(5)破损或零件丢失者。

(6)钩头、钩舌有裂纹者。

(7)开口销丢失者。

2. 三态作用性能检查

(1)开锁:当车钩提钩杆手柄提到上部位置时,钩舌不能自动打开,仍处在闭锁位置,钩锁已离开闭锁位置,当放松提钩杆落下锁铁时,锁铁应该停留在钩舌推铁的座锁面上。此时用手扳动钩舌鼻部,钩舌能转动到全开位置。

随着提钩杆转动提起钩锁铁到车钩的开锁位时,用手拉钩舌鼻部,钩舌应能被打开。

(2)全开:17 型车钩在开锁位的基础上,继续转动车钩提钩杆手柄,钩舌应能自动的转动到全开位。在此位置钩腕与钩舌鼻部之间的最小距离(车钩全开)为 219 mm。

(3)闭锁:当钩舌转动到闭锁位时,钩锁铁须能自由落到钩舌尾部的座锁台上。观察位于钩头下方的下锁销杆上的显示孔,整个显示孔均可见时,表明车钩已经被锁闭,如图 5-20-9 所示,显示孔不可见或不完全可见则表明车钩未锁住。

(四)润　滑

由于黏性润滑脂通常会黏附磨损性物料,有加速零件磨耗的趋势,因此在润滑车钩及连挂系统时只能采用干性润滑剂。干性润滑剂须采用二硫化钼粉用酒精等易挥发的非石油类物质调制,下列部位需定期采用干性润滑剂润滑。

(1)钩体头部内腔牵引台、冲击台、钩耳、护销凸缘和钩舌牵引台、冲击台、锁面及钩头内部的每个零件的作用面上。

(2)钩尾部的销孔表面及钩尾端部球面上。

(3)从板凹入受冲击的表面、钩尾销表面。

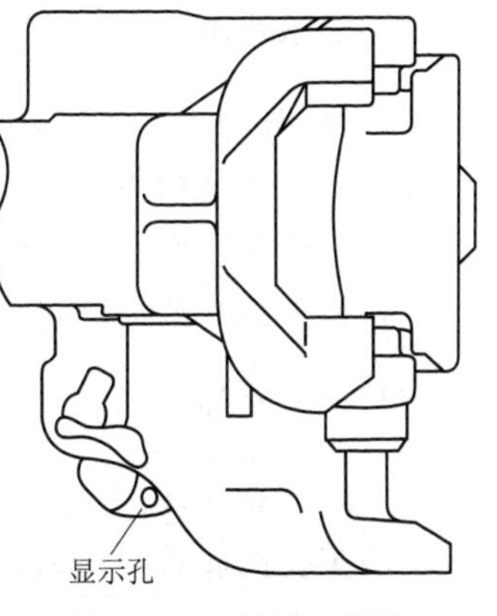

图 5-20-9　闭锁显示孔

(五)注意事项

(1)不得借助车钩抬起重车。

(2)为了保证车钩系统的性能及作用,车钩系统及零部件的检修和生产应获得主管部门的认证许可。

(3)车辆连挂时,车钩应正位或在车辆纵向中心线的同侧。

(4)车钩闭锁后,应检查闭锁指示孔并确认车钩处于闭锁状态。

实 作 技 能

一、实训准备

在正式作业前,先准备好如下实训用品:

设备:装用 17 型车钩的货车,无地沟,单人作业。

工具:防护号志、手锤、开劈器、克丝钳、检查器、钢板尺、小油桶、油刷、各配件及开口销。

二、实训流程及标准

(1)分解 17 型车钩钩头。

(2)对 17 型车钩钩头进行清扫、检查、给油。

(3)组装 17 型车钩钩头。

三、实训内容

对钩头进行分解;检查;组装;试验。

能 力 考 核

一、考核题目

分解检查组装 17 型车钩钩头。

二、考核内容

对钩头进行分解;检查;组装;试验。

三、考核要求

(1)各配件分解、组装顺序正确,不颠倒、不遗漏,口述清楚。
(2)各配件清扫要干净,检查顺序好给油到位,口述清楚无误。
(3)试验三态作用顺序时,各态试验标准规范到位,口述清楚,检查正确。
(4)钩提链松余量符合限度要求,开口销从根部平均劈开(角度不小于 60°)。

四、考核时间

(1)准备时间:2 min。
(2)正式作业时间:4 min,计时从插旗开始拔旗结束。
(3)规定时间内全部完成,超时停止作业。

五、考核标准

若考生发生下列情况之一,则应及时终止其考试,考生该试题成绩记为零分。
(1)在考试过程中因违规操作损坏工具或设备。
(2)在考试过程中因违规操作发生安全事故。

考 核 表

考核项点	配　分	考 核 内 容
时间	20	标定时间 4 min。每超过 3 s 扣 1 分(不足 3 s 不扣分)超过标定时间 1 min 停止作业,时间分不得分。压缩时间不加分,成绩相同按时间排序
作业过程	20	一、作业顺序 [1]设置安全防护红旗 [2]拔出防跳插销、提开车钩、卸下钩舌销开口销、取下钩舌销、卸下钩舌、取下钩锁铁、钩舌推铁、下锁销转轴。无抛扔配件的问题,无配件直接接触地面 [3]清扫钩腔、钩锁铁、钩舌推铁、下锁销转轴。检查车钩各部配件,同时口述 [4]钩舌尾部、钩锁铁工作面涂抹二硫化钼 [5]组装钩腔内配件:钩锁铁、钩舌推铁、下锁销转轴 [6]安装钩舌、钩舌销、钩舌销开口销。安装钩舌销开口销时由里向外装入,双向劈开角度为 60°以上。钩提杆位置座落于钩提杆座槽内 [7]试验并口述车钩开锁位作用。试验并口述车钩全开位作用和运用限度(测量三处,全开位不小于 219 mm)。试验并口述车钩闭锁位作用和运用限度(测量二处,闭锁位不大于 100 mm) [8]安装防跳插销 [9]将使用工具回收齐全,整齐摆放到工具区内。工具和配件分开存放。回收更换下来的废旧配件,与合格配件分开存放 [10]撤除安全防护红旗,摆放到工具区内 二、扣分标准 [1]不按顺序作业扣 5 分 [2]未进行三态试验,每态扣 5 分,试验不标准每态扣 1 分 [3]未按程序检查相关部位及配件每处扣 2 分,未按规定口述作业内容,每次扣 2 分 [4]未按程序测量相关部位尺寸每处扣 5 分,测量方法不标准每处扣 2 分

续上表

考核项点	配分	考核内容
质量	50	[1]开口销未装扣5分,角度不正确扣5分,防跳插销未装扣10分 [2]三态作用不良,扣30分
安全其他	10	[1]未插设或未撤除安全号志扣10分,错设扣5分;中间脱落或未展开各扣5分 [2]未按规定穿戴劳保用品扣2分 [3]作业中违章使用工具每次扣1分,损坏、摔掷工具和配件每次扣5分,作业完毕后遗漏工具每件扣2分,配件(小三件、钩舌销或钩舌)脱落每件扣5分 [4]作业中碰破出血扣5分;作业过程中受伤不能工作者全项失格
用时		成绩

任务二十一　货车单车技术检查

通过之前学习的单车对规即:对照技术规定要求,对一辆标准车型的一侧,按照规定的步法姿势顺序进行实际检车,并明确时间规定及口述的范围,标准技术要求限度尺寸。为本节单车检查打下基础,为技能鉴定和今后工作服务。单车检车是对日常运行列车中的车辆技检,主要目的是发现不良处以及故障,进行维修以确保行车安全(发现故障后及时修理或扣修)。

任务单

<table>
<tr><td>项目</td><td colspan="3">车辆专业知识</td></tr>
<tr><td>任务</td><td>货车单车技术检查</td><td>学时</td><td>4</td></tr>
<tr><td colspan="4">任务概述</td></tr>
<tr><td colspan="4">单车检查是列检人员对日常运行列车中的车辆技术检查,主要目的是发现不良处以及故障,进行维修以确保行车安全(发现故障后应及时修理或扣修)</td></tr>
<tr><td colspan="4">任务内容</td></tr>
<tr><td colspan="4">本任务主要学习18～19步检车法,根据对车钩缓冲装置、转向架、制动装置、车体的学习,发现被测对象的故障,并使用18～19步检车法检查货车整体状况</td></tr>
<tr><td colspan="4">任务目标</td></tr>
<tr><td colspan="2">知识目标</td><td>能力目标</td><td>素质目标</td></tr>
<tr><td colspan="2">1. 熟悉货车转向架基本结构
2. 掌握单车检查作业要点
3. 熟记18～19步检车法步骤</td><td>1. 能够实际操作18～19步检车法
2. 能够在规定的时间内检查出故障</td><td>1. 树立安全生产意识
2. 培养严谨认真的工作态度
3. 培养团队合作精神</td></tr>
<tr><td colspan="4">任务要求</td></tr>
<tr><td colspan="4">1. 在实训过程中,严格遵守实训场所有关规定
2. 树立“安全第一”意识,保证人身及设备安全
3. 做好实训准备工作,准备好相关物品
4. 操作仪表、工具时,严格按照操作规范进行
5. 及时记录实训数据与结果,认真撰写实训报告
6. 发生下列情况之一,应立即终止实训
(1)在实训过程中因违规操作损坏设备或工具
(2)在实训过程中因违规操作发生安全事故</td></tr>
</table>

理论知识

一、转 K6 型转向架

转 K6 型转向架适用于标准轨距、轴重 25 t、商业运营速度 120 km/h 的各型铁路货车。转 K6 型转向架可用于 25 t 轴重新型运煤敞车,也可用于其他新造铁路货车。

1. 构造

转 K6 型向架是在借鉴转 K2 转向架成功经验基础上研制的新型大轴重下交叉支撑转向架。增加一系轴箱弹性橡胶垫,降低轮轨作用力;二系悬挂采用带变摩擦减振装置的二级刚度中央弹簧悬挂系统;采用直径为 375 mm 的下心盘,下心盘内设有含油尼龙心盘磨耗盘,采用双作用常接触弹性旁承;装用 25 t 轴重双列圆锥滚子轴承,采用轻型新结构 HEZB 型铸钢车轮或 HESA 型辗钢车轮;基础制动装置为中拉杆式单侧闸瓦制动装置,采用 L-A 或 L-B 型组合式制动动梁,新型高摩合成闸瓦。其主要零部件尽量采用通用件和标准件,方便检修运用。三维爆炸图如图 5-21-1 所示。

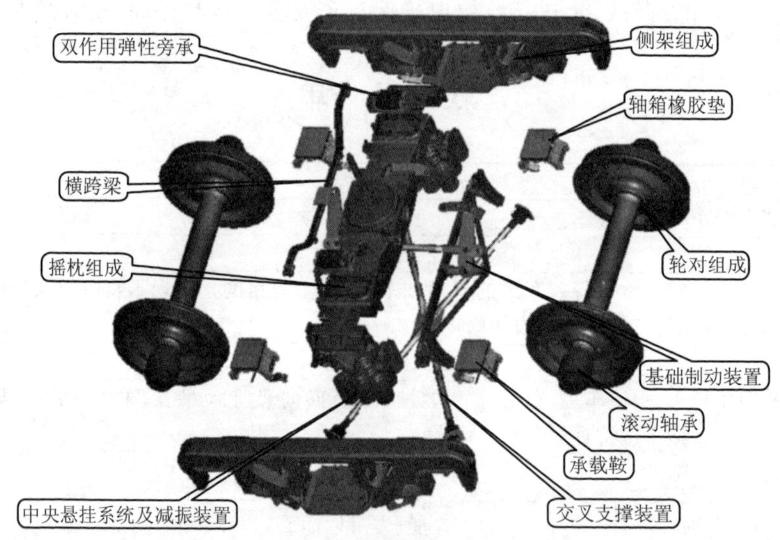

图 5-21-1 转 K6 型转向架三维实体爆炸图

(1)轮对组成与轴承

采用 RE_{2A} 型轮对或 RE_{2B} 型轮对,车轮为 HESA 型辗钢车轮或 HEZB 型碳素钢铸钢车轮,车轴为 RE_{2A} 型或 RE_{2B} 型车轴,材质为 LZW50 钢。采用 SKFTUB150 型、FAGTAROL150 型滚动轴承或 353130A、353130B、353130C、C353130、SKFOR-7030AITALY 紧凑型滚动轴承。

(2)轴箱橡胶垫组成

轴箱一系加装了内八字橡胶弹性剪切垫,实现轮对的弹性定位,减小转向架簧下质量,隔离轮轨间高频振动。轴箱橡胶垫组装时,导电铜线在转向架内侧。

(3)侧架组成

由侧架、支撑座、保持环、立柱磨耗板、滑槽磨耗板等零件组成。支撑座通过侧架大体中心线上下两条焊缝焊接在侧架上；左、右滑槽磨耗板（同转 K2 型转向架）为卡入式，方便检修；侧架立柱磨耗板通过 4 个折头螺栓（同转 K2 型转向架）与侧架立柱紧固。

（4）中央悬挂系统

转向架摇枕弹簧由 6 个外圆弹簧（1）、1 个外圆弹簧（2）和 7 个内圆弹簧组成，外圆弹簧（1）比内圆弹簧高 23 mm，外圆弹簧（2）与内圆弹簧同高。为便于识别，外圆弹簧（2）涂黄色厚浆醇酸漆。空车时仅外圆弹簧（1）承载，重车时内圆弹簧和外圆弹簧（2）参与承载，实现空、重车两级刚度。弹簧材质为 60Si2CrVAT。

（5）减振装置

转向架减振结构为斜楔式变摩擦减振装置，由侧架立柱磨耗板、组合式斜楔、斜面磨耗板、双卷减振弹簧组成。斜楔与侧架立柱磨耗板之间产生摩擦阻力，用以衰减振动能量。减振弹簧比枕外圆弹簧高 10 mm。

（6）摇枕组成

由固定杠杆支点座组成、摇枕、下心盘、斜楔摩擦面磨耗板组成，摇枕材质为 B 级钢，下心盘螺栓为 M24 螺栓，螺母为 BY-B、BY-A、FS 型防松螺母（强度等级均为 10 级）。

另外，转 K6 型转向架基础制动装置、侧架弹性下交叉支撑装置和双作用常接触式弹性旁承等结构基本与转 K2 型转向架一致。

2. 转 K6 型与转 K2 型转向架的主要技术特征

转 K6 型与转 K2 型转向架的主要技术特征见表 5-21-1。

表 5-21-1　转 K6 型与转 K2 型转向架的主要技术特征

主要技术特征	转 K2 型转向架	转 K6 型转向架
轴重（t）	21	25
自重（t）	4.2	4.68
最高运行速度（km/h）	120	120
轴型	RD_2	RE_{2A}
轴承型式	352226 或 SKF197726（提速轴承）	353130 或紧凑型双列圆锥滚子轴承
轮型	HDS 或 HDSA 辗钢轮或 HDZC 铸钢轮，（静平衡试验，≤125g・m）	HESA 辗钢轮或 HEZB 铸钢轮（静平衡试验，≤125g・m）
承载鞍	窄型：B 级钢	适用于轴箱橡胶垫的窄型承载鞍：B 级钢
轴箱橡胶垫	无	水平轴箱橡胶垫
侧架	适应窄型承载鞍：B 级钢	适应窄型承载鞍及轴箱橡胶垫：B 级钢
摇枕	适应宽斜楔槽：B 级钢	适应宽斜楔槽：B 级钢
下心盘	1. 下心盘直径 355 mm 2. 采用盘形尼龙磨耗盘	1. 下心盘直径 375 mm 2. 采用盘形尼龙磨耗盘

续上表

主要技术特征	转 K2 型转向架	转 K6 型转向架
承载鞍	窄型:B 级钢	适用于轴箱橡胶垫的窄型承载鞍:B 级钢
交叉支撑装置	采用下交叉支撑装置	与转 K2 型转向架相同
轮对与侧架联接方式	窄承载鞍结构:间隙与干摩擦约束	侧架与承载鞍之间通过轴箱橡胶垫连接,实现橡胶弹性定位与干摩擦约束相结合。
其余结构基本一致		

二、单车检查作业要点

一辆作业过程。

以铁路货车纵向中心线为界,实行分面检查作业分工。

中转作业人机分工人工检查(18 步)如图 5-21-2 所示。

1. 采取"一跨、一俯、三探、三敲"分面检查方法。

一跨:制动软管所在侧端转向架外端跨轨检查。

一俯:底架中部车下悬挂配件俯身顺车检查。

三探:制动软管所在侧端转向架内端及另一转向架内、外端探身检查。

三敲:轮对、闸瓦插销、缓解阀拉杆。

2. 检查步伐如图 5-21-2 所示。

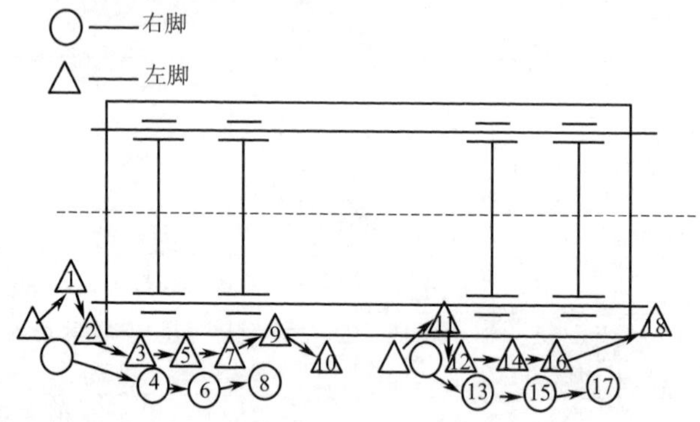

图 5-21-2 中转作业人机分工人工检查(18 步)步伐

3. 易混淆部位界限划分如下:

(1)车钩连接状态、首尾车钩三态作用、钩提杆及链、车钩防跳插销及吊链、下锁销组成,均由钩提杆所在侧检车员负责;车钩高度、两连接车钩高度差,由两侧检车员负责;车钩上部、冲击座纵向中心线处破损,由非提钩杆所在侧检车员负责。

(2)钩体底面(下锁销孔)、钩锁锁腿、车钩托梁、车钩支撑座、车钩支撑座含油尼龙磨耗板、钩尾销及安全吊架螺栓、制动软管吊链,均由跨轨检查的检车员负责。

(3)转向架旁承、心盘、摇枕、内侧枕簧(不含减振弹簧)、制动梁体及支柱夹扣螺栓、交叉杆、横跨梁及安全链(索)、空重车调整阀,均由跨轨检查的检车员负责。

(4)转向架内外侧以轮缘顶点划分。

(5)制动缸连通管漏泄由负责制动机试验的检车员负责。

(6)转向架内、外端固定及游动杠杆、上拉杆、固定杠杆支点及座、固定杠杆支点链蹄环及圆销、开口销(拉铆销套),均由所在侧检车员负责。

始发、中转作业人工检查(19 步)如图 5-21-3 所示。

1. 采取"两跨、一俯、两探、四敲"分面包转向架检查方法。

两跨:制动软管所在侧端的转向架外、内端跨轨检查。

一俯:底架中部车下悬挂配件俯身顺车检查。

两探:另一转向架内、外端探身检查。

四敲:钩尾销、安全吊架、尾销托梁、尾销插托螺母锤敲检查;轮对;闸瓦插销;缓解阀拉杆吊架。

2. 检查步伐如图 5-21-3 所示。

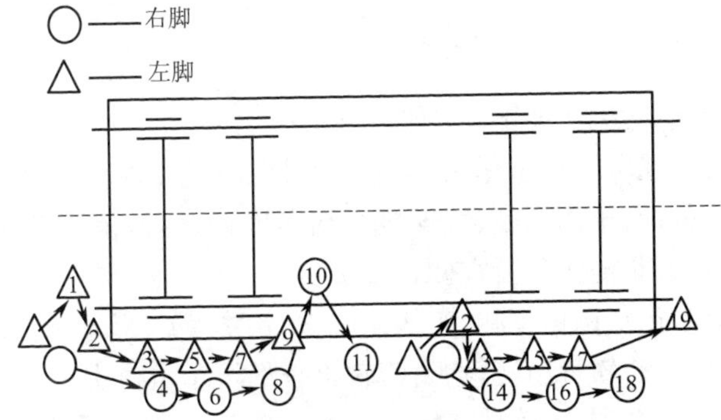

图 5-21-3　始发、中转作业人工检查(19 步)步伐

3. 检查界限容易混淆处界限划分如下:

(1)车钩连接状态、首尾车钩三态作用、钩提杆及链、车钩防跳插销及吊链、下锁销组成,均由钩提杆所在侧检车员负责;车钩高度、两连接车钩高度差,由两侧检车员负责;车钩上部、冲击座纵向中心线处破损,由非提钩杆所在侧检车员负责。

(2)钩体底面(下锁销孔)、钩锁锁腿、车钩托梁、车钩支撑座、车钩支撑座含油尼龙磨耗板、钩尾销及安全吊架螺栓、制动软管吊链,均由跨轨检查的检车员负责。

(3)转向架旁承、心盘、摇枕、内侧枕簧(不含减振弹簧)、制动梁体及支柱夹扣螺栓、交叉杆、横跨梁及安全链(索)、空重车调整阀,均由跨轨检查的检车员负责。

(4)转向架内外侧以轮缘顶点划分。

(5)制动缸连通管漏泄由负责制动机试验的检车员负责。

(6)转向架内、外端固定及游动杠杆、上拉杆、固定杠杆支点及座、固定杠杆支点链蹄环及圆销、开口销(拉铆销套),均由所在侧检车员负责。

到达列车人工检查(19 步)如图 5-21-3 所示。

1. 采取"两跨、一俯、两探、四敲"分面包转向架检查方法。

两跨:制动软管所在侧端的转向架外、内端跨轨检查。

一俯:底架中部车下悬挂配件俯身顺车检查。

两探:另一转向架内、外端探身检查。

四敲:钩尾销(安全吊架、尾销托梁、尾销插托)螺母锤敲检查;轮对;闸瓦插销;缓解阀拉杆吊架。

2. 检查步伐如图 5-21-4 所示。

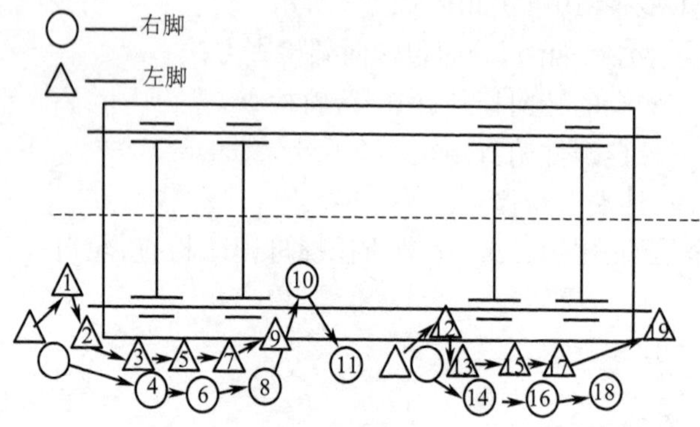

图 5-21-4 到达列车人工检查(19 步)步伐

3. 检查界限容易混淆处界限划分规定如下:

(1)车钩连接状态、首尾车钩三态作用、钩提杆及链、车钩防跳插销及吊链、下锁销组成,均由钩提杆所在侧检车员负责;车钩高度、两连接车钩高度差,由两侧检车员负责;车钩上部、冲击座纵向中心线处破损,由非提钩杆所在侧检车员负责。

(2)钩体底面(下锁销孔)、钩锁锁腿、车钩托梁、车钩支撑座、车钩支撑座含油尼龙磨耗板、钩尾销及安全吊架螺栓、制动软管吊链,均由跨轨检查的检车员负责。

(3)转向架旁承、心盘、摇枕、内侧枕簧(不含减振弹簧)、制动梁体及支柱夹扣螺栓、交叉杆、横跨梁及安全链(索)、空重车调整阀,均由跨轨检查的检车员负责。

(4)转向架内外侧以轮缘顶点划分。

(5)制动缸连通管漏泄由负责制动机试验的检车员负责。

(6)转向架内、外端固定及游动杠杆、上拉杆、固定杠杆支点及座、固定杠杆支点链蹄环及圆销、开口销(拉铆销套),均由所在侧检车员负责。

实 作 技 能

一、实训准备

在正式作业前,先准备好如下实训用品:

设备:通用敞车一辆,制动机处于缓解状态。

工具:防护号志、手电筒、检点锤,故障记录本。

二、实训流程及标准

中转作业人机分工人工检查顺序及部位名称(18 步)见表 5-21-2。

表 5-21-2 中转作业人机分工人工检查顺序及部位称(18 步)

检查步骤	检查顺序及部位名称
第一步 左脚跨入钢轨内侧，目视、锤敲	钩体、车列首尾端部车钩钩舌 S 面、冲击座、端梁、端板、渡板折页及座、圆销、制动软管、门挡及车端护栏、折角塞门、直端塞门、从板座、枕梁及牵引梁、主管卡子及螺母、法兰螺母、脱轨自动制动装置调节杆、拉环及圆销、车轮内侧、旁承、装有弹簧托板转向架摇枕、上心盘铆钉、副构架与连接杆连接用螺母及开口销、上拉杆、装有弹簧托板转向架内侧摇枕弹簧、减振弹簧、集成制动装置制动缸连接软管、制动缸推杆及 β 型插销、制动缸活塞行程指示器、标志牌、制动梁闸瓦托、制动梁吊、圆销及开口销、对铁路货车运行安全监控系统预报的故障进行确认和处置
第二步 左脚跨出钢轨(面对角柱先站立、后蹲身)	车体倾斜、外胀、角柱、侧梁、轮缘、踏面、车轮外侧、侧架导框、滚动轴承外圈、承载鞍、对铁路货车运行安全监控系统预报的故障进行确认和处置
第三步 左脚迈出车体	空步
第四步 右脚跨出一步，转身	定检标记、侧梁、侧柱、墙板、门板、绳栓、柱插、车门、车窗、车门折页及座、车门锁闭装置、集装箱锁头、轴承外圈、轴端螺栓、承载鞍、侧架导框、副构架导框、对铁路货车运行安全监控系统预报的故障进行确认和处置
第五步 左脚跨出一步	闸瓦上部、闸瓦插销、转 K3 型转向架制动梁端头与闸瓦托组装开口销、轮缘、踏面、轮辋、侧架立柱磨耗板折头螺栓、铆钉、交叉杆端部螺栓、对铁路货车运行安全监控系统预报的故障进行确认和处置
第六步 右脚跨出一步	侧梁、侧柱、车门、墙板、门板、车窗、车门折页及座、车门锁闭装置、绳栓、柱插、集装箱锁头、罐车卡带、紧固螺母及锁紧螺母、圆销、开口销、侧架立柱磨耗板、斜楔、主摩擦板、摇枕斜楔摩擦面磨耗板、摇枕斜面磨耗板折头螺栓、对铁路货车运行安全监控系统预报的故障进行确认和处置
第七步 左脚跨出一步	闸瓦上部、闸瓦插销、转 K3 型转向架制动梁端头与闸瓦托组装开口销、轮缘、踏面、轮辋、侧架立柱磨耗板折头螺栓、铆钉、交叉杆端部螺栓、对铁路货车运行安全监控系统预报的故障进行确认和处置
第八步 右脚跨出一步	侧梁、侧柱、墙板、门板、绳栓、柱插、车门、车窗、车门折页及座、车门锁闭装置、集装箱锁头、轴承外圈、轴端螺栓、承载鞍、侧架导框、副构架导框、对铁路货车运行安全监控系统预报的故障进行确认和处置
第九步 左脚跨出一步，右脚跟进贴轨，探身检查	承载鞍、滚动轴承外圈、车轮外侧、踏面、轮缘、车轮内侧、枕梁、中梁、旁承、装有弹簧托板转向架摇枕、上心盘铆钉、装有弹簧托板转向架内侧摇枕弹簧、减振弹簧、主管卡子及螺母、法兰螺母、传感阀、脱轨自动制动装置调节杆、拉环及圆销、基础制动装置的固定杠杆支点及座、固定杠杆支点链蹄环、上拉杆、制动梁闸瓦托、制动梁吊、圆销及开口销、对铁路货车运行安全监控系统预报的故障进行确认和处置
第十步 左脚迈出车体	空步
自由步	侧梁、侧柱、墙板、门板、绳栓、柱插、底开门转轴开口销、车门滑动轨道、车门滑轮、车门、车窗、车门折页及座、车门锁闭装置、罐体及阀、人孔盖及安全阀、罐体上部走板、防护栏、集装箱锁头、上拉杆、制动阀中间体吊架、制动缸后杠杆支点及圆销、开口销、拉铆销套、制动主管卡子及螺母、法兰螺母、远心集尘器及组合式集尘器、缓解阀，缓解阀拉杆及吊架、空重车调整杆吊架、截断塞门、制动缸、副风缸、加速缓解风缸、容积风缸、降压风缸、人力制动机附加杠杆座及圆销、开口销、吊架螺母、中梁、对铁路货车运行安全监控系统预报的故障进行确认和处置

续上表

检查步骤	检查顺序及部位名称
第十一步 左脚贴近钢轨，探身检查	承载鞍、滚动轴承外圈、车轮外侧、踏面、轮缘、车轮内侧、枕梁、中梁、旁承、装有弹簧托板转向架摇枕、上心盘铆钉、装有弹簧托板转向架内侧摇枕弹簧、减振弹簧、主管卡子及螺母、法兰螺母、传感阀、脱轨自动制动装置调节杆、拉环及圆销、基础制动装置的固定杠杆支点及座、固定杠杆支点链蹄环、上拉杆、制动梁闸瓦托、制动梁吊、圆销及开口销、对铁路货车运行安全监控系统预报的故障进行确认和处置
第十二步 左脚迈出车体	空步
第十三步 右脚跨出一步，转身	侧梁、侧柱、墙板、门板、绳栓、柱插、车门、车窗、车门折页及座、车门锁闭装置、集装箱锁头、轴承外圈、轴端螺栓、承载鞍、侧架导框、副构架导框、对铁路货车运行安全监控系统预报的故障进行确认和处置
第十四步 左脚跨出一步	闸瓦上部、闸瓦插销、转 K3 型转向架制动梁端头与闸瓦托组装开口销、轮缘、踏面、轮辋、侧架立柱磨耗板折头螺栓、铆钉、交叉杆端部螺栓、对铁路货车运行安全监控系统预报的故障进行确认和处置
第十五步 右脚跨出一步	侧梁、侧柱、车门、墙板、门板、车窗、车门折页及座、车门锁闭装置、绳栓、柱插、集装箱锁头、罐车卡带、紧固螺母及锁紧螺母、圆销、开口销、侧架立柱磨耗板、斜楔、主摩擦板、摇枕斜楔摩擦面磨耗板、摇枕斜面磨耗板折头螺栓、对铁路货车运行安全监控系统预报的故障进行确认和处置
第十六步 左脚跨出一步	闸瓦上部、闸瓦插销、转 K3 型转向架制动梁端头与闸瓦托组装开口销、轮缘、踏面、轮辋、侧架立柱磨耗板折头螺栓、铆钉、交叉杆端部螺栓、对铁路货车运行安全监控系统预报的故障进行确认和处置
第十七步 右脚跨出一步	侧梁、侧柱、墙板、门板、绳栓、柱插、车门、车窗、车门折页及座、车门锁闭装置、集装箱锁头、车梯扶手、脚蹬、轴承外圈、轴端螺栓、承载鞍、侧架导框、副构架导框、对铁路货车运行安全监控系统预报的故障进行确认和处置
第十八步 左脚跨出一步转身，右脚跟进贴近钢轨，探身检查（先站立后蹲身）	角柱、端梁、端板、渡板折页及座、圆销、门挡及车端护栏、钩提杆座、提钩杆及链、冲击座、钩体、车列首尾端部车钩钩舌 S 面、折叠式人力制动机轴折页、圆销及开口销、托架、侧梁、侧架导框、承载鞍、滚动轴承外圈、车轮外侧面、轮缘、踏面、车轮内侧、旁承、装有弹簧托板转向架摇枕、上心盘铆钉、副构架与连接杆连接用螺母及开口销、上拉杆、装有弹簧托板转向架内侧摇枕弹簧、减振弹簧、从板座、枕梁及牵引梁、制动梁闸瓦托、制动梁吊、圆销及开口销、对铁路货车运行安全监控系统预报的故障进行确认和处置

始发、中转作业人工检查顺序及部位名称（19 步）见表 5-21-3。

表 5-21-3　始发、中转作业人工检查顺序及部位名称（19 步）

检查步骤	检查顺序及部位名称
第一步 左脚跨入钢轨内侧，目视、锤敲（先站立、后蹲身）	钩体、牵引杆、钩颈、冲击座、端梁、端柱、端板、渡板折页及座、折角塞门、直端塞门、制动软管、制动软管吊链、车钩托梁、钩体支承座及支撑弹簧、钩体支撑弹簧鞍止挡块和螺栓及螺母、补助管及卡子、钩身、钩尾框、钩尾销螺栓及螺母、开口销、缓冲器、安全托板螺栓及螺母、钩尾销托板螺栓及螺母、从板、从板座、钩尾框托板和螺栓及螺母、中梁牵引部、枕梁、地板、主管、主管三通、脱轨自动制动装置调节杆，拉环，拉环圆销、塞门手把、支管三通、各制动管卡子及螺母、法兰螺栓、螺母、脱轨制动阀、顶梁、拉环、车轮内侧、侧架内侧、双作用常接触式旁承、闸瓦托内侧、安全链、制动梁、内枕簧、摇枕、上下心盘螺栓及螺母、上拉杆及圆销开口销、制动梁支柱及圆销开口销、中拉杆及圆销开口销、下拉杆及圆销开口销、下拉杆安全吊、交叉杆、中间夹板、盖板、弹簧托板、安全吊链、安全锁、集成制动装置制动缸活塞行程指示器、集成制动装置制动缸连接软管、集成制动装置闸调器控制杆螺母及锁紧螺母、制动缸推杆及 β 型插销

续上表

检查步骤	检查顺序及部位名称
第二步 左脚跨出钢轨(面对角柱先站立、后蹲身)	角柱、车体倾斜外胀、侧梁下垂、防火板、轮缘、踏面、车轮外侧、轴承外圈、承载鞍、侧架导框
第三步 左脚迈出车体	空步
第四步 右脚跨出一步,转身	定检标记、色票插、墙板、侧柱、侧梁、车门、车窗、车门折页及座、车门锁闭装置、门板、绳栓、柱插、集装箱锁头、侧架、副构架导框、承载鞍、轴箱橡胶垫、滚动轴承轴端螺栓、轴承外圈、轴承挡键
第五步 左脚跨出一步	侧架、侧架立柱磨耗板折头螺栓、铆钉、闸瓦托外侧、闸瓦及闸瓦插销、转 K3 型转向架制动梁端头与闸瓦托组装开口销、轮缘、踏面、轮辋、交叉杆支撑座、端部螺栓、防松垫止耳
第六步 右脚跨出一步。	侧柱、侧梁、车门、车窗、车门折页及座、车门锁闭装置、绳栓、柱插、墙板、门板、集装箱锁头、罐车卡带、紧固螺母及锁紧螺母、圆销、开口销、侧架、摇枕端部、侧架立柱磨耗板、斜楔、外枕簧、弹簧托板、折头螺栓、侧架底部
第七步 左脚跨出一步	侧架、侧架立柱磨耗板折头螺栓、铆钉、闸瓦托外侧、闸瓦及闸瓦插销、转 K3 型转向架制动梁端头与闸瓦托组装开口销、轮缘、踏面、轮辋、交叉杆支撑座、端部螺栓、防松垫止耳
第八步 右脚跨出一步	墙板、侧柱、侧梁、车门、车窗、车门折页及座、车门锁闭装置、门板、绳栓、柱插、集装箱锁头、侧架、副构架导框、承载鞍、轴箱橡胶垫、滚动轴承轴端螺栓、轴承外圈、轴承挡键
第九步 左脚跨出一步,贴近钢轨	空步
第十步 右脚跟进跨入钢轨,目视锤敲	侧架导框、承载鞍、滚动轴承外圈、车轮外侧面、踏面、轮缘、防火板、枕梁、地板、中梁、横跨梁托及座、横跨梁螺栓、螺母及开口销、横跨梁、传感阀、抑制盘、支架,固定支点受及圆销开口销、固定支点及圆销开口销、固定杠杆及中拉杆及圆销开口销、固定杠杆支点链蹄环及圆销开口销、主管、主管三通、脱轨自动制动装置调节杆,拉环,拉环圆销、塞门手把、支管三通、各制动管卡子及螺母、法兰螺栓、螺母、车轮内侧、侧架内侧、双作用常接触式旁承、闸瓦托内侧、安全链、制动梁、内枕簧、摇枕、上下心盘螺栓及螺母、上拉杆及圆销开口销、制动梁支柱及圆销开口销、中拉杆及圆销开口销、下拉杆及圆销开口销、下拉杆安全吊、交叉杆、中间夹板、盖板、安全吊链、安全锁、弹簧托板、车号自动识别标签
第十一步 右脚跨出钢轨	空步
自由步	侧柱、侧梁、车门、墙板、门板、车窗、车门折页及座、车门锁闭装置、底开门转轴、开口销、绳栓、柱插、罐体及阀,人孔盖及安全阀,罐体上部走板、防护栏、集装箱锁头、车门滑动轨道、车门滑轮、缓解阀拉杆及吊架、空重车调整杆及吊架、各杠杆、拉杆及圆销开口销、闸调器、制动管系、远心集尘器及组合式集尘器、缓解阀、制动阀、空重车自动调整装置限压阀、调整阀、制动缸、副风缸、加速缓解风缸、容积风缸、降压风缸、人力制动机拉杆、制动缸链、地板、中部各梁、浴盆板、罐车下卸式排油管、加热管及盖

续上表

检查步骤	检查顺序及部位名称
第十二步 左脚贴近钢轨，探身检查。	侧架导框、承载鞍、滚动轴承外圈、车轮外侧面、踏面、轮缘、防火板、枕梁、地板、中梁、固定支点受及圆销开口销、固定支点及圆销开口销、固定杠杆及中拉杆及圆销开口销、固定杠杆支点链蹄环及圆销开口销、主管、主管三通、脱轨自动制动装置调节杆，拉环，拉环圆销、塞门手把、支管三通、各制动管卡子及螺母、法兰螺栓、螺母、车轮内侧、侧架内侧、一体式构架、闸瓦托内侧、上拉杆及圆销开口销、制动梁支柱及圆销开口销、中拉杆及圆销开口销、下拉杆及圆销开口销、下拉杆安全吊、弹簧托板、车号自动识别标签
第十三步 左脚迈出车体	空步
第十四步 右脚跨出一步，转身	同第八步
第十五步 左脚跨出一步	同第七步
第十六步 右脚跨出一步	同第六步
第十七步 左脚跨出一步	同第五步
第十八步 右脚跨出一步	墙板、侧柱、侧梁、车门、车窗、车门折页及座、车门锁闭装置、门板、绳栓、柱插、集装箱锁头、车梯扶手、脚蹬、侧架、副构架导框、承载鞍、轴箱橡胶垫、滚动轴承密封罩、前盖及轴端螺栓、轴承外圈、轴承挡键
第十九步 左脚跨出一步转身，右脚跟进贴近钢轨，探身检查（先站立后探身）	角柱、端梁、端板、渡板折页及座、圆销、门挡及车端护栏、钩提杆座、提钩杆及链、提钩杆复位弹簧、下锁销转轴、车钩防跳止销及链、制动软管吊链、冲击座、钩体支撑弹簧鞍止挡块和螺栓及母、钩颈、钩体、钩舌、钩舌销及开口销、人力制动机拉杆、拉杆链、轴链、吊架、导向杆、侧梁、侧架导框、承载鞍、滚动轴承外圈、车轮外侧面、踏面、轮缘、防火板、钩身、钩尾框、缓冲器、安全托板螺栓及母、钩尾销托板螺栓及母、从板、从板座、钩尾框托板和螺栓及母、中梁牵引部、枕梁、地板、车轮内侧、侧架内侧、一体式构架、闸瓦托内侧、上拉杆及圆销开口销、制动梁支柱及圆销开口销、中拉杆及圆销开口销、下拉杆及圆销开口销、下拉杆安全吊、弹簧托板

到达列车人工检查顺序及部位名称（19 步）见表 5-21-4。

表 5-21-4 到达列车人工检查顺序及部位名称（19 步）

检查步骤	检查顺序及部位名称
第一步 左脚跨入钢轨内侧，目视、锤敲（先站立、后蹲身）	钩体、牵引杆、端梁、端板、门挡及车端护栏、渡板折页及座、折角塞门、直端塞门、制动软管、制动软管吊链、钩锁锁腿、车钩托梁及螺母、补助管及卡子、钩体支撑座、钩体支撑座止挡铁及螺母或铆钉、钩尾销托梁、13 型、13A 型钩尾框安全吊螺栓开口销、13B 型钩尾框钩尾销螺栓开口销、安全托板、钩尾框托板、钩尾销托梁螺母、开口销、钩尾销插托及螺母、钩尾销及安全吊螺母、从板、从板座、钩尾框、缓冲器、钩尾框托板、主管、主管三通、脱轨自动制动装置拉环、塞门手把、车轮内侧、侧架内侧、一体式构架、副构架、闸瓦托、制动梁及安全链、内枕簧、制动梁梁体、支柱、支柱夹扣及螺母、摇枕、上下心盘螺栓及螺母、上拉杆及圆销开口销、制动梁支柱及圆销开口销、中拉杆及圆销开口销、下拉杆及圆销开口销、下拉杆安全吊或索、交叉支撑装置盖板及交叉杆体、扣板螺栓、铆钉、安全索、转向架弹簧托板、集成制动装置闸调器控制杆螺母及锁紧螺母、制动缸连接软管、制动缸安装拉铆销套环、地板、横梁

续上表

检查步骤	检查顺序及部位名称
第二步 左脚跨出钢轨（面对角柱先站立、后蹲身）	角柱、防火板、轮缘、踏面、车轮外侧、滚动轴承外圈、承载鞍、侧架导框
第三步 左脚迈出车体	空步
第四步 右脚跨出一步，转身	定检标记、侧梁、侧柱、墙板、门板、车门及车窗、车门折页及座、绳栓、柱插、集装箱锁头、车门锁闭装置、侧架、一体式构架、副构架、承载鞍、轴箱橡胶垫、轴箱橡胶弹簧、轴箱纵向弹性垫、滚动轴承外圈、前盖、轴端螺栓、轴承挡键
第五步 左脚跨出一步	侧架、闸瓦托外侧、闸瓦及闸瓦插销、轮缘、踏面、轮辋、交叉杆端部螺栓
第六步 右脚跨出一步	侧梁、侧柱、墙板、门板、车门及车窗、车门折页及座、绳栓、柱插、集装箱锁头、车门锁闭装置、侧架、摇枕端部、罐车卡带、紧固螺母及锁紧螺母、圆销及开口销、外枕簧、转向架弹簧托板、折头螺栓、螺母及开口销、侧架底部
第七步 左脚跨出一步	侧架、闸瓦托外侧、闸瓦及闸瓦插销、轮缘、踏面、轮辋、交叉杆端部螺栓
第八步 右脚跨出一步	侧梁、侧柱、墙板、门板、车门及车窗、车门折页及座、绳栓、柱插、集装箱锁头、车门锁闭装置、侧架、一体式构架、副构架、承载鞍、轴箱橡胶垫、轴箱橡胶弹簧、轴箱纵向弹性垫、滚动轴承外圈、前盖、轴端螺栓、轴承挡键
第九步 左脚跨出一步，贴近钢轨	空步
第十步 右脚跟进跨入钢轨，目视锤敲	侧架导框、承载鞍、滚动轴承、车轮外侧面、踏面、轮缘、防火板、地板、横梁、横跨梁、螺母及开口销、固定杠杆支点座、固定杠杆支点、固定杠杆支点链蹄环及圆销、开口销、拉铆销套、固定杠杆支点座拉铆钉、主管、主管三通、脱轨自动制动装置拉环、塞门手把、车轮内侧、侧架内侧、一体式构架、副构架、闸瓦托、制动梁及安全链、内枕簧、制动梁梁体、支柱、支柱夹扣及螺母、摇枕、上下心盘螺栓及母、制动梁支柱及圆销开口销、中拉杆及圆销开口销、下拉杆及圆销开口销、下拉杆安全吊或索、交叉支撑装置盖板及交叉杆体、扣板螺栓、铆钉、安全索、转向架弹簧托板、车号自动识别标签
第十一步 右脚跨出钢轨	空步
自由步	侧梁、侧柱、墙板、门板、车门及车窗、车门折页及座、绳栓、柱插、集装箱锁头、车门锁闭装置、底开门转轴、开口销、罐体及阀，人孔盖及安全阀，罐体上部走板、防护栏、车门滑动轨道、车门滑轮、缓解阀、缓解阀拉杆及吊架、空重车调整杆及吊架、各杠杆、拉杆及圆销开口销、闸调器、制动管系、远心集尘器及组合式集尘器、制动阀、空重车自动调整装置限压阀、调整阀、制动缸后杠杆支点组装螺母、制动缸、副风缸、加速缓解风缸、容积风缸、降压风缸及吊架、制动阀防盗罩、制动主管、支管、连接管、卡子及螺母、法兰螺母、截断塞门、人力制动机拉杆、拉杆链、吊架、拉铆销套、地板、横梁、浴盆板、罐车下卸式排油管、加热管及盖

续上表

检查步骤	检查顺序及部位名称
第十二步 左脚贴近钢轨，探身检查	侧架导框、承载鞍、滚动轴承外圈、车轮外侧面、踏面、轮缘、防火板、地板、横梁、固定杠杆支点座、固定杠杆支点、固定杠杆支点链蹄环及圆销、开口销、拉铆销套、固定杠杆支点座拉铆钉、主管、主管三通、脱轨自动制动装置拉环、塞门手把、车轮内侧、侧架内侧、一体式构架、副构架、闸瓦托、制动梁支柱及圆销开口销、中拉杆及圆销开口销、下拉杆及圆销开口销、下拉杆安全吊或索、转向架弹簧托板、车号自动识别标签
第十三步 左脚迈出车体	空步
第十四步 右脚跨出一步，转身	侧梁、侧柱、墙板、门板、车门及车窗、车门折页及座、绳栓、柱插、集装箱锁头、车门锁闭装置、侧架、一体式构架、副构架、承载鞍、轴箱橡胶垫、轴箱橡胶弹簧、轴箱纵向弹性垫、滚动轴承、轴承挡键
第十五步 左脚跨出一步	侧架、闸瓦托外侧、闸瓦及闸瓦插销、轮缘、踏面、轮辋、交叉杆端部螺栓
第十六步 右脚跨出一步	侧梁、侧柱、墙板、门板、车门及车窗、车门折页及座、绳栓、柱插、集装箱锁头、车门锁闭装置、侧架、摇枕端部、罐车卡带、紧固螺母及锁紧螺母、圆销及开口销、外枕簧、转向架弹簧托板、折头螺栓、螺母及开口销、侧架底部
第十七步 左脚跨出一步	侧架、闸瓦托外侧、闸瓦及闸瓦插销、轮缘、踏面、轮辋、交叉杆端部螺栓
第十八步 右脚跨出一步	侧梁、侧柱、墙板、门板、车门及车窗、车门折页及座、绳栓、柱插、集装箱锁头、车门锁闭装置、脚蹬、车梯扶手、侧架、一体式构架、副构架、承载鞍、轴箱橡胶垫、轴箱橡胶弹簧、轴箱纵向弹性垫、滚动轴承外圈、前盖、轴端螺栓、轴承挡键
第十九步 左脚跨出一步转身，右脚跟进贴近钢轨，探身检查(先站立后探身)	角柱、端梁、端板、渡板折页及座、圆销、门挡及车端护栏、钩提杆座、钩提杆及复位弹簧、钩舌销及开口销、下锁销组成、车钩防跳插销及吊链、人力制动机拉杆、拉杆链、轴链、吊架、导向杆、拉铆销套、折叠式人力制动机轴、集成制动装置手制动杠杆及销轴、侧架导框、承载鞍、滚动轴承外圈、车轮外侧面、踏面、轮缘、防火板、地板、横梁、钩尾框、缓冲器、安全托板螺栓及母、从板、从板座、钩尾框托板和螺栓及螺母、车轮内侧、侧架内侧、一体式构架、闸瓦托内侧、上拉杆及圆销开口销、制动梁支柱及圆销开口销、中拉杆及圆销开口销、下拉杆及圆销开口销、下拉杆安全吊、弹簧托板

能 力 考 核

一、考核题目

货车单车技术检查。

二、考核内容

货车单车技术检查。

三、考核要求

1. 顺序明、步法清、姿式好、敲位准能发现故障，不超规定时间。
2. 每车每侧发现的故障严格按照故障明称口述。

3. 车钩的三态试验在单检中做两端。

四、考核时间

1. 准备时间:2 min。
2. 正式作业时间:5 min。计时从插设防护号志到摘除防护号志结束。
3. 规定时间内全部完成,超时停止作业。

五、考核标准

若考生发生下列情况之一,则应及时终止其考试,考生该试题成绩记为零分。
1. 在考试过程中因违规操作损坏工具或设备。
2. 在考试过程中因违规操作发生安全事故。

考　核　表

考核项点	配　分	考核内容	
时间	20	标定时间 5 min。每超过 12 s 扣 1 分(不足 12 s 不扣分),超过标定时间 4 min 停止作业,时间分不得分。压缩时间不加分,成绩相同按时间排序	
作业过程	20	一、作业程序 按照 18～19 步检车法执行 二、扣分标准 [1]车端定检标记、车体倾斜、制动软管检修标记,未口述(标记不过期和车体倾斜不到限)每次扣 2 分 [2]未检查车钩三态作用每态扣 2 分,试验方法不正确每态扣 1 分 [3]钩托板、钩尾扁销、钩尾框托板、心盘、旁承等螺母每漏敲一处扣 1 分,补助管卡子、轮对每漏敲一处扣 1 分 [4]各阀体、集尘器体、油压减振器体、单元制动缸体、牵引拉杆螺纹、制动盘摩擦面、制动管系,每敲打一次扣 1 分 [5]简化作业程序,漏检轮对、转向架、钩缓、制动及悬吊装置等大部件,每处扣 3 分;重复作业一次扣 2 分	
质量	50	[1]全车故障 10 件,每漏发现 1 件故障扣 5 分(以选手上交的故障记录为准) [2]填记故障未写明位数、配件名称、故障名称,错、漏一项此故障不得分 [3]检查后须保持故障原状,改变原状者每处扣 1 分 [4]发现故障在序号下方打"√" ①　②　③　④　⑤　⑥　⑦　⑧　⑨　⑩	
安全其他	10	[1]未插设或未撤除安全号志扣 10 分,错设扣 5 分;中间脱落或未展开各扣 5 分 [2]作业中违章使用工具每次扣 1 分,作业完毕后遗漏工具每件扣 2 分 [3]作业中碰破出血扣 5 分;作业过程中受伤不能工作者全项失格 [4]未按规定穿戴劳保用品扣 2 分	
用　时		成　绩	

任务二十二　更换或补装铁路货车摇枕(减振)弹簧

摇枕弹簧是在货车转向架中起承重作用的一系悬挂,在列车中,如果发生摇枕弹簧丢失或折断的故障，在车辆运行过程中易使车辆发生偏载，尤其是在通过曲线时尤为严重。因此掌握它的更换方法有着重要的实际意义。

通过实训，理解摇枕弹簧的作用，掌握更换或补装摇枕弹簧的方法。

任 务 单

<table>
<tr><td>项 目</td><td colspan="4">车辆专业知识</td></tr>
<tr><td>任 务</td><td colspan="2">更换或补装铁路货车摇枕(减振)弹簧</td><td>学 时</td><td>2</td></tr>
<tr><td colspan="5">任 务 概 述</td></tr>
<tr><td colspan="5">摇枕弹簧是在货车转向架中起承重作用的一系悬挂，在列车中，如果发生摇枕弹簧丢失或折断的故障，在车辆运行过程中易使车辆发生偏载，尤其是在通过曲线时尤为严重。因此掌握它的更换方法有着重要的实际意义</td></tr>
<tr><td colspan="5">任 务 内 容</td></tr>
<tr><td colspan="5">本任务主要能熟练、正确地更换或补装铁路货车摇枕(减振)弹簧</td></tr>
<tr><td colspan="5">任 务 目 标</td></tr>
<tr><td colspan="2">知 识 目 标</td><td colspan="2">能 力 目 标</td><td>素 质 目 标</td></tr>
<tr><td colspan="2">1. 理解货车摇枕弹簧的作用
2. 理解摇枕弹簧拆断后对车辆运行影响</td><td colspan="2">掌握更换或补装铁路货车摇枕(减振)弹簧的方法</td><td>1. 树立安全生产意识
2. 培养严谨认真的工作态度
3. 培养团队合作精神</td></tr>
<tr><td colspan="5">任 务 要 求</td></tr>
<tr><td colspan="5">1. 在实训过程中，严格遵守实训场所有关规定
2. 树立“安全第一”意识，保证人身及设备安全
3. 做好实训准备工作，准备好相关物品
4. 操作工具时，严格按照操作规范进行
5. 及时记录实训数据与结果，认真撰写实训报告
6. 发生下列情况之一，应立即终止实训
(1)在实训过程中因违规操作损坏工具
(2)在实训过程中因违规操作发生安全事故</td></tr>
</table>

理 论 知 识

铁路货车运用维修规程针对列车队处理故障中大件修的要求。列检作业场发现大件修范围内的铁路货车故障，须由故障修理人员使用专用工具、机具，按照相应的质量标准进行全面修理。大件修范围规定如下：

补装：钩舌推铁、下锁销组成、车钩托梁、空车摇枕弹簧、空车减振弹簧、制动软管、无防盗罩的制动阀、缓解阀、安全阀、组合式集尘器、远心集尘器、罐车卡带圆销等。

实 作 技 能

一、实训准备

在正式作业前，先准备好如下实训用品：

通用货车一辆、检点锤、工具带、检车灯、对讲机、手锤、油镐、镐把、镐架、撬棍、垫木。

二、实训流程及标准

实训流程如图 5-22-1 所示。

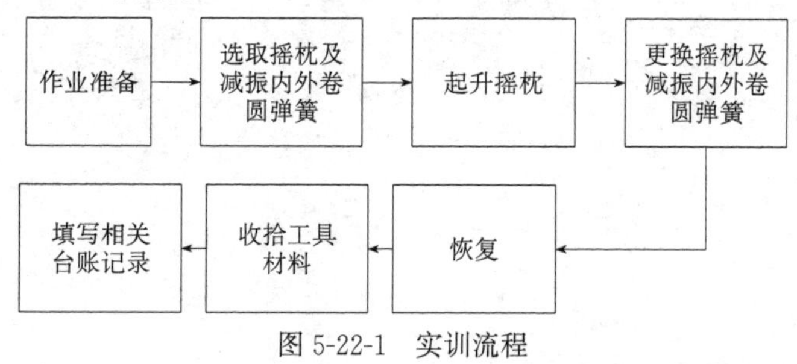

图 5-22-1 实训流程

三、实训内容

根据不同型号转向架选配不同型号的摇枕及减振内外卷圆弹簧。圆弹簧如图 5-22-2 所示。

图 5-22-2 圆弹簧

（1）作业程序。准备工作→选取摇枕及减振内外卷圆弹簧→起升摇枕→更换摇枕及减振内外卷圆弹簧→恢复→收拾工具材料→填写相关台账记录。

（2）作业程序、质量标准及安全要求。

（3）准备工作。选择同型号且外观良好的摇枕及减振内外卷圆弹簧。

（4）更换摇枕（减振）弹簧。将止轮器安放在故障车辆轮对踏面与钢轨之间（不少于 2 个）。要求止轮器必须对应放置，如图 5-22-3 所示。

将专用卡具放入摇枕箱口与枕梁翼板间，如图 5-22-4 所示。要求专用卡具良好，注意防滑。

将架镐地面垫平，放入 50T 油镐，镐顶部需放置防滑块，起压油镐。要求架镐地面必须用枕木头或钢板等垫平结实，并做好防滑措施，如图 5-22-5 所示。

将摇枕升到一定高度，取出故障弹簧（更换减振弹簧时须用撬棍撬起斜楔拉出待更换故障弹簧），将准备好的新弹簧推入斜楔下部，落下斜楔。要求更换的弹簧必须与故障弹簧型号规格一致，并且自由高度差符合规定要求。更换的摇枕或减振弹簧必须落入弹簧定位脐及

图 5-22-3 放置止轮器

档边内，内外圈旋向须相反，不得有卡阻现象，如图 5-22-6 所示。

图 5-22-4 放置卡具

图 5-22-5 放置油镐

缓慢落下油镐，取出油镐。要求更换故障弹簧时作业人员手指不能伸入弹簧间隙处和弹簧与侧架上、下部间，如图 5-22-7 所示。

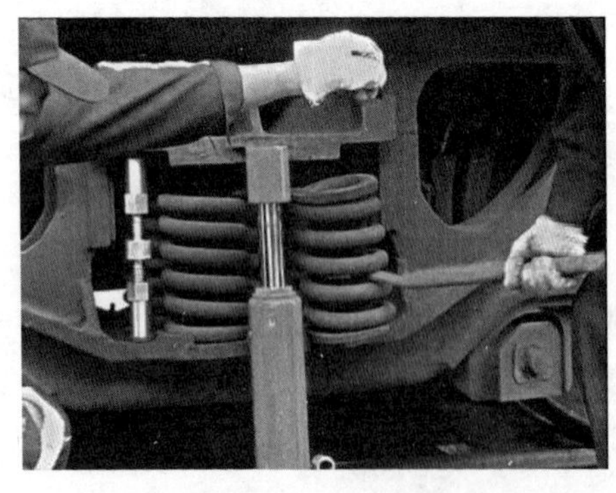

图 5-22-6 更换弹簧

图 5-22-7 取出油镐

（5）恢复。检查车辆各部技术状态良好。

（6）回收工具和废材料，工具材料及更换旧配件收拾齐全不得随意乱放，及时放置钢轨外规定位置。

(7) 列车队或沿途车站调查处理故障完毕后，撤除安全防护信号或办理解锁。

能 力 考 核

一、考核题目

更换或补装铁路货车摇枕（减振）弹簧。

二、考核内容

更换或补装铁路货车摇枕（减振）弹簧。

三、考核要求

(1) 在规定时间内，完成更换或补装铁路货车摇枕（减振）弹簧。
(2) 按工艺要求，熟练、正确地完成更换或补装铁路货车摇枕（减振）弹簧。

四、考核时间

(1) 准备时间：2 min。
(2) 正式作业时间：5 min。计时从工具准备齐全开始至检查、记录完毕结束。

五、考核标准

若考生发生下列情况之一，则应及时终止其考试，考生该试题成绩记为零分。
(1) 在考试过程中因违规操作损坏工具或部件。
(2) 在考试过程中因违规操作发生安全事故。

考 核 表

考核项点	配　　分	考 核 内 容
时间	10	标定时间 5 min,每超过 5 s 扣 1 分(不足 5 s 不扣分),超过标定时间 2 min 停止作业,否则判定本单项失格。压缩时间不加分,得分相同时以时间短的排名靠前
作业过程	40	一、作业程序 准备工作→选取摇枕及减振内外卷圆弹簧→起升摇枕→更换摇枕及减振内外卷圆弹簧→恢复→收拾工具材料→填写相关台账记录 二、扣分标准 [1]止轮器安装不到位,未卡住轮对扣 5 分 [2]不按顺序作业扣 5 分 [3]枕弹簧安装不正确未入位,失格 [4]工具使用不当扣 2 分,损坏、摔掷工具和配件每次扣 5 分 [5]工具、配件(不含开口销)未收回每一件扣 1 分
质量	40	[1]错装、漏装配件每处扣 10 分 [2]安全销销安装不牢固扣 5 分 [3]枕弹簧安装不正确未入位,失格

续上表

考核项点	配分	考 核 内 容
安全其他	10	[1]中间脱落或未展开各扣 5 分 [2]未按规定穿戴劳保用品扣 2 分 [3]作业中违章使用工具每次扣 1 分，损坏、摔掷工具和配件每次扣 5 分，作业完毕后遗漏工具每件扣 2 分，配件脱落每件扣 5 分 [4]作业中碰破出血扣 5 分；作业过程中受伤不能工作者全项失格 [5]未清理现场，工具、部件等摆放不整齐扣 5 分
用　　时		成　　绩	

任务二十三　TFDS 动态检查作业

TFDS 是一套集高速数字图像采集，大容量图像数据实时处理技术、精确定位技术、模式识别技术、智能化、网络化技术以及自动控制技术于一体的智能系统，能够对通过的车辆利用图像采集设备自动抓拍车钩缓冲装置、基础制动装置、车底架、转向架等部位的全部图像，并经过数字化处理，传送到室内信息终端计算机，对货车的隐蔽故障和常见故障进行动态检测。

任　务　单

<table>
<tr><td>项　　目</td><td colspan="3">车辆专业知识</td></tr>
<tr><td>任　　务</td><td>TFDS 动态检查作业</td><td>学　　时</td><td>2</td></tr>
<tr><td colspan="4">任 务 概 述</td></tr>
<tr><td colspan="4">货车故障轨边图像检测系统 TFDS 是保障铁路货车运行安全的重要措施，了解学习 TFDS 动态检查作业的原理、工作流程、作业标准是铁路货车运用工作的重要一环，对提升相关岗位技能具有重要意义</td></tr>
<tr><td colspan="4">任 务 内 容</td></tr>
<tr><td colspan="4">了解掌握货车故障轨边图像检测系统 TFDS 动态检查作业的原理、工作流程、作业标准等内容</td></tr>
<tr><td colspan="4">任 务 目 标</td></tr>
<tr><td>知 识 目 标</td><td>能 力 目 标</td><td colspan="2">素 质 目 标</td></tr>
<tr><td>1. 了解货车故障轨边图像检测系统 TFDS 的工作原理
2. 掌握 TFDS 动态检查作业的工作流程、作业标准</td><td>1. 使培训人员掌握货车故障轨边图像检测系统 TFDS 的原理、作业流程及作业标准
2. 提升培训人员的知识面
3. 培养培训人员认知能力，为成为未来优秀的铁路员工打下良好的基础</td><td colspan="2">1. 树立安全生产意识
2. 培养严谨认真的工作态度
3. 培养团队合作精神</td></tr>
<tr><td colspan="4">任 务 要 求</td></tr>
<tr><td colspan="4">1. 掌握货车故障轨边图像检测系统 TFDS 的工作原理
2. 掌握 TFDS 动态检查作业的工作流程、作业标准
3. 了解铁路货车运行安全的控制方法</td></tr>
</table>

理 论 知 识

货车故障轨边图像检测系统 TFDS，是利用计算机、融合网络通信、自动控制和图像采集处理技术，自动抓拍运行中的铁路货车的制动梁、转向架、车钩缓冲配件、基础空气制动装置、车底架、车体两侧等部位的全部图像，根据不同车型精确定位，以一车一档的方式在列检终端计算机显示拼接的部件完整图像，有动态检车员进行故障检查、现场检车员（故障专修处理人员）进行故障处置，实现了车辆故障信息的动态采集、分析、预警，达到了现场人机作业分工的效果，进一步优化了列检人工检查作业范围，减轻了现场的劳动工作强度。

一、在铁路货车安全管理中的作用

1. 实现"人控"向"机控"转变。
2. 实现了"室外"向"室内"的转变。
3. 实现了"静态检查"向"动态检测"的转变。
4. 压缩了列车技术检查时间，提高了列检劳动生产率。

二、主要功能

TFDS 采用高速摄像、计算机快速处理技术、图像模式识别技术、传感技术等对铁路货车隐蔽和常见故障进行动态检测。

三、主要构成

TFDS 由探测站设备和列检检测分析中心设备两个主要部分组成。TFDS 探测站轨旁设备如图 5-23-1 所示。

图 5-23-1　TFDS 探测站轨旁设备

四、主要原理

TFDS 探测站设备利用测速定位系统、图像采集系统、光源补偿系统等完成对车辆特定部位的图像采集。数据处理中转站安装在探测站内，它将采集到的铁路货车各部图像通过前置处理器、数据处理服务器完成计轴计辆，图像定位等数据处理工作；检测分析中心建立在列检所，通过光缆把数据处理中转站处理后的数据图像传至网络服务器，通过交换机分配到各终端计算机由 TFDS 动态检车员进行图像判别。

五、TFDS 运用要求

1. 检查要求

动态检查作业应按照“干线优先、直通优先”的原则安排检查顺序，每列车的动态检查作业须由 1 个动态检车组完成。

2. 拦停报告程序

动态检查作业发现“通过作业 TFDS 动态检查范围和质量标准”范围内的故障和其他危及行车安全的故障，按照“先报告后提交”的原则，向集团公司红外线调度员进行预报拦停，办理拦停手续。

TFDS 动态检车员立即口头报告动态检车组长，由动态检车组长快速判断确认后，立即使用语音记录装置良好的直通电话将需要拦停的车次、故障铁路货车编挂位置和车种车型车号、故障等情况通知集团公司红外线调度员。

集团公司红外线调度员立即使用语音记录装置良好的直通电话通知集团公司列车调度员安排立即停车，同时填写《铁路货车运行安全监控系统拦停通知卡》，送集团公司列车调度员签字确认。

集团公司列车调度员接到拦停列车的信息后，立即安排列车就地停车。

机车乘务员接到就地停车的口头通知后，采用常用制动停车。列车在区间停车时，由车辆乘务员负责确认，无车辆乘务员的由机车乘务员负责确认。按照拦停信息确定故障铁路货车编组位置，并确认能否继续安全运行到车站，可以继续运行的，及时报告车站值班员并转报集团公司列车调度员，由集团公司列车调度员发布调度命令，运行到前方车站或退行至后方车站；不能继续运行的，集团公司启动应急处置预案。列车在有列检作业场的车站停车时，由车辆段调度员通知列检作业场确认、处理；无列检作业场的，由车站安排将该故障铁路货车从列车中摘下，车辆段调度员通知列检作业场确认、处理。

列检人员须将预报拦停的故障确认、处理结果反馈给列检值班员，列检值班员报车辆段调度员和动态检车组长，动态检车组长将故障处理方式、处理人、处理时间等内容，自故障发生时刻起 24 h 内录入 TFDS，车辆段调度员报集团公司红外线调度员和车辆调度员。

3. 现场预报、处理与反馈

对到达、中转作业的列车，动态检车组长应将每列预报确认的故障信息复核后通知列检值班员。列检值班员以辆为单位向现场预报，检车员确认、处理后，将结果报告列检值班员，列检值班员核对、汇总后反馈给动态检车组长，动态检车组长确认故障处理方式、处理人、处理时间等内容，并录入 TFDS。

能力考核

一、考核题目

1. 说明货车故障轨边图像检测系统 TFDS 作用原理。
2. 简述货车故障轨边图像检测系统 TFDS 功能。
3. 简述货车故障轨边图像检测系统 TFDS 主要构成。
4. 简述货车故障轨边图像检测系统 TFDS 运用作业要求。

二、考核内容

1. 掌握货车故障轨边图像检测系统 TFDS 作用原理。
2. 掌握货车故障轨边图像检测系统 TFDS 功能。
3. 掌握货车故障轨边图像检测系统 TFDS 主要构成。
4. 掌握货车故障轨边图像检测系统 TFDS 运用作业要求。

三、考核要求

1. 掌握货车故障轨边图像检测系统 TFDS 功能。
2. 掌握铁货车故障轨边图像检测系统 TFDS 主要构成。
3. 掌握货车故障轨边图像检测系统 TFDS 运用作业要求。

四、考核时间

1. 正式考核时间:45 min。
2. 在规定时间内全部完成考题内容,超 30 min 停止考核。

五、考核标准

考 核 表

<table>
<tr><td>考 核 项 点</td><td>配分</td><td colspan="2">考 核 内 容</td></tr>
<tr><td>TFDS 动态
检查作业</td><td>100</td><td colspan="2">[1]说明货车故障轨边图像检测系统 TFDS 作用原理
[2]简述货车故障轨边图像检测系统 TFDS 功能
[3]掌握货车故障轨边图像检测系统 TFDS 主要构成
[4]掌握货车故障轨边图像检测系统 TFDS 运用作业要求</td></tr>
<tr><td>用 时</td><td></td><td>成 绩</td><td></td></tr>
</table>

任务二十四 货车行车安全应急预案认知与典型故障应急处理

货车是没有配属单位的铁路设备,其运行安全尤为重要,为了提高货车故障检修及突发事件的应急处置能力,确保列车运行安全有序,行车应急管理和应急响应程序要迅速、有效防范和控制,提高安全防范意识及对突发行车安全问题时应急处理的能力,最大程度地降低发生问题后对运输秩序的影响。

任 务 单

<table>
<tr><td>项 目</td><td colspan="4">车辆专业知识</td></tr>
<tr><td>任 务</td><td colspan="2">货车行车安全应急预案认知与典型故障应急处理</td><td>学时</td><td>2</td></tr>
<tr><td colspan="5">任 务 概 述</td></tr>
<tr><td colspan="5">货车行车安全应急预案是保障货物列车安全正点和有序运营的重要措施，学习货车行车安全应急预案相关知识并掌握典型故障应急处理是铁道车辆货车运用工作的重要一环，对提升相关岗位技能具有重要意义</td></tr>
<tr><td colspan="5">任 务 内 容</td></tr>
<tr><td colspan="5">货车行车安全应急预案就是要做到规范应急管理和应急响应程序，制定故障检修应急预案，提高对突发行车安全问题时应急处理的能力，最大程度地降低发生问题后对运输秩序的影响。保证列车安全运行，确保货物安全运输</td></tr>
<tr><td colspan="5">任 务 目 标</td></tr>
<tr><td colspan="2">知 识 目 标</td><td>能 力 目 标</td><td colspan="2">素 质 目 标</td></tr>
<tr><td colspan="2">1. 熟悉货物列车发生故障应急预案处置要求
2. 掌握滚动轴承热轴故障应急处理
3. 掌握制动类故障应急处理
4. 掌握车钩缓冲装置故障应急处理</td><td>1. 使培训人员掌握更换 120 控制阀基本技能；掌握分解、组装 17 型车钩检修的基本技能
2. 提升培训人员素养，提高培训人员动手能力
3. 培养培训人员认知能力，为成为未来优秀的铁路员工打下良好的基础</td><td colspan="2">1. 树立安全生产意识
2. 培养严谨认真的工作态度
3. 培养团队合作精神</td></tr>
<tr><td colspan="5">任 务 要 求</td></tr>
<tr><td colspan="5">1. 掌握货车行车安全应急预案处理原则及重要性
2. 掌握滚动轴承热轴应急预案及处理
3. 掌握制动类故障应急预案及处理、车钩缓冲装置故障应急预案及处理
4. 提高培训人员动手能力，掌握更换 120 控制阀；掌握分解、组装 17 型车钩基本的检修技能</td></tr>
</table>

理 论 知 识

货车在运营中，做到规范应急管理和应急响应程序，迅速、有效防范和控制安全风险，提高对突发行车安全问题的应急处理的能力，最大程度地降低发生问题后对运输秩序的影响。保证列车安全运行，确保货物安全运输。

一、货物列车发生故障应急预案处置要求

围绕列车发生故障实际情况做好相关信息、技术资料的收集、传送工作，如实完整的传达各项指令。全面负责列车发生故障现场的勘查、故障车辆的鉴定工作。详细排查车辆故障；如实、详细、完整的记载、摄录与故障发生的相关内容，并将掌握的调查情况及时向上级汇报。同

时向上级部门提出有利于事故处理的措施、建议，为决策提供可靠依据。

1. 现场处理车辆故障时，首先与车站值班员联系并征得车站值班员同意后，方可进行作业。当对车列中车辆进行检修时，应在车列两端车辆来车方向左侧，插设停车信号(昼间用红旗，可视距离不足 1 200 m 时必须用红灯；夜间用红灯)。当对列车中车辆进行检修时，还应与本务机车司机用车站联控电话联系，告知机车司机“不准动车”，待得到“明白，不准动车”的回复后，检修人员再进行故障处置。

2. 故障处置过程中，应执行“专人联控”制度，即谁通知谁解除；机车司机在没有得到撤除防护的情况下，严格落实“不准动车”的通知。

3. 任何故障处理完毕后，必须再进行一次全车简略试验，确认合格后，才可放行。

4. 作业结束清理现场，清点工具，撤除防护信号，撤除“不准动车”通知。

5. 故障处理完毕后，撤除安全防护，汇报列车调度员、车站值班员、机车司机。

6.“专人联控”人员应及时收集整理相关故障车信息，并报局列车调度员；收集内容应包括：时间、地点、车次、装载货物名称、值乘司机、故障车辆位数、车号、定检日期、故障名称、现场“专人联控”人员及职务、故障处理人员、处理结果等内容。

二、滚动轴承热轴应急预案及处理

(一)主要内容

属于 THDS 预报的热轴故障拦停列车时，应调查转向架型式、轴承类型，热轴侧及相对侧轴承标志板及施封锁刻打内容，预报顺位及左右侧、现车位数，预报站及前三个探测站探测数据和“5T”综合查询情况，拦停后司机或车站相关人员的检查、处理情况，车轮踏面及轮缘状态、承载鞍状态，轴承外观状态，承载鞍与轴承外圈接触面状况，点测轴承实际温度、环境温度(做好本车轮、轴温对比和前后车轴温对比)，轴承转动检查情况，货物装载等情况。属于车轮、车轴故障需调查故障尺寸及新旧痕情况，制造及检修标记。

(二)热轴处置(作业场值班干部带队)

1. 工(量)具装备及规章(包括抱闸故障调查的所需用品)

(1)红灯(红旗)、工具兜、检车灯、对讲机、列车接近无线报警接收机、防护服(上线作业服)。

(2)点温计、数码照相机、滚动轴承诊断仪(含转轴器)、盒尺、塞尺、第四种检查器、轮径尺、吊线及线坠。

(3)止轮器、压轮器、承载鞍吊卡、32 t 油镐、镐把、镐垫、破拆工具、手锤、尖撬、撬棍、18 寸管钳子、活扳手、松动剂、粉笔。

(4)《铁路技术管理规程》《铁路交通事故调查处理规则》《铁路货车运用维修规程》《普速铁路行车组织规则》《铁路货车厂修规程》《铁路货车段修规程》《铁路货车站修规程》《铁路货车站修规程》《车辆运行安全监控系统设备检修维护管理规则》《铁路货车制动装置检修规则》《铁路货车轮轴组装检修及管理规则》。

2. 处置重点要求

要先排除车体装载存在故障、热传导预报热轴，再排除力传导不良造成热轴(指外观检查)。

(1)检查车体是否存在向热轴侧发生倾斜，常接触旁承及滚子间隙超过运用限度或热轴侧旁承异常磨耗等故障，是否存在货物偏载、集重造成热轴预报。

(2)检查是否存在车辆抱闸后车轮热辐射进入 THDS 探测视场造成的热轴预报。

(3)检查制动梁滑块与侧架滑槽是否存在卡滞发生抱闸后造成的热轴预报。

(4)检查车轮踏面是否存在超过运用限度的故障，是否存在碾堆、偏磨等异状。

(5)外观检查承载鞍与轴承外圈接触痕迹是否存在配合不良的情况。

(6)外观检查热轴转向架的减振装置的侧架立柱磨耗板、斜楔是否存在减振不良(同车辆的斜楔上平面下压的高度是否一致)的情况。

(7)检查交叉支撑装置是否存在故障。

(8)检查热轴端车轮直径与热轴端转向架的其他车轮直径差是否过大。

(9)检查热轴车辆侧架(铲豆)的匹配。

(10)检查轴承是否存在变色(变蓝或变红)、冒烟、外圈破损或变形、前盖丢失或变形、外圈存在新圆周磨痕、密封罩脱出等严重异状情况。

3. 拍照(现车标注配件位置或照片标注配件位置)

(1)车辆整体(含车号、定检、侧面的车体和转向架及中部的水平杠杆，因线路宽度影响可以只包括车号、定检，临修标记单独拍照)。

(2)4 个侧架整体(含两块闸瓦、两个车轮轮辋外侧面及两个轴承端部)。

(3)8 个车轮踏面(与车轮辐板接近 90°角拍照车轮踏面)、8 块闸瓦。

(4)空气制动配件及中部的基础制动配件。

(5)热轴端、对轴端的标志板，热轴端的轴承外观(前后密封罩及外圈)，轴承诊断仪鉴定单。

(6)对存在故障的部位，要有远景、近景及盒尺(长宽尺寸)比对照片。

(三)空车更换轮对处置(车间主管副职或正职带队)

1. 工(量)具装备及规章

(1)红灯(红旗)、工具兜、检车灯、对讲机、列车接近无线报警接收机、防护服(上线作业服)。

(2)盒尺、塞尺、第四种检查器、轮径尺。

(3)匹配良好轮对(与车辆轮轴轮径的匹配尺寸符合《铁路货车段修规程》要求的)、止轮器 3 对、手锤、扁铲、钢锯、尖撬、活扳手 1 对、手钳(含铅丝)或承载鞍吊卡、18 寸管钳、24 寸管钳、枕木墩 8 块、空车铁马(架车机)1 对或 50t 油镐 1 对(有吊车可不携带、但吊车吨位≥标记自重的$\frac{1}{2}$)、吊轮吊车 1 辆(吨位≥1 t、有超过标记自重的$\frac{1}{2}$吊车时可不携带)、匹配的良好铁垫板、轮对专用吊索具、松动剂、粉笔。

(4)《铁路货车运用维修规程》《铁路货车段修规程》《铁路货车站修规程》。

2. 相关处置要求

(1)轮对的吊索具应使用检修车间或站修作业场的专用轮对吊索具。

(2)重车时须按规定办理倒装手续后进行。更换空车轮轴时，如没有匹配的吨位吊车时，可用 50 t 油镐代替起车(作业程序与吊车作业相同)，但必须有吨位≥1 t 的吊车吊运轮轴。

(3)装运轮轴的汽车上须有轮轴固定座，并对两个车轮进行捆绑加固。

(4)更换的新轮轴，轮径须符合《铁路货车段修规程》规定，更换轮轴前对新轮轴尺寸进行核实并对滚动轴承进行外观及转动检查。

(5)使用铁马(架车器)架车换轮的车辆停放地点应为水泥预制地面等硬化场地,防止作业过程中发生地面塌陷下沉。

(6)防护信号和止轮器的插设、排除车辆余风、出进台车、起吊过程、铁马(架车器)设置撤除、车辆复位检查至撤除止轮器和防护信号必须由专人指挥负责盯控。作业中尽量减少吊车不必要的回转频次。

(7)具备回送条件后将车辆回送至站修作业场,应详细记载良好轮轴与破损轮轴的信息及时传至站修作业场,并填记车统—50,与配件车间做好交接。

三、制动类故障应急预案及处理

1. 故障出现减压后不起制动作用。列车施行常用制动减压时,个别车辆制动机不起作用。

(1)故障判断

①拉动缓解阀,以确认副风缸内有无风压及风压是否充足。无风压时,还须检查截断塞门是否处于关闭状态。经查确认无上述情况后,再进行下一步的查找。

② 检查副风缸、降压风缸、工作风缸、安全阀、降压气室、制动缸及其附属装置、管路有无漏泄。经查确认上述配件无漏泄后,再进行下一步的查找。

③ 检查闸瓦间隙自动调整器有无故障(闸调器作用不良时一直只紧不松,已经紧到极限,造成活塞无法出来)。经检查无故障时可判定为制动阀故障引起减压后不起制动作用。

(2)现场应急处理

① 由于截断塞门关闭,造成车辆制动机不起制动作用时,可开通截断塞门,按要求进行制动机试验。

② 当车辆截断塞门之后的制动阀、制动支管等管系、配件破损漏风时,关闭车辆截断塞门,拉缓解阀排尽副风缸余风,继续运行至有列检作业场的车站,由列检检查并针对故障原因进行处理。

③ 如是制动缸漏泄(有漏风声音;前、后盖局部有油污迹;前盖活塞筒有油污迹)的,前、后盖局部有油圬迹的,检查前后盖紧固螺栓有无松动,如松动就紧固到不漏风并试验合格,紧固后仍漏的,属后盖安装面密封胶圈漏风,途中和列检作业场发现故障都关门扣送站修处理;有漏风声音的,检查是否为前后盖结合处或后堵漏风,是就按前面处理,如仍漏的,检查前盖及活塞筒有油圬迹或手摸有漏风情况,就用管钳转动活塞筒后制动性能试验,能出闸的就为皮碗扭曲变形所致,不能出闸仍漏风的可能是制动缸漏风沟过长或皮碗破损所致,途中和列检作业场发现故障都关门扣送站修处理。

④ 如是闸调器作用不良原因,途中只能关闭截断塞门后排尽副风缸风压,并将闸调器松到最长,送列检作业场扣修处理。

2. 故障出现常用制动起紧急制动。列车施行常用制动减压时,全列车起紧急制动作用。

(1)故障判断:列车施行常用制动减压时,若全列车都发生意外紧急制动作用,一般分为机车故障或车辆故障。首先检查机车制动系统故障(定压后关闭机后一位折角塞门,再给司机制动信号进行安定试验,司机反映起非常就是机车故障,否则就是车辆故障)。若确认机车制动系统无故障时则为车辆制动机故障。

(2)现场应急处理:列车施行常用制动时起紧急制动,暂不能明确故障车辆时,可采用分段查找方法，即先关闭列车中部的一个折角塞门，然后进行列车制动机试验，确定故障阀是在列车前半部或后半部，确定之后，再关闭起紧急制动的半列车中部的一个折角塞门（如故障阀在列车后半部，应开放原关闭的折角塞门），这样依次试验下去，直至发现故障阀为止。分段检查亦可由列车前部向后部先试验10辆车，而后逐次增加10辆，这样依次试验下去，找出发生紧急制动的10辆车，再从10辆车内分段查找，或关闭可疑阀的截断塞门进行试验，最后再找出故障阀。

处理方法：故障阀没有漏风现象的属主阀或紧急阀故障，可以现场更换的现场处理，带防护罩或处理不了的，到达关门排风扣送站修处理；始发的如没时间处理的又不违反关门车编挂要求的，关门排风放行并通知下一作业场处理（到达作业场管内车站卸货的可卸空联系回送扣修），不能关门放行的甩车扣修或联系车站换挂位置。

3. 故障出现制动机缓解缓慢、不完全缓解。

（1）故障判断：机车或地面试验操作器在置运转位进行列车车辆充风缓解时，个别车辆制动机出现缓解较慢（1min内不能完成缓解完毕）情况时，如果此时制动机主阀排气口能正常排气且排气结束后，但制动缸活塞出现往缩回动作较缓慢情况，说明为制动缸故障（制动缸缺油、漏风沟过短、漏风沟堵塞、缓解弹簧过弱、制动缸内壁与活塞阻力过大）或制动缸后连接支管存在堵塞不畅；如果是制动机排气口能排气，但排气较小或持续时间较长的，此时拉缓解阀活塞缓解正常的，属制动阀故障。对于不能完全缓解（活塞行程有10～20 mm不能回去）情况，先拉缓解阀，活塞能回去说明是制动阀故障；仍不能回去时，可卸下制动缸后堵看制动缸内有无余风，有余风且此时活塞能缩回的话说明是制动缸后支管堵塞或漏风沟堵塞、过短造成的故障，没有余风的话说明是制动缸活塞与内壁有阻或缓解弹簧折断故障。

（2）现场应急处理：属于制动阀、制动缸和管系堵塞故障的，关闭截断塞门排尽副风缸风压后扣送站修进行处理。不能完全缓解（活塞行程有10～20 mm不能回去）的，制动缸又没余风，轻敲活塞能回去或不属制动阀故障且撬动闸瓦能离开轮踏面的，如是始发列车或途中应急处理可以放行并通报给前方列检作业场确认处理。

四、车钩缓冲装置故障应急预案及处理

（一）车钩钩舌断裂

1. 故障判断

（1）司机操作不当：列车车辆未缓解就拉动开车；途中突然加速或紧急制动。造成很大的纵向冲击，导致车钩钩舌断裂。

（2）车务不当连挂：驼峰溜放、调车连挂未提钩，造成车辆车钩“拳头”钩相撞。

（3）配件生产厂家：车钩钩舌铸造有气孔、夹碴等缺陷；质量保证期内因配件强度不够造成的断裂故障。

（4）检修单位检修质量保证期内存在钩舌有裂纹、探伤能发现的缺陷故障。

（5）列检责任属于运用作业质量保证范围内的漏检漏修，包括互钩差过大。

2. 现场应急处理

① 钩舌断裂时，可由司机将后部同类型车钩卸下后更换。

② 钩舌断裂时，若无同类型车钩进行更换，则把断车钩的车辆连挂到最后一节车。

(二)车钩防跳失效

1. 故障判断:开车前,如果确认车钩连接状态良好,开车后却发生列车自动分离,有此情况应首先检查有无使车钩分离的外因,然后测量分离的两车钩闭锁状态时的钩腕至钩舌间的最小距离,如无外因影响,又非闭锁位超限,很可能是由于车钩防跳失效所引起。

2. 现场应急处理:使用梯形塞尺测量分离的两车钩的闭锁状态下的钩锁移动量,以确定哪个车钩防跳失效。可将列车尾部车辆后部车钩内的良好锁销和锁铁替换不良配件。若检查不出确切的分离原因,或已查出分离原因但无法处理时,在两车钩闭锁状态良好的前提下,可对两车钩进行防分离捆绑,确保其不再次发生分离,运行至前方列检或车站进行彻底处理。

实 作 技 能

一、实训准备

在正式作业前,先准备好如下实训用品:

(1)设备:预置故障货车一辆。

(2)工具:防护号志、手锤、开劈器、克丝钳、检查器、钢板尺、小油桶、油刷、开口销、校对压力表、秒表、肥皂水、毛刷子、钢丝钳、钢丝刷、木锤、活动扳手、尖嘴钳、防护红旗以及专用工具等。

二、实训流程及标准

按照应急预案处理原则及流程进行技能操作。

三、实训内容

1. 运用货车滚动轴承热轴检查及应急故障处理。
2. 运用货车制动类故障检查及应急故障处理。
3. 运用货车车钩缓冲装置故障检查及应急故障处理。

能 力 考 核

一、考核题目

货车运行中三种典型故障应急处理。

二、考核内容

1. 货车滚动轴承热轴检查及应急故障处理。
2. 货车制动类故障检查及应急故障处理。
3. 货车车钩缓冲装置故障检查及应急故障处理。

三、考核要求

1. 熟悉货车发生滚动轴承热轴、制动类故障、车钩缓冲装置故障的应急处置方案。

2. 按技术作业过程检查滚动轴承热轴故障,制动类故障及车钩缓冲装置故障并做相应的应急处理。

四、考核时间

1. 准备时间:5 min。
2. 正式操作时间:30 min。
3. 计时从发出指令开始,到考生报告作业完毕结束。

五、考核标准

1. 考评人数:考评员 2 名及以上。
2. 评分要点:评分标准见考核评分记录表。
3. 评分程序:考评员各自根据培训人员作业过程给予记录评分。
4. 评分规则:取平均值为评定得分。
5. 算分方法:采用百分制,60 分为及格。

考 核 表

<table>
<tr><td>考核项点</td><td>配分</td><td colspan="2">考核内容</td></tr>
<tr><td>货车运行中三种典型故障应急处理</td><td>100</td><td colspan="2">[1]货车滚动轴承热轴检查及应急故障处理
[2]货车制动类故障检查及应急故障处理
[3]货车车钩缓冲装置故障检查及应急故障处理</td></tr>
<tr><td>用时</td><td></td><td>成绩</td><td></td></tr>
</table>